如何好好告別生命

畢柳鶯・著

一百九十個台灣個案接觸經驗、十八個故事分享，
斷食自然往生的執行步驟與觀念釐清，臨終者最需要的善終指引

《斷食善終》3

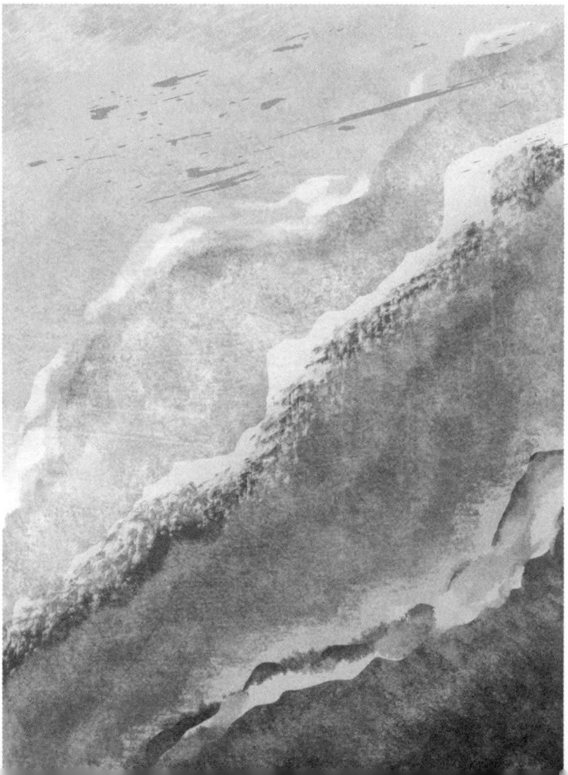

獻給我的母親張秀琴女士以及所有啟發我的天上老師們

目次

第三章 斷食自然往生前之準備

第四章　斷食往生的過程與臨終照顧

第五章　我們一起來寫歷史

推薦序

好走的路自己決定

張明志（台北馬偕紀念醫院資深主治醫師）

我第一次見到死亡是陪伴父親訪視病家，檢視往生者開具死亡診斷書。那時我才剛上醫學系，民國六十年初大多數病人是在宅善終、往生。父親教我如何判定死亡，頸動脈有無脈搏，瞳孔是否放大或異常縮小，有無呼吸、心跳。其次是檢查屍斑，腹部，四肢，有無中毒或他殺的可能。簡直是法醫學的教學。父親告訴我死亡是自然的事，沒有必要害怕，鄉下人純樸，面對就是了。是傳統，也是對親人的放手。我訪視喪家多次後，真的就覺得死亡是自然現象，是老、病者的最終變化，親人也必須放下。有一種愛是放下，是傳統也是學習，因為我們也必定會面臨。

在醫學中心服務多年，又是負責血液腫瘤科，面對癌症或末期病人，常被問到的問題不外乎會不會好？或會不會死？的確，我們像是在奈何橋上拉拔病人，也有拉不動而放手的時候。我們安慰病家，也有反過來病家安慰我們。對於治療病人而言，醫護團隊與病人家屬或看護者都是同一個團隊，連病人本身也是成員。有一天因緣盡了，病者在人世間的功課已盡，所做已做，到了該出世，經由死而往生之時，是否順利，則每個人機遇不同。嬰兒有難產，往生者有延遲死亡過程的病痛、失能、折磨……都非常令人不捨，我們團隊或親人又該如何幫助他／她？所謂生死兩相安，到底有什麼困難，又該如何做？

我寫了好幾本書來探討死亡的人生哲學，主要是自己對生命真諦的探索，以及宗教和哲學啟示了什麼。科學是知識，知識有盡頭就是死亡，所以從科學中找答案終不究竟。從民國八十七年接受馬偕醫學院教職，除了醫學系仍兼護專的生死學課程，因而開啟對人生哲學、老莊思想及宗教的探索，這些都是過去醫學系沒有授予的學問。被治癒的癌症病患（survivorship）尚有存活後的心理調適問題，更何況治不好的患者必須面臨病痛的折磨，死亡離世的孤獨感。

中華文化傳統中所傳遞的思想是不知生焉知死，所以儒家避談怪力亂神；

唯一的答案：斯人也，而有斯疾也。始作俑者，其無後乎。禮教輿論可以千夫所指，卻不能幫助受盡折磨的病家。反觀老莊思想則豁達、逍遙。生生者不生，殺生者不死。莊子又曰：「達生之情者，不務生之所無以為；達命之情者，不務知之所無奈何……生之來不能卻，其去不能止。」

我們身為醫生，處理過很多臨終個案，當病人徬徨於十字路口時，給病家指引方向，或支持他們，而不是放棄他們。正所謂醫生也醫死，就是協助處裡善終。醫病有指南（引）及其他建議或替代選擇，同樣醫死也有指引；《如何好好告別生命》是善終三部曲的第三本書，是畢柳鶯醫師有感於她母親及其他至親的臨終衝擊，作為臨終斷食的緣起，又累積多位臨床各種病例的成功案例，以及經年累月的為病家諮詢，甚至親自到病家訪視，給予正向助力及正念，幫助他們一路好走。此書的記錄彌足珍貴，也發人深省。

傳統醫療是不是其實限制了醫護人員的行善作為？而法規原本是作為防弊，擔心有人濫用，加工促死，協助自殺。但因醫師的不敢作為，卻反而延長病者飽受病魔煎熬（插管、呼吸器），例如呼吸照護中心不放手，數月甚至十年以上，家庭因此長期籠罩在死亡的陰影下，心力交瘁。

所以本書提到醫生的慣性思考，的確也是如此，養護中心習慣把臨終病人往急診送也是擔心刑責。事實上國人的死亡教育與政府法規不足或跟不上是一個問題，醫師在兩性議題、感控學分、醫療倫理、專業品質方面，法規都有要求必須再教育的學分，但是卻沒有在品質與法規上安排臨終照顧課程。

預立醫療決定書、病人自主法簽署是二〇一九年後才開始施行。台灣算是亞洲前段班，但是仍有不足，所以才會有那麼多病家急切需要諮詢畢醫師。其中困難來自多方面的不便，包括沒有急性症狀不能入住安寧病房，醫界強制人工餵食的慣性，沒有設立善終留觀室。但其實這些並不必立法解釋，也是可以經過溝通改善的。

畢醫師有鑒於臨床實務所遇見的問題與阻力，提出臨終醫療照護待改善之醫療環境，對醫院、養護中心、醫師端、急診及安寧病房做出針砭。最重要的是，她提出了面對無效醫療我們應有的省思。二十一世紀的醫學發展會帶領我們往哪個方向走，新科技是幸或不幸，是福還是禍？其實在健保署藥物共同擬定專家及相關利益團體會議常常面臨類似的質詢，因為健保公務預算總點值固定是有限的，若無效醫療太多，例如癌末 end-of-life 費用支出超過一千億（二〇二四年總額為八千七百多億），會擠壓一般門診藥品、手術住院及醫療服務點值，而無效醫療只服務少數病人（違背醫療資源共同分享的公平性），且多數是無法治癒或半年內死亡的癌症末期病人。

平均壽命的延長必須兼顧是否有品質的存活，或是悲慘的賴活。從另外一個觀點來看，生技產業蓬勃發展，甚至預言將超過電腦資訊晶片產業。末期癌症藥物的開發以及罕病用藥又是重中之重，是製藥界最重要的商機，因為人命非常值錢，多活一年往往需要國民年產值GDP的一到三倍，在台灣是全民買單。藥價不依照研發成本，而是依據市場機制與當時參考品比對，加上先進國家定價往往很高，都不是一般商業保險所能涵蓋。

當然活得好又活得久是每位醫者及病患的夢想，但是不能忽視或不理會生命到了可見的盡頭，我們應該如何安排，心理如何調適，才能往下執行道謝、道安、道別或道歉。活著時努力付出，臨終時勇敢放下，順順好走而不多受罪，我想這是畢醫師想傳達的正念，積極的活得好又積極走下人生舞台，擁抱無老死亦無老死盡的豁達人生。回應了西方哲學家海德格（Martin Heidegger）的存在主義名言：生命是向死而生的存有。

我們為何害怕死亡，為何避談死亡？於是我們學到了不計一切代價，永無止盡的嘗試新藥、新科技，其實是逃避死亡，是對生命認識的不透徹。我們應該加強對人生哲學的認識，哲學課是國人教育體系中最弱的一環，不在任何課綱中；在生存困難的競爭中，很少人去思考生命的意義，學習面臨死亡的功課。這是資本主義最為人詬病的地方，法律也是修來修去為多數有心人服務，在遊戲規則之外都是弱勢團體。所以斷食善終這種理想很不容易被主流思想接納，卻是默默地造福很多家庭。回顧禪門高僧傳，大德臨終前斷食坐化，坐缸圓寂，得到功德圓滿的例子歷史上不勝枚舉。

放不下肉身臭皮囊，才是我們根深柢固的妄念。近年來人口老化嚴重，八、九十歲白髮人照顧植物人子女，因自身所剩日子不多，又家庭人丁簡單無法託孤，最後親手結束長期臥床的子女而被司法起訴，其實應該咎責法律制定慢半拍，跟不上時代的需求。

臨終斷食目前以居家執行為多數，也鼓勵在自宅臨終，那是病人最熟悉的場所。少數在急診留觀室進行，普通病房或單人的急性病房也礙於醫院規定很難執行。我個人以為若這方向發展是正確合乎倫理，但是礙於醫療慣性與慣例不方便配合，那麼建議在台灣北中南東各設立斷食臨終示範留觀室，同時受安寧病房的約制，不執行積極維生，也有法律與社工相關諮詢，關懷師、宗教師的共同照顧以及健保共照費。家屬可以團聚，分享過去的溫馨親情與人生正面回顧，這才是積極善終，讓我們一起跨出亞洲的第一步。

畢醫師像佛菩薩做出利人又利己的懿行，自覺覺他，覺行圓滿，令人敬佩。德不孤必有鄰，前有陳秀丹、黃勝堅、常佑康、吳育政、黃軒醫師都是推動此正念的臨床醫師，相信在畢醫師的呼籲下，斷食善終是某些適合病人的優先選項，而此三部曲的第三本是臨終者最需要的指引，我樂於跟大家分享、推薦。

推薦序

自主善終人人有責

常佑康（台北慈濟醫院預立醫療照護諮商門診醫師）

身為一位推動病人自主權，開設預立醫療照護諮商門診第六年，協助民眾簽署「預立醫療決定書」的醫師，為何會持續關注乃至投入畢柳鶯醫師這場推廣斷食善終／自主停止飲食的社會運動？這必須從我開始協助一些病人啟動「預立醫療決定書」的經驗說起。

曾簽署「預立醫療決定書」的病人，若是在醫師判斷符合《病人自主權利法》（以下簡稱病主法）的五種臨床條件時，仍然意識清楚，親口提出或表達當事人想要啟動決定，拒絕維持生命治療（如洗腎、插氣管內管、輸血），或是拒絕人工營養與流體餵養（多數是拒絕插鼻胃管、胃造口餵食管），家屬即使難過不捨，經過溝通協調與同理情緒，最終多能以尊重病人意願為優先。雖然有一個案例是歷時八個月才終於成功啟動，當時諮商團隊陪伴互動，邀請心理師協助之後發現，家屬因過去疏於照顧的贖罪心理，想要多補償病人一些；病人自己也還掙扎在為自己還是為家屬著想的兩難之間，家屬求病人繼續治療，病人就答應了。

很多民眾與醫護人員在討論上述案例時，都會說：「那病主法不能真正保障病人自主權，『預立醫療決定書』白簽了！」當家屬反對啟動時，由於病主法沒有強制執行的條款，醫療人員會根據「預立醫療決定書」上白紙黑字的簽署人意願，來與家屬溝通協調，因為強制執行會傷害這個家屬，這個做法也不是簽署人想要的。也就是說，簽署人與家屬溝通意願與價值觀，並取得認同，的確是比簽署書面文件更重要；除了簽署文件當天之外，要把握之後的每一個機會繼續溝通。當然簽署「預立醫療決定書」的人的保障是，醫療團隊可以根據決定書上白紙黑字的簽署人意願來溝通，而不會陷入家屬說：「我爸爸／媽媽是個非常積極的人，會奮鬥到最後一刻……」的困境。

曾簽署「預立醫療決定書」的病人，若是在醫師判斷符合條件、面臨啟動決定時，已意識不清或混亂，無法親口提出或表達本人意願，這時家屬們的態度就成為關鍵。了解病人心意，不捨病人痛苦或失去尊嚴的家屬，經過醫療團隊溝通協調與同理，相對能夠站在病人的角度思考，克服逃避失落與預期性哀傷的衝動，使「預立醫療決定書」能順利啟動。有些家屬認為決定啟動造成病人的離開，因而拖延或拒絕啟動。團隊可以嘗試澄清，是原有的疾病或傷害、生理機能的退化造成病人的離開，而不是家屬的決定，以免除家屬的罪惡感；同時引導家屬思考當事人的為人處事、價值觀，對當事人來說活著最重要的是什麼，以及當初當事人從預約諮商到簽署的心路歷程，是哪些生命事件讓病人想要簽署病主法。如上述案例，家屬拖延或拒絕啟動「預立醫療決定書」，還是有個深層的原因躲在拒絕的表象裡面，挑戰著醫療團隊是否可以貼近家屬的心，回溯過去病人與家屬互動中的重大事件，釐清決策的脈絡來。這個挑戰若是有專業社工師及心理師的協助，相對會比較容易。

另一個狀況是，家屬已經含淚願意放手啟動「預立醫療決定書」，但原來照顧的團隊不熟悉新的病主法，認知還停留在「鼻胃管灌食若可以消化，就不應該拔」（但是腎功能衰竭了，過多的水分無法排洩）、「如果正壓呼吸器可以維持血氧，就不算無效醫療，不要撤除」（但是心臟功能衰竭，因失智症臥床好幾年了）、「目前使用葉克膜還撐得住，不到撤除的時候」（但是肺部已纖維化，不可能脫離呼吸器，而病人的「預立醫療決定書」拒絕呼吸器及葉克膜）的階段，醫師仍有「治療都是好的」、「有治療有希望」的迷思，忽略了對病人整體生理狀況、自主意願與生活品質的評估，或是把限時醫療嘗試（time-limited trial）的概念曲解成不計一切代價、沒有決策點、無止盡的嘗試。以上這些醫師的說法，也讓家屬陷入自我懷疑與自責的困境，擔心家屬們不夠積極，太早放棄了。

可見雖然我們從二〇一九年開始實施號稱亞洲第一部保障病人自主權及善終權的病主法，但多數民眾仍有根深柢固的死亡禁忌、缺乏死亡識能、忽略生命品質和意義的問題；另一方面，醫師們以病人為中心的末期照護能力、醫病溝通能力、正確的法規認知及處理倫理困境的思辨能力都還沒有跟上，實施第六年來，至今仍是如此。由於預立醫療照護諮商必須全額自費，及諮商門診量能不足這兩個大門檻，簽署人口只以緩慢的速度增加。雖然團體諮商有降低費用與增加簽署量的優點，但許多醫院抱著觀望態度，品質良莠參差不齊，埋下未來無法啟動的爭議，值得政府與社會大眾重視。

當病人符合病主法的五種臨床條件，接著要啟動「預立醫療決定書」前，醫療團隊會與病人和家屬討論病人想要的照護模式，由適當的安寧緩和醫療或居家醫療團隊接手。據聞有安寧緩和醫療團隊認為病主法的設計是加速死亡，因而不願意啟動「預立醫療決定書」的流程，或增加照會安寧緩和醫療團隊的難度，要求兩位家醫科醫師各會診一次，延長了評估啟動的時間，令人感到非常遺憾。

對於沒有簽署病主法，但身心靈痛苦無法解決、失去生命尊嚴、安寧緩和醫療無法協助的病人，即使是經過深思熟慮、與家人達成共識，出於自主意願選擇斷食善終／自主停止飲食，也是因為許多安寧緩和醫療團隊認為這樣做是加速死亡，目前被拒絕的居多。筆者肯定安寧緩和醫療為生命末期的人們，提供身心靈的安適及症狀緩解，相信有些民眾先尋求安寧緩和醫療（包括居家安寧及在宅醫療）的評估與協助後，有可能打消斷食的想法，但也呼籲社會各界正視安寧緩和醫療有其極限，及量能不足、品質參差不齊的現實狀況。

對於不曾簽署病主法，無法表達的意識障礙病人（如植物人），以英國為例，基於維持意識障礙或植物人狀態，對當事人、家屬、醫療體系、社會皆無利益可言，只要家屬和醫療人員對何謂病人的「最大利益」有共識，依據相關專業指引，不要求法院審理，就可以撤除鼻胃管（終止人工灌食）。較保守的德國擔心所謂最大利益被有心人操弄與誤用，額外要求必須符合本人推定意願；若醫療團隊與監護人無共識，則須經監護法院同意。因此，台灣的病主法應修法納入自主斷食（拒絕被餵食）的選項，以及家屬依據最大利益及本人推定意願的代理決定機制、家屬與醫療人員沒有共識時的司法程序。如果修法在安寧緩和醫療條例的維生治療加入撤除人工餵食管，也可以馬上解決有人認為「安寧緩和醫療條例只規定可以撤除呼吸器，沒有包含鼻胃管」這個違反立法精神的爭議。

由以上的討論可知，不論有沒有簽署病主法，民眾的善終路上仍有著重重阻礙。如果希望家屬、醫師、醫療照護體系與相關法規早日打破「不能加速死亡」的枷鎖，正視數十年來民眾無法善終的痛苦，回歸以「病人為中心」的照護模式，真正尊重病人的選擇，還需要投入更多的社會資源，開啟深入的對話。

這本書從十八個相關案例開始，為想認識自主斷食／停止強制人工餵食的民眾提供了全面性的實務建議，特別提醒不適用與誤用的情況，回應醫界的批評，可作為各界對話的基礎。如畢醫師所言，期待人人加入這個「拒絕醫療過度介入，還給病人自然死亡權利」的推廣善終運動，讓現今困難重重的善終，早日落實在你我的生活裡。

自序

死亡禁忌與生命意義

死亡禁忌存在於古今中外的各種文明中。德國哲學家海德格說：「生命是向死而生的存有。」也就是說每度過一天，我們就離死亡更靠近一天。每個人，每個我們所愛的人終有一死、終須一別，然而一般大眾有如鴕鳥一般不面對、不思考，假裝死亡不存在，以為日子可以永遠這樣過下去。除了哲學家、宗教家、少數生命關懷者，一般普羅大眾對死亡避而不談，但「無常」總在意料之外提早來到。此時人們的即時反應是「怎麼會是我？我不想死！」、「我的至親不能死！」，因此願意付出一切代價，換取生命的延續。以救人為職志的醫師，更是進入職場就學到如何讓病人免於死亡的各種標準作業，看到生命垂危之人，癌症末期的病人，仍然職業反射的使出十八般武藝要對抗死神。

不過，生命有其期限，醫學有其極限，當病人的身體成為醫師與死神搏鬥的戰場，受苦的是病人，傷心的是家人。在無效醫療的蹂躪之下，台灣有百分之七十的人死在冷冰冰的醫院病房或加護病房，人們失去了在宅善終的機會，家屬沒有好好陪伴、來不及告別，因此承受長期的傷痛與錯誤醫療決策的悔恨。

一九六〇年代各項重要醫療技術相繼發明，心肺復甦術、呼吸器、人工餵食管、血液透析術等可以救人無數，但是如果不節制的使用，拯救生命的科技成為延遲死亡的無效醫療，陷病人、家屬於無盡的痛苦深淵之中，浪費了醫療資源，也產生了嚴重的社會問題，讓臨終病人與善終的距離越來越遙遠。由於濫訴文化，多數醫師擔心沒有救活病人會被告，另一方面，醫師認為有呼吸、心跳、能夠出院就是醫療的成功，但是對於病人依賴鼻胃管灌食或呼吸器毫無品質的歹活臥床，相對的麻木無感。

在台灣，數十年來人工維生系統的浮濫使用（不應插管而插管、應撤除而不撤除），相信有百萬以上的家庭經歷過家中有人插管臥床多年的慘況，上千萬人見證過親友活在煉獄之中，感同身受自己未來絕對不要落入這樣沒有品質的困境。這是數十年來家屬、醫師不放手，健保持續給付無效醫療費用所造成的歷史共業。台灣的老人人口比例越來越快速的升高，假如醫療體制和文化不改變、醫師與民眾不學習放手、健保不採取有效的管控措施，情勢會更快速的惡化，全體國人將要付出很大的代價。

不願面對死亡的另一面反映的是未曾嚴肅思考生命的意義與品質。有許多人提問過：「假如你只剩下三天、一個月或一年的壽命，那麼你最想要做的是哪些事情？你最想要聯絡的是哪些人？」為何我們要等到生命終點的警鈴響起，才來思考生命的意義是什麼？最重要的人際關係是哪些？如果能夠活在當下，時刻都把生命的意義放在心上，及時愛人與被愛，此生一定更加圓滿，不會留下那麼多的遺憾。

達賴喇嘛說：「覺知死亡之必然是一件好事，才會專注於此生的修行，善用這個已經獲得的特殊人生，多做利己且利他的善行，那麼死亡的時候將沒有遺憾，死亡可以是欣慰的事。」從達賴喇嘛化繁為簡的說明中，生命的意義就是「利己」與「利他」而已，與是否功成名就、大富大貴並無關係。所謂「利己」，無非好好的學習，提升自己的品德、學識與身心靈的健康；這一生來此修行，生命中的考驗、挫折都是逆增上緣。能夠順利度過最好，就算挫敗也是歷練。「利他」之事，小至一個微笑、一句好話、扶人一把，大至立德、立功、立言。只要我們心存善念，助人之事，總能依據我們個人能力與機遇的不同，而對他人、社會有所助益。印順法師也鼓勵人們可「從利他中完成自利」。

但是，當生命品質低落到一個程度，不但失去了助人、貢獻社會的能力，就算是讓自己「活得像個人」的能力都沒有。沒有溝通能力、行動能力、感受美好事物的能力，活在痛苦、依賴、恐懼之中，沒有自由也沒有尊嚴，這時候，生命的意義在哪裡？

人生不是只有生與死的二元分法，還有另一件更重要的事情，那就是生命的意義何在？生活的品質如何？如果家屬和醫師一心要救治的這個人，存活以後，無法活得像個人，那麼付出那麼多代價的家屬是真愛這個親人嗎？或者只是不願意面對自己的愧疚與失落？如果醫師竭盡所能救治病人，只考慮病人是否存活，而不在意這位病人將來的生活品質，這個家庭將面對多少磨難，那麼救活這位病人到底是慈悲還是殘酷，是行善還是作惡？

死亡的禁忌在華人社會根深柢固，形成民眾與醫界無論如何都要救活病人的文化框架與迷思。一九六〇年後因為醫療科技的進步，加上一九九五年以後健保的實施，這數十年來有太多應該自然死亡的人被醫療科技所綁架，生不如死僅餘軀殼的活著，拖累了家人、健保和社會。這是一個完全違背倫理的異常現象，這些病人被強制使用呼吸器、被強迫人工餵食，許多無效的醫療施加在他們身上，帶給他們難以忍受的痛苦。超高齡社會即將來臨，如果家屬不覺醒，醫界不改變作風，這種違背倫常的事件只會越來越多，個人、家庭、社會付出的代價只會越來越高。從這個角度來看，我們稱得上是一個進步而重視人權的國家嗎？

西方國家也曾經歷這種過程，在八〇、九〇年代有些家屬努力的替插管臥床親人爭取撤管，官司打到最高法院，全國矚目，引起高度討論，醫界終於逐漸改變作法。以美國、英國、加拿大、德國為例，目前大部分治療無效的病人，在加護病房就進行撤除維生系統了；老衰重症末期病人不插管，也不做無效的治療。《二十一世紀生死課》（*Modern Death: How Medicine Changed the End of Life*）[1] 一書，對現代醫療科技的演進，其所帶來正面以及負面影響，以及醫界的逐步改變作法，有發人深省的論述。國外的演變過程是我們最好的借鏡，我們已經慢了二、三十年，只要我們願意思考，願意自省，願意改變，號稱亞洲最民主、思想最開放的台灣，絕對有足夠的實力改變觀念，成為更重視善終自主權的國家。

註1｜《二十一世紀生死課》（*Modern Death: How Medicine Changed the End of Life*），海德・沃瑞棋（Haider Warraich）著，朱怡康譯，行路出版，二〇一八。

前言

斷食與斷食往生的歷史及演變

斷食（fasting）在人類歷史由來已久，在遠古時代人類靠著打獵或者採集野外果實、葉子維生，獵人們合作捕到獵物，族人一起分享；食物短缺的時候，大家一起挨餓，飽餐是偶然，飢餓是日常。飢餓不全是負面的感受，適當的間歇空腹，讓人們因此更能享受食物的美味，也不會因為飲食過度而有各種慢性病。數千年前人類由遊牧生活改為群居村鎮，經營畜牧業、農漁業，人們日出而作、日落而息，一日只吃一餐或者兩餐，過午不食，都是常態，僅有些皇室貴族能夠飽食終日。十九世紀工業革命之後，人們開始朝九晚五的上班生活，有了電燈、有了夜生活，才有了一日三餐的習慣。所以早餐是breakfast，中斷（break）長夜的空腹（fast）。

到了二十一世紀的現在，科學證明每天至少要有十二小時以上的空腹，讓腸胃有足夠的時間休息，對身體健康是非常必要的。一六八斷食法（十六小時不進食，進食在八小時之間）、甚至是二二二斷食法（每日只吃一餐）都有實踐者。然而台灣醫院裡依賴人工餵食管的臥床病人，每天上午六點到晚上九點，每三個小時餵食一次牛奶，一天吃六餐，假如每餐需要三個小時才能消化完，那麼他們的腸胃一天當中只有六個小時是休息狀態，有十八個小時在工作。一直承襲舊習慣開立處方的營養師、醫師們，可曾思考過這符合生理需求嗎？

回顧希臘、羅馬、埃及的歷史，佛教、基督教、伊斯蘭等各種宗教的儀式，都有提到間歇斷食（intermittent fasting）的習俗，斷食可以讓神識清明、身體潔淨，為了提高學習的效果或者親近神明。西元七世紀中國唐朝開始流行辟穀斷食法（斷食數日，只喝水），到現代還在台灣盛行，是一種修行，也是為了養生。

西方醫學之父希波克拉底（Hippocrates）於西元前四世紀就曾利用斷食法來治療疾病。中世紀以後斷食治療疾病的典籍越來越多，到了二十世紀斷食療法已經成為顯學，不論是西方還是日本都有相關書籍和文獻出版。弘一大師於一九〇六年至一九一一年間留學日本，就看到日本有不少斷食療病的書籍。一九一七年他根據日本雜誌的文章解說前往寺院斷食二十日，留下斷食日記。他對好友夏丏尊形容斷食是「精神界的開荒」[1]。二十一世紀的現代書店裡整排的書籍在談斷食排毒、斷食減重、斷食治療三高、斷食延緩老化、斷食抗癌、斷食預防心血管疾病，許多身心靈的課程也搭配斷食與冥想。斷食不是洪水猛獸，斷食有益身心。尚無飢餓感，只因為時間到了就進食，加上飲食過度、運動不足，反而成為現代多數文明慢性病的主要肇因。

「斷食往生」這個名詞，我於二〇一三年首度在日本中村仁一醫師的《大往生》[2]一書看到。書中描述了自古以來人類老衰重症末期都是不吃不喝自然往生的。行醫四十年來看到醫院裡無法進食的老衰重症病人都插了鼻胃管，習以為常，積非成是，竟然不知道一九六〇年人工餵食管發明以前，人類都是斷食往生走的。在動物界，所有的動物在蛻變的時候以及死亡以前，都是不吃不喝數日或數週後像枯葉飄落般自然安詳的走了。死亡是生命轉化的一個過程，不吃不喝才是自然的。

人工餵食管的發明本是為暫時無法進食的病人提供營養之用（如早產兒、腦中風病人），長期的使用干擾了人類自然往生的機制，一九七〇和八〇年代西方醫界很多先進提出警告：醫療的目的本是為了拯救生命，如今變成用來延長死亡的過程，只要醫師不放手，病人就死不了[3]。在歐美國家陸續出現許多訴訟的案例，家屬要求撤除維生系統讓他們的家人可以自然離開，不要靠著維生醫療過著生不如死、品質低落的日子。這些病人都成為醫療史上的名人，因為他們的犧牲，他們家屬的努力，催生了各國的自然死法案：病人可以事先預立醫囑，當生命末期治療無效時，選擇不給予或撤除維生醫療，同時免除醫療團隊的急救及治療義務。若病人未預立醫囑，因傷病失去行為能力時，則其監護人、醫療委任代理人、家屬可以代為作醫療決策（代理決策），撤除無治療效果的維生醫療。（註：我國的《安寧緩和醫療條例》和《病人自主權利法》也有類似的保障。）

二十世紀下半葉，越來越多文獻、書籍建議臨終的病人不要作過度的醫療處置，只提供舒適治療，這就是安寧緩和醫療的由來，安寧緩和醫院和病房陸續在世界各地設立（一九九〇年馬偕醫院設立了台灣第一家安寧病房）。臨終的病人減少飲食，可以讓臨終過程更平順，因為病人的身體無法消化、吸收營養和水分，這也成為安寧緩和治療的重要準則之一。

二十世紀晚期有越來越多的文獻建議失智症、漸凍症、帕金森氏症、小腦萎縮症等退化性疾病的末期，當病人無法吞嚥，通常身體功能也已經嚴重退化，應尊重病人的自主意願，不要以人工餵食延長其嚴重失能、低品質的生命。改用舒適餵食（Comfort Feeding Only）提供安全的進食，讓病人可以吃喝到最後一口，然後自然的死亡[4]。當然，如果病人願意繼續接受人工餵食（包含維生治療），也會獲得尊重。

與此同時，西方醫學文獻逐漸出現自主斷食／自主停止飲食（Voluntarily Stopping Eating and Drinking, VSED）的個案報告，許多罹患退化性疾病或失智症的病人在病情還未惡化到末期，趁著尚有決策能力的時候進行自主斷食往生，避免落入晚期痛苦、失去尊嚴而沒有品質的生命階段。一九八三年八月二十四日美國著名的自由主義學者史考特．聶爾寧（Scout Nearing）因為老衰，自覺擁有幸福而充實的一生已經足夠，在百歲生日之際斷食，只飲用少量果汁和水，在妻子陪伴下於一個月後安詳往生[5]。

一九九七年荷蘭的調查研究發現，百分之八的死亡人口在死亡前有七天以上沒有進食和進水（排除老衰重症末期自然不吃不喝的案例），其中百分之六是因為撤除人工餵食管（停止無效醫療），百分之二是病人有意識的自主斷食以加速死亡。經過持續四年的追蹤，發現這是一種穩定的趨勢。荷蘭皇家醫學會（Royal Dutch Medical Association）於二〇一四年在該學會網站公布「自主斷食臨床指引」（“Caring for people who consciously choose not to eat and drink so as to hasten the end of life”，共五十頁）[6]，供免費下載，並提供英文版。雖然荷蘭已經實施安樂死法，但是每年仍有百分之一到二的死亡人口，經由自主斷食死亡，其中將近一半是沒有通過嚴格、費時的安樂死審查者。因此，即使在荷蘭安樂死已經合法，自主斷食仍可視為安樂死的替代方案。

二〇一六年美國的安寧緩和科醫師提摩西．奎爾（Timothy Quill）與幾位重視病人生命臨終自主權的專家，在西雅圖大學法學院舉行「以自主斷食加速死亡：臨床，法律，倫理，宗教，以及家庭觀點」研討會（Hastening Death by Voluntarily Stopping Eating and Drinking: Clinical, Legal, Ethical, Religious, and Family Perspectives）。之後，這些專家們在各自的領域推廣自主斷食，協助病人在家中或安寧緩和病房進行自主斷食。二〇二一年將大家的經驗與討論，整合、集結成一本專書《*Voluntarily Stopping Eating and Drinking: A Compassionate, Widely Available Option for Hastening Death*》，二〇二三年中譯本《自主斷食：慈悲而尊嚴的善終選擇》在台灣出版[7]。這本書以漸凍症、癌症和失智症的八位病例來討論自主斷食在法律與倫理方面的正當性與爭議，也對自主斷食過程所需要的臨床照顧作了說明。

二〇一七年美國的菲利斯・沙克特（Phyllis Shacter）出版了《*Choosing to Die: A Personal Story*》（暫譯《選擇死亡》）[8]講述她陪伴失智症丈夫自主斷食死亡的經歷，提供重要資訊以作為有同樣需求者的指引手冊，出版社聲稱此為世界上第一本自主斷食全程記錄的書籍。二〇二二年美國的女作家凱特・克里斯蒂（Kate Christie）出版《*The VSED Handbook*》（暫譯《自主斷食手冊》）[9]，直接標榜這是一本自主斷食的指引手冊。描寫她陪伴失智症母親自主斷食往生的個人經歷，從一開始的準備、作決定到執行過程，以及需要簽署的文件到參考資訊，都詳細列舉。非常巧合的，我描述母親自主斷食的書籍《斷食善終》[10]，幾乎同時在台灣出版，是華文世界第一本書寫自主斷食的書籍。

當時我並不知道美國已經有以上兩本著作。

由於《斷食善終》一書在台灣引起很大迴響，我開始接受需要斷食（自主停止飲食或終止人工灌食）才能得到善終的病人或家屬之諮詢。我回顧了醫療演變的歷史，並將協助五十位病人斷食自然往生的過程，結合臨終照顧的資訊，於二〇二三年出版了《有一種愛是放手》[11]。第二本書出版後引起民眾和媒體界更大的關注，在醫界引起某些理念不同者的指教和質疑，但尋求協助的家庭快速增加，他們的經歷非常寶貴，促成我再寫第三本書作更詳細的說明。

基於一百九十個案例的臨床經驗，本書首先詳述兩個醫療死與十六個斷食往生案例的全程經歷，然後說明哪些病人適合或不適合斷食往生，並詳細闡述斷食往生的每個步驟，以及居家安寧、在宅醫療團隊和家屬的重要角色。期待促進社會與醫界對話，讓這個「拒絕醫療過度介入，還給病人自然死亡權利」的推廣善終運動，可以更為人所理解、接納並且合力推動。

作者按：書中引述的故事已得到病人或家屬的同意，並將私人特徵作了變更。故事中若有透露醫護人員的言語或者處置造成病人或家屬困擾，只是對真實事件的描述，反映醫療體制的需要調整或反省。相信所有醫療從業人員的初衷，都是秉持仁心仁術為了行善。

註1—《弘一大師傳》，陳慧劍，東大圖書，二〇一四。

註2—《大往生：最先進的醫療技術無法帶給你最幸福的生命終點》，中村仁一著，蕭雲菁譯，三采文化，二〇一三。

註3—《二十一世紀生死課》，海德．沃瑞棋著，朱怡康譯，行路出版，二〇一八。

註4—〈末期失智個案之居家安寧照護經驗〉，《台灣家醫誌》第二十八期（二〇一八），頁四五—五三。

遇到病人出現吞嚥障礙時，不要輕易插鼻胃管，對病人來說，放置鼻胃管很不舒服，而且無法真正預防吸入性肺炎。可以到復健科看診，接受門診的語言治療（吞嚥訓練）。治療師會指導準備食物的方式，有效餵食的方式，盡量延長其經口餵食的時間。我們稱之為「細心手工餵食」（或舒適餵食）。連細心手工餵食都無法讓病人進食時，就是讓病人停止吃喝、安詳往生的時機了。

註5—《美好人生的摯愛與告別》（*Loving and Leaving the Good Life*），海倫．聶爾玲

（Helen Nearing）著，張燕譯，正中書局，二〇一〇。

註6—"Caring for people who consciously choose not to eat and drink so as to hasten the end of life," by KNMG Royal Dutch Medical Association.

註7—《自主斷食：慈悲而尊嚴的善終選擇》（*Voluntarily Stopping Eating and Drinking: A compassionate, Widely Available Option for Hastening Death*），提摩西·奎爾（Timothy E. Quill）、保羅·蒙則爾（Paul T. Menzel）、塔迪烏斯·波普（Thaddeus M. Pope）、茱蒂絲·史瓦茲（Judith K. Schwarz）著，汪漢澄譯，麥田出版，二〇二三。

註8—*Choosing to Die: a personal story: Elective Death by Voluntarily Stopping Eating and Drinking (VSED) in the Face of Degenerative Disease*, Phyllis Shacter, CreateSpace Independent Publishing Platform; First Thus edition, 2017.

註9—*The VSED Handbook: A Practical Guide to Voluntarily Stopping Eating and Drinking*, Kate Christie, Second Growth Books, 2022.

註10—《斷食善終：送母遠行，學習面對死亡的生命課題》，畢柳鶯，麥田出版，二〇二二。

註11—《有一種愛是放手：斷食善終2》，畢柳鶯，麥田出版，二〇二三。

第一章

醫療死與斷食自然善終十八例之臨終記錄

古希臘的哲學家柏拉圖（Plato）曾經說過：「沒有人了解死亡是什麼，但也沒有人了解死亡是最大的善；大家都把死亡當成最大的惡而對死亡懷著恐懼。」

由於一九六〇年醫療科技大躍進、民生經濟改善、健保制度推動等因素，所有先進國家的在家「自然死」比例逐漸下降，相對的，病人在醫院死亡的比例逐年升高，我們稱之為「醫療死」。數十年來病人在醫院死亡，過程悽慘，造成人們的死亡恐懼更加升高，同時民眾集體失去了在家照顧臨終病人的能力。以下分享兩位在醫院醫療死的案例。

一、與生死拔河的嬰兒，天人交戰的母親

我的臉書幾乎每天都會收到諮詢者寫來的私訊。這封信特別的長，看了心中非常難過。

畢醫師您好：

我今年三十六歲，因為不孕症，作試管嬰兒，好不容易懷了女兒。產前檢查就知道女兒有先天性心臟病，醫師說只需要接受手術就可以矯正，這種手術很少失敗的。孩子今年三月中出生，三月底執行第一次開胸矯正心臟手術（主動脈弓狹窄、心室中隔輕微缺損），原本醫師估計術後住院兩週即可康復出院……不幸的是，手術中孩子的上腔靜脈發生血栓，影響正常體液回流，胸腔積水，被禁食。四月中緊急執行第二次開胸除血栓手術，但效果不佳……

因上腔靜脈栓塞，併發小孩頭腫得像豬頭、胸腔積水、腹腔積水，影響心肺系統，靠插氣管內管接上呼吸器幫助呼吸，小孩的胸部、腹部、

背部到處被插洞引流積水，插滿引流管、尿管、腹膜透析管，四至六月孩子被禁食三個月，主治醫生說束手無策，採保守支持治療，只能靠小孩自行新生側枝血管，自行重建體液循環，看小孩的造化……

經過三個月，身體各處積水漸改善，拆除引流管，解除禁食、鼻胃管餵奶、但仍需靠口內氣管插管接呼吸器幫忙。後續心律不整、肚子大量靜脈曲張、呼吸比手術前更窘迫……

醫師說嬰兒有無限可能性，也許某天心肺功能就可以康復，就可以移除鼻胃管、氣管插管，可自主吸吮喝奶、自行呼吸等，屆時就能出院回家……但也許某天撐不住就那樣……

抱持希望的我們，持續天天搭高鐵到台北去加護病房給孩子打氣，可是併發症越來越多。

八月醫師宣稱因輸血感染造成A型肝炎、黃疸，近日又莫名得到巨細胞病毒感染，目前肺炎嚴重、水腫、尿少、呼吸更喘。現況是靠呼吸器、不斷抽痰、強心針、利尿劑、管餵維生……孩子會客時，偶有清醒的時候。

醫院今日又說因用氣管內管插了六個月太久了，孩子長期被鎮靜，導致氣管軟化；長期抽痰，導致氣管發炎產生斑塊狹窄，建議父母同意孩子氣切，給孩子有朝一日還有脫離呼吸器維生的機會……

目前我們是拒絕氣切的，這段期間已看過孩子太多受苦畫面，治療沒有更好只是問題越多，水腫、呼吸困難、血液循環已因阻塞亂七八糟、身體遍布靜脈曲張、滿是引流傷痕……

實在不忍孩子持續受苦，我們夫妻只求孩子無病無痛，只求上天盡快讓孩子免受針、藥、插管、急救等折磨。

故也曾在九月初孩子呼吸困難時，與護理師直接提及拒絕裝葉克膜、壓胸、電擊等急救治療，但被勸說尚未到兩個器官衰敗的地步……且醫院方不斷要求我們要同意孩子被氣切……認為我們如果不簽署就是放棄孩子生存的機會……

身為父母四處拜神拜佛祈福，從一開始的希望孩子早日康復，看到孩子不斷被醫療折磨，老實說至今已變成求神佛幫助孩子可以無病無痛解脫……爸爸媽媽再把妳重新生回來，給妳健康的身體……

出生六個月以來這一切，身為母親的我，真的無能為力，且覺得孩子因呼吸器被醫院綁架著，我的孩子都還沒有回家過，我也不確定我的心態是否正確？不知道醫師您能否給我建議，可以幫助女兒盡快無病無痛……解脫這些醫療折磨。謝謝您！

以下是我與嬰孩母親之間的對話，有時是通話，大部分是在 messenger 留言。

畢：收信知悉，真是辛苦了！醫護習慣站在盡量把病人救活的角度，可是將來要陪伴孩子一生的可是父母啊！

嬰兒之母：孩子受了這麼久的痛苦，最心痛的也是父母。

畢：醫護不習慣放手，他們不想面對失敗。他們在意的是如何救活生命，但是孩子將來的生活品質好不好，卻是孩子和家長要面對的。

嬰兒之母：小孩清醒的時候也是很可愛的，也不知道孩子希望父母怎麼做？我真的心好痛，我不知道怎麼辦？又礙於法律層面，不知道到底可以怎麼做？

畢：我沒有看到小朋友，嚴格講難以判斷。只是聽妳的描述，感覺妳的直覺是對的。我先把妳真情流露寫的信轉交給兩位教授，讓他們知道家屬的心聲。然後，看事情的發展。妳誠心的祈禱，也許會有什麼徵兆，讓妳知道小朋友要的是什麼？他們想的是要小孩子活下來，我想的是小朋友會不會一生都很辛苦，復健科看過很多這樣的小朋友。萬一有腦缺氧，重度腦性麻痺，就很辛苦了。若是心臟功能很差，不太能運動，也是很可憐。有可能經常要住院，也可能早夭。

嬰兒之母：我也是不希望孩子一生受這些苦難。

畢：我覺得妳重新再把她生回來，生一個健康的身體，這個想法很好。我直覺是她的靈魂讓妳找到我。妳虔誠的祈禱，看晚上她會不會託夢給妳。好好放鬆，祈禱有個好眠。出去散散步，看看大自然，或者聽音樂，洗個熱水澡。妳放鬆，那個能量才進得來。

嬰兒之母：謝謝醫生和我聊。如果日後有能夠做的建議，都請告訴我。我們夫妻真的希望孩子可以不要再受罪了。

畢：妳有什麼問題，就留言給我。有需要的時候，我們可以通話。

嬰兒之母：但希望可以避免因為轉知了其他科別的醫師，而讓外科醫護團隊對正在加護病房的我的孩子產生厭惡心……

畢：應該不至於像妳擔心的那樣。我會先問在外開業的小兒科同學。我和他商量以後，再走下一步。

次日

畢：朋友說，他沒有絕對的把握。但是目前情況很不好，也可能隨時會走。我的建議是下次去看女兒時，好好跟她說話。說所有妳心中的話，包含妳愛她，妳不忍心她受苦，希望她不用再硬撐了，跟著菩薩走。妳會好好的，將來再把她生回來。讓她知道你們放下了，她沒有牽掛，就會回去天上當小天使。試試看。這也是一種能量的連結。

嬰兒之母：……（母親啜泣聲）

畢：妳想哭，就好好的哭，沒有關係。能哭，情緒才能流動。才不會卡住。

嬰兒之母：我想知道如果很可能的結局是這樣，那我們該怎麼解開無效的醫療？

畢：一個方法是要求撤管停止治療。我也不知道醫師會有何反應？需要讓醫師知道，你們為什麼考慮這麼做。就去溝通看看，走一步算一步。我最希望的是妳跟妹妹溝通完，她就放心去天上。

嬰兒之母：我也不確定，我們提出請求，醫院會不會同意？會不會認為我們家屬失職？他們說我不答應氣切，就是不給孩子活的機會，說我沒知識。也有護理師說：「妳要想清楚，不要將來後悔。」

畢：這是他們的慣性思考，不知道這樣說話對你們傷害多大。這種時候，不必在意醫護人員的想法，最重要的是為了妹妹好。他們只執著在妹妹的生與死，沒有考慮妹妹的生活品質。假如你們確定要放手，就要據理力爭。你們夠堅定，才能說服他們。要有心理準備，他們講出來的話，可能傷人，但不要受影響。在醫言醫，對有些醫師來說，病人只是工作的對象，在眼前就盡力救治，離開醫院後過什麼日子，他們無法得知。對家屬來說病人可是心頭肉啊！

嬰兒之母：不好意思，想問問如果我們真的這麼做，會有法律上的問題嗎？比方醫院通報社會局之類？

畢：當病人沒有行為能力時，監護人和代理人有權利代為作醫療決策。譬如昏迷的病人要開刀，會要監護人簽字同意，表示監護人有權利決定要不要開刀，即使病人因沒有接受手術而自然死亡。不做氣切、要不要撤管也是監護人的權利，醫師只是從旁建議，醫師不能拿走這權利。

嬰兒之母：醫師早安，這是我查到的資料〈家屬拒絕手術治療多重可矯治先天畸型新生兒之倫理法律社會問題〉[1]，請參考。我也不確定假若有一天提出不忍孩子治療、折磨，決定拔管，如同文章所提未達「極度病危且無生存一絲可能性」，是否父母就是失職剝奪了孩子生存權，而致後續會有什麼風波。

畢：這些學法的人總是以防弊的角度來看事情。文中所提「考慮孩子未來的生活品質」，被列為不是正當的理由，我卻認為這就是最重要的理由。謝謝妳分享這個寶貴的資料。看得出來你們夫妻非常的審慎、用心。我比較感性，總覺得站在人道的立場來做事，別人的批評不必放在心上。甚至有人批評我違法，我也不在意，因為法律是人訂的，會有不足之處。尤其是解讀的是人，總有認知錯誤的時候。而法律應該要與時俱進，是可以修改的。

嬰兒之母：畢竟是生命，父母有這個想法，就好像放棄自己的孩子一樣。

畢：我是可以把靈魂和肉體分開看的。假如這個肉體不堪使用，就放下，讓靈魂自由往前走。我覺得事情卡在人們保守的思想，需要改變的是觀念，所以需要花長一點的時間。但是每個個案都可能讓醫護有所啟發與反思。所以你努力溝通的過程，讓他們留下深刻印象，有可能改變醫護的觀念，因此拯救了其他的病人。

隔日

嬰兒之母：醫師好，今日探望妹妹因病況危急，我們對醫師表達想法，醫師已同意往安寧方向了！

畢：真是太好了，祝福一切圓滿。

數日後

嬰兒之母：醫師好，妹妹上週末安穩睡著了，和佛菩薩去修行，無病無痛了！謝謝醫生的建議和幫忙，我好感謝！我雖很不捨，但是看她現在無病無痛，覺得是妹妹貼心的選擇和安排。真的有可能如您說的是妹妹的指引，可能真的妹妹都知道爸爸媽媽的心情，默默安排好一切。

畢：你們願意放手的時候，她就沒有牽掛了，我相信妹妹的靈什麼都知道。

嬰兒之母：幸好醫師您的分享讓我心理素質夠堅強。那時候妹妹已經肺出血，情況很不好了，他們還說沒有兩個器官衰竭，勸我們不要簽安寧，再上個葉克膜或再開胸，再賭！我貼心的孩子可能聽到了，自己心跳突然驟降，結果醫師終於答應我簽安寧了。

畢：真的是個貼心的孩子呢！你先好好療養，把身體養好再說。如果心理還有創傷過不去，要尋求幫忙喔！

嬰兒之母：醫師也要好好照顧自己喔！謝謝醫師您在台灣這樣的醫療環境中，努力倡議病人的自主權。

個案分析

1. 上半身的靜脈血液，經由上腔靜脈回到右側心臟。上腔靜脈栓塞，將造成上半身血液回堵，所以頭、頸和上臂都腫脹，還可能有胸水、腹水。

2. 這位不孕症的母親生第一胎就發生這種事情，真的是非常辛苦，還好她夠堅強，與先生共度這個難關，她會更強大。我的角色是同理、聆聽、陪伴、對話，我不必是醫術精湛的小兒心臟外科醫師；也謝謝臨門一腳的小兒科同學有如明燈的判斷。

3. 這個孩子在台灣數一數二的醫學中心，長達半年的奮鬥，情況越來越糟，家屬都看出來孩子的預後很差，醫護人員卻覺得不能放棄希望。身為第三者的院外醫師，客觀的判斷出孩子處在命懸一線，隨時都可能死亡的狀況。可見醫療的判斷，受到許多主觀因素的影響，無法完全科學或客觀。所以，徵求第二意見，常常是有必要的。

4. 在台灣的環境下，人們讚美搶救生命的英雄醫師，認為病人的死亡是醫療的失敗，連醫師們自己也是這麼認為；濫訴文化之下，醫師們也擔心被認為不夠盡力，所以要醫師主動放手，或是能夠以病人為中心，站在病人或家屬的角度決策，我能夠同理他們作出這個艱難決定的掙扎。家屬需要尋求多方意見，將病人未來的生活品質納入考量。雖是因愛而放手，過程非常揪心，但因此上了一堂寶貴的生命課程。

二、「救到底！」到底救了什麼？（女兒記錄）

父親早年過世，媽媽為了我們姊妹倆，日子過得辛苦。不過她一向很照顧自己的身體，喜歡跟朋友出遊，熱衷烘培食物，喜歡刺繡、編織。所以在我跟姊姊開始工作後，她仍維持自己的興趣，努力養生。

只是，母親在八十五歲後，身體狀況開始走下坡，她雖然沒有大疾病，也沒有三高，但是身體器官逐漸老化、虛弱、腸胃不好、視力不佳、容易嗆咳，手腳僵硬等問題開始一一發生。醫師診斷有帕金森氏症和失智症。

姊姊後來搬回來跟媽媽住在台北，她是主要照顧者，我常年住在高雄，所以能做的就是僱請外籍看護，幫忙老人的照顧工作。

姊姊未婚，全心照顧媽媽，跟媽媽的感情很好，我非常的感恩這點。

兩年前開始，媽媽狀況越來越不好，九十多歲的她，大部分的時間在床上。有一次，在餵食的過程中媽媽嗆到，姊姊緊急把媽媽送醫，醫師馬上宣布要插鼻胃管。我沒有醫學背景，但聽過插了鼻胃管就拔不掉，副作用也多，所以跟姊姊討論不要插鼻胃管，姊姊非常的生氣，認為我不孝，居然不想救媽媽，想要餓死媽媽，我們大吵起來。姊妹吵架不是什麼大不了的事，但是從我們爭吵的過程中，我心痛地發現，我們的觀念是這麼不同。

姊姊認為：愛，就是盡全力去救，不然她怎麼可能心安？如果媽媽離開，她想念媽媽的心會很痛苦。

我認為：愛，是讓媽媽生命有品質，因為愛，所以捨不得看她受苦。

姊姊是主要照顧者，我又不住在同一個城市，太多的爭吵無濟於事，所以我選擇尊重她的決定。媽媽從此頻繁地進出大小醫院。

插了鼻胃管的媽媽常常哀求我們給她食物吃，她喜歡美食，可是怕她再度嗆咳，唯一可以進入她胃裡的只能是一罐罐的濃稠液體。

然而，即使插了鼻胃管，嗆咳的情況還是持續，進了幾次醫院後，我們在家買了機器，請外籍看護幫她抽痰。抽痰的過程非常痛苦，媽媽哀嚎的聲音每每讓旁人於心不忍。每次外籍看護說要抽痰時，媽媽就開始流淚，哀求的喊著：「不要，不要啊……」

這些先進的醫療設備用意是好的，但是生命的品質卻沒有跟著醫療進步也往前進。

隨著臥床昏睡的時間越來越多，媽媽的皮膚越來越差，她會用力去抓癢，抓出一道道的血痕。難以忍受的癢讓她晚上睡不好，高聲哀嚎，身上的皮膚也出現潰爛。姊姊沒辦法，只好把她的手用手套包起來，甚至最難控制的時候，把手綁在床邊。媽媽年輕時喜歡刺繡，一雙巧手給姊姊的衣服繡上美麗的花朵。她喜歡做美食，可愛的蛋糕，香噴噴的牛肉餡餅，每每讓人稱讚她的巧手。而現在，只能用厚厚的手套蓋住、綁住。

姊姊非常自責，但是她也很無奈。

長期臥床，屁股、後背都是碗大的褥瘡，一個個紅紅的大洞，流著膿湯、血水，像是一朵朵的大紅扶桑花長在媽媽的身上。

看護已經每個小時給媽媽翻身，但是媽媽的各項器官已經退化，皮膚的復原能力也是，褥瘡越來越嚴重，好不了的皮膚，給姊姊很大的挫折感。

就在這時候，我接觸到畢醫生的《斷食善終》[2]這本書，也上網找很多資料。我才了解到，在台灣，無效醫療的氾濫下，有多少人受著疾病之苦，卻無法得到善終。這些無效醫療，延長生命，卻只能讓這些生命在床上痛苦的度過。

我拿著這本書給姊姊看，姊姊又跟我大吵一架。「你居然想餓死媽媽?!」「你為了媽媽的遺產想害死她？」「你不想照顧她就退到一邊，我會照顧她！」

為了證明我不是肖想遺產的人，我又默默的退縮，不插手。

有一天，接到姊姊的電話，「媽媽喘得呼吸不過來，我現在叫救護車送她去醫院。」

我很想說，不要急救了，但是說不出口。

當天下午，姊姊跟我說醫生說要插氣管內管，她轉述醫生的話：「如果不插管，她就會死喔！」姊姊在電話那頭泣不成聲：「你快回來，我不要媽媽死掉。」

我趕到醫院時，看到平常重視容貌的媽媽，兩眼緊閉，臉色蠟黃，嘴裡塞著我看都覺得喉嚨緊痛的管子。

醫生說：「肺部因為嗆咳發炎，腸胃也有發炎，目前注射抗生素治療中。發炎的部分控制好，就可以出院了。」

我看著媽媽，也努力保持樂觀。但是看到她這樣受著折磨，非常不忍心。出院之後呢？九十多歲的她，剩下的日子都要這麼痛苦的過下去？她喜歡的旅行，跟朋友聚餐、刺繡、看電影、烘培美食，通通都無法做到。跟子女們也無法溝通，身軀只能躺在那張床上，一堆管子連著機器，維持生命跡象。

住院後的第十天，我跟姊姊去醫院看媽媽，機器維持她的呼吸，但是她的臉色非常可怕，嘴唇發紫，兩頰浮腫，耳朵有血滲出來。

「你媽媽除了發炎外，我們發現她凝血功能不好，身體裡面都在出血……」醫生還講了好多好多的醫學名詞，可是我們都聽不懂。

「那怎麼辦？醫生，你一定要救救她！」姊姊哭喊著。

「我們有一種藥可以試試看，這藥每天給一次，一次一百萬……」醫生說到這，我腦袋一轟，不知道該怎麼反應。我看姊姊，她也是一愣。

「還好這個○○藥現在健保有給付，你們不用付錢，要不要試試看？」醫生講出藥名，我還在巨大的震撼中，記不起名字。

「要！要！」姊姊聽到不是我們要付錢，馬上點頭，「我們要救到底！」

「令堂的情況看起來有改善，我們明天也會繼續投藥，一次一百萬，不過健保會付。」醫生說得很有希望，我不是醫療人員，雖然我看媽媽的狀況明明就很差，但是醫生才是專業，我們要相信他。

傍晚的時候，我跟姊姊一起吃晚餐，姊姊說明天她會去看媽媽，要我先回家。就在這時候，醫院打來電話，說媽媽出血的情況控制不住，他們努力搶救，但還是沒辦法，心跳已經停止了。

不是說有改善嗎？

我跟姊姊奔到醫院，只見媽媽躺在血泊中，耳朵、嘴巴、鼻孔都出血，床單上也都是血。她的臉色暗淡，皮膚暗沉瘀青，雙頰浮腫，腹部腫脹。我的心也在淌血。

我很後悔沒有跟姊姊好好溝通，沒有跟醫生好好溝通，媽媽應該可以不用受到這麼多折磨的。

不過，她總算脫離苦海了，這些折磨都過去了。希望媽媽現在在極樂世界平安快樂，我們都會想妳的。

個案分析

1. 看來是我們復健科不夠努力，沒有好好宣傳，老衰病人吞嚥困難時，首要的是要掛復健科接受語言治療師的吞嚥評估與訓練；民眾不知道這訊息，連醫界也不知道，以為插鼻胃管是萬靈丹。在這個案例身上出現了多項鼻胃管的缺點，包括：持續嗆咳、進食的樂趣被剝奪、因為餵食過多而痰多，要忍受抽痰之苦，反覆因為消化道和呼吸道的問題入院。本來已經要自然死亡的衰敗肉身被人工餵食拖延，但皮膚和各項器官功能退化，出現搔癢、壓瘡等問題，不論如何細心照顧都沒有好轉的可能。想像那個畫面，就讓人萬分難過，可見家屬有多悲傷、挫折又自責。

2. 「如果不插管，她就會死喔！」這句話像一把利劍，病人的生死變成是家屬的責任，明明老衰重症才是死因，而不是家屬的決定。就像「你們要不要救？」這種有壓迫性的問法，難怪家屬回應：「醫師，我們要救到底！」無明的醫師和家屬像唱雙簧一樣，受罪的就是病人。此時可以問醫師：「插管以後，有拔掉的可能嗎？」醫師也許會回答：

「有機會喔！」這時候就要接著問醫師，這機會到底有多大？就算暫時穩定下來，可以維持多久？更重要的是病人的生活品質有改善嗎？永遠拔不掉管子依賴機器怎麼辦？許多醫師是只要病人還有呼吸心跳、轉出加護病房就算成功，沒有考慮病人的意願、價值觀與生活品質，不知道何時踩剎車轉彎，沒有坦白告訴家屬醫療已到極限，讓家屬作出錯誤、搶救到底但終身後悔的決定，顯得不夠專業。

3. 民眾也應該要認知，生命的價值不在長短，生命的尊嚴與生活品質更重要。愛一個人不是把他/她緊緊抓著，但是插滿管子、依賴機器、綁在床上，什麼事都不能做，連喝一口水也做不到，而是接受生命有始有終的自然法則。也應了解人力有時而窮，醫療會遇到極限。如果是自己面臨同樣狀況，生命長短與生活品質只能二選一，自己會怎麼選？如果現在病人清醒可以表達，他/她會怎麼選擇？如果每一天都把握愛人與被愛的機會，盡力後放手讓病人出發前往一個更好的世界，才是無私的真愛。

4. 重症末期臨終病人常發生泛發性血管內血液凝固症（Disseminated

Intravascular Coagulation，DIC），又稱消耗性凝血病，造成凝血功能障礙而引發大出血。這時候提供昂貴的凝血因子只能治標不治本，用在臨終老人身上，也不符合適應症。正應了吳育政醫師在紀錄片《一念》中所說的：「我們花一百萬，可以讓病人多活一天，請問這個醫療是有效還是無效？」這位家屬疑惑地問我：「若我母親在加護病房多受罪兩天，健保要多花兩百多萬，這樣健保怎麼撐得下去？」

5. 有位我非常敬愛的九十八歲爺爺在家中飲用牛奶時嗆到，咳嗽不止，呼吸困難，被緊急送醫，經住院檢查發現，兩側肺葉出現吸入性肺炎以及心臟衰竭，合併肺積水、腎損傷，隨即住院並接受醫院的全力救治，無意識靠維生系統臥床將近半年。爺爺在人生最後受盡折磨，浪費了多少人力、物力，絕非他所願。不是因為他有特權，台灣的健保很公平，只要有家屬或醫師不放手，躺臥幾年的比比皆是。對台灣貢獻良多的爺爺與九十六歲的英國女王臨終臥床不到兩天有天壤之別，不是英國的醫療無法延命，是因為他們的醫療保險制度以及人道考量不允許施與殘酷的無效醫療。

6. 台灣有數十萬人無意識插管臥床，友人連建廷中醫師有如下說法，令人不勝唏噓：

後天胃氣可以養肉身，但不能補先天之精氣，故不能生神。精神不繼，無異於無體遊魂。

能放手時且放手，否則七魄已然散失，三魂無法歸天，無異牢籠地獄！

接下來分享十六個停止強制人工餵食、不勉強餵食或者自主斷食而自然善終的案例，包含其過程、出現的症狀、照顧的方式，家屬的心情糾結以及轉變，還有醫療團隊的協助。

一、為腦幹中風父親拒絕無效醫療自然善終

病人之子：畢醫生您好，我父親七十八歲，十天前嚴重腦幹中風，昏迷、全身癱瘓。在加護病房急救，用了呼吸器、插著鼻胃管和導尿管。因為沒有復原跡象，我們已經簽署了拒絕維生醫療同意書，並獲得兩位

醫生簽名。昨天醫生幫我父親拔掉呼吸管，以為父親會自己離開，沒想到他會自行呼吸。醫生推測父親將來不會清醒也不能行動，我和母親都知道這不是父親想要過的日子，這十天來看他那麼受罪，我們已經願意放下，只希望父親能夠善終。不知道是否有進行斷食善終的團隊或者醫院能夠幫助我們呢？

畢：撤除呼吸器，發現病人會自行呼吸，這種現象很常見。你們有辦法帶回家嗎？你們住在哪個縣市？

病人之子：我們住在苗栗。帶回家有些不方便。

畢：苗栗我沒有熟悉的團隊。你們先問醫院能不能轉安寧緩和病房。

兩日後，第十二天

病人之子：畢醫生，抱歉又打擾您。院方打算把父親轉到一般病房，安寧緩和科有派人來跟我們談過，目前無法進入安寧病房。不知道是否還有我們能做的，讓父親安寧的離開，不要再受鼻胃管的痛苦呢？

畢：安寧共照也很好。你們可以要求不要打點滴、逐漸減少餵食量。或者下次更換鼻胃管時，拒絕再插。很溫和的跟他們溝通，一次又一次的溝通，表達你們堅定的立場。慢慢地他們有可能可以接受。

病人之子：我們要求撤除鼻胃管，醫生說這樣不人道，不能讓他餓死。

畢：你跟醫師說爸爸不會吃了，他不會餓也不會渴，不要強迫餵食。他不會復原了，強制人工餵食是一種無效醫療。你們是爸爸的代理人，有權代替爸爸拒絕這種無效醫療。因為插管臥床不是爸爸要的，你們覺得這樣子更殘忍。

也可以這樣說：謝謝醫師以救人為職志，想要救活每個病人。假如爸爸會好，我們借錢也要救他。但是身為家屬，在乎的是生活品質、生命的意義，我們不要爸爸這麼痛苦而沒有意義的活著，爸爸自己也不要。我們也沒有時間和金錢讓爸爸躺五年、十年，多久沒有人知道。

病人之子：是的，我也是支持畢醫生您的理念，換成是我躺在那邊年復一年，我也會希望家人能夠放手讓我走。

第十三天

病人之子：畢醫生，我們剛剛開完家庭會議，醫生願意減少牛奶的餵食量，停止點滴和抗生素。

畢：跟爸爸好好說話，請他不要硬撐了，不要牽掛，放心的去天上，會見到逝去的家人。道謝、道愛，讓他知道你們為愛願意放手，他會放下。他的靈魂可以接收到你們的訊息。

第十五天

病人之子：畢醫生您好，剛才溝通後，把父親轉至安寧病房了，但鼻胃管還是留著餵藥，安寧病房還是會繼續餵食。減少份量的事情還要跟安寧病房的醫生溝通，謝謝您一直以來的鼓勵與支持。

畢：太好了，我們走一步算一步。繼續努力向醫護表達你們對爸爸的愛，不忍心他受苦，這是重點。然後請爸爸放下，不要牽掛，一樣繼續講。祝福！

第十七天

病人之子：畢醫生您好，剛剛跟安寧病房的主治醫生談過，他說會先減少灌食的次數從一日四次減到三次，但是不接受我們繼續減少他的灌食以及只餵少量水分的要求，當然我下禮拜會繼續要求減少到每日兩次灌食。也不知道為什麼，明明已經在安寧病房，也已經無法再康復了，醫院依然不肯讓他善終，依然讓我父親進行這樣的無效醫療。

畢：我確實不了解他們，拔呼吸管的時候，就是決定要讓他善終啊！現在執著於不能不給食物，到底是什麼因素卡住他們？所有臨終病人，不需要過多營養與水分，甚至需要完全停止，這是安寧照顧的基本原則。病人和家屬是醫師最好的老師。請你們繼續溝通，繼續刺激他們的慣性思考，辛苦你們了。

病人之子：很感謝您的溫暖鼓勵，我真的很高興世界上有您這樣善良的人願意幫助我們，萬分感激！

第二十二天

病人之子：我媽媽跟我爸結婚四十年，看他每天抽痰十幾次，拉肚子拉到整個床都是，真的忍無可忍，決定明天要跟醫生說清楚。

畢：拉肚子就是他無法吸收營養的證據，痰多也是他無法處理過多水分的症狀。我們一般人拉肚子，處理方法就是暫時停止進食，讓腸胃休息。只要停止餵食，腸胃跟呼吸道的症狀都會明顯改善。不要提我的名字，也不要提斷食往生這個名詞，就事論事告訴醫師，爸爸的腸胃無法吸收，請不要再勉強灌他食物。令堂真是辛苦了！

第二十七天

病人之子：畢醫師您好，三天前在我七十五歲媽媽老淚縱橫的要求下，醫生終於答應停止我爸爸的鼻胃管灌食，他順利於今晨在睡夢中善終了，很感激您之前提供給我們的一切幫忙，沒有您我們無法讓我爸爸好好沒有痛苦的圓滿，再次感謝您！

畢：太好了，你們終於說服醫師了。你們做了勇敢又正確的決定，爸爸一定以你們為榮，他在天上會保佑你們全家的！

案例分析

1. 有兩位醫師願意在病人中風第十天簽署不施行心肺復甦術及不施行維生醫療同意書，讓病人撤除呼吸器，這算是難得的。有可能碰到認為要觀察三個月才能下判斷的醫師，那就要拖更久了。雖然已有《安寧緩和醫療條例》和《病人自主權利法》避免無效醫療延遲死亡，但是何時啟動，病人是否符合法律上「末期病人」的定義，不同醫師的作法差別非常大。

2. 家屬已經簽署不施行心肺復甦術及不施行維生醫療同意書，撤除呼吸器以後，醫師卻不願意撤除鼻胃管。醫師可以接受病人呼吸衰竭而死，但是無法接受病人沒有進食而亡，且稱之為「餓死」，而必須繼續進行醫療干預，是自相矛盾的。這並非來自醫療的訓練，部分是來自文化因素。昏迷之人，依賴鼻胃管人工餵食當然也屬於維生醫療的範圍，但有些醫師認為餵食是基本的常規治療，不能中斷；或是因為拒絕鼻胃管人工餵食沒有被白紙黑字寫在《安寧緩和醫療條例》中，而只有《病人自主權利法》有明文規定。這是醫界目前欠缺共識之處，亟待整合；目前只有八萬人左右完成諮商簽署「預立醫療決定書」（參考衛福部網站，統計至二〇二四年二月），而許多病人來不及簽署，看得到用不到，因此，政府應該盡速讓諮商費用納入健保給付，實質鼓勵醫療院所開設諮商門診，而《病人自主權利法》應該納入家屬依據最大利益及本人推定意願的代理決定機制。

3. 即使在安寧病房，面對臨終病人，醫師仍然對於「食物」這般執著，病人多次腹瀉，還不主動減少或停止營養的供給。顯示安寧緩和科的專業訓練，參差不齊。其他科醫師對這項知識的了解，就更加不足了。為什麼要強調有些情況「斷食才能善終」，正是因為不管民眾還是醫界，已經習慣以「強制餵食」來延遲病人的死亡而不自知。

二、失智症合併腦癌父親的臨終選擇（女兒記錄）

斷食善終，對我們來說是新的名詞，若不是先看了畢醫生在惠中寺的演講，我們也會感到「斷食」兩個字太可怕了，那就是現代人「忍住餓」的代名詞，減肥過的人都很熟悉，一開始也覺得為什麼不要改一下這兩個字以免被誤解，好像我們是要把人餓死一樣……但後來理解後，發現那麼複雜的一件事能夠用這四個字來表現，也真的是非常的厲害而強烈，而強烈對訴求來說是一件好事。

爸爸年初出現失智症狀，八月時開始答非所問，因為發燒住院接受很多的檢查，發現腦中有五公分大的腦瘤，外科醫生強烈建議開刀，也告訴了我們成功機率及後續如何治療。不治療的話，會有生命的危險，而腦壓會逐漸升高造成很大的痛苦。但我們選擇不開刀。

不開刀是一個困難的決定，但也是為何我們認真去理解斷食善終這個觀念的動力。爸爸八十五歲了、糖尿病控制三十年，已是需要全日看護照顧的失智症者，雖然開刀是一個可以將腦瘤清除的方法，但後續的化療、放療及開刀後的傷口照護可能造成更大的生命風險，所以我們最後朝向安寧照護的方向思考，讓爸爸可以善終。

八月份期間，爸爸住了兩次院，一次住在外科病房，右邊一床是腦癌兩年內開了三次刀、最後躺在床上由太太照顧的六十幾歲男性。聽太太說這兩年間花了七百多萬，曾經想從十九樓的病房跳下去，每每看到先生被抽痰連血都一起出來時，夫妻一個心疼得哭了，一個是痛苦得哭了……左邊床的那位先生是五十幾歲，腦血管栓塞而中風，是男看護照顧，SOP的照顧流程當然是不及親人照顧了。我們看在眼裡怎忍讓自己的爸爸變成躺在床上而任由看護照顧？但事實上，家屬也不一定有能力照顧得更好……

當時家中四人，三人決定不治療，大弟內心還在拉扯時，還好有這住院的機緣，讓陪爸爸住院的他，看到了未來可能會面臨到的狀況，才決定帶爸爸出院回家，準備陪伴爸爸餘生。

五天後，失智症病房通知失智症評估檢查，這次是我全程陪伴爸爸住了兩天的醫院，獨自一人照顧。同病房的失智症者是七十餘歲的老人，由年齡相仿的太太照顧，這讓我看到照顧者的辛苦、恐懼及情緒壓力。這兩次的住院，讓我們深深覺知：要讓爸爸好好善終，才是對爸爸最好的。

住院期間，爸爸許多時候失智症狀更嚴重，也有情緒不穩定的時候，半夜時常醒來吵鬧。爸爸每次住院就吵著要回家，輕度失智時，時常想要輕生，但都會說他怕痛，總是問我要怎麼死比較好。當爸爸頭腦比較清楚時，我試著告訴他，我們不會讓他在醫院離開，不會讓他多受苦。

帶爸爸回家後，我們開始朝向善終來陪伴爸爸，家中有看護二十四小時照顧爸爸，姊姊住在對門，所以姊姊成了爸爸的生活觀察員，而斷食善終的觀念也成了我們的主軸。爸爸算是比較幸運的，有符合醫院派遣居家安寧照護的條件，所以讓我們在執行上比較不會慌張、恐懼。每週會有護理師來家中，針對爸爸當下的狀況調整用藥及照護的指導，一個月醫生也會來一次訪視爸爸。一開始我們就跟護理師說明，我們想朝斷食善終來陪伴爸爸離開，她並沒有反對，只是提醒我們畢醫生有專業背景，我們沒有……可能有些突發狀況會無法招架，事實上我們確實因為這樣的提醒而內心產生害怕，尤其是姊姊，對沒有經驗的我們來說，隨時都擔心自己會不會沒有照顧好，會不會讓爸更痛苦？

還好爸爸有三個孩子一起來做這件事，相互支撐是很重要的，何況我們有安寧居家護理師透過 LINE 隨時輔導我們，什麼情況如何協助爸爸讓他比較舒服，還有當我內心又徬徨時，畢醫生也是看到訊息就馬上回應，讓我們可以像渡河一樣，雖然水流湍急，但還有個繩子可以抓。

十月，爸爸的狀況比較不好了，所以求助畢醫生的次數更加密集，姊姊是跟安寧居家護理師密集請教，包括排便問題、吞嚥功能造成進食的困難、抽搐、癲癇……專業照護問題都能獲得很好的協助，讓我們知道觀察及陪伴是家人最重要的事，因為藉由我們的觀察，護理師會告訴我們，我們可以怎麼做，但大多是不用擔心……漸漸的我們知道，這一切都是臨終的過程而已。

斷食、善終，在這段期間給了我們很大的力量，但需要先看過畢醫生的書或影片才能了解必要的知識，我們因為心中有了這把尺，才有辦法陪伴爸爸沒有痛苦而安詳的離開。

我爸爸可以吃可以喝的時候，我們都有給天然的食物而不給多餘的營養補充品，一直到不能咬，我們會煮粥讓爸爸好吞，到不能吞時才只喝油水，不能喝水時我們才沾水沾油讓他吸，一直到他不吸時我們就沾水沾油滋潤爸爸的口腔及唇……沒有斷食往生的概念，我們是不懂得我們的身體是自己知道需要多少？我們更不會懂得去觀察爸爸的身體需要多少？可能給予過多食物，反而成了他身體的負荷。

我們從畢醫生的書上得到的一個觀念，不能說話的人不代表聽不懂、意識不到，所以在白天讓爸爸待在客廳，至少家人的走動及說話聲可以讓他不會感覺到孤獨，最後爸爸就是在沙發上躺著，全部的孩子在身邊，陪伴著爸爸安詳的走。

爸爸要離開的五天前，姊姊一直想將爸爸送安寧病房，因為爸爸開始譫妄，頻率很高，這樣的症狀讓她擔心會不會我們沒法把爸爸照顧好，在病房至少有專業醫生及護士可以給藥施針……我們並不專業……

於是我又向畢醫生求助這一個難題，畢醫生說：「假如你們能夠接納他所有的症狀，就能夠比較安心。你們安心，父親也會安心。畢竟你們是在上一堂死亡的課程，你們是學生。沒有什麼叫做最好，因為每個人的死亡過程都不一樣，能夠盡量陪伴、安撫，減少不適，就是完美的善終了。去到醫院，環境陌生，他可能更不安穩，醫院能施與的藥物，居家安寧團隊都可以提供啊！」

這讓我的信心又堅強了起來，於是我先去掛安寧門診請教醫生，爸爸目前的狀況在藥物上的調整該如何？我拿了更強效的安眠藥水回家，但我不放心，所以接連兩個晚上我是陪爸爸在同一張床睡覺，為的是觀察給藥之後爸爸的狀況，第一晚藥效很不錯，但是譫妄次數頻率依然，只是發作秒數減少就又睡著了。一發作我就拍拍爸爸、握他的手告訴他不要害怕，我在這陪他，他就即刻睡著……第二天媽媽告訴我以前爺爺奶奶要往生前都會這樣，我才明白……爸爸要往生了。於是晚上陪他的時候，不止我拍爸爸安撫他，爸爸居然將我拉向他，拍拍我的背安撫我，像我是小孩子一樣拍著我，之後又拉著我的雙手，雙掌合起謝謝我。在當下我也謝謝爸爸，並開始告訴他：「不要害怕，您要記得唸阿彌陀佛，像您以前為了祝福我或為了祝福弟弟會為我們唸阿彌陀佛一樣。現在您要唸阿彌陀佛為自己祝福，當您唸阿彌陀佛時不好的東西會不見，好的東西會帶您去好的地方，要一直唸呦……」之後爸爸又在安眠藥的效力之下睡著了。

誤解斷食善終的人不少，但我相信會誤解是因為沒有真正經歷過一些過程，而以字面字句來解讀，這個過程的重點在家人觀察入微，而讓善終前所發生的所有必然症狀得到適當的處理。不論是安寧居家護理師或畢醫生給的訊息，大多不是技術面的指導，而是如何安定的陪伴、給予對的照護，這之間充滿的是愛，並不需要任何的醫療機器。

可以善終是很不容易的事，但我們為爸爸做到了，我們不只學會如何放手，更學會如何祝福，給爸爸滿滿的愛，在觀察與陪伴中，愛在家人間成了爸爸這一生最親密的情感流動，是爸爸人生最美好的句點。

個案分析

1. 斷食善終的重點是如何善終，如果把重點放在斷食，不理解如何達到善終，就完全誤會斷食善終的真義了。這位老先生還能吃的時候，選擇安全的食物，安全餵食，但絕不要勉強餵食。家屬有做過功課，過程中有疑問能得到解答，所以做了最好的臨終陪伴。善終的重點是在自己熟悉的家中，有親人陪伴，道謝、道愛、道別，帶著滿滿的愛遠行。
2. 許多學者提到臨終病人身跨陰陽兩界，大多數人看見的是自己相信的神明，或者想念的逝去親友而感到安心，甚至與他們有言語或肢體動作的互動。但是有些人會看見令他害怕的影像而出現譫妄或躁動，這時候家人的語言或肢體的安撫，精油按摩、音樂、唸佛、唱聖歌等方法非常有幫助。最後幾天這位女兒躺在父親身邊，兩人互相安慰的畫面，異常的動人。這成為她與父親最深刻的連結，難忘的美好回憶。

3. 臨終的人被送往醫院，來回折騰不說，陌生的環境，陌生的人，陌生的靈，只會帶給病人更大的情緒困擾和身體不適，對失智症者而言更是嚴重干擾。請醫護來家裡探視，才是最好的選擇。老年重症末期的病人總是要求要「回家」，其實具有雙重的意義，病人想回到長久生活實體的家，因為那才是他最熟悉、最眷戀的地方。再者，病人是想回到另一個沒有實體的家，如基督教的天家，或佛教的西方極樂世界；通常他們已有「臨死覺知」，知道自己時日無多，即將回到天家，或者即將啟程。

三、重度失智症爸爸的自主斷食善終（女兒口述）

我的母親在我十一歲的時候，因為癌症過世，媽媽臨終時我答應她要好好照顧爸爸。哥哥住校，結婚後住外面，爸爸是軍人，經常訓斥我們，父子倆不親。

我和爸爸相依為命數十年，爸爸不知道是不是把我當他的妻子依賴，經常對我情緒勒索，我到四十多歲才結婚、生小孩。

女兒兩歲的時候，爸爸八十六歲，出現失智症狀需要人照顧，我帶著孩子回家照顧他，到現在已經七年了。隨著他失智症惡化，越來越難照顧，經常連續罵我、訓話幾十分鐘。我外出就說我又去找男人了，跟我女兒說：「你媽媽是壞女人。」先生從中國回來探望，我們分房睡喔，他還一直指著我先生的鼻子罵，說是我找來的野男人。

半夜常常起來，不是要上廁所，就是不知道在亂什麼？說了半天要關門，原來是要關窗戶。有時候亂一個小時，才弄明白他是要喝水。偶爾我有事情，假日請哥哥來照顧，哥哥常打電話跟我求救，因為哥哥搞不清楚他要做什麼？不明白他要做什麼，自然是更大聲的咆哮。鄰居見到我，都說：「辛苦妳了！」

爸爸很依賴我，要請別人來幫忙，他一律拒絕，把別人罵走。就算家裡有好幾個人在，他也什麼事情都要找我。有時候，看到哥哥一家人出遊的照片，心中很哀怨，為什麼我和女兒只能在家守著爸爸。先生在中國工作，疫情期間，三年沒有見面，只能靠視訊聯繫。

最近這半年，他情況快速惡化，晚上鬧得更厲害，我怕他跌倒，只要一聽到聲音馬上起床。有時候，半個小時就起來一次，說要尿尿，但是去了廁所也沒有尿。常常跌下床，我再把他扛上床。有次走路跌倒造成腰椎壓迫性骨折，每天痛得哇哇叫，沒辦法翻身，但是他不願意去醫院。後來，好不容易勸他去醫院打骨泥，腰痛才改善。住院那幾天，在醫院裡面嚴重譫妄，大鬧病房，整個功能大退步。我知道失智症的人最怕住院，因為陌生的環境，沒有安全感。我下定決心，再也不要讓爸爸住院了，我希望他沒有病痛的在家善終。

朋友問我：「這種生活，妳怎麼沒有崩潰啊！真是厲害。」我每天一定要去健身房運動一小時，一星期去五天。我給自己洗腦，我們父女這一世的親緣就是如此，我只能接納。這都是支撐我的力量吧！

他常常說這樣活著很痛苦，他寧願不吃東西餓死。然後就真的可以連續三天不吃東西，但是後來又忘了，還罵我怎麼沒有準備東西給他吃。最近發生了三次這樣的事情。第四次他又這樣說的時候，我跟他說：「爸爸，不要再試了，不會成功的，因為你會忘掉啊！」但是他還是拒吃，有一餐沒一餐的，有時願意吃，有時不願意吃。

後來我去問了師父，兩位師父都說爸爸今年會走，要我不必再求神為父親延壽（我並沒有這樣求），也不必請外籍看護，因為用不到，還說會幫我忙讓父親好走。

剛好我在網路上看到畢醫師的採訪，買了《有一種愛是放手》[3]來看，對於斷食善終有了認識。這次爸爸斷食第四天又開始跟我要食物吃，我聯絡了畢醫師，請教她如何協助爸爸完成他的功課。雖然如此，我和女兒在吃東西，爸爸沒有東西吃，我心裡很掙扎，還好女兒勸我：「媽媽，你要堅持下去。」我才有了力量。畢醫師說爸爸討東西吃的時候，可以想辦法轉移他的注意力，多虧我的女兒努力的撒嬌、唱歌、跳舞，不過有時效果有限。

那段時間，家裡盡量不開燈，我們走路都小心翼翼的，希望爸爸盡量睡。吃飯的時候，只開廚房最裡面的一個小燈，爸爸不能吃東西，我們也沒有什麼胃口，完全不敢開火炒菜，就吃簡單沒有什麼味道的食物。

爸爸醒來的時候，我們就好好的跟他說話，請他安心的跟著佛陀走，去天上見媽媽。他也真的好幾次提到他夢到媽媽，還有很多很早就過世的親人。家裡常常放著佛樂陪伴他。

到了第六天，我又天人交戰，不知道這樣做對不對？但是又覺得半途而廢也不是辦法。爸爸要東西吃，我就說：畢醫師說少吃東西，痰才會減少，等痰更少了，再吃。還好，他說說而已，後來就忘了。

第七天以後，爸爸就沒有再要過東西吃了，偶爾會討水喝，畢醫師說讓他喝幾口沒關係，太痛苦就不是善終了。爸爸居然說他要洗澡，我扶著虛弱的他，洗了人生最後一次的澡。畢醫師說很多臨終病人有這種需求。這天爸爸身體明顯虛弱，我請哥哥下班回來家裡住。

第八天他就沒辦法下床了。但是精神還是很好，血壓、心跳也非常正常，我還擔心他會不會還要拖很久，真的是每一天都好漫長啊！畢醫師說：斷水七到十天會往生，但願如此。

第九天心跳、血壓還是正常，整個過程完全沒有痛苦的樣子。畢醫師說斷食往生本來就沒有痛苦，也許是迴光返照期。

第十天凌晨四點，我發現他在睡夢中走了，表情很安詳，可能是兩點走的。我把哥哥和女兒叫起來，我們輪流親他的額頭，擁抱他，跟他道謝、道愛。四個人一起拍了張照片，大家微笑，沒有哭。早上六點葬儀社的人來了。一切圓滿。

我的女兒在整個陪伴過程給了我力量，她是一個乖巧、早熟的孩子。女兒在爺爺往生後，對爺爺說：「外公，謝謝你那麼愛我，也謝謝你讓我學習到了別的小朋友學不到的生死課。我不跟你說再見，因為我們以後會在另一個世界再見，我會永遠記得你的，我愛你。」葬儀社的阿姨來時，她說：「阿姨，我知道爺爺是去一個好地方喔，在那裡有很多天使。他還可以見到奶奶，之前，他有夢到奶奶耶！」

想起陪伴父親做斷食善終的最後一段旅程，真是天人交戰，刻骨銘心！至今仍有深深的不捨與思念。父親身後事圓滿，感謝女兒的貼心與打氣，感謝畢醫師一路的陪伴，給我安心的指引！

案例分析

1. 失智症者的自主斷食，在國外會盡量選擇在仍有決策及判斷力時，所謂「機會之窗」關閉之前進行，以免過程中病人忘了自己為什麼不能吃東西，或是無法堅持斷食。這位病人也出現類似現象，但是在女兒、外孫女的陪伴、安撫以及轉移注意力之後，還是圓滿了，相當不容易。

兩位陪伴者非常有耐心，也要有定力。

2. 病人在斷食過程中，痰快速的減少，除了偶有的飢渴感覺之外，沒有任何的身體不適。女兒常問我的問題反而是：都幾天沒有吃了，為什麼還要自己走路去廁所？要求洗澡？呼吸、心跳怎麼這麼正常？因為與她的想像不一樣。我舉例我媽媽十天沒有吃飯，還能嘻嘻哈哈參加生前告別式呢！

3. 比較辛苦的症狀是臨終前躁動，這位病人有失智症，過去就常有類似症狀，很有經驗和韌性的女兒自己處理，沒有使用到藥物，僅適時給予少量緩解乾渴感覺的水。若是一般個案，有居家醫療團隊協助的話，還可以給予適當的藥物輔助。不過家人如何安撫、陪伴仍然是最重要的一環。

4. 不論孩子多小，其實都可以跟他們談死亡，這樣才不會造成創傷，或者對死亡的恐懼。這位媽媽為了怕年幼的女兒跟她自己當年一樣，因為不了解而害怕，於是有意識的在日常生活中跟念小學二年級的女兒聊生命、死亡、靈魂、宇宙……這成為她們日常聊天的話題之一。而小女孩也很感興趣，勇敢陪著媽媽幫外公做斷食善終，陪著媽媽到殯儀館完成所有儀式，沒有害怕，靜靜陪伴外公走完最後一哩路！很多父母以為孩子還小，不懂，但其實孩子遠比成人以為的更有靈性。而唯有讓孩子了解生命的歷程，孩子才能在面對死亡時無所畏懼，坦然道別！

四、高位頸椎脊髓損傷媽媽的自主斷食善終（女兒記錄）

許多家屬在陪伴親人斷食往生後，都感受到這經歷彌足珍貴，很想分享給有類似困擾的民眾，因此詳細的記錄下過程，希望能對他人有所幫助。以下是一位病人女兒的詳細記載。

給畢醫生的信

畢醫生您好：

我是無意間在李昆霖的 podcast「腦闆想什麼」認識妳的，當時我心中無限感恩，覺得我好像找到了一線曙光，所以我開始看妳的專訪和書，了解斷食善終的始末。

今年三月底我媽因擦窗不慎從三樓的窗外跌出，當時家中沒人，她躺在大雨中快一個多小時才被送入加護病房，我們到達時她已經插管，醫生告知腦部蜘蛛網膜下出血，可是找不到出血點，只能先引流、裝腦部觀測器。頸椎的第一和第二節有斷裂，右手開放性骨折，昏迷指數只有三分（註：三分是最低分，滿分十五分），所以先送加護病房觀察。

當時我滿腦子出現兩年前媽媽拿安寧緩和意願書（全名是「預立安寧緩和醫療及維生醫療抉擇意願書」）給我和弟弟簽名的情景，可是我卻什麼也不能做，醫生說：「不救，當初就不要送醫院，來醫院只能按照常規來。」那時正是疫情高峰，我們都不能去醫院探視，只能幾天一次請護士視訊，等醫生回應病情，過了將近快三個禮拜，昏迷指數也一直維持在三到四分。我和家人都清楚媽媽之前有交代過，發生嚴重意外不要救她，和醫生討論到媽媽若腦死可以器捐進入安寧緩和，我們都已做好準備，沒想到就在當天，母親眼睛睜開了。

醫生馬上要我們決定頸椎骨折是否要開刀，請醫生建議，他說如果不開刀，後續照顧會更麻煩，我們只能走一步算一步了。開完刀媽媽被轉到呼吸照護病房，他們問要不要氣切時，我們決定不氣切，所以在呼吸訓練了快三個禮拜決定拔管時，我們姊弟妹再次去醫院簽了如果拔管媽媽無法呼吸的拒絕急救同意書。媽媽拔管後可以自行呼吸轉一般病房，我弟弟去照顧我媽，在第三天她們就被傳染新冠病毒，弟弟被趕出醫院，我媽又送專責病房隔離快三個禮拜。

期間我不斷地祈求菩薩可以帶走她，她受太多折磨了，醫生宣布她重度癱瘓未來只能臥床，復健之路對她來說太過艱難，我每天以淚洗面。她歷經專責病房後屁股出現第一個褥瘡，再次轉一般病房時，我們姊弟妹才真正地了解我媽接下來要面對很長很長的艱辛路。

受傷三個月後才開始進入復健，她從原本不認得我們到認得我們了，可是記憶也消失一大半了，說話也不清楚，生活沒有尊嚴外，每天的復健疼痛和張力的痛、伴隨整天磨牙，真是折磨。她意識比較清楚時跟我表明她很痛苦，要我幫幫她，一定有辦法……我好無助，她覺得她在床上像活死人一樣……也不想和我們有什麼互動，對於活著消極面對。雖然她這半年多的復健有些許進步，可是我們也清楚她能做的復健有限。

我媽今年六十八歲，身體一直很健康，我不知道我媽適合斷食善終的方式嗎？她現在有鼻胃管和尿管，斷食善終對她會不會有飢餓感而無法忍受？我還沒和我媽說明，可是我有先傳給弟弟和妹妹了，我想先了解如果我們決定想這麼做時，畢醫師可以幫我們嗎？或是有沒有相關的協助？

媽媽現在意識都清楚也沒有生命危險，現在我弟弟是主要照顧者，一直在復健病房。眼看健保就快滿一年了，之後只能居家照顧，面對不可知的未來，以及長期臥床的痛苦，麻煩畢醫師有空回應我，非常感恩妳，妳為沒有安樂死的台灣創造一線曙光。

和畢醫生的第一次通話

沒想到信一寄出，畢醫生沒多久就馬上回信，通知我明天會和我電話聯繫，這讓我在忐忑不安的夜晚注入強心劑。次日我們通了一個多小時的電話，她很細心的了解前後經過，表明她是復健科的脊髓損傷復健專家，我想這一切是不是巧妙機緣開始發生？依她專業的判斷，受傷已經一年，媽媽沒有可能再更好了。拔掉呼吸器時簽的拒絕急救同意書應該已經成功註記在健保卡，可以依據自主意願不再插鼻胃管。畢醫生安慰我，不是媽媽不配合復健，是她做不來，這神經痛以及張力可能會漫長的伴隨著……我眼淚又不聽使喚了。

過年回家

雖然我們姊弟妹討論過了，可是那種微妙的感覺我說不上，總覺得媽媽的生命自主應該是遵從她的意願。回家這天，我把畢醫生受訪的影片放給媽媽看，我在旁邊默默陪伴她，她看完後，望著我的眼神是開心愉悅，像個小孩子一樣、帶點興奮的說：「真的，我可以嗎？」（說也好笑，我媽健保卡有註記主張不要心肺復甦術、維生醫療的）我們兩個像是放下心中的一塊大石頭，說不出來的輕鬆感，接下來我們常常看到我媽媽笑，這是很久以來沒有出現過的笑容。

了解媽媽意願後

很清楚知道我接下來有一連串要準備的事，在過年趁家族聚會媽媽也在場時，向家人說明媽媽想把鼻胃管拿掉的決定，我們姊弟妹一起討論過尊重她的意願，畢竟躺在那裡的是她。兩個舅舅和四位阿姨他們都清楚之前媽媽簽了安寧緩和意願書，也告知他們若將來遇到重大疾病時請放手。黃氏家人好棒，他們的體諒與支持是我們安定的力量！

我很快再次留言給畢醫生，和她說明情況，也希望她可以介紹居家安寧的醫療團隊給我。雖然所有的一切都如此確定，可是她是我媽媽，我也很不捨，她最信任我，我深怕做錯任何決定，我需要醫療團隊的評估讓我更確定。

三月十七日

畢醫生介紹的居家安寧團隊來到我家，在林醫師跟陳護理師耐心詳細的解說下，還開了一個LINE群組，讓我們在有問題時可以隨時得到解答，這也讓我們像是吃了一顆定心丸。陳護理師特地留下來和我們說明，善終的目的是和媽媽討論她想要的方式、想見的親人、想完成的心願，甚至想穿的衣服、想放的照片、樹葬的地方。盡可能讓她參與，謝謝她療癒了我們姊弟妹，她和我們說接下來他們給我們靠。這天天氣很好，我早早安排好今天要帶媽媽去看她想樹葬的地方，她一直沒去過（法鼓山），她好開心也很喜歡，這天是我們在母親意外發生後最開心的一天。

三月二十七日

從六罐配方奶減量到三罐，媽媽的氣色和精神反而更好，接下來我們一連串安排媽媽所有想見的親朋好友，她很開心每天都有不同的人來看她，我們也珍惜接下來所有的相處時光，開始四道人生：道謝、道愛、道歉、道別。我抱著她、親著她和她說我們很愛她，謝謝她辛苦把我們帶大，為自己未來做好準備，讓我們在她最後一哩路可以安心陪伴。

和爸爸的和解

今天弟弟和爸爸去掃墓，爸爸居然和弟弟回家看媽媽，這是他們離婚二十二年來第一次面對面，我們姊弟妹又哭又笑的想把氣氛炒熱，可是我媽總是鬼打牆的一直問我爸「吃飽沒」？吃什麼？還說他們要說悄悄話，讓我們出去，我們在門邊怕她說不清楚，想當翻譯，沒想到第一句又是「你吃飽沒」……媽媽不忘虧我爸釣不到魚很笨。那一刻我知道他們和解了，我有說不出的感動，謝謝這一切。

四月八日

今天黃家人又齊聚一堂，媽媽和她的手足感情很好，外婆生了七個小孩，她是老大，她體諒外婆的辛苦，所以很小就選擇不讀書，賺錢打工幫外婆分擔家計。他們來探望了好幾次，談笑中流露不捨，也佩服媽媽的勇氣和堅強。

四月九日

這天她希望我們再幫她洗一次澡，今天已經是她第七天未進食了。媽媽這幾天一直安安靜靜的，我在她耳邊和她說我們一直都在身邊陪伴妳，她聽著我們姊弟妹說說笑笑，時而睜開眼睛，時而睡覺，問她時也會點點頭表示。隔天陳護理師教我們如何在床上幫媽媽洗澡，我點了香氛蠟燭、放了輕音樂，讓她心情更放鬆。

四月十二日

這幾天媽媽手腳已經不再蜷曲了（註：虛弱無力，張力下降），我們每天幫她在床上洗澡、洗頭，幫她畫好眉毛、塗上口紅，穿上她選好的衣服。今天和她說「幫妳把灌食的鼻胃管拿掉了」，她點點頭，看她很舒服的睡著，不到五分鐘就聽到她打呼的聲音。

四月十四日

斷食斷水已經過了十二天，開始擔心。和畢醫生聯繫，她說或許媽媽比較年輕，過程會慢幾天。既然拔掉鼻胃管比較好睡，看起來很平順，不用擔心。畢醫師說：「如其所是，接納現在的一切，不預設時間還有多長，照顧好當下。你們的心安定，媽媽的心也會安定。」

晚上她半夜咳了好幾次，呼吸也開始有些快……

四月十五日

今天孫子和女婿都來了，我們在床邊和她說請她放心，我們會照顧好自己，會互相扶持，所有的事都安排好了，不用罣礙。晚上她在睡夢中安詳的走了。

謝謝媽媽教會我們大家如何面對死亡的這門功課！

也讓我們學習死亡沒有想像中的可怕！

看著媽媽很安詳的走她自己最後的路，我很欣慰。

也是她一直希望能好走的路。

非常感恩這一切，謝謝畢醫生三番兩次電話聯繫我，這麼有耐心回答我所有疑問，安定我的內心，給我鼓勵和肯定，也謝謝居家安寧專業團隊讓家屬有了最有力的依靠！

個案分析

1. 這是第二位高位頸椎脊髓損傷者的斷食往生記錄。脊髓損傷復健是我的專長，我總是以美國演員克里斯多福（Christopher Reeve，飾演超人，第二頸椎脊髓損傷）的奮鬥經歷來勉勵病友。剛接到這類個案的請求時，我的內心反射性的有些掙扎，但是想想這是病人的自主意願，他們的苦遠非醫療所能改善，我沒有資格當裁判：什麼人應該、什麼人不應該斷食。另有一位類似情況的病人，一直說不想這樣痛苦的活著，主治醫師猶豫該不該告訴他斷食往生的方法，結果他在治療一年癱瘓無進展後，選擇去瑞士執行安樂死。

2. 雖然病人簽署過安寧緩和意願書，可以拒絕插氣管內管或者撤管，但是其適用對象是末期病人（半年內死亡為不可避免），脊髓損傷的病人病情穩定後，並非適用對象。這個個案依據的是病人的自主意願，家人和醫護人員尊重其生命自主的權利。簽過安寧緩和意願書只是凸顯病人很早就表明過自己對生死的主張。即使她沒有簽過安寧緩和意願書，由於她的痛苦無法改善，醫護還是應該尊重她的個人意志，提供其斷食往生的安寧照顧。

3. 我們從新聞、書籍和戲劇中揣測死亡，而對死亡有了未知的恐懼。這位女兒沒有料到母親死亡的過程充滿了愛，且如此平靜而安詳。在宅善終讓全家人都學到了這寶貴的一課。

4. 有位中年的脊髓損傷者停止進食、只喝水五週，後來受不了飢餓，又恢復進食。病人自責自己沒有毅力，我安慰病人時間未到，就當作斷食排毒、養身。病人說斷食以後恢復進食，發現連白米飯都是人間美味，連水都是甜的。斷食往生只是一種選擇，未必見得適合每個人。

五、失智症媽媽在護理之家斷食善終（女兒口述）

我母親八十三歲，罹患失智症，六年前退化到無法行走，被送到護理之家照顧。兩年前，護理之家告知我們，母親無法正常進食，需要插鼻胃管。叔公臥床十年才往生，母親很早就有交代，她不要插鼻胃管被綁在病床上。但是護理之家表示不插鼻胃管就要帶回家自己照顧，大家都有工作要忙，我們無助的接受了鼻胃管。

之後一年多，媽媽一直受皮膚病折磨，全身長滿疹子，反覆疥瘡，四肢肌肉萎縮，只剩皮包骨，薄薄皮膚下是一片瘀血，但身體很圓。我們要求減少餵食次數，護理之家說成人每日需要一千五百卡的熱量，一日灌食五次，每次二百五十ＣＣ，這是最低標了。

我每次去探視，心裡覺得悲傷難過，心如刀割，看到母親體無完膚受折磨，數度情緒崩潰。

數年來我常去廟裡拜拜求神明，祈禱母親少受病苦折磨，不知道如何才能結束母親的苦難？最近看到母親臉部水腫，和父親臨終前的樣子很像，我每天坐下來就一直哭。害怕母親重複受爸爸臨終那幾個月往返急診的折磨。我每天在網路上拚命查資料，機緣巧合下看到斷食善終影片，彷彿看到救贖的機會。

我立即寫信詢問畢醫師，是否有機構或者醫院安寧病房可以做斷食善終，她回覆目前有少數幾家養護中心或護理之家可以接受住民在地往生，並沒有接受外來住民做斷食往生的，醫院也是一樣。可以詢問本來合作照顧的醫院，看能否入住安寧緩和病房。

一星期後，我們陪著母親掛號安寧緩和門診，醫師說：「媽媽狀況很好，我看過許多更嚴重的。」護理師也說：「被照顧得算很好，只是手臂上有皮下出血。」我聲淚俱下說明母親的心願和我們的不忍。之後，安寧緩和科與家屬開家庭會議，確認這是母親的意願，家人都有共識。簽署了DNR（Do Not Resuccitate，拒絕心肺復甦術）和不施行維生醫療家屬同意書，醫師說不方便收入安寧緩和病房，母親持續留住該院附設的護理之家。

安寧緩和醫師和護士到護理之家訪視，開立醫囑，護理之家才願意進行斷食往生。她們說母親是第二個這樣做的案例，她們也在摸索學習，我向她們致謝，感念她們的慈悲心懷。

減食的順序是從每日一千兩百五十CC牛奶和一千CC水分，減為七百五十CC牛奶和五百CC水分兩週，停牛奶只給水五百CC兩週，然後停水只有服藥時給水。畢醫師建議的減食速度是以天來計，這裡以週來計。停水第十六天的時候（減食算起已經第四十四天），母親精神還很好。畢醫師說一般停水七到十天會往生，我覺得奇怪，追問後發現，護理之家餵藥時水量是每次五十CC，但還有外加沖洗管子水量五十CC，所以每日總水量有兩百CC，水分仍太多……經安寧緩和護理師調解，調整進水量每天一百CC。

減少水分後第四天母親開始喘，第五天有喉音，血壓下降。醫師說應該是這兩天了。第六天安寧護理師溫柔幫我媽媽去除鼻胃管，跟我媽媽說：「你這麼多年辛苦了喔，現在是最後一個階段，我們要讓妳好好渡過，之後就圓滿了。媽媽自己要有信心，子女都很孝順，最後階段過了，就可以回家了喔……」最後兩天，停止所有藥物和水分。

護理之家不接受喪葬業者入內處理，怕有糾紛或要接受備詢，另外會影響那裡原本時日無多的住民心情，所以聲明最後要接回家中或送醫院急診。

第八天母親血壓下降，早上六點左右被送醫院急診室，我趕到時，媽媽被急診醫師戴氧氣罩與抽血檢驗、打點滴，我跟醫生強烈要求去除氧氣罩、點滴。打電話給安寧護理師協助，她們保證安寧部門會接手，有安寧病房就會移過去。急診醫生同意我的要求，我向急診醫師感謝協助，並溫和說了兩次對不起，急診室醫護盡忠職守工作，並不知道我媽媽的狀況，我為我強硬的態度表示道歉。

後來急診醫師以同理心過來跟我說，會把媽媽移到一個安靜的地方，讓我們好好陪伴媽媽，結果我媽媽被安置在急診「留觀室」，那是一個獨立小房間，裡面有菩薩像和十字架，牆上貼著道謝、道愛、道歉、道別的海報。

中午時急診室醫師跟我們解說媽媽的監測數據，醫師視病如親，跟我們說數據平穩下降，建議我們不要轉安寧病房了，不要讓媽媽再受苦移來移去，他們可以讓我們好好陪伴告別媽媽，醫師主動告知我們有權利在急診留觀室四十八小時。

一點過後媽媽不喘了，呼吸平順，後來完全聽不到呼吸聲，儀器顯示每分鐘呼吸數十五次。三點半突然呼吸停止，心跳掉到三十六下後停止。

安寧緩和科的護理師為我媽媽護理時跟我媽媽說的話讓我感觸很深。頌經時，每半小時休息，我就學安寧護理師，在媽媽耳邊說：「媽媽一輩子做人最善良，真的很有福報，子女、孫子都圍在身邊陪妳。現在是最後一個階段，我們讓它順順利利度過，媽媽妳看見菩薩、佛祖要跟隨祂們走喔，到了天上阿姨們、阿舅們都會帶妳到處去玩喔，自由自在……」說一些開心的往事與感謝媽媽，給我們全家這麼多愛與這麼多快樂時光……

媽媽的安寧療程，讓我們家人正視生死和生命意義的學習。家庭會議，從剛剛開始的意見分歧對立，充滿未知與恐懼，尤其是法律方面，慢慢地我們兄妹三人達成共識，摒除情緒化、焦慮、干擾，放手用愛陪伴母親。

感謝畢醫師勇於傳遞善終的知識與經驗，讓我可以用知識力量去解開現代醫療捆綁在我媽媽身上的鼻胃管死結，心中無限感謝。希望如地藏王菩薩發願說的一樣，台灣的老人越來越少經歷人間地獄之苦，地獄成空。

個案分析

1. 這類案例「沒有斷食就無法善終」，不然有可能靠著人工餵食管再躺五年、十年，真是苦海無邊，對病人和家屬都是如此。
2. 在先進國家，失智症嚴重到無法進食時，不建議放置人工餵食管，而是以吞嚥訓練及舒適導向餵食的方式餵到最後一口。如果發生吸入性肺炎，就順其自然，不給抗生素，讓病人因敗血症血壓下降後，昏睡中自然平順離開。在台灣，家屬並不了解，養護中心不了解，接受這觀念的醫師也不多，導致病人無法被收入安寧緩和病房。需要開啟更多的社會與醫界對話，從醫學和護理教育做起才有機會改變。

3. 減食和斷水的速度，確實沒有一定的公式，一般還是建議整個臨終過程不要超過一個月，否則病人辛苦，家屬也煎熬。在美國、荷蘭的臨床指引是直接停止飲食和水分，一般為期兩週。我的作法是全程三週左右，後再詳述。

4. 大多數人以為無意識的病人什麼都不知道，其實他們多數聽覺還在、仍有覺知，只是腦部損壞，無法把他們的感受傳達給我們。我們要把他們當作有覺知的人來看，所以心裡想說的話，都講出來，想像他們的靈魂都接收到了，講出來的人也能夠讓情緒流動，對預期性哀傷的宣洩與轉化非常有幫助。照顧時，做任何事情，都先告訴病人，這能產生親人間的連結，有安撫雙方的作用。

5. 護理之家在病人瀕死期，要送走病人，這一點有待改進。已經有多家養護中心在病人臨終時，不是通知家屬去忙亂的急診處與病人會合，而是通知家人來養護中心送病人最後一程，家屬都會表達最深的謝意，給工作人員帶來欣慰。有些養護之家會有一個類似往生室的獨立房間，讓家人與臨終者好好告別，不會干擾到其他住民與工作人員。

6. 這位女兒願意向急診的醫護人員道歉（她的要求是合理的，只是可能剛開始的口氣比較急），令人欽佩，也因此得到被理解後的良性互動。

六、送臥床二十二年的腦炎女兒去當天使

病人母親：畢醫師您好，在 YouTube 看到您在台中佛光山惠中寺的演講。從臉書知道您現在在國外旅遊，抱歉打擾到您了，希望不會影響您旅遊的興致。我女兒鈴鈴（化名）今年三十五歲，腦炎臥病二十二年，殘障手冊是極重度。眼睛看不到，認不得家人、無法言語、偶爾有小癲癇，沒有服藥。因無法自行排便，必須使用浣腸，最近四年來都由

我幫忙挖便。沒有其他疾病或用藥。家人已經都達到共識，想要幫她斷食往生、自然善終，急需您的幫忙。感恩您仁慈、勇敢的菩薩心腸。敬祝您旅途愉快！謝謝您！

畢：我先傳《有一種愛是放手》中有關斷食和臨終照顧的文章給妳參考。妳需要居家護理所協助嗎？

病人母親：我追蹤居家護理所臉書，發現她們好忙、好辛苦，鈴鈴沒有什麼疾病和痛苦，我想我和退休的先生可以自己來。有問題再詢問您！

減食第十五天（我從國外回到台灣）

病人母親：畢醫師，我循序漸進減少妹妹的飲食，但是心情起伏很大，自己感覺快得憂鬱症！接下來不曉得要怎麼走下去……需要您的指導。感恩！謝謝！

看到她在線上，我馬上用 Messenger 打電話過去，因為直覺她急需幫忙。

畢：我是畢醫師，請問妳現在心理有什麼想法？

病人母親：我覺得很自責，二十二年前我為什麼沒有把鈴鈴救起來，讓她變成這樣。

畢：那時候，發生了什麼事情呢？

這位母親鉅細靡遺講述當年鈴鈴身體如何不舒服，送三總查不出病因，轉台大仍沒有確定診斷，從走路進去，到癱瘓、昏迷。昏迷甦醒後，又花了多少年做復健，但是沒有效果。

一開始我發揮聆聽的功夫，讓她詳細的講，因為講出來就是一種看見，一種療癒。最後我解釋病毒性的腦炎不容易診斷，也不像細菌性的感染，有抗生素可以用。就像腸病毒，有人只有拉肚子，有人腦炎昏迷但後來有很好的復原，有人腦炎重症變植物人，也有人就此往生了。每個人的體質不一樣，結果就不一樣。我跟她說：妳這麼辛苦的照顧她，帶她到處復健，比一般的媽媽不知道辛苦幾十倍，妳絕對不要自責。鈴鈴運氣不好生這種病，老天爺知道妳是很好的媽媽，才給予妳這個重擔，妳要讚美妳自己才對，不必自責！鈴鈴若是會說話，一定是說：「媽媽妳辛苦了，我不忍心再拖累妳，妳讓我去天上作天使吧！」

病人母親：對呀，鈴鈴生病以前，很會照顧弟弟，很熱心幫助別人，個性獨立、不喜歡麻煩別人。

畢：我知道鈴鈴其實很想離開了，一方面不想麻煩你們，一方面二十二年也夠了，她也很累了。送自己的兒女走是很揪心的，妳看過我的書了嗎？妳去買我的書來看，很多人都說這是陪伴家人往生很好的書，因為書裡講了各種生死的故事，心情得到同理和抒發。

數小時後

病人母親：我剛剛出去運動，順路到書局把你的兩本書都買回來了（拍了書封給我看）。

畢：很棒，要好好照顧自己喔！好好照顧自己，家人才放心！

病人母親：畢醫師，您好。一邊照顧女兒，一邊閱讀完您的書《有一種愛是放手》，對許多事情了解更深入，心中非常感謝您！由於女兒一直有咬小毛巾的習慣，這會加速她身體脫水時間嗎？

畢：咬小毛巾，沒有關係，能讓她放鬆就好。她能好好休息最好，未期會越睡越多，好好睡最重要。

第二十一天

病人母親：畢醫師，您可以安排時間來看鈴鈴嗎？我和先生壓力好大。

畢：我剛好後天要去台北，麻煩妳告訴我地址。

第二十三天

他們住在一棟中古的公寓中，非常整潔、高雅，我一進門不禁向她先生誇讚：「你太太真厲害，照顧鈴鈴這麼辛苦，還可以把家裡整理得這麼舒適。」

鈴鈴一個人睡在三張單人床寬的木板床上，媽媽會到床上去照顧她、抱著她、跟她說話，她分得出來摸她的是不是媽媽的手，媽媽的手才有安撫她的作用。因為眼睛看不到，聽覺很靈敏，家裡有很多小朋友故事書和音樂CD，聽故事也有安撫的作用。

鈴鈴已經三十五歲，但是永遠停留在十幾歲少女的樣子，皮膚還很好。我見到她的第一個念頭是：「真的要讓年紀輕輕的她離開嗎？」馬上第二個念頭出現：「可是一年三百六十五天，都躺在這裡，連親愛的媽媽都看不到，雙腿已經伸不直。這樣對待她，真的是正確的嗎？是她要的嗎？」我沒有告訴家長我的心情轉折。

跟鈴鈴講了幾句話，我們來到客廳，媽媽拿出妹妹生病以前的生活照片給我看，驕傲的說著妹妹有多乖巧，看到出遊的照片，跟我解釋他們全家人去了哪裡遊玩。我想這也是一種生命的回顧，我們三個人一起看了幾本相簿。

接著爸爸說：「我想到王曉民就覺得好恐怖，家裡好多人死了，她還沒死。」我說：「是嗎？我只知道她父母過世後幾年她才離開，躺了四十七年。」爸爸說：「她妹妹也比她早離開。我們兩個也老了，身體都越來越差，我太太發生過幾次憂鬱症，我也快要得憂鬱症了，壓力很大，所以提早退休。我們不願意拖累弟弟，那誰敢嫁給他？心裡實在很痛，但是覺得還是應該作這個決定。」我表示同理他們的心情。

我提到：「你們要輪流出去走走，每天曬曬太陽，這樣對身心比較好。」

先生苦著臉說：「我完全不想動，不想出門。」

我一聽：「那你可能有一點憂鬱症囉，更需要出去走走、曬太陽。」

太太說昨天兩人大吵一架，她有問先生：「難道你得憂鬱症了嗎？我好意，希望你不要整天坐在電腦前面，你脾氣那麼大，還摔門！」

先生說：「我心理壓力很大，所以埋首電腦前看小說，逃避一下。結果妳一直來問我意見，問來問去不是都問過的嗎？」

太太說：「孩子姓你的姓耶，現在是怎樣，這是我一個人的事嗎？你不要把我逼急了，你不是不知道，這麼多年來，我多少次想帶著女兒兩個人一起去死！」

我再度回到聆聽狀態，聽他們你一言、我一語，訴說自己的委屈，對方的無理。他們願意講出來，比悶在心裡好多了。

都發洩完了，我說：「其實，這一切都是為了愛。你們本意是關懷對方，但是兩人壓力都太大了，難免吵架。這很正常喔！不過要是能換個角度想，你們兩個人同心協力完成一件多數人做不到的事情，等這個難關過去，你們會建立革命情感，也許兩個人感情會更好。妹妹離開後，你們還有一段危險期，因為兩個人都很悲傷，我希望你們安全度過，然後好好補償這二十幾年來，兩個人犧牲掉的那些互相陪伴的機會。」

先生說：「是啊，二十二年來，我們從來沒有一起出遊。我出國開會的話，她不能一起去。她出國，我就要請假在家裡照顧妹妹。」接著他們問我經常出國，哪裡最好玩，去最多次的是哪個國家？我們談了去日本玩的諸多好處。建議他們明年春天可以去京都賞櫻，先生開始說起京都有多棒，因為太太沒有去過。在輕鬆的閒聊中，我們互道了再見。家訪最長的一次，兩個半小時。我非常榮幸、樂意，有很多的學習。愛說故事的人，通常也是喜歡聽故事的人。

第二十四天

病人母親：感謝醫師百忙之中到宅慰勉開導，受益良多。我和先生真心感謝、敬佩您的仁慈善愛，救了很多快要滅頂的人。沒有您的開導，很多問題會原地打轉，結解不開……祝福您健康吉祥快樂！

畢：我覺得你們兩位壓力都很大，都有點憂鬱傾向，真是太辛苦了。能夠幫上忙的話，我非常開心。祝福你們同心協力，讓一切圓滿！鈴鈴和你們都可以自由自在走向人生的新階段。

第二十六天

病人母親：醫師早安！鈴鈴今天凌晨兩點往生，弟弟說姊姊就像睡著了。點點滴滴感恩您在心中。

畢：阿彌陀佛，一切圓滿。你們真勇敢，要好好讚美自己，包括過去的二十二年，還有這段陪伴的過程，真的很了不起！

病人母親：我不敢哭，怕她走不開。

畢：化悲傷為祝福。她的靈魂還在，好好引導她。輕聲的說，或者只是在心裡跟她說，她都能感受到妳的愛和能量。

病人母親：謝謝，感恩！我一直遵照著您睿智的指導勇敢面對。您是我內心的明燈，敬愛的您！

這是弟弟勸慰父母的話：「姊姊身體被困住太久，現在解套了，爸爸媽媽勞心勞力付出也告一段落，我心中一座大山也被移走了。雖然還是不時想念姊姊，但知道她已成小天使，在天堂裡隨意可以自由飛翔，跟她最喜歡的小動物玩耍，看七彩花朵、彩虹，翱翔在廣闊的美麗天堂，心裡就很欣慰！」

個案分析

1. 鈴鈴才三十五歲，身體器官功能還很好，又沒有內科疾病。所以斷食往生過程其實沒有醫療方面的需求，過程也很平順。最需要幫忙的是家屬，因為他們心情複雜，有不捨、焦慮、悲傷、心痛、自責、罪惡感，非常需要家人的互相扶持。但是因為對於這樣的作法仍有疑慮，擔心社會無法接納與同理，連親朋好友都不敢告知，沒有講心事的出口，每日只有夫妻倆個壓力鍋相處在一起，本來應該是助力，也成了阻力。還好，太太知道向外求助。我的接納與聆聽就發生了重大的功用。
2. 假如有自主意識，年輕、身體健康的病人，斷食往生需要較長時間，相對比較辛苦。鈴鈴雖然只有三十五歲，因為已經臥床二十幾年，斷食往生的過程沒有超過一個月。不要減食過慢，時間並沒有大幅的延長。控制在一個月以內，對病人和家屬來說，相對比較能夠承受。
3. 我們知道白髮人送黑髮人是人間至痛，容易併發高危險哀傷。但是這種痛如人飲水冷暖自知，外人難以體會其萬一！可以推測他們要作這個決定有多煎熬。世上最愛鈴鈴的父母都願意放手了，我們這些外人沒有立場評判他們的決定。

4. 病人往生後，我會暗地去拜訪家屬的臉書，追蹤他們的生活。看著喜歡畫畫的媽媽，與先生、手足出遊拍的美照，為他們感到高興。他們與親友多了許多互動，好棒！鈴鈴在天上歡喜的看著這一切吧！

七、送別出生就嚴重腦缺氧的三個月男嬰

嬰兒之母：醫師您好。我的孩子出生時因為缺氧性腦病變導致腦性麻痺，目前孩子已返家照顧，沒有吞嚥反應，需依靠鼻胃管灌食，每天需抽痰多次，孩子並無使用其他藥物。

對我來說，雖然孩子生命跡象穩定，但我對於目前孩子的生命品質很不能接受，人體自然機制需要飲食和呼吸，但孩子是因為使用鼻胃管灌食才能維持身體所需熱量，痰液過多所以抽痰才不會呼吸困難。我每日看著孩子受罪，心裡非常痛苦，不知這樣的生存意義是什麼？如同您說的，兒童在這樣的生命議題中是孤兒，關於生命的意義我不知

道有什麼相關單位可以討論。

畢：痰很多，請先減少餵食的量，通常會明顯改善。假如是永久以這樣的生命形式存在，當然是應該放手，讓他去當天使。放下衰敗不能使用的肉體，靈魂可以自由前行，將來再重新投胎。

嬰兒之母：當初醫院教我每天餵六餐，由於孩子可以睡過夜，這週開始，我把半夜的那餐停掉不餵，確實早上起來痰液不會太多了。抽痰這個動作我看來應該也是太刺激鼻腔口腔，參考畢醫師書中關於抽痰的不良影響，考慮孩子是可以自行咳嗽或打噴嚏的反射，所以我這兩日嘗試不抽痰，經常拍痰，拍痰後看得出來孩子是舒適的。

孩子的MRI（磁振造影）檢查，顯示腦部有不小的損傷，我和其他有相同狀況的家長交流後，大概了解孩子未來要面對的困境，除了目前的吞嚥問題、痰液的狀況，未來在認知、語言和肢體上也是有非常大程度的障礙。

孩子出生後還在加護病房時，我已經有跟老公、爺爺、奶奶、外公、外婆討論過放棄小孩的事情，所有人也都認同小孩將來如果真是如此辛苦就應當放手，至於宗教神明那部分也不是很看好小孩的未來發展，雖然小孩目前身體狀況穩定，不過我們擔心的是他將來所要面對的一切。我雖然想放手讓孩子走，但一直還沒下定決心，也許是心裡的道德壓力。孩子的狀況對醫院來說並非末期、也不是重症，因此我們要做什麼決定都很困難。我們夫妻從孩子出生以來承受很大的打擊，痛不欲生，畢醫師的理念與智慧有開導了我，讓我跳脫生死的概念，著重在生命的品質。

其實我先生的猶豫在我之上，因為只有我看到孩子出生的那一刻是全身紫黑，那個當下我已經覺得孩子也許要離開了，那短短的幾分鐘我雖然擔心害怕，但也希望他若快速的離開對他來說才不會痛苦。卻不知急救回來是這樣有嚴重腦傷的情形，我知道孩子的障礙會隨著長大越來越明顯，還有最主要的第一個障礙就擺在眼前：鼻胃管，我從來沒有想過我要以這種方式養孩子。

這兩天我和先生懇談過後，我先生能理解、接受並願意共同努力。不是只看眼前的生和死，要考慮長遠的問題。

畢：這種情況，有早夭的可能，長痛不如短痛，生死是遲早要面對的事情。這個關卡必定要走一回，遲面對不如早面對。而這刻骨銘心的過程，將成為你們人生的養分，祝福！

嬰兒之母：一開始不確定的原因，是因為不知道孩子是不是適合斷食往生的條件，也因為曾經跟醫院提出撤除鼻胃管的疑問時被反駁，後來就不敢輕易提出這個似乎是放棄孩子的想法。但我們夫妻都希望孩子的生命是自由的，我們其實都明白孩子的問題，只是欠缺一點勇氣，您可以告訴我您書上提及那個三個月嬰兒的事情嗎？

我們通了一次電話，我解釋了三個月嬰兒斷食往生的過程，強調孩子往生過程平順，其實最辛苦的是家長心中的糾結。順便告訴她最近才放棄無效醫療的六個月女嬰，以及父母幫三十五歲腦炎女兒斷食往生的心路歷程。分享其他個案故事可以讓她覺得不孤單，不是只有她做出這樣看似殘忍其實是慈悲的決定。

嬰兒之母：我觀察孩子這幾日精神雖然都不錯，但餵食的狀況不太好，管灌的速度比較慢（已減少餵食量），有灌不進去的感覺，並且餵完後容易溢奶、痰音變得更重，孩子也容易因痰液不舒服。我今天開始將餵食量降到三次。我和先生討論不如就這幾天開始吧！

在臉書看到畢醫師整理了那位住在加護病房的六個月大嬰兒經歷的過程，我實在感同身受，我們心情上的轉折也是從不知所措，到後來發現「醫護人員習慣把小孩救活」這個沒有人會說的祕密，實在心痛，後續小孩和父母所要面對的現實問題不是那麼容易的。

這兩天思考清楚，放手讓孩子走是我們想為孩子做的事，請問畢醫師可以指導協助我們嗎？另外我們一樣也擔心法律上的問題，會有什麼責任、要注意什麼嗎？

畢：妳完全不必擔心法律問題，你們是孩子的監護人，有權利和職責為孩子的最大利益著想，作這樣的決定，這世上還有誰比你們更愛這個孩子？減少餵食次數以外，每次餵的量也要減少，這樣他會比較舒服，因為他沒辦法吸收那麼多。明天還是三次但是量減半，後天和大後天再減半，之後餵水就好了。餵兩天水，一天三十CC左右，之後只用濕棉棒濕潤口腔、清潔口腔，把喉嚨的分泌物清出來。若發燒，可以用退燒貼片。其他就看你們遇見什麼問題再告訴我。餵得越來越少痰會減少，若喉嚨還是有聲音，那只是黏液，用棉棒清出來就好。祝福！

嬰兒之母：畢醫師午安，今天是減量的第四天，昨天的餵食量是三次總共六十ＣＣ，今天預計也一樣，明天開始只餵水，孩子到今天精神活動力都不錯。開始減量後，孩子的痰音有變小，到今天有明顯比較沒有因痰液造成太大的不適（之前除了要抽痰之外，孩子自己醒著的時候也會自行咳嗽或打噴嚏排出，所以時時都要幫他清潔）。今天體溫有比較高，有貼退熱貼，他有舒服一點。今天尿尿顏色比較深，偏橘色，要注意什麼嗎？假如尿道感染，會有什麼現象呢？

畢：因為身體脫水，尿量減少，自然顏色變深。假如非常混濁，而且有臭味，那樣才是有感染。每天早晚幫他壓小腹，避免尿液沒有排乾淨，就可以了。如果壓不出來沒關係，因為尿量在減少中。即使有輕微的尿路感染，一般也不必治療。

嬰兒之母：灌食量減少的這幾天，孩子的體重下降很快，雖然不捨，但至少他不再受抽痰之苦，呼吸也順暢，能感受他有比較舒適。孩子瘦了好多，我們夫妻看了很不捨、很難過，不希望這個過程拖太久，我如果今天餵完水，明天就不餵了，這樣會不會斷得太快呢？

畢：不會太快。斷的太慢，孩子和家人受的苦更長。孩子可能在睡夢中離開，面相安詳，不要擔心。停水七天左右會回到天上。記得擁抱，好好說話，說你們愛他，不要牽掛，有機會再結緣。

嬰兒之母：畢醫師晚安，今天是斷水的第三天，昨天和前天孩子的精神不錯，痰都沒有了，呼吸也沒有聲音了。今天才有開始比較多時間昏昏沉沉的感覺，這幾天偶爾體溫會比較高，我就會用退熱貼。孩子從出生就不會哭，頂多只會偶爾咿咿呀呀唉幾聲（大部分是抽痰的時候反應很大），減食開始之後，他對飢餓似乎沒有太多感覺，沒有什麼不舒服的反應。觀察下來，孩子發出聲音的時候只要抱著就很平靜，也許他只是喜歡被抱著。反而是我們看孩子瘦得皮包骨、臉也瘦了、囟門也變得很明顯，我們心裡比較擔心、不捨。這幾天我先生也盡量減少工作，和我一起多陪伴孩子。

畢：不捨是一定的，難過也是正常的。就去感受那個情緒，陪伴那個情緒，接納那個情緒。孩子這一世跟你們的緣分比較短，但是未來還可能結緣。看來現在是他出生以來，最舒服的時候，又有你們的陪伴和擁抱，他會帶著這個美好的記憶離開。雖然他不一定聽懂你們的語言，但是他可以感受你們和他說話的溫暖和愛，他醒來的時候，還是可以唱唱歌、說說話；他和你們將有永久的連結。

嬰兒之母：是呀，現在看起來他的狀態是舒服的，我們也才能比較欣慰。雖然也不會笑，但他有雙很清澈漂亮的眼睛，抱著的時候回應我們的眼神很平靜，希望他能感受到我們愛他的心。

畢：一定的。他的靈什麼都知道。

嬰兒之母：畢醫師晚安，今天是斷水的第五天，孩子昨天和今天都有少量排便，顏色接近黑色、很黏稠，請問這是正常的現象嗎？

畢：沒錯，常常有這種現象，不用擔心。呼吸和心跳如何？手腳有冰冷嗎？

嬰兒之母：手腳沒有冰冷。心跳約一百八十下，呼吸約四十下。

畢：即使手腳冰冷，也不要蓋厚的被子，他會覺得很壓迫不舒服，呼吸更沒力氣。手腳冰冷，是因為把血液都提供給腦部和重要的器官去了，不要誤以為他很冷。每天測一次呼吸數和心跳次數。可供參考。

嬰兒之母：這兩日昏昏沉沉的時候，眼睛半開好像有點睡不入眠，只能看他的精神判斷他可能在睡。

畢：你真是觀察入微，這是因為他已經很虛弱，所以沒有力氣閉緊眼睛。其實他是在睡覺。最後嘴巴也可能合不攏。可以在下巴和胸骨中間墊個毛巾捲。這樣就不會一直張口呼吸，嘴巴更乾。

嬰兒之母：畢醫師午安，孩子目前正在發燒（三十八點五度），呼吸較急促，一分鐘約六十到七十次，心跳一分鐘約九十五下，目前還有精神會看床上的音樂鈴。現在有貼退熱貼，躺冰枕。

畢：了解，這樣處理很好。心跳比昨晚慢很多，密切觀察，如果繼續變慢下去，時間就不多了。

次日傍晚（斷水第六天）

嬰兒之母：畢醫師，孩子去當小天使了。今天下午他的呼吸變更急促，我請先生把孩子從小床抱起來，心想也許換個姿勢讓他舒服一點，但抱起來後，大約十分鐘左右孩子就在懷裡慢慢沒了氣息。原先預期也許跟孩子還有一天的相處時間，沒想到這一刻來得這麼快，但幸好我們已經有心理準備，所以這一刻來臨感到的是捨不得而不是慌張。弟弟出生後，我一直陪他困在生命與身體障礙的矛盾之中，解開這個結之後，每天就用全部的愛陪著弟弟，擁抱美好的回憶。謝謝畢醫師這段時間的陪伴，給了我們很多力量。

畢：阿彌陀佛，去當快樂小天使了。化悲傷為祝福！

兩週以後

嬰兒之母：我們考慮之後，願意分享弟弟的故事。弟弟在爸爸懷裡走，是很好的安排，爸爸當下非常難過，但很感謝弟弟給我們機會，讓我們可以陪伴他走，如果是半夜我們睡著的時候走，我們會覺得很可惜。我記得聽覺是最後不見的，所以我一直告訴弟弟我們很愛他，讓他安心走。

畢：沒有錯，聽覺是最後消失的。不過我相信靈魂，我覺得他的靈魂可以感受到，所以不管什麼時候，都還是可以跟他連結，跟他說話，寫信給他。謝謝妳樂意分享。斷食善終社會迴響這麼大，就是因為有太多受苦的人和家庭了。祝福你們一切安好。

嬰兒之母：我們這段時間的折磨跟很多人比還算短的，可是卻也讓我們過得渾渾噩噩，我們現在就互相支持，慢慢回歸正常生活，想念孩子的時候就好好想念他，除了他身上的痛苦，他也給我們留了很多美好的回憶。謝謝畢醫師的祝福。

畢：確實是不容易呀，刻骨銘心，刻骨銘心！

嬰兒之母：是的，刻骨銘心，感恩最後我們是平靜安詳的。剛好就無效醫療這觀點，我們這次也有機會可以好好和對方討論，之前我先生就常常告訴我，如果他發生什麼意外導致預後狀況不好（譬如植物人），讓我不要再急救他，我自己還沒有遇過多年照顧長輩的情況，所以雖然我可以理解他的想法，但心裡不免猶豫：真的不救嗎？我不能照顧你嗎？藉著這次發生的事情，我能體會他所說的，不要拖著雙方一起痛苦，生病的人是身體的折磨，照顧的人也容易身心俱疲。後來我們有好好討論自己的醫療意願，讓對方更了解。真的可以說是孩子讓我們上了一堂重要的生死課。

畢：真實而深刻的體會，我有共鳴！

個案分析

1. 身為復健科醫師，照顧過許多輕重不等的腦性麻痺孩子。那些母親疲累、憂愁的身影，讓我難忘。犧牲了青春，甚至是犧牲了婚姻。印象很深刻的是一位失婚母親，帶著因早產腦性麻痺的雙胞胎兒子，正常的孩子跟著前夫，長期多重壓力下，得了重度憂鬱症；腦性麻痺的雙胞胎改由外婆帶來復健，辛苦了兩代的女性。孩子若有明顯的進步，辛苦還有意義。否則，真是不知為誰辛苦為誰忙？

2. 放棄自已親生孩子的生命，這是多麼困難的決定，若不是經過深思熟慮，不會對醫師提出這樣的想法。可惜仍然有許多醫師只考慮到生與死，沒有用心聆聽家長的心聲，和家長一起思考孩子的未來。所以條件反射的拒絕家屬的要求，造成家屬心理更大的不安與愧疚感。也許是醫師太忙，也許是醫師需要更多的生命教育。醫學教育中，主要在教導如何搶救生命和讓人恢復健康，但醫師們沒有足夠的死亡識能、倫理思辨和生命教育，不知道如何照顧生命末期的病人和家屬，這是非常嚴重的議題。

3. 人工灌食的量到底應該多少才是準確的？這是另一個重要的議題。目前幾乎對所有的病人制式化的給所謂的一罐，每天給六次。我深信不可能每個人都適合，從減食過程中病人的痰液明顯減少，可以反推原來的餵食量太多了。我比較建議用奶粉泡，看病人的反應，決定要泡多少湯匙的奶粉。雖然嬰兒需要餵食的次數比較多，也是要讓腸胃每天有足夠的休息時間比較好。

八、為嚴重腦損傷父親爭取在護理之家斷食善終（女兒記錄）

畢醫師您好，我要感謝您，分享斷食善終的觀念。我的父親七十六歲，一直很健康，但於去年一月遭遇車禍造成腦損傷，臥床一年半如同植物人。過去一年我們無法接受這個事實，做盡了醫療能做的一切，但無力挽回父親的健康。爸爸於今年六月再度腦出血，我鼓起勇氣和媽媽提斷食善終，她說這樣做很殘忍，但後來被我說服了，我們執行漸進式斷食兩週，爸爸安詳離世。

我爸爸生前很喜歡運動，在電視看到車禍成植物人的新聞，會說這樣躺著有什麼意思。看他臥床、瘦得皮包骨，內心很不捨，我告訴自己，我要幫爸爸脫離病苦，這種人生不是爸爸想要的。

去年因為壓力太大，我去做心理諮商，諮商師建議我，爸爸還在時努力的付出，等遇到病況危急時勇敢放手。一年多來我勤跑護理之家，和護理人員互動良好，她們說我不是天邊孝女。

我一直分享要讓爸爸脫離病苦的觀念給我的家人，剛開始妹妹一直抱有希望不放棄，但時間會讓人面對現實。我每個月都問妹妹：「如果爸爸病危，你的想法是什麼？」慢慢的妹妹態度轉變，她說：「讓爸爸好好順順走，不要受罪就好。」

只是要怎麼做？我們並無頭緒。

爸爸這次腦出血我們決定安寧時，當時還沒有決定做斷食，我夢到爸爸，他哭著生氣的抓著我的手，說他等這次機會很久了，他的身體壞了他不要了，一直重複說他要回家。那個夢異常清晰，也許是有這個夢，讓我心意更堅定。

我鼓起勇氣跟媽媽和家人提斷食往生的想法。媽媽剛開始很排斥，說太殘忍，我問媽媽斷食殘忍還是拖著病體臥床五年、十年殘忍？長痛不如短痛啊！媽媽當晚徹夜未眠，在隔天安寧會議時同意漸進式斷食。

我主動向安寧共照師提起我要給爸爸斷食善終，她願意相信我，因為她們知道我努力付出過，願意協助，我爸爸是她們協助斷食的第一個例子。

安寧共照師說，在醫院推安寧好挫折，常常潑冷水的是自己醫院的醫生、護理師，或家屬因為不捨而讓病人反覆送急診。她說第一次和我對話後，她認同我，也幫我協調當時的醫生和護理人員，護理長也很給力，我很感恩！

一年多來，爸爸一直處於無意識狀態，近半年來幾乎都在昏睡，很少睜眼，卻在斷食期間精神特別好，整天不睡。完全斷食後，護理之家仍有給水一天兩百五十ＣＣ。完全斷食四天時爸爸精神特別好、臉色也很好，我們決定提早接爸爸回家。

回家後爸爸血壓、血氧穩定，氣色特別好，聯絡了伯父、姑姑和爸爸三位好朋友來看爸爸，我沒告訴他們爸爸在斷食，他們只說爸爸瘦好多，但氣色很好。回家後，沒有再給水，我們擔心的發燒、抽搐都沒發生。早上十一點到家，到晚上九點多血壓從一百一十二毫米汞柱狂降到六十七，凌晨兩點安詳往生，前後十五個小時。

我們以為他會待一兩天的。真的，爸爸一心盼著回家，從去年一月車禍那晚沒有回過家。我感謝自己的勇氣，提早接爸爸回家，完成他的心願。

媽媽也很勇敢，現在非常認同斷食善終的觀念，天天都在說還好給爸爸斷食好好走。不然大家無法過日子。爸爸到另一個世界生活了，我也開始把心思放回工作上了。

台灣花費太多錢在無效醫療，留著不可逆、沒有品質的生命。我很樂意分享父親的故事，如果可以幫助更多人接受斷食善終，也是做好事。

個案分析

1. 這是我遇到的第三個例子，昏迷不醒的人，也會託夢給家人，表達他的意願。有被託夢經驗的人，完全可以理解這與平常的夢境完全不同。夢境有如實境，清晰而不會忘記是其一。夢中的人物和情境完全符合託夢者的特質。

2. 對大多數病人而言，斷食往生的過程，平順而安詳。但是要啟動這個作法，需要非常多的準備，需要許多人的同心，因緣俱足，才能圓滿。如能同心站在病人的立場著想，就比較容易取得共識。這位姊姊每個月和無法放手的妹妹溝通這個議題，是很有智慧的方法。不強迫對方馬上作出決定，但是把握機會反覆思考、討論，若對方發自內心改變想法，才能安心而無憾。

3. 許多家屬擔心斷食往生會不會很痛苦，大多數都像這位爸爸一樣，因為原來的醫療介入太痛苦，餵食量太多，身體負擔太大，所以斷食以後反而身體狀況變好。若是病人原本有非常難以治療的疾病帶來難以控制的痛苦，那可以請醫療團隊協助。

4. 這家護理之家，勇敢的踏出了第一步，協助停止強制人工餵食，還給病人自然善終的機會，期待未來可以繼續幫助有同樣需求的家庭。

九、孝子救母長路迢迢（植物人插管臥床）

我收到最長的一封求助信，有兩千五百字，且來自一位男性。除了描述母親的病況、他的心情，並且將他查閱到的所有相關法案內容一併附上，來解釋母親符合了哪些條件，屬於末期病人，應該可以移除鼻胃管，終結母親的痛苦，但是收容的護理之家和訪視醫師拒絕了他的要求，而求助於我。

畢醫師您好：

前不久親戚傳來畢醫師受訪的YouTube影片，觀賞之後腦海浮起漣漪，上網Google蒐找瀏覽多份有關報導及影片，立即買回畢醫師兩本著作，閱讀之後對於斷食善終的疑慮及施行狀況，心中漸有脈絡可循，請求畢醫師協助長期臥床的母親擺脫病魔之苦。

家母八十歲，五年多前因車禍嚴重腦傷，腦部開刀後，沒有復原。目前呈重度植物人狀態，四肢癱瘓、雙目失明、鼻胃管及氣切內管留置、大小便失禁，需二十四小時專人照料。合併有糖尿病、高血壓、心臟病。四肢攣縮、僵硬，尿布、衣物難以更換；痰液黏稠難以抽取，需不定時化痰，病人常因痰液哽住，無法順利咳出，嗆咳漲紅臉部表情極為痛苦。去年十二月發生右肱骨骨折、大腿骨骨折住院治療。母親住在某醫院附設護理中心，我和弟弟若有休假就去探視母親，看她每兩小時需翻身拍背、更換大小尿布，豈有睡眠品質可言。每日需不定時抽痰多次，抽痰時抽痰管深入放進氣管內，需承受極度痛苦；鼻胃管從鼻孔深入連結胃消化器官、氣切管深入氣管內，其身體器官因維生之用長期承受醫療器材侵入之苦，且於每月更換時的痛苦又是反覆折磨，二十四小時臥床，日復一日宛如生活在人間煉獄。

我的父親癌末臨終，出現死前囉音時，用力說想回家。醫護量血壓、心跳，說「生命跡象穩定」，不准回家，次日上午在醫院往生，成為我們兄弟一生的遺憾。我的母親曾經交代過不急救、不插管、不氣切，如今已經這種狀態五年多，我們真是愧對母親。要求轉安寧善終，醫師的回答也是「生命跡象穩定」，不符合規定。媽媽的情況這樣悽慘，醫護總是回答「生命跡象穩定」，我實在是難以接受！

因每位醫師的醫學教育、從醫經驗、醫療生死觀、個人生命價值觀等互異，對於病人生命末期看法及認定標準不一，煩請畢醫師介紹引薦認同「斷食善終理念」的醫療單位或者機構，不勝感激！

看了這封信，我與他聯絡。我建議他幫媽媽掛號另外一位安寧緩和科醫師徵詢第二意見，這位醫師很有耐心，花了一個多小時看了家屬提供的所有資料，包括我受訪的影片，也跟家屬借了我的著作，說要回去詳讀。看診時，家屬用手機打電話給我，讓我與醫師直接通話，我提供了我的看法。

事後我告訴家屬：「你遇到貴人了，這麼有耐心的醫師，不是很容易碰到。」我們因此燃起希望，等待這位醫師的回覆。

次週召開家庭會議，醫師認可病人屬於末期病人，也簽署了相關文件（拒絕心肺復甦術以及人工維生治療家屬同意書）。但是院方決議，可以派遣居家安寧團隊到病人家中進行斷食往生，不方便在安寧病房進行。除非病人出現需要住院治療的急症，才能轉入安寧病房。可惜兩兄弟有苦衷，沒有辦法帶母親回家。回報的電話中他充滿了怨怒：「醫院肯幫忙一個理由就夠了，不肯幫忙千萬個理由也沒用。」

這位先生個性認真，應該是完美主義者，加上母親之事讓他焦慮已久。頻繁的寫長信給我，我們也通了很多次電話。後來我直接跟他說：「你為了母親受苦，煩惱了很久，突然發現有個方法，就急於付諸實行，但是目前的狀況是斷食往生的觀念還未普及。你們無法接母親回家，要尋求可以接受的單位需要時間。你心中的焦慮，要練習自己處理，不能一想到什麼就打電話給我，這樣我被嚴重干擾了。」他因此才冷靜下來，改為以文字溝通為主，頻率也減少了。

這家醫院的院長是我認識的朋友，我把這個案例轉達給院長，院長很支持撤除維生系統。立刻安排我次週到該院作全院性演講。演講後與安寧緩和團隊開會，他們堅持病人現在狀況穩定，不符合轉安寧病房規定，並且跟我解釋安寧病房是以急性治療為主。我建議可在醫院附設護理中心進行，只要醫師開出可以減少進食的處方。我說已經有好幾家護理中心，接受這種方式。我可以找進行過的護理中心主管來指導，其實過程單純，就跟照護一般臨終病人差不多。我請他們審慎考慮。

接著我出國三週，回國後，詢問該院安寧團隊意見。安寧病房團隊共識：「狀況穩定，沒有需要住院之急性症狀病人，若是只因為末期斷食，不宜入住本院安寧病房。」什麼是需要住院之急性症狀？最常見的是感染肺炎時，不使用抗生素，讓病人敗血症而亡。外人來看，一定是覺得非常荒謬，不願意讓病人停止強制的人工餵食自然死亡，要等有併發症時不治療，才允許病人死亡。醫師竟然沒發現這完全不是以病人為中心，而且是不人道的。是誰賦予了醫師掌管別人如何死亡的權力？這不是這家醫院的行為特異，這是通例！胸腔科暨安寧緩和科的陳秀丹醫師公然出書、受訪幫這類病人移除維生系統十幾年，才是特例。這麼多社會精英，竟然對這種不合人性的規矩習以為常？

家屬聽我講述這種結果，已經沒有力氣回應了。終於接受了我另一項建議，送母親到外縣市的醫院，住院進行斷食往生。負責的醫師曾經在慢性呼吸病房工作，他說那裡宛如有心跳的停屍間，他立誓要解救慢性插管臥床的悲慘靈魂，救一個算一個。

以下是病人次子所作斷食往生記錄：

第一天：解開生命桎梏。

到院後，醫病召開家庭會議，達成共識之後，醫師為媽媽撤除無效維生醫療（含鼻胃管和氣切內管），媽媽不再有因為氣切內管卡住咽喉，痰液哽住無法順利咳出，不時漲紅臉、表情極為痛苦的現象，狀況平穩。

第二天：尿液較深色，精神狀況良好。

第三天：精神有點疲累、睡意感，洗頭、洗澡，其他狀況還好。

第四天：凌晨呼吸較急促，血氧、血壓較低，心跳較快。塞軟便劑，助排便。傍晚進入昏睡，很平穩安靜，喉嚨發出喉喉的聲音。

第五天：早上呼吸較平穩，但喉喉聲音還在，有大便、小便，洗澡。晚上稍微發燒、心跳快。

第六天：早上呼吸平穩，擦澡，有小便，顏色很深、尿液較少。迴光返照睜大眼睛，我們看著媽媽說告別祝福的話：「感謝媽媽的生育之恩和養育之恩，兒子和孫兒都已長大了，無需擔憂，希望媽媽跟菩薩去修行，保佑兒孫。」之後閉眼又睡著了。整天下來都很平靜、安詳。

第七天：一如往常沒什麼不適，血壓、血氧正常，心跳稍微快一點，小便少量，晚上十點多開始呼吸較喘。

第八天：早上六點有較多小便，呼吸較喘，有呼吸中止現象約十秒，身體有紫斑出來，眼球會晃動，整個過程都沒有痛苦、感到安詳。早上八點多往生，善終圓滿！阿彌陀佛！

從長子寫信給我到母親善終，為期三個月又十天。斷食往生前後八天。

個案分析

1. 病人有併發症時才轉安寧，不積極治療，讓病人因併發症而死亡，這個作法，其來有自。因為目前健保安寧療護制度將安寧病房定位為急性病房，進住病人應符合下列條件：

A. 病人或家屬同意接受安寧療護，並簽署選擇安寧緩和醫療意願書（必要條件）。

B. 確定病人為末期病人，且對各種治癒性治療效果不佳。而居家照護無法提供進一步之症狀改善需轉介，或病情急劇轉變造成病人極大不適，例如發生疼痛、呼吸困難、譫妄、臨終躁動、腫瘤潰瘍傷口、淋巴水腫等症狀極需住院處理時。

C. 末期運動神經元病人：雖未接受呼吸器處理，但有直接相關及/或間接相關症狀者。或已使用呼吸器之末期運動神經元患者，但已呈現瀕臨死亡徵象者。

在這樣的法規之下，有少數安寧緩和科醫師願意收治撤除人工餵食管的病人，有非常大的擔當與道德勇氣，在此向他們致敬。

2. 有些醫護人員感受到目前許多大醫院的作法違反人性，卻沒有獨排眾議的可能性，所以他們寧願自己出來開居家醫療診所或居家護理所。他們主要的工作型態是到宅服務，上山下海深入民間，可以明顯感受到病人和家屬真正的需求，就更能以病人為中心來考量，用更人性化的邏輯來解讀法規。他們不分日夜，過年過節也往返奔波於不同家庭間，而且收入相對微薄，有報導說台灣從事居家醫療醫師的收入，是日本居家醫療醫師的六分之一；在我心目中他們是真正的行動菩薩。

3. 從這位媽媽撤管過程可以發現：氣切管的留置可能是為了抽痰方便，卻讓病人更容易生痰，且咳痰不易。氣切管移除以後，病人更舒適，就會讓家人有「前幾年氣切的罪白受了」的感受，這種例子非常常見。以我的經驗，長期使用呼吸器的病人需要氣切，一旦恢復自主呼吸，氣切管都可以移除，氣切傷口會自然癒合。氣切管留置越久，反而容易發生肉芽增生阻塞氣管。氣切管顯而易見是一個非常不舒服的侵入人體裝置，只要病人脫離了呼吸器，能盡早移除最好。

4. 到院後直接停止進食和進水，過程平順，八天就安詳往生了。兒子請假八天來照顧，沒有影響工作。台灣有些醫師這樣做，西方國家也是這種作法，而不是用漸進式斷食的方法。若是斷食、斷水速度太慢，對病人和家屬都是相對辛苦的事情。漸進式斷食的優點是家屬覺得病人可能比較能夠適應，心理壓力比較小，有自主意識者通常採用這個方式。

十、四肢肌肉萎縮在養護中心自主斷食的美眉

某日臉書跳出失聯四個月的臉友姓名，原來當天是她的生日。點進去，映入眼簾的第一則訊息是：「生日快樂，我想念妳！」

第二則（一個半月前）：「我們心靈相通，今天早上眼皮一直跳，原來妳離開了。祝妳一路好走，從此逍遙自在！」

第三則（兩個月前美眉本人的最後留言）：

我要是真發生了什麼

請記住我的五不要

我不要插管（鼻胃管、氣切）

我不要上氧氣

我不要急救

我不要水、我不要任何食物

最重要的是我不要送醫院

我都已經簽名好了
我放棄任何治療

我寫訊息詢問她自稱心靈相通的朋友，請問美眉是怎麼走的？往生前，她的兒子有來看她嗎？

朋友回覆：「她是斷食善終走的，過程順利。往生前，她兒子有來過，她非常高興。其他細節，我不清楚。」

五個月前，我收到美眉的第一封求助訊息。她四十三歲，因為肌溶解症頸部以下四肢癱瘓，手部有一些微弱動作，已經在養護中心臥床十三年。她的臉書內容大概可以分為三類，最多的內容在抗議養護中心的環境不好，員工的態度不好。其次是她有多麼痛苦，這病房的阿嬤已經換好幾批了，一個新冠肺炎就走了，她卻想死也死不掉。另外就是偶然會有朋友用輪椅推著她外出，一起去享受美食的畫面，她最要好的幾位朋友是外籍看護，也許曾經在該養護中心工作。

她告訴我她受夠了，十三年過去，將近四千七百個日子，每天躺在人間地獄，做什麼事情都要叫人，叫半天也不一定有人來，連一隻蚊子都打不死。她要在兩個月以後自主斷食，脫離苦海，希望我能夠幫助她，她最擔心的是當她彌留之際被送醫院強制灌食。

她早已經簽過拒絕急救、拒絕插管、拒絕送醫的相關文件。三年前她發生急症，被送醫院救回一命，她非常憤怒。養護中心人員跟她說，她們有詢問她的意見，她在最後關頭有答應送醫（這是一個死無對證的描述，因為她本人應該當時已經沒有意識了。她記得的是她一直拒絕送醫）。

在養護中心自主斷食，我從無這種經驗，她擔心的事情極可能發生：在斷食末期，昏沉之時，若養護中心違反她的意志送醫，我也不知我能幫什麼忙。多數養護中心的慣例是所有臨終病人送急診，一個絕食的住民臨終送醫，在台灣應該是可預料的事情。

她做好的準備是在臉書不斷表明自己不想活了，有這個想法多年，與他人無關，是她自己的決定。簽署了安寧緩和意願書，另外簽署了文件表達無論發生什麼事情都不送醫，並附帶聲明：如果違反她的意志，或者趁她不省人事送醫救回生命，她不付養護中心費用了。我告訴她你還可以錄影存證，她很快錄了兩個版本給我。我稱讚她講得有條有理，她高興地說著她小時候作文不錯。

她給兒子的話：

兒子啊！我覺得最對不起的人是你。
我沒有好好把你帶到大，這是我唯一的遺憾。
現在你也已經長到十八歲了，能夠自己做主了！我感到很欣慰。
我多麼希望你能夠再叫我一聲媽媽！

她給父母的話：

爸爸媽媽對不起，我這個不孝女兒終於要離開了！
從小到大一直給你們製造麻煩，
到了三十歲都還給你們添麻煩，
現在再也不會拖累你們了，很抱歉拖了那麼久！

她給機構主管的話：

老闆娘，我已經在進行斷食善終了。

我不要再送醫院了，我希望妳不要阻止我，拜託妳了！

我真的是活夠了，已經癱瘓在床十三年。

我在這裡十年，謝謝你們照顧我，我知道妳對我很好了。

沒有跟我計較這麼多，費用算我便宜那麼久了！

我一直都有這個念頭，我臉書上也很常貼文說明我根本就活不下去了！

麻煩妳交班可以嗎？不要再把我送醫院了，我不插鼻胃管、不急救。

我真的想就這麼走了，讓我好好的走，有尊嚴的離開，可以嗎？

影片裡一直聽到背景有老婦人的聲音，有時尖叫、有時怒罵。她說老婦人從早上一直叫到現在，中間只有停一下下。老婦人近日被插鼻胃管，雙手被綁，所以憤怒地在抗議。我表達同情老婦人，也同情她住在這樣的環境，日子難過。她拍了房間的全景給我看，另一床是五十幾歲的婦人，三十幾歲就得了舞蹈症，也是臥床多年，她生氣的時候，還會打照護員（註：這種病人同時有精神症狀）。我不禁嘆息，在這裡工作的人也真辛苦。接著她拍另一個插管、手被約束的婦人的睡姿給我看。她說：「你看，睡成這樣，都快要摔下床了。為什麼養護中心會有人骨折，就是這樣來的。我雞婆一直叫她們來把病人扶正，她們不但沒有趕快處理，還罵我。因為我是這裡唯一頭腦清楚的，所以會有意見、有抱怨，她們最討厭我。故意不讓我吹冷氣，說浪費電。」

將近一個月的時間，她密集的在我的臉書留私訊講她自己的故事、抱怨不好的待遇、多麼不想活。我告訴她，你寫你的，我有空才回覆。敘事本身自有其意義，她在回顧人生。

她說：「我的原生家庭教育是很好的，是我自己不學好，個性叛逆、固執又偏執，可是三觀還算很正。我爸爸媽媽也說：從小我們沒有少給妳什麼，為什麼妳會變成這樣？」所以她爸爸十年前把她送來這裡，就再也不來看她了。媽媽說：「早死晚死都要死，妳為什麼不早點去死。」兄弟姊妹當然也不理她了，說她是家族的恥辱。除了她吸過毒，我並不知道她還做錯了什麼事情。

我把《有一種愛是放手》書中有關自主斷食和臨終照顧的文章電子檔寄給她，也討論了過程中需要注意的事項。

她說：「下完這個決定，我自己心裡很輕鬆，但是也有一點害怕，擔心自己完成不了！我告訴我自己，我要堅強，我要勇敢，要堅定。我一定要努力，因為我沒有回頭路了，而且前方的路也沒有了。」

她準備斷食的時間我正好要出國三週，我希望她提前幾天，她說：「這幾年我省吃儉用，走之前要過一兩個月好日子。」拍了巧克力、蛋糕、大餐的照片給我看。

我告訴她：「斷食以前要先練習，讓身體習慣，妳這樣大吃特吃，到時候怕很難成功。」

她回我：「我要利用最後的機會，好好享受美食，難道我錯了嗎？」

隔天我回應她：「我覺得妳時候未到，妳對食物還這麼眷念，又這麼年輕，斷食往生對妳而言很不容易。目前身處的困境，也許不是毫無轉圜的餘地。妳還是放棄自主斷食的想法吧！」

也許我打擊了她的自尊心，從此再無音訊。

這天臉書跳出了她的名字，是她從天上捎來的訊息吧！

以此文紀念倔強、熱心、正直、自尊心強的美眉，你做到生命自主了。終於在天上逍遙自在了。

個案解析

1. 在養護中心自主斷食，對養護中心來說這是全新的挑戰，他們最可能的作法是把病人送走，或者將病人送醫。由於美眉的家人已經多年沒有往來，應該不會接她回家。至於送醫，美眉三年前有過被強迫送醫的經驗，一定是經常的提起並抗議，養護中心可能不想重蹈覆轍。美眉在這家中心已經住了十年，我想雙方已有足夠的認識，這可能是機構會成全她的心願之因素。多年前在美國，有過住民想在養護中心自主斷食但被拒絕的案例，引起訴訟，最後的判決是：病人自主拒絕飲食時，機構就不再有提供食物飲水的義務，但有繼續提供舒適照顧的義務。

2. 美眉能夠成功的最大原因，應該是她持續四處嚷嚷的個性。她不間斷地向機構負責人、員工表達自己隨時都歡迎死亡，拒絕所有醫療的決心，並簽署了多種文件。在臉書、向朋友表達她不想以此狀態存活的意願，事先留下給家人和照顧者的遺言。至於斷食的這個方法，她怕打草驚蛇，事先沒有告訴機構人員，但從我這裡問清楚了進行的所有細節。開始執行時，一定是告知了所有的朋友，兒子有來探視，朋友也有來陪伴。她應該有將錄影存證傳給朋友，並提供給機構負責人，以表達她的決心，讓機構負責人有免除被究責的證物。

3. 側面得知，斷食過程中她只說她吃不下，沒有說她要做什麼。連續三天不吃飯、不喝水，只喝一杯咖啡（我相信是大家心照不宣，不說破）。第四天上午出現嘔吐症狀，解黑便，神志不清。送醫時診斷胃出血、糖尿病酮酸中毒，沒有急救也沒有插管，給予藥物控制，兩天後往生。這與她糖尿病不治療，又酷愛甜食，加上最後幾天脫水有關。過程出乎我的意料之外，她對我隱瞞了她有糖尿病，長期控制不佳的事實，臉書貼文顯示她酷愛甜食。她終究達到目的，還好時間沒有像相對健康的年輕病人一樣拖得很長。我想，機構負責人和醫院的醫師應該都有成全她的意思。

4. 這算是特殊案例，我對在養護中心自主斷食一事，沒有很高的期待。因為必須要負責人很有尊重病人自主權的觀念，且要勇於承擔。事實上，自主斷食者留下錄影存證以及其他表達意願的文件，就不會有任何刑責；有其他家屬的共識與見證，當然更理想。

十一、高位頸椎脊髓損傷弟弟的自主斷食（姊姊記錄）

二〇二一年二月，弟弟騎機車跌倒送到醫院急救，頸椎斷裂，四肢癱瘓，從此再也無法站立、無法回埔里的家、無法打電話給媽媽，從此無法再看媽媽一眼了……

時值疫情蔓延，全台醫院警戒，有很長的一段時間是弟弟一個人在醫院，連家屬都無法探視。弟媳會傳來訊息，告知醫療的情形，大都是插管了、呼吸困難、長褥瘡幾乎挖掉了臀部一半的肌肉……等不好的消息。每一次想到弟弟所承受的苦痛，我的內心就有無比的傷心與難過。

二〇二二年的七月，弟弟終於可以回他新竹的家，在家人的陪伴以及弟媳的細心照顧下，弟弟的語言程度慢慢地進步，可以跟我們視訊講電話。一週一次的視訊以及一個月的探視成為我跟弟弟接觸的方式。在這期間我更體會到弟弟的痛苦，他能思能想就是不能動。彷彿禁錮在一個監獄裡面，每天望著天花板什麼事都不能做，所有大小事只能倚靠他人。

看著他身上的鼻胃管、尿管和氣切管，不定時抽痰，以及全身肌肉萎縮，我一直想著如何幫弟弟減輕痛苦。

那年九月，朋友送給我一本書，「斷食善終」這四個字映入眼簾時，內心一陣悸動，我知道我將如何來幫助我的弟弟了。

我買了書分別送給弟媳、哥哥、姊姊們。也找到機會告訴弟弟斷食善終可以幫他盡早到阿彌陀佛那裡，弟弟聽到這個方法，興奮的說：我要去阿彌陀佛那裡。

弟弟說他唯一的罣礙是媽媽。其實媽媽在弟弟受傷那年的十一月已經安詳的往生了，但因為弟弟住院中，怕他身心無法承受，所以一直沒有告訴他這個消息，直到出院回家，大家還是隱瞞著這件事。我想此刻應該可以告訴弟弟實情：媽媽去阿彌陀佛那裡了。

弟弟眼眶泛紅，沉默許久後說出一句話：「那我再也沒有罣礙了！」

接著我邀請畢醫師到我主持的道場演講，利用這樣的機會讓我的家人認識畢醫師以及確實了解斷食善終。當弟弟聽到這個消息時，眼睛發出明亮的光。我終於了解，捨下這個帶給他極度痛苦的色身，順利出發前往下一站，對他而言是多麼的充滿希望。

講座中畢醫師舉了許多斷食善終的例子，我的家人深深了知斷食善終確實是對弟弟最好的方法，只是希望時間再延後一些，畢竟還是有很大的不捨啊。

經過一連串的溝通、解釋、說明以及鼓勵家人們有勇氣放手，弟弟才會有希望，才能離苦。二〇二三年五月，弟弟五十八歲生日的這天，回到埔里老家進行斷食善終。此時已經受傷兩年三個月。

我永遠都記得那一天的情景，我們全家族的人圍坐下來，藉這個機會讓大家明白為什麼要做斷食善終，並且讓每一個人有機會講出對斷食善終的看法。

齊聚在埔里老家客廳的有：大哥、三個姊姊和他們的小孩。

首先我跟大家說，感謝弟弟給我們機會面對生死課題的學習。

「佩服小舅的勇敢。」

「叔叔的決定非常不容易，不過這樣的方式，讓我們能夠好好說再見。」很難得這些年輕的晚輩能看到小舅還有叔叔帶給他們的生命啟示。

畢醫師在弟弟回到埔里的第二天，來到家裡探視，告訴我們進行的細節，解答了我們所有的疑問，並和我們建立了群組。畢醫師的到來帶給弟弟和弟媳很大的力量，對於我來說也是一股安定的力量。次日開始進行減食。

在回埔里後第二週的週日，家人及弟弟的同學為他舉辦了一場生前告別式。

這一天弟弟陸軍官校的同學以及國中的同學來了近六十人，我們製作了一份影片，從弟弟的成長到求學到陸官的生活，做了一個回顧。

在這一個生前的告別式中，陸軍官校的同學全體起立合唱陸軍官校的校歌，近六十人的歌聲雄壯激揚，傳遍整個客廳。我看著躺在病床上的弟弟，他眼睛泛淚，但是有一股英勇、尊嚴、榮耀的眼神散發出來。

這是弟弟癱瘓以來難得有的神情，同學們的歌聲與祝福喚起了他本具有的榮耀，這才是真正的他啊，他應該也是希望大家記得這樣子的他。

我想如果沒有做斷食善終，弟弟一輩子躺在床上到最後終老死亡，絕對不會有這樣子的神情、這樣子光榮的眼神出現。

生前告別式舉辦過後，就開始完全斷食，只喝少許的水。斷食的過程沒有想像的困難，可能是他下定決心，也有可能是他受過軍人的訓練，但更多可能是目前癱瘓在床，不是他要過的人生。

他不想麻煩別人，不想帶給家人負擔，在他軍人的身分上及處處為別人設想的個性上，這是不允許的。

在逐漸減少飲食的那幾天，弟弟反而有更好的精神，不失他原有開朗樂觀的個性，常常逗我們開懷大笑，好像生病的是別人不是他，要面對生命的終點好像不是什麼悲傷的事。

他不只講笑話給我們聽，當我問到他所擁有外在的物質及內心承受的種種事情的時候，他很清楚的告訴我，這些都不重要、跟他都毫無關係了。

我很驚訝弟弟有如此的反應，他不只勇於跟我們說再見，對世間的一切他似乎毫不費力地就輕易的放下了。

我好像在這一刻才真正認識我的弟弟，雖然他從小受到大家的疼愛，是大家眼中依賴性很強的么弟，但此刻的他卻比我們都還堅強，還更堅定不移地實行他的決定。

在這個過程中，看似我們幫助了弟弟，但反過來看，整個過程其實是他幫助了我們，讓我們沒有困難、沒有內心的糾葛來做這一件事情。

這一段期間的弟弟，身上好像有光一般，那一股光明散發在家裡的每一個角落，吸引著每一個人都想到他的身邊。在這樣的一個光明當中，我們面對的不是死亡的事，反倒像是一種清淨與喜悅的相聚。

這一段時間也是我出家之後，第一次有這麼長的時間跟弟弟以及家人相聚在一起，這是多麼難得的機會呀，這一段時間可能成為我一生當中最難忘的時刻了。

再請教過畢醫師之後，我們開始嚴格執行斷水，盡量控制在三十到五十CC以內的水量，這是相對比較困難的地方。我們用檸檬汁加少許的蜂蜜做成冰塊，達到解渴潤喉的效果。

用安眠藥做輔助以減少弟弟的不適，在他醒著的時刻，我們會幫他按摩、跟他說話，鼓勵他的勇敢；我告訴他，他所做的比我們想像得更好。

有幾次他吵著要喝水，這是斷食以來我們所面臨的最困難的時候，在給水或是不給當中糾纏著。後來我們還是給了，想到畢醫師來家裡的時候談到的「如其所是」，這也是我們時常跟居士們在共修時所談論到的。

此刻正是實行的時候，「如其所是」如外在因素所呈現的一切都完全接受，不抗拒，完全稱是。弟弟會有什麼樣的反應，我們就做怎麼樣的接納，所以在能給水的當中我們也沒有刻意的減少或是不給，到後來弟弟睡眠的時間越來越長，喝水的問題似乎也沒有那麼嚴重了。所以不要把問題當問題，就自然把問題解決了。

嚴格控制水量的第七天後，弟弟睡覺的時間越來越長，說話也不那麼清楚了，這時候家人的陪伴格外重要。

弟媳從一開始無法接受，到後來的全力配合，這也給予弟弟很大的協助。哥哥如父親一般的慈愛，在他旁邊唸佛、按摩，還有大姊如母親般的無微不至的照料，以及另外兩位姊姊的支持，這一些在在都給弟弟很大的力量，也讓整個進行的過程沒有太多的困難以及悲傷。

進行漸進斷食以來的第二十八天，早上弟弟喝了一次水及吃下安眠藥之後，就一直沉睡著。

我們陪伴在他的旁邊不斷地跟他說話，握著他的手，讓他知道我們在他的身旁。

血壓跟血氧慢慢下降，一直到下午全家人都回來了，我們在弟弟的身旁說話陪伴。

最後全家人圍繞著弟弟，在大家的唸佛聲中，心跳停止了，弟弟靜靜的、平淡的、安詳的離開了我們。

室內一片祥和，沒有驚恐沒有悲傷，所有一切要說的話都化為了光明的祝福，在這一個光明當中，每一個人彷彿都得到了安撫，這是一個很微妙與神聖的體驗。

生命的結束不是真正的結束，而是以另一種方式開啟下一個旅程。如同電腦當機，登出後可以重新開機。

透過對生命的認識，更能坦然面對與接受這一期生命的變化。

弟弟從小在家庭得到滿滿的愛，以至於他有開朗及無憂無慮的個性，所以他同時也給了他的家人及他的同學無比的愛。

因為有愛，產生光明、平靜與智慧。

因為有愛，更能說再見！我們把道別化為最深的祝福，取代了悲傷。

弟弟在祥和與平靜中走完這一生，他在光明中有尊嚴的告別，勢必也會走向更大的美好與光明。

這是以自己能作主的方式，選擇在最適當的時機告別，所帶來的最大的意義。

案例分析

1. 這位姊姊不忍弟弟受苦，積極地促成弟弟的斷食善終。我受邀到她主持的道場演講後，與她的弟弟和弟媳視訊，發現他們還沒有準備好。我問弟弟：「是你本人有這個想法嗎？」他回答我：「是。」我請他說明原因，他說：「我不想拖累太太，她太辛苦了。」太太馬上激動地說：「我沒有覺得被你拖累啊！」她跟我解釋：除了她以外，還有哪些人一起在幫忙照顧。病人住院一年多才回來，回到家還不到半年。我完全可以理解時候未到，太太滿心的歉疚，多麼想要好好彌補受傷臥床的先生，好好陪伴。我告訴姊姊我的看法，不要急，要等因緣具足，事緩則圓。十個月以後，弟弟回到埔里斷食往生，弟媳還是很不捨。夫妻終究互相體諒，作了這困難的抉擇。弟弟願意忍耐十個月，是體諒太太的不捨；太太願意放手，是不捨先生受苦。

2. 原本他們告訴我會聯絡附近醫院的居家安寧團隊來協助，後來因為進行中沒有特別的問題，也就沒有聯繫。病人除了高位頸椎脊髓損傷，沒有其他的內科疾病，主要症狀是飢餓和口渴。飢餓一般不太明顯，口渴相對辛苦。斷食過程不需要太刻苦，建議提供病人能忍受的最少量水分。不要大口大口喝，口中含水數分鐘，一滴一滴慢慢的吞下，或者類似漱口含水然後吐掉。或者冰塊含在口中慢慢融化，加上濕棉棒清潔、濕潤口腔，都可以減輕症狀。畢竟太受苦，就不是善終了。就算多喝點水，過程慢了幾天，也是增加家人陪伴的機會，無傷大雅。

十二、百歲人瑞的自主斷食

我收到一封當事人寫來的求助信，文風嚴謹，稱我為畢柳鶯醫師大人。原來他是一位剛過了一百歲生日的人瑞。他本人是虔誠的基督徒，每封信尾都引佛陀或觀世音菩薩祝福我，心思真是細膩。（註：我在書中，常說阿彌陀佛！）

他有四個孩子，只有一位在台灣（住外縣市），三位在國外。一個人獨居，一向獨立。兩個月前連續三天半夜起來上廁所時跌倒，全身無力爬不起來，躺在地上；等次日管家來，才扶起他回到床上。他和家人感到事態嚴重，找到二十四小時外籍看護陪伴照顧。目前在家裡拿著拐杖可以走路，出門要用輪椅。

他已經簽署「預立醫療決定書」，拒絕心肺復甦術和維生醫療。經歷這次事故，感到活得沒有意思，想早一點回天家。由於年齡大重聽，處理事情都需要旁人協助。因緣際會看了《斷食善終》一書，計畫隔年春天兒女回來探視時，進行斷食往生。想要了解應該作何準備。

這是我第一次收到百歲人瑞自己寫信給我討論自己的死亡，我印象深刻。對於他百歲還可以一人獨居，會使用平板電腦與我來回通信，內心真是欽佩不已。

他已經超過八十五歲，符合居家安寧的收案資格，我幫他介紹居家護理所來接案。情況穩定的時候，只是保持聯絡，間隔比較長的時間訪視一次。若有緊急狀況可以立刻互相取得聯繫，不要去醫院，等待團隊來家中提供必要的舒適治療，不做無效的醫療介入。當身體衰弱吸收不了，不想進食的時候，依照自己對身體的感受，決定想吃什麼，吃多少，保證不勉強他吃，也絕對不插鼻胃管。

知道有醫護隨時保持聯絡，有需要時他們會來，不必送醫院，免去做無效醫療和檢查的折騰。這樣就可以安心、快樂的享受餘生，一切順其自然，不必急著談斷食往生。

我提醒他，斷食善終不是一個人的事，是一個家庭的事。我需要其他家人與我聯繫。

女兒與我聯繫上，並分享她寫給父親的信。

我的基本態度還是反對，但是我會尊重您的決定。

我反對的原因是，我覺得生命非常的可貴，而它的可貴之處在於我們可以學習而因此讓自己成長。這裡，我必須說明，學習指的不是世間知識的累積，而是心靈上的成長、成熟。

在我看來，您現在就想要結束自己的生命，其實比較多的成分是不想要承受身體的不適，而不是已徹悟了生命內涵。

人生本來就有生老病死四階段，都是讓我們用經歷的方式來學習的，如果只想過身體健康的日子，我覺得那是沒有充分體驗物質生命完整的狀況。在我看來，您這段時間正是可以利用體力、聽力不如從前，全然的往內去觀照而找到內在真正的寧靜。

那是生命的本質，也就是來自上帝的部分，也就是我們的意識。真正的本然，住在裡面只有一片祥和、喜悅、自在……如果您找到了這個本質，然後決定您還是想結束這一生，那我會完全贊同。

斷食善終，其實是給這一切都圓滿的時候，都有充分且深刻體驗的時候，在生命末期我們會很自然地不想吃東西，那個時候就順其自然，不做無謂的企圖來延續。

如果您還是堅定的決定要如此進行，建議您現在就可以開始準備自己，不妨從晚餐不吃開始，然後觀察身體與心理的變化。

看了這封信，感受到虎父無犬女。父女能夠這樣自在的作心靈層次的溝通，真是讓人羨慕與敬佩。不過，我提醒女兒，不用再刻意勸說、表達反對的意見。不妨多花點心思，聆聽父親的心情和感受。畢竟父親目前最需要的是有人聆聽、同理和接納。其他的事情，就隨緣，順其自然。

沒有料到一個月以後，爺爺竟然提前開始進行斷食。在群組中爺爺會報告自己的身體狀況良好，只是皮膚癢，外用藥效果不彰，詢問醫師是否能提供口服或注射治療。斷食、斷水第八天，一切看來平順，我感到安心。我預測再過四、五天，可能爺爺就可以回到主的懷抱。

耶誕夜過後的早晨，我在群組看到爺爺本人留言：「張醫師早安！我不吃不喝今天是第九天了，精神很好，不像已經斷食九天之人，我想和你聊聊今後要怎麼走？一條路是繼續往前走，另一條是回頭路。因今天是耶穌復活節，祂醫好我身上病痛，我收到祂要我再活，不要我現在走的信息。下午再聊。」

後來討論的結果是，希望農曆過年家人大團圓以後再來斷食。醫師表達大家都支持的立場，說明如何漸進復食以及運動的原則。當天下午，我就收到爺爺扶著椅子練習半蹲的照片。我說斷食這麼多天，恢復進食吃任何食物都很美味，爺爺說：「是啊！連喝水都是甜的。」

我與爺爺的女兒私訊談到，斷食九天精神體力還這麼好，表示爺爺身體底子很好。我推測連續跌倒爬不起來躺在地上數小時的事件對他打擊很大，等這個事件的陰影淡化，發現仍有許多積極的事情可以做，家人的聯繫也比過去更頻繁，也許會打消斷食的念頭。一切順其自然，隨緣！

沒想到兩週之後，我收到女兒的簡訊，提到爺爺在復食的第六天又開始斷食，如今已經斷食第六天了。子女與他平靜地溝通過，他表示已經了無遺憾，而老化帶來的皮膚搔癢及虛弱讓他覺得很苦，趁現在子女都在身邊，且唯一的孫子及曾孫也見到了，就決定不必等過完農曆年。這次感覺他老人家放鬆很多，過程很平順，還能早、午、晚都到客廳坐一坐。除了搔癢沒有其他太大的不適，每天兩次的針劑對搔癢有緩和作用。這是當時的情形，我們持續保持聯絡。

我聽到這個消息，內心感到遺憾。不過想到先父九十二歲無疾而終的前半年，兩條小腿充滿紫色和咖啡色斑塊（周邊血管疾病），皮膚薄而容易掉屑，奇癢無比。我囑咐爺爺不要每天洗澡，用溫水洗、不用肥皂，多擦幾次乳液，也給了止癢藥膏，效果不是很好，看起來非常辛苦。爺爺的痛苦，如人飲水冷暖自知，我們只能同理、接納、尊重。

爺爺之前斷食尚未完全復食就接著又斷食，我推測這次斷水後七天，最多十天就可以回到主的懷抱。

我原本約好兩週後去台北的時候，順便去探望他們，算一算時間可能剛好碰到他臨終，怕打擾到他們，就取消了。

在群組裡看到爺爺每天都還有起床活動，診所的醫師頻繁的前往看診，注射藥的劑量不斷增加，更換更強的藥，加上幫助睡眠的藥物。第二次斷食已經十八天，這已經超過醫學上的記錄了。女兒跟我反應，爺爺其實很難完全斷水，漱口時總是喝下幾口水。有時因為注射藥物，意識有點模糊，也會喝水，忘了自己在斷食。他們發現用冰塊含在口中效果不錯，會提醒他在斷食中，水分要減少。爺爺已經非常了不起了，舒適也很重要，就慢點，無妨。如其所是。

第二十二天傳來爺爺心跳和呼吸加速的訊息，我告訴爺爺的女兒，心跳加速之後就會進入心跳緩慢、脈搏變弱的階段，那時間就近了。

第二十三天心跳比較不規則，脈搏比較弱，眼睛沒有對焦。我心想已經彌留狀態了。

第二十四天睡得少，不時的舉高手又放下，一直摸索著想要下床。我們在群組討論，會不會是「臨終辭土」現象，想要下床踩地。後來家人合力把爺爺抱上輪椅，推到陽台前看看他種的花草，再推到廚房及房子的其他角落看看。可以明顯感受到他對這房子的依戀。畢竟這是五十年前他跟妻子省吃儉用買下來的。前後約十五分鐘，他回到床上安靜的躺著。家人也因此備感安心。

第二十五天到第二十八天，爺爺曾經眼神不對焦、心跳慢、血壓低，摸不到脈搏，多次家人都覺得他要離開了，但是精神好好壞壞，有時手腳活動又多起來，眼睛又變有神了。連擔任護理師的女兒都感到疑惑。我每天起床就急著看群組裡有關爺爺情況的報告，都是穩定、平靜，我們感到安心，但是覺得不可思議，明明幾天前就該走了啊！

第二十九天我有事情去台北。我決定去看爺爺，因為之前約好去看他又取消，失信於他。再者我想去跟他說說話，推他一把。

我告訴他：「爺爺，對不起，上次說要來看你沒有來，今天我來了。您這一生很圓滿，您好勇敢，自己為自己的生命作主，我會把您的故事，寫在新書裡面，幫助其他的人。您真是了不起，來這個地球遊戲了一百年耶，現在時間到了，有沒有看到耶穌或者天使，要跟著光去天國，在那裡您會見到您的父母，您的太太。那裡是一個很美麗的地方，而且您會有大神通。我知道您捨不得兒女們，您到了天國，仍然會看得到您世間的子孫們，隨時都可以來看他們。我知道您想謝謝您的兒女，謝謝我。他們很愛您，很感謝您。我也感謝您當我的老師，感謝您當我讀者的老師。躺了這麼多天，身體是不是有點沉重，放下吧，回到主的懷抱，像個嬰兒一樣，躺在主的懷抱裡，好放鬆、好圓滿！」

大女兒也在他身邊對他說：「爸爸，您可以放下了，跟著光走，您就是光！」

過程中，爺爺已經無法說話，但是表情有變化，雙手有動作，大家知道他都聽到了。我只能揣測他的心情，跟他對話。

離開他家後，這件事一直擱在我心上，次日早晨一醒來，立刻上網，看到女兒給我的留言：

畢醫師，您早！

感謝您昨天不辭辛勞的跑一趟台北，我父親果然在今晨（兩點到五點間）非常、非常安詳的去了天國！我們很開心他的解脫，也很感恩您最後的助力。

案例分析

1. 我接到爺爺的信，聯想到澳洲一百零四歲科學家古道爾博士（David Goodall, 1914-2018）赴瑞士協助死亡的故事。因澳洲尚未通過安樂死法案，所以他和傅達仁先生一樣，選擇在瑞士喝下致死藥物的方式而死亡。古道爾博士一百歲以前都還在學校兼課教書，學校為了安全起見，把他轉到離家近的校區。對他而言，陌生的環境和人際關係，讓他很不習慣。視力減退、行動遲緩、不能開車、不能去排練戲劇，使他的快樂越來越少。壓垮他的最後一根稻草應該是有一天他半夜起床跌倒，在地上躺了兩天才被發現。這數十個小時，不能吃喝，大小便都只能就地解決，他有何感受？會出現什麼想法？是值得我們好奇與想像的。爺爺發生了三次跌倒不起，我想他的自信心大跌。解決之道是從此二十四小時身邊有人照顧，對於獨自生活慣了的人來說，這是福氣還是束縛，可能因人而異、因時而異。一般人以為疼痛才是難忍的，對當事人來說難以忍受的事情有千百種。所以聆聽、同理是最重要的。

2. 斷食一段時間復食，過程要溫和漸進，以免傷腸胃。基本上先喝水、流質食物二至三天（無顆粒米湯）；再進食稀飯二至三天，可以配點煮軟的蔬菜；這期間不吃魚、肉等難消化食物，少油、少鹽、少辛辣刺激食物。循序漸進增加食量，不要吃飽，一週左右恢復正常飲食。

3. 我的經驗是，眼神無法對焦、心跳代償性變快以後，反轉成心跳變慢、脈搏摸不到，那就是要離開的時候了。而且爺爺一百歲了，我們預期斷食過程應該比年紀較輕的人短，整個團隊包括他的子女，都預期爺爺應該三個星期就會離開。我只能推測是爺爺本來身體很好，子女也說他除了牙齒問題，確實沒有生過病。這給我一個啟發，每個人情況都不同，只有接納，照顧好當下。

4. 最後十天，我每日都期待著家屬傳來爺爺回到天國的消息，但是收到的都是爺爺情況穩定的報告，感覺心情很複雜。要去台北的前一天，忽然想到，是不是爺爺希望我去看他，當下作了決定，如果他還沒走，一定要去跟他說說話，推他一把。我告訴爺爺的子女，有些通靈的人士說他們看得見臨終的病人身跨陰陽兩界，還有所猶豫或者牽掛，圓滿了他的掛念，就可以放心的回到天家了。我帶著試試看的心情，沒想到爺爺這麼給力，感動又感恩！

十三、插與不插鼻胃管的艱難抉擇（慢性塵肺病與帕金森氏症）

病人七十八歲與妻子同住在基隆，三個兒女都住在外地。有塵肺病數十年，長期在胸腔科看診。身高一百六十公分，體重才三十六公斤。信仰淨土宗，茹素二十年。腸胃不好，常有潰瘍症狀並且容易胃食道逆流。有類帕金森氏症狀與咀嚼、吞嚥困難，三餐吃軟爛的稀飯與食物泥已經五年多。有時候因為脹氣還需要吃藥止吐。

他可以獨立行走，還會騎摩托車。有一天凌晨起床如廁不慎跌倒撞到頭，數日以後昏迷送醫，腦部影像檢查有小出血，不需要開刀治療，僅提供降腦壓的保守治療。昏迷第二天清醒，但是有嘔吐症狀。有次餵食中出現嗆咳、發燒。

醫師檢查肺部有發炎現象，為了怕病人由口進食會再嗆到對肺炎不利，醫師禁止病人由口進食，要求插鼻胃管。病人早就在遺囑中對家人交代清楚絕對不插鼻胃管。醫院暫時給予打營養針，持續要求病人應該要插鼻胃管。

病人意識清楚，堅持拒絕。並且在一手一腳被綁的情況下，拔下點滴，要求回家。質疑他為什麼要住醫院住這麼久？後來點滴改打在腳上。太太與三個兒女陷入兩難。詢問我，應該如何抉擇？

我說最好的方法是會診復健科，請語言治療師來指導如何安全餵食。院方回應該院的復健科沒有語言治療師。病人唯一的兒子勸媽媽就讓爸爸插鼻胃管吧！女兒焦急的問我怎麼辦？

我提醒女兒，病人連點滴都想盡辦法拔掉，可以想像要四個人壓制才能幫他插上鼻胃管，然後呢？他一定很憤怒，努力的想拔掉鼻胃管，結果就是雙手被綁。那他還能好好睡覺嗎？這種情緒之下，對疾病的復原有幫助嗎？

我相信病人仍有進食能力，病人五年來都有吞嚥障礙，只吃泥狀食物，女兒或太太應有餵食的技巧。寄了一份「細心手工餵食」（舒適餵食）的說明給女兒。請他們小口小口嘗試餵餵看。

專科護理師表示細菌培養之後確認無細菌感染，只是因為嗆咳造成食物與痰堵住而形成肺炎。病人只要離開氧氣管，半小時血氧就會降到百分之八十四（正常人是百分之九十八），護理師表示已經三天無進食，沒有足夠的體力可以將痰咳出，造成肺炎的狀況很難好轉，所以仍然勸說放鼻胃管。另外，護理師表示就算出院，日後臥床的機率很高，建議送醫院附屬的養護中心才有能力處理照護的問題。

女兒表示因為兒女都住在外縣市，母親年邁無法照顧，有手足考慮把父親送養護機構。

我解釋養護機構沒有人力這樣慢慢餵食，一定會要求插鼻胃管他們才能接受，那絕對不是你父親願意的。我想像病人在養護中心含恨而終，就替他難過。女兒回答我：「希望一生沒有對不起任何人，行善積德的他，能受上天庇佑。我去勸其他家人，不要作這個決定。」

後來三個兒女用舒適餵食的方式嘗試讓病人吃一口牛奶。他吞了三十分鐘都沒能讓那一口奶吞下去。最後還用抽痰機抽出卡在喉嚨的奶。看著他那麼吃力的吞嚥，女兒很不忍心。他說父親很費力的表達了他想回家，流著淚說：「拜托你們不要這樣對待我。」大家決定要放手了。

看來家屬相當煎熬，反反覆覆。次日女兒傳來訊息說，母親決定要讓父親插鼻胃管，讓肺炎趕快恢復，父親才能趕快出院。詢問我暫時性的插鼻胃管，需要多久的時間肺炎會好，可以移除鼻胃管？

我說：「我沒有看到病人，也不是胸腔科醫師，實在無法回答這個問題。妳父親肺部原本就有多年的塵肺症，說不定這次肺炎並非主因，原來的肺病惡化才是主因。這次主要的問題不是細菌性的肺炎，因為培養沒有細菌，也不需要抗生素。我是建議尊重他的意願回家，如果他還會吃，還想吃，回家心情好，可能復原得還比較快。若是回家他拒絕吃，或者完全吃不下，那就順其自然吧！」

可以想像，一家五口這些日子多麼難熬。院方有院方的意見，病人意識清楚只想著趕快回家，家屬每個人都有不同想法，與我聯繫的女兒轉達了我的意見，其他家人若無法接受，可能還要責怪她。我甚至想像，院方的醫師若知道了我的建議，可能會說：「天啊！怎麼有這種醫師！不幫我勸病人插鼻胃管。」

我知道醫護人員心目中最重要的是治療疾病的標準流程，而我是以病人為中心，尊重病人意願的醫師。

沒有想到第二天，他們又有大轉變，決定帶病人回家，不插鼻胃管。我幫她們介紹了看護，也轉介了居家護理所，無縫接軌，病人到家盡快來訪視。

又一個沒想到，居家護理所的護理師到了現場，發現病人有血便，血壓下降，看起來已經進入臨終狀態。當天才從加護病房出院，診斷書寫的是病情穩定出院。病人一開始不太能接受自己即將命終，經過解釋已經接納了，自己開始唸阿彌陀佛。護理師指導家屬如何與病人進行四道人生，如何判定病人往生。之後如何做遺體清潔，去向里長報備，請衛生所的醫師來開診斷書。

次日病人往生。

女兒來信如下：

> 跟畢醫師報告一下，家父在昨天早上十點半出院，出院當天早上有了血便的狀況，但我們仍然按照家父的心願如期出院。
>
> 蔡經理所派遣的看護非常溫柔也很有同理心，爸爸在她無微不至的照護下，讓我們家屬一顆不安的心能夠穩定下來。

在回報居護所家父血便的狀況後，謝所長馬上致電詢問父親的血氧、心跳與血壓，判斷後告知家父的時間不多，她會馬上趕來協助我們進行臨終前的照護。感恩謝所長很快到達我家，在她的指導下，我們讓父親成功的喝水、喝湯，這些動作在父親嗆咳後，醫院就不建議我們嘗試。所以父親將近十天未曾喝水或是嚐到食物的味道。

後來又在謝所長的帶領下，協助我們跟父親溝通，並且帶領我們進行道謝、道歉、道愛、道別。原本出院之後，父親的意識就不是很清楚，彼此溝通找不到方法。謝所長的帶領讓我們看到父親對提問有了反應，會點頭或是搖頭。我們把握機會把想說的話說出來，並得知他的回應。讓原本捨不得放不下的子女，終於能夠不再糾結父親拒絕插管的決定，好好送他最後一程。

謝謝畢醫師與這些支持圓滿善終的團隊，讓世間的愛有了更溫柔的表達方式，也讓生死的拉鋸有了另外的角度可以詮釋。感恩畢醫師、謝所長、蔡經理與看護。

案例分析

1. 這幾年的觀察，醫護經常輕易的動用鼻胃管來解決病人吞嚥困難或者嗆咳的問題。事實上，鼻胃管雖然方便餵食，但是造成其他更多的問題。只要病人還有由口進食的任何機會都應該把握。所以細心手工餵食（舒適餵食）的知識，不論是養護中心還是醫院，最好能夠具備有這種能力的專業人員，也就是語言治療師。這位居家護理所的所長，雖不是語言治療師，但是有這方面豐富的經驗，經由她的帶領，若不是病人已經臨終，相信就可以教會家屬和看護這種餵食的技巧。

2. 「細心手工餵食」（舒適餵食）的要領如下：

(1)在清醒與身體功能較好時進食。

(2)照顧者與病人面對面坐著，餵食全程要非常專注。

(3)餵食前需做好口腔清潔及潤濕口腔。

(4)病人保持上半身直立，脖子微微前傾，此姿勢可避免被食物嗆到。

(5)選擇病人喜歡的食物與用餐環境，可與家人或朋友一起用餐，增加用餐的愉悦度。

(6)重視食物的感官刺激（視覺、嗅覺、冷熱、味覺等），提高病人食慾及吞嚥能力。

(7)注意食物的形狀、濃稠度、濕度、軟硬度及沾黏度等，盡可能的均質。

(8)可減少單次食物份量，少量多餐，每一口的大小要小於一茶匙，盡量定時定量。

(9)可搭配濃縮的高蛋白質、高熱量營養配方，增加營養素及熱量的補充。

(10)若會嗆咳則可於液體食物中添加增稠劑，如蓮藕粉或是藥局出售的可樂飲、快凝寶等。

(11)避免急迫或強迫性餵食，餵食每一口之前，需確認口腔內已沒有殘餘食物。

(12)照顧者要留心病人所發出的非語言訊息，以了解他是否有吞嚥困難或噎到的情況。

(13)使用飲食輔具，例如特殊容器、單向吸管或防滑墊等。

(14) 餵食後，可將床頭抬高至少三十度且至少維持一小時，避免食物或胃酸逆流。

（資料來源：〈末期失智個案之居家安寧照護經驗〉，《台灣家醫誌》第二十八期，二〇一八。）

3. 由於這幾十年來有太多人插管臥床多年，讓很多民眾視鼻胃管為畏途，紛紛立下拒絕接受的意願。在「預立醫療決定書」中也有拒絕人工餵食的選項，不過那是指在某些疾病無法治癒的狀況下。如果是暫時性的用人工餵食，疾病有明顯復原的可能，應該要勸病人接受限時醫療嘗試（time-limited trial），譬如腦中風的恢復期，將來恢復或是吞嚥訓練成功後，就可以移除鼻胃管。只是不論任何情況下，有自主能力的人都可以決定是否要接受醫療，所以這位病人當然有拒絕人工灌食的基本人權。病人已經慢性病纏身多年，又是淨土宗虔誠信徒，可能對生死有自己的堅定看法，因而強烈拒絕。家屬其實只能尊重，否則強制插管以後，仍然要面對另外一種困境。

4. 這個案例印證了臨終的判斷有多困難，醫院的醫護沒有預料到病人已經進入臨終狀態，家屬更是毫無心理準備；相對地，有經驗的居家護理師只聽家屬描述就作出正確的判斷。

十四、戴著鼻胃管腦傷病人的自然善終

有家屬尋求諮商的時候，我偶爾會以視訊方式與主要家人一起討論，偶爾會與家屬通電話。大部分我們是在線上打字對談，這樣我會記得之前的過程，容易銜接個案的發展。若是通話，我不太記得內容，因為經常同時有數個案例在諮詢，容易混淆。

這是一個女兒在我們失聯了四個月以後，突然留言給我，他父親已經往生兩週的消息。我一面瀏覽手機查詢以前的資料，一面在電腦用鍵盤跟她聊這四個月發生了什麼事情，有了新的啟發。

病人是七十二歲的男性，因為腦傷治療無效，神識不清，插著鼻胃管臥床四年。家裡做生意大家都很忙，四年來都請同一位台藉看護二十四小時照顧，每個月看護費加上父親使用的個人物品將近十萬元。在意外發生的前幾天，剛

好與女兒談過最害怕晚年躺在床上痛苦度日，交代家人如果生活無法自理，不要救他。沒想到意外來得突然，妻子不捨，無論如何要救他。四年過去了，家人都知道他沒有復原的可能，心裡非常煎熬，覺得非常對不起他，違背了他當初的交代。

大女兒機緣巧合在網路看到我接受訪談討論「斷食善終」，詢問我是否可行？我跟她介紹了我的書，傳了書中幾個重要章節的電子檔，斷食善終記錄片《順行》的連結。請她給家人都看過以後，家人都有共識再說。經了解病人每天餵五餐牛奶，每次三百ＣＣ，另外餵一次果泥。我告訴她，不論是否要斷食，都可以先減食，每天餵三次兩百五十ＣＣ牛奶就可以了。長期躺著不能動的人，不需要吃那麼多，腸胃需要足夠時間休息。她聽了很猶豫，我寄了〈為什麼插管臥床者每天要吃五六餐？〉的文章給她參考，告訴她試試看就知道，如果情況改善，就證明不需要吃那麼多啊！之後，都沒有再聯繫，我就忘了這位病人。

以下是我們的線上打字聊天摘要。

病人女兒：畢醫師，我最後聯繫您的時間是今年六月，我爸爸在兩星期以前人生畢業了。我們聽您的建議給爸爸減餐後，他漸漸地意識好轉，看護依據爸爸的意願灌食，往生前有一個多月每天只肯吃一餐，最後兩天沒吃。走的當天早上，我告訴爸爸，哥哥和妹妹都在回家的路上。我跟媽媽離開房間沒多久，回去房間的路上，看護就說爸爸走了（他似乎不想讓我們看他離開）。過程中都沒有不舒服，也很安詳。真的謝謝您，爸爸的靈魂終於自由了。

畢：這個經歷好特別。所以你們知道他快走了，有好好跟他說話。

病人女兒：我跟他說我和媽媽會很好，你想走就放心的走，不用擔心。他走的前一天晚上眼睛其實沒光了，我覺得應該差不多了。第二天一早就通知哥哥、妹妹趕快回家。我想他在等他們吧，直到我告訴他妹妹已經上了飛機，哥哥全家都在高鐵上，他才走的。

畢：他的靈是可以去看你哥哥和妹妹的。要往生的人放下一切，所以靈有神通。

病人女兒：而且很玄，我妹妹在日本用的是居留證，平常不帶護照出門的。那天她跟朋友約好去其他城市玩，帶了一個行李箱竟然護照在裡面，接到爸爸進入彌留狀態的消息，我妹妹直接被朋友送到機場回台灣。

畢：你說爸爸眼睛沒有光是什麼意思？是眼神沒有聚焦，眼睛濛濛的嗎？

病人女兒：就是光芒消失的感覺，我直覺是他的肉體已經看不見東西了，但是又感覺他什麼都知道。所以我還是正常跟他聊天。

畢：媽媽有跟爸爸說什麼嗎？

病人女兒：有啊，就說她會好好的照顧這個家庭，孩子都大了，不要擔心。我就跟爸爸說：「去找阿公打牌，老媽也不管你了，你自由了，玩得開心點。」我哥哥和妹妹回來看到爸爸的遺體，都說爸爸臉色很好，感覺有笑容。

畢：哥哥和妹妹回來，有哭嗎？

病人女兒：我們其實都沒什麼哭，完全沒有傷心的感覺。以前參加的喪禮都有傷心的氛圍，我爸爸的喪禮沒有喔！不知道為什麼？

畢：因為你們已經用了四年的時間在跟他告別。媽媽還好嗎？

病人女兒：她挺好的，整個人都放鬆了。不過還是不太習慣變成一個人了。

畢：你說爸爸減食以後神智變得比較清醒，我覺得很神奇。

病人女兒：真的，以前整天昏昏沉沉的，沒什麼反應。減食兩個星期後明顯改善，會點頭、搖頭回答我們的問題，我看過看護如何跟他溝通要不要灌食。後來還會跟我們玩剪刀、石頭、布，他隨機出拳，不是聽我們指令。害我們以為他要好了，呵呵！

畢：他要走以前，有什麼跡象，有什麼不舒服嗎？

病人女兒：最後兩個星期有比較虛弱，並沒有痛苦的表情。最明顯是走的前一天，不吃東西，眼神沒有光，呼吸有一點點喘。走的那天呼吸慢慢的比較弱，看護說他最後吐了一口氣，就走了。臉色也很好，不是慘白的。但是眼睛閉不上，禮儀師一個小時以後到，幫他闔上的。

畢：書上說是眼眶的肌肉無力，所以無法闔眼。

病人女兒：我今天做了一個月的業績，我爸有保佑，所以我才想起來跟您回報一下。謝謝您傳達的觀念，讓爸爸自然善終。

畢：不客氣，也謝謝妳的分享。

個案分析

1. 幾乎所有斷食往生個案家屬都回報，病人吃得少反而精神好、睡得好、痰減少、水腫消失、生命跡象穩定、臉色有光澤等等。相反的，餵食五、六餐的病人常常昏沉、躁動不安、吐奶、痰多，反覆因為消化道、呼吸道、泌尿道問題住院。家屬感覺病人成了養護中心和醫院之間的人球，反覆住院，病人很折騰，他們不忍心，而且他們兩邊都要付費。在此呼籲家有插管臥床者，將餵食次數改為三餐，觀察比較就知道是否對病人更好，又可減少照顧者的負擔。不要用病人瘦、抽血營養不良為理由。長期臥床者肌肉萎縮本來就會越來越瘦，他們的吸收能力不好，抽血指數本來就會有營養不良狀態。有位老奶奶每日灌食五罐經常胃出血，餵食量減半以後就沒有再發生了。

2. 這個案例特別之處是，他的神智清醒程度改善到可以自己決定每天要進食多少，他點頭看護就餵食，他搖頭或拒絕，看護就不餵。所以在四個月裡面從三餐慢慢減到一餐，最後拒食兩天，自然往生了。有如老衰重症末期的病人，照顧者不強迫餵食，他依著身體感覺自然少吃少喝，自然關機，回到天家。看護不強迫餵食，居功厥偉。其實無法言語溝通的病人，他們常常仍有不同程度的意識，若能細心觀察，也許能知道病人到底想不想吃，想吃多少。依據病人的意願餵食的話，病人的狀況比較好，比較少反覆住院，也比較有自然善終的機會。這是這位菩薩要教我們的功課吧！

3. 有人說死亡是一個靈性充滿的時刻。如果不受干擾，平靜的放下肉體和一切，這個自在的靈真的可以有很大的神通。敏感的家人，可以與他們溝通，感受到靈魂永生、靈魂的自由。這個女兒在父親喪禮中清楚感受到，父親在她右後方，調皮地笑看這些他並不需要的繁文縟節，有如他生前的個性。我先生也記得他祖父過世的出殯路上，他清楚看到祖父站在一個攤位旁，一臉笑吟吟的望著他，他是祖父最疼愛的長孫。

十五、居服員的密告，失智症者撤管斷食善終違法？

病人長女：畢醫生您好，我媽媽九十一歲，兩年前中風後就癱瘓臥床、意識不清至今，一直以來都住在養護之家，最近護家替她抽痰的次數竟然達一天十二次之多，我們實在不忍心再讓她受苦，想要接回家用斷食善終的方法讓她早日脫離痛苦。我父親不在了，三兄妹已經達成共識。請問像我媽意識已不清，斷食的方式也是遵循三三二二一一〇〇（註：單位是餐數，〇是只有給水）嗎？亦或有其他更適合的方式？

畢：可以直接斷食，每天給水一百CC兩天以後斷水，只用濕棉棒濕潤口腔。斷食以後痰就會減少，她會舒服很多，不用擔心她餓。過程中有什麼問題可以跟我聯繫。熟讀《有一種愛是放手》，有很多指引。

病人長女：非常感謝畢醫師的答覆，現在遇到一個困難，就是我家是舊透天厝，樓梯及走道都很窄，電動床確定無法搬上去，一定要電動床嗎？

畢：電動床是為了長期照顧的人免於受傷。暫時照顧幾天沒有差別，用本來的一般床鋪就可以了。

病人長女：養護中心說一定要租抽痰機，是這樣嗎？

畢：急性肺炎痰很多的時候需要抽痰機，長期臥床、灌食太多引起的積痰，認真拍痰，更有效。喉嚨的痰用濕棉棒清出來即可。抽痰本身刺激黏膜會讓痰更多。減少灌食後，痰會減少。

病人長女：我兄嫂能接受斷食善終，但堅持不請二十四小時看護，晚上沒有看護，我們家人真的不會照顧，若是台中有機構可以收容病人斷食善終，就可克服我們家的難題了。

畢：晚上沒有請看護，就家人大家輪流照顧。照顧方法，可以向白天請的看護學習，沒有你想像的那麼困難。台中我沒有認識收容斷食往生的機構。可以找居家護理所的醫生和護士，在有醫療需求的時候到家裡訪視。

病人長女：我媽現在有服用高血壓及心臟病的藥，回來後是不是應立即停藥？否則怎麼斷水？

畢：斷水後，就可停藥了。

病人長女：我們已決定這星期一把我媽從護家接回家裡斷食善終，目前護家一天餵病人七餐，如果接回來後採直接斷食，這樣落差很大，適合嗎？不知媽媽是否會餓到受不了？

畢：斷食的速度可以由你們決定。但是餵七餐絕對是超過她的負荷。你們可以餵食三餐兩天，兩餐兩天，一餐兩天，給一百CC水兩天，然後只用濕棉棒濕潤口腔。完全停止給水以後七到十天會往生。斷食速度慢一點，所花的時間就會長一點（每一天減一餐也可以）。

病人長女：畢醫師您好，我媽今天開始斷水，唯早上高燒三十九點五度，有先吃一顆普拿疼，有退到三十八點五度，因不敢再給水，退燒的部分我們有準備肛門塞劑和退熱貼，請問這樣可以嗎？

畢：她有不舒服嗎？沒有的話，體溫稍高沒關係，這是脫水常有的現象，接納這是自然過程。超過三十九度，貼藥布或者用肛門塞劑。冰敷，吹微風，開窗戶通風。退熱貼貼兩倍，沒有問題。

病人長女：臉部表情沒有明顯感覺不舒服，我們再繼續觀察，謝謝畢醫師。

病人長女：畢醫師您好，不知衛生局的人怎麼會知道我媽拔鼻胃管及發燒，有打電話來說這樣違法，還說明天要來家裡查，現在該怎麼辦啊？我擔心家屬嚇到，趕緊去電詢問。

病人長女：衛生局人員打電話來關心，接電話的是我嫂嫂，她回答我們在做斷食善終。對方說：斷食善終違法。明天下午要來訪查。我妹妹很害怕，在跟居護所聯絡，明天上午來放回鼻胃管。

畢：我們被幾十年的威權統治成了乖乖牌的順民。有人質疑，就馬上放回鼻胃管，那不是表示我們拔鼻胃管是錯的嗎？衛生局是服務我們老百姓的，你們不要害怕，可以心平氣和詢問他們，請問我們違反了哪條法律？母親插管臥床、痛苦不堪，我們要怎麼做才能解除她的痛苦。怎樣才能完成她以前交代過不要插管臥床的心願？危機就是轉機，我們可以利用這次機會了解衛生局人員的想法，也刺激他們思考這個議題。

一小後

病人長女：我妹和我哥決議說先敷衍一下衛生局（他們很怕有事，我只好配合他們），有聯絡護理師明天先來裝鼻胃管，但不餵食，只是給衛生局的人看；護理師有教我們跟衛生局的人說我們是走安寧照護的路線，這樣他們應該不會囉嗦了。好可憐！明明是在做一件對的事，但搞得好像在做賊一樣。

畢：衛生局是居護所長官，所以護理師需要謹慎一點。可以理解。那就辛苦令堂了。

次日早晨

病人長女：媽媽早上五點多往生了，剛才有一個自稱社工的人來電關懷，我們告知她媽媽已往生，她說要通報衛生局的人。如衛生局的人有來關心，後續再跟您報告。已確定是居服員跟衛生局講的。

畢：阿彌陀佛，媽媽無病無痛、自由自在了，祝福！媽媽好聰明，不必再插管了。

病人長女：很欣慰，媽媽走得很安詳，而且沒有拖太多天，非常感謝畢醫師推廣這個方法，媽媽終於離苦得樂，否則在護家還不知要折磨多久。感恩畢醫師！

畢：好幾位老人家，都是停止餵食三到五天就離苦得樂了。可以反證他們的身體功能早已嚴重衰退，靠著人工餵食被硬拖住了。

病人長女：第一天護家有餵早餐，回到家後，下午有給三湯匙補體素，第二三四天斷食，分別給水三百CC、兩百CC、一百CC，第五天開始斷水，第八天（今天）清晨往生。

數小時後

病人長女：今天下午三點，醫生已開具死亡證明書，本來還擔心醫生是否會問說怎麼回家一個星期就走了？結果是我們多慮了，醫生看了我媽的臉約莫二秒鐘，摸了一下脈搏，什麼話都沒問，立馬開立死亡證書（心肺衰竭），所以衛生局的人應該不會再來「關切」了，以上跟畢醫師報告，謝謝畢醫師關心。

畢：你們知道向外求助，很了不起，救了媽媽。手足和嫂嫂同心協力，也很不容易。

病人長女：緣起是我妹在書局看到您的書，她二本都有買喔，我是在網路看到您的影片（您的影片我每部都看過了，有時還會重複看），於是我們倆姊妹就一起說服大哥大嫂接媽媽回家，才得以讓媽媽在短時間解脫地獄般人生，畢醫師，有您真好。

畢：你們是好認真的姊妹！大部分的長輩，是被女兒拯救的。

病人長女：畢醫師，我還有一件事要謝謝您，好在前天晚上您有即時來電，勸阻我們不要再把鼻胃管裝回去。本來那天晚上哥哥已經叫居服員（她也是護理師）來家裡要幫媽媽裝鼻胃管了，接到您的電話，我馬上打電話回去阻止，好加在！媽媽隔天清晨就走了，身上沒有帶著管子。我今天跟他們開玩笑說，媽媽就是聽到隔天你們還要叫護理師早上十點來裝鼻胃管，她嚇死了，趕在護理師來之前就落跑啦！

畢：所以我說妳媽媽好聰明，去天上做神仙，不跟大家玩了！

個案分析

1. 有自主意識者的斷食過程，需要參考當事人的感受，來決定減食的速度。沒有意識者的斷食往生，減食的速度對病人來講其實沒有差別，主要是參考家屬的感受和照顧方便性。我比較贊成快速減食，對病人和家屬其實都好。

2. 這個案例進行非常順利，除了有居家護理所幫忙以外，倆姊妹作足了功課，功不可沒。也有些家屬只是聽說有這個方法，就打算這樣做，因此會提出非常多基本常識的問題，或者對斷食往生有很大的認知偏差。面對這樣的家屬，我會提供資料，期待他們看書，家人都對斷食往生有基本的了解後，才來討論是否要這樣做，如此才能凝聚共識，過程也會比較平順。

3. 居服機構的人員向衛生局舉報：「有病人被移除鼻胃管、並且發燒。」她可能出自好意，因為不忍心病人看起來出現症狀在受苦。一般人多數如此，看見病人眼前的飢餓、發燒症狀，沒有從更長遠的角度來看，斷食以短暫的飢餓換取數年的臥床與失去尊嚴之苦，對病人而言長痛不如短痛，這是家屬因為一種更大更真摯、無私的愛，而願意放手。

4. 他們說的違法最可能是指刑法第兩百九十四條：「對於無自救力之人，依法令或契約應扶助、養育或保護而遺棄之，或不為其生存所必要之扶助、養育或保護者，處六個月以上、五年以下有期徒刑。」這一點是很容易抗辯的。數年來手足每個月付費讓母親在護理之家得到需要的照顧，家人定期去訪視，深刻感受母親所受的痛苦。帶回家停止無意義的強制人工餵食，給予身體、心靈的舒適照顧，也請了居家護理所醫師、護理師來協助。母親終於離苦得樂。全程盡到扶養之責，沒有遺棄之實。

5. 無意識插管臥床者拔管是合倫理且合法的。這是根據《安寧緩和醫療條例》，末期病人家屬可依據本人表達、價值觀（推定意願）及最大利益原則，代本人簽署不施行心肺復甦術同意書及不施行維生醫療同意書，拒絕心肺復甦術以及人工維生醫療。無意識插管臥床者在沒有維生醫療下，近期內死亡為不可避免，所以屬於末期病人。無意識插管臥床者（如植物人）雖然暫時生命徵象穩定，他們的神經學障礙通常比一般癌症及器官衰竭的末期病人更為嚴重，只要停止維生醫療和人工營養，都是必定在近期內死亡。雖然《安寧緩和醫療條例》中的維生醫療，指「用以維持末期病人生命徵象，但無治癒效果，而只能延長其瀕死過程的醫療措施」，不像《病人自主權利法》明文列入呼吸器、葉克膜、血液透析、輸血、抗生素、人工餵食管、人工輸液等選項，導致目前的爭議。一個方法是對於「維生醫療」本就應該包含人工餵食管，醫界和法界應該取得共識。另一個方法是比照病主法將人工營養的選項加入《安寧緩和醫療條例》中，就可以馬上解決這個困境。

十六、停止人工餵食被社會局強制安置養護中心的母親

七十歲婦人於三十年前腦傷臥床（被酒駕撞傷），早期可以自己撐起身來坐立，近幾年只能由家人扶起來坐，語言意識功能正常，可以自己進食。受傷當時沒有健保，腦部開刀三次，家裡賣了土地、漁船（病人先生是討海人），跟親戚借貸數十萬元籌醫藥費。四個孩子都只能念到國中畢業就開始工作養家。數十年來病人白天都是一人在家躺著，可以自己翻身，挪到床上挖洞、底下放尿盆的地方大小號，聽收音機打發時間。每天早餐吃多一點，等家人下班回來吃晚餐。

病人的二兒子，二十年前回老家。白天工作，晚上照顧母親，一直未婚，是主要照顧者。有長照一點零以後，有居服員會在中午時來家裡幫母親洗澡、餵食、聊天。生活品質大有改善。

二〇二四年三月一日，兒子下班回家發現母親昏迷，緊急送醫。診斷尿路感染、腦栓塞、嚴重癲癇。昏迷後再沒醒來，四肢癱瘓。發病危通知時，家屬就告知院方不插管、不急救，因無意識不能吞嚥，無法用藥。醫師建議一定要裝鼻胃管，家屬要求不灌食，醫師給的回應是，在醫院不行，除非出院後他們管不著。

三月十九日出院回家，家人取得共識，讓病人在家自然善終，不再餵食。病人的兄弟姊妹都來告別，兒子、女兒、孫子都回來陪伴。沒有餵食，只給濕棉棒濕潤口腔。病人安詳、沒有痛苦。家屬不想給照顧多年的居服員困擾，而且妹妹也請假回來一起照顧，就停掉長照。長照個管師認為不必停掉長照，可以改為「居家安寧」，但是條件是要繼續餵食，聲稱家屬沒有權利停止餵食，這是加工死亡罪。

家屬回應：「以前，所有昏迷、不會吃的病人，不是都是這樣自然走的嗎？」拒絕長照個管師介紹的居家安寧團隊。因為家屬不配合，長照個管師舉報社會局。三月二十六日，社會局來了三個人調解，試圖協助安排到安寧病房，被安寧病房醫護拒絕，說不是癌末的病人，不符合規定。社會局當場請了救護車把病人送到醫院健檢，完成健檢後送到安養中心。家屬沒有收到任何公文。

事後召開協調會，決議費用由家屬出。

家屬向社會局要求帶回母親，社會局回覆帶回家可以，但是他們會不定期派人來監督有沒有正常餵食，如果沒有，還是會強制安置養護中心。

病人在養護中心第三天，因為發燒被送醫。經過抗生素治療，症狀獲得緩解。

此時我收到家屬的求助信，我在取得家屬同意後，把求救信張貼在臉書，尋求各方意見。

我問在社會局工作的朋友，他回覆：「我猜社會局的安置是依據《老人保護通報及處理辦法》2-1-1，老人因配偶、直系血親卑親屬或依契約負照顧義務之人有疏忽、虐待、遺棄或其他情事，致其生命、身體、健康或自由發生危難。這是社會局認定的情況，當時找警察來也沒用，因為社會局有公權力可以執行安置的動作，然後要求家人支付安置衍生的費用。我覺得社會局說會派人來監督，但實際上沒有這麼多人力可以二十四小時來盯著，所以先要求帶回家再說，有人來看的時候就餵點什麼讓他寫記錄。」

病人的兒子聽了這個建議回覆我：「我才不要這樣偷偷摸摸的，被拆穿如何收場？我要光明正大告訴他們，我有權利這樣做。以前媽媽有意識、會自己吃飯時，腹膜炎病危，我們仍盡量救她。現在沒有意識，也不會吃了，讓她自然往生才是真正為了她好。」

有位家屬私訊我：「我們的經驗是，家人達成共識，沒有跟家人以外的第三方提起，長照安排的探視也好，照顧也好，我們還是讓他們到家裡來，因為老年人生病本來就很瘦。爸爸當初斷食期間，甚至遇到長照指定的醫生定期探訪，我們也都接受他的探訪。因為這些事情，不是所有人都開放接受，他們擔心責任問題跟法律問題。但是，只有自己的家人才知道親人所受的痛苦，並且為他做出比較好的選擇。我妹妹也很擔心醫生或者長照個管師到家裡探視，我都跟她說，沒有關係，一切照常，因為醫生跟長照人員是看不出來差異的；病情嚴重的病人，是否有灌食，是無法判斷的。我甚至還在最後一個禮拜，安排長照到家裡為父親洗澡，他愛乾淨，我們希望他清爽的走完人生。」

另位家屬留言：「『斷食善終』是『不能說的祕密』。我們家在今年二月，跟很暖心也很願意配合我們執行善終的團隊提『斷食』時，他們也是搖頭，後來私下表示『可以做但不能說』。建議本文的家屬，跟社會局保證會好好給媽媽吃（不用跟他們辯，他們也是怕事的，怪不了他們），能夠順利帶回家就有機會善終。居家安寧護理師表示：『是這樣沒錯，我們經常叫家屬低調一點，不要嚷得左鄰右舍或遠親近鄰都知道，徒增困擾。而且不要以為自己是受害者，全天下的人都會來幫忙，人家想的跟我們不一樣。』」

其實家屬從頭到尾沒有提斷食善終，只是說明要讓母親在家自然善終，因此要停掉長照服務，應該是個管師因此推論他們沒有餵食，猜想這違背了她的信念，所以向社會局舉報。既然有人舉報，社會局也一定要處理。社會局派人來家中評估、討論，既然家屬堅持不餵食讓病人自然善終，這有如現行犯當場被抓，病人處於危急狀態，所以立即強制安置，認為這樣才能搶救病人的性命吧！可惜他們沒有深入了解病人的身心狀況，以及家屬作此抉擇背後的愛心以及孝心。

法國哲學家傅柯說：「現代國家權力對於生命的掌控，從『取人性命』轉變為『不准人死』。」說得真貼切。

環境太冷或太熱病人都會發生癲癇，家中長期開空調將溫度控制在二十六度。家屬擔心母親在養護中心無法得到最好的照顧。三十四年來，除了住院，病人都住在家中，在養護中心過的會是什麼日子？真讓人不捨啊！

我們想到的辦法是，找兩位醫師簽署拒絕維生醫療家屬同意書。我提供陳秀丹醫師的演講連結，標示她對於末期病人的定義：沒有維生醫療的情況下，若病人一年內死亡醫師不覺得意外，就屬於末期。所以，賴維生醫療才能存活者都屬於末期。希望可以說服兩位醫師，認定病人為末期病人，讓家屬簽署安寧緩和醫療家屬同意書，拒絕心肺復甦術以及維生醫療（註：維生醫療包含葉克膜、呼吸器、人工餵食管、人工輸液、輸血、血液透析、抗生素等）。

病人出院後仍舊回到養護中心。執筆此時已經一個多月了，病人的兒子往返奔波多家醫院，聯繫多位醫師，沒有醫師願意協助簽署拒絕維生醫療家屬同意書。

律師朋友說：該走的程序都沒走，要有處分公文啊，我們才能根據處置理由提出「異議」和「抗告」。可能要請家屬寫個函去社會局，要求他們說明強制送安養機構的法源依據和理由。現在想到幾個面向：一、「直接與社會處、醫療機構溝通」，二、走「法律程序」，三、造成「輿論壓力」，四、找「民代關懷」。病人是住在偏鄉的純樸小老百姓，後面三個方法談何容易。

既然求助無門，最終考慮先把病人帶回家再說，接受社會局或長照安排的居家安寧團隊支援。然後再見機行事，誰叫情勢比人強呢！善法被誤用，成了惡法。適當的妥協也是求生之道。雖然這個案例是「求死」。說是「求死」，其實是為了「護生」，保護病人在死前的人生不要受長期的折磨。

個案分析

1. 這個案例在此書即將出版前出現，給我們一個很大的教訓。雖然我們認為讓無意識、全身癱瘓、無法進食的親人自然往生是天經地義的事情，但是越來越多所謂保障人民福利的法規出現以後，為了防弊，人們可以擅自錯誤引用法律來制裁想要幫助病人的家屬。社會局的公務員不需要請專家研議就可以直接做出家屬違法的判決，而強制安置老人在養護中心，這點值得深思。我們認為這樣不公平，但必須要有特殊的背景和能力才有辦法找回公道。找律師、找民代、找記者，哪一樣是尋常老百姓輕易做得到的？所有的法律在預防人們「冤死」，但是因此有許多人不得「好死」。正如二十世紀末法國哲學家傅柯所說的：「現代政府從取人性命，轉變為不准人死。」

2. 這個案例告訴我們，小老百姓要協助家人自然往生暫時只能低調，千萬不要提「斷食善終」、「斷食往生」這個名詞，按照自己知道的正確方向去做就好了。即使要尋求協助，也是要說有「在宅善終」、「在宅安寧」、「自然善終」的需求，這些名詞才是主流能接受的，也可以避免協助的醫護團隊承受壓力。要告知親朋好友這個方法，讓家人得到善終，感到圓滿，要在事後再說，不要在事前。

看完以上斷食自然善終案例，我們是否可以感受到柏拉圖說的「死亡是最大的善」？因為死亡，人得以休息、得以解脫、才能「新生」，靈魂得到「自由」。如果人類肉體只會衰老敗壞但不會死亡，那是一個多麼恐怖的世界。

註1—參考資料：〈家屬拒絕手術治療多重可矯治先天畸型新生兒之倫理法律社會問題〉，蔡甫昌、楊哲銘、周弘傑，https://reurl.cc/bVdyMr。

註2—《斷食善終：送母遠行，學習面對死亡的生命課題》，畢柳鶯，麥田出版，二〇二二。

註3—《有一種愛是放手：斷食善終2》，畢柳鶯，麥田出版，二〇二三。

第二章

斷食自然往生案例分類

一、拒絕無效醫療好走

有越來越多急性期重症病人的家屬來詢問我如何讓無復原可能的家屬早日解脫？這些病人通常都經過急救，仍住在加護病房或者剛轉入普通病房，或者被要求轉往慢性呼吸照護病房。病人多半無意識、身上插著三管（呼吸管、鼻胃管、導尿管），每天數次的抽痰，身上水腫、甚至有胸水有腹水。家人心知肚明，病人無法有明顯的復原；就算救活，也是終身臥床。因此要求放棄急救，有的已經簽署安寧緩和醫療家屬同意書，同意撤除維生治療。有時撤除呼吸器以後，意料之外，病人可以自行呼吸，家屬要求撤除鼻胃管。我不知道有多少醫師會答應，來尋求我協助的家屬都是碰到醫師說這樣違法，不能餓死病人，拒絕撤除人工餵食管。每天持續六次的餵食、點滴、抗生素，甚至輸血、洗腎。其實撤除鼻胃管沒有違法，人工餵食管和呼吸器都屬於維生醫療，輸血、洗腎也都是。病人也不是餓死的，是因為重病無法治癒而死亡。撤除呼吸器和撤除鼻胃管同樣都屬於「停止無效醫療」，讓病人有自然死亡的權利。

家屬問我：「都已經簽署文件拒絕急救或已經轉到安寧病房了，為什麼還是所有的醫療處置都照常？」我說：「拒絕急救的意思是指呼吸、心跳停止的時候，拒絕心肺復甦術。目前進行的這些醫療處置屬於無效醫療，只會延長病人的死亡過程，設法請醫師停止所有治療，只給予舒適治療就好。」

在台灣雖然也有家屬蠻不講理，打人、亂提告，造成醫病關係緊張。不過整體而言，醫師還是高社經地位的專家，有其權威性。家屬如何與醫師溝通？對家屬而言這是大考驗，也要靠運氣。家屬常跟我講一大堆理由，說明為什麼他們希望醫師放手，但是不敢直接去問主治醫師。我會說：「你剛剛講的理由很充分，你詢問我的問題就是你應該去尋問主治醫師的問題。我沒有辦法替你去跟主治醫師溝通，你只能為了對家人的愛勇敢的去和醫師溝通，一次不成功，就再一次的溝通。讓醫師不斷的省思，看願不願意改變體制內積習已久的作法。」家屬常會問我：「我可以這樣要求嗎？我這樣講有用嗎？」我會回答：「不試怎麼知道，不必把醫院當衙門！你們要勇敢，要為了家人勇敢，把內心真正的感受說出來，用誠意打動醫師，若醫師願意改變，將來對其他很多病人有幫助，你們是做了善事。」

以下綜合整理家屬如何與醫師溝通的方法，建議要強調下列幾點：

1. 病人要是會好，我們一定會努力配合，謝謝醫師你們的努力搶救。
2. 但是這一路走來情況越來越壞，醫師您也說復原機會很小。若是救活了，生活品質很差，病人之前多次交代過，這不是他想要過的日子。我們小家庭一般收入，也沒有能力負擔長期的照顧。
3. 我們決定放手，內心是很糾結的，這是我們最愛的至親；但是為了家人好，我們選擇放手。
4. 病人受苦，我們家屬實在很心痛。如果能讓病人減少痛苦好走，我們無限感激。

院。

5. 我們全體家人可以簽署該簽的文件，病人走了，絕對不會告醫師或者醫院。

溝通的結果醫師多半會釋出部分善意，有願意降低灌食量的、停止抗生素的、停止點滴的、降低供氧量的、照會安寧緩和科的，或者轉到安寧緩和科。願意停止灌食、點滴的卻很少，要求減少抽痰次數也很難。有家屬自行幫病人減少灌食次數和量，若被發現，多半會被護理人員責罵為什麼沒有遵照醫囑？要求減少灌食，會說這是營養師建議的，去跟醫師要求。甚至有醫師說：「這樣違法、你這樣是謀殺？」醫院就是一個忙碌於治療「疾病」的工廠，工作人員都依著慣性思考處理病人的各種生理「數據」，我們為了「人性」有個別的需求與考量時，對於許多醫護來講是令他們意外，且增加麻煩的。

有位八十歲的女性，失智十年，四年前因為胃癌做了胃切除手術，之後身體快速退化，帶著胃造口臥床，住在養護中心。最近一年，因呼吸道、泌尿道感染、消化道症狀而頻頻住院，獨生子感到不忍，要求不要再積極救治，轉到安寧病房。住到安寧病房以後，判定病人「腸胃已經衰竭，腎臟也快衰竭，不再給予人工餵食，採靜脈給予水分」。他的兒子來信聲稱，停止進食已經三星期了，看媽媽很辛苦，有沒有辦法讓母親快點善終？我問他每天進水多少，他說每天兩百五十ＣＣ。我請他跟醫師商量，把水分降到最低，五十到一百ＣＣ以下。心想：奇怪，安寧病房有住院日期限制，這樣不是在拖時間嗎？

次日他回覆我：「醫師說不可以。」我只能請他繼續跟醫師溝通。

兒子過了一週又來訊息：「怎麼辦？醫師叫我們轉到〇〇醫院安寧病房。第一位醫師拒絕，第二位醫師態度很不好，我可以帶回家善終嗎？」

我說：「你母親命在旦夕，〇〇醫院不願意接受，是有道理的。你現在要帶回家，我來不及幫你找居家安寧團隊，她也有可能在半路上走了。」

一星期以後，兒子來訊息，母親往生了。我詢問這中間發生了什麼事情？他回答：「四天以前，媽媽全身上下都找不到地方可以打點滴。所以這四天沒有進水，媽媽終於可以離開了。」

從停止進食開始為期四十二天才死亡（不給水的話，十天就往生了）。因為醫師不願意停止輸液，病人多受了一個月的罪，家屬的煎熬令人同情，全民健保多支出了數十天的無效醫療費用。一念之差，全盤皆輸，沒有人得到好處。

是醫師需要這位病人嗎？不是，這家著名的醫學中心不缺病人，病人排著隊住不進去哩！那到底是為了什麼？臨終病人給予輸液並不符合安寧緩和專業，反而延長瀕死的過程，為何這位醫師認為住院病人一定要打點滴？我只能用安寧之母趙可式教授的說法來解釋：台灣安寧緩和科的水平參差不齊。只是發生在台灣數一數二的醫學中心，讓人感到失望。

另一位六十歲病人第三度腦中風，病人第一次腦中風後簽過「預立醫療決定書」，所有家人都接受本就失智臥床的病人這次腦部大出血，不做無謂治療，決定放手。家屬集體求醫師，醫師願意降低供給氧氣量，但是持續餵食六次、病人每天抽痰六次（註：病人應已符合「預立醫療決定書」的啟動條件，因此醫師不依法撤除人工營養是嚴重違背病人的意願，在歐美先進國家，家屬可以告醫師）。每次抽痰病人的太太都難過得痛哭。病人住加護病房兩週體重多了十公斤，全身腫脹，皮膚腫到發亮，痰多、肺部積水。出了加護病房，才打利尿劑消腫。

太太提到：「每天抽痰六次，我非常心痛，先生更痛苦。我告訴護士我先生會咳痰，要求減少抽痰次數。護士堅持要等醫師指示，醫師則要等發炎指數報告……我因此辦理自動出院，帶先生回家。」

回家後雖然將餵食減為三次，痰稍微減少了，可能少了某些用藥，病人更喘了，每分鐘呼吸五、六十下。太太擔心自己做錯了，不停地哭，猶豫是否該將病人送回醫院。我收到私訊，趕緊與她通話，在電話中先肯定她帶先生回家是正確的，呼吸次數增加，是因為呼吸功能下降「淺而快」，不要擔心。完全停止餵食和餵水，痰會更減少，就不用抽痰了。趁著濕潤或清潔口腔時把喉頭分泌物一併清除，痰聲也會減少。

次日早晨我收到太太的訊息，先生清晨五點走了。她說非常感謝我前晚的電話指導，她放下電話，就沒有再哭了。神奇的是用濕棉棒把口腔的黏液清除後，呼吸就沒有痰音了，沒有痰音，她的焦慮就立刻減輕了。睡前好好的跟先生說話，答應第二天仍會和兒女一起幫他擦澡。次日清晨醒來她發現病人在睡夢中走了，把兒女叫醒一起幫病人擦澡時，感覺他仍有體溫，手心還是熱的。她說：「先生前天出院，隔一天清晨離開，他沒有讓我焦慮太久，我很感恩！」

有一位九十歲的老奶奶因為嚴重腦中風住在養護中心四年，有五個孩子，兩位是退休護理人員。老奶奶因為發燒、肺炎住院，醫師打抗生素之餘，每天灌食六次，不間斷的打點滴。家屬形容病人整個臉腫得像豬頭，全身連四肢都水腫，肺部積水，痰很多，每天抽痰十餘次，每次抽痰都是血。兒女都從外地回來探視，實在很不忍心，全體一致希望媽媽能夠善終。醫師說抗生素的療程還沒有結束，暫時不能出院。我說臨終的病人，可以不必打抗生素。還好，與醫師溝通以後，次日出院。（註：全身水腫、肺積水、痰很多，都是因為醫師給的水分超過病人身體可以處理的量所造成的。身為護理師的女兒曾質疑醫師：「進水量」和「出水量」沒有平衡啊！）

出院回家停止灌食，只進水五十CC兩天。然後只用濕棉棒濕潤和清潔口腔。回來的次日就說痰減少了，只需拍背，不需抽痰。第三天就完全沒有痰了，全身水腫也明顯消退。在家人陪伴下於斷食斷水第十五天安詳的回去天家了。

有一位急診醫師朋友向我反映斷食善終觀念造成他們的困擾，他說有位家屬把臨終病人送來急診，表明不急救，拒絕所有的治療，連點滴都不接受。他跟病人家屬說：「我們可以不做任何侵入性的治療，但是點滴至少要打吧！不然送來醫院做什麼？你們又不帶病人回家。」

我說：「家屬不敢讓病人在家裡死亡，所以帶來醫院，他們知道打點滴會延長死亡，所以拒絕啊！待在急診處病人和家屬都辛苦（家屬只有一張凳子，晚上是無處睡覺的），如果因為打點滴，在這裡多待幾天，我想對病人、家屬和急診處都沒有好處吧！」我又說：「你知道每天打二百五十CC水，病人有可能又活一個月喔！」這位醫師聽了嚇一跳，問我真的嗎？我說中村仁一醫師在《大往生》[1]書中就提到過，一位九十四歲老婦人無法進食，靠著每天一瓶點滴，又活了四十天，往生時只剩下皮包骨。我們也有一位斷食往生的中年病人，只因為每天配水服用三次抗癲癇的藥還有睡前的安眠藥，結果拖了兩個多月。

這位醫師和許多的醫師一樣，認為病人來到醫院不能什麼都沒做，就像有些醫師認為病人住院中一定要進食，不能不給食物，沒有充分了解對臨終病人來講，任何的食物和水分，都會延長死亡，增加痛苦。所以我一直鼓吹家有老衰重症者臨終不要送醫，請醫護到家裡來探視。但是觀念要改變沒有那麼容易，連養護中心也是習慣把臨終病人送急診。希望急診室醫師能秉持醫療專業，不必給予任何處置，讓家屬在一個適當有隱私的空間與病人好好告別就好了。這對某些急診醫師也是挑戰舊有習慣吧！如果病人還有一段時間，讓病人住安寧病房或一般病房，提供讓病人舒適的照顧，以藥物及護理措施緩解瀕死症狀，教導家屬如何維持清潔、嘴唇口腔的濕潤、處理分泌物、接納病人的種種變化，把握時間陪伴病人與四道人生，這也是醫療存在的使命與價值，希望未來各科醫師都懂得這種處理原則。

政府在研議獎勵養護中心臨終病人不送醫，希望民眾也逐漸養成這樣的習慣，對大家都好。

二、老衰末期自然善終

自二〇二二年四月至二〇二四年五月為止，家屬諮詢我協助老衰末期不吃不喝自然死亡案例有四十一位，男性十六位，女性二十五位，他們的平均年齡是八十九歲（六十八到九十七歲），平均自然往生的時間是十八天。這些病人沒有特殊的疾病，只有一般的慢性疾病，有幾位有失智症，漸漸的越睡越多，越吃越少，體力也快速的衰退，話也越說越少。這是自古以來最有福氣的無疾而終，壽終正寢。現代人不了解，家屬對於病人不吃不喝感到焦慮，常會用盡辦法強迫老人進食，也會有想送病人就醫的衝動。

這種狀況不需要刻意的斷食，仍然準備食物，但是由病人決定他想吃什麼，要吃多少，喝多少。這個階段，睡眠是最重要的，所以讓病人睡飽為原則，不必執著什麼時間應該進食，每次要進食多少。病人睡飽了，頭腦清醒時進食才是安全的。病人想睡就睡，不必叫醒病人進食，迷迷糊糊之下進食，容易嗆咳或甚至引起吸入性肺炎，那樣就得不償失了。

所有的動物包括人都有一定的壽命，老天爺設定的退場機制或者說關機模式，首先出現的就是消化道、腎臟功能的衰退，造成無法消化吸收營養，也無法處理過多的水分，因此自然的會不想吃、也不想喝。此時不吃不喝，既不餓也不渴，過多的食物和水反而造成身體的負荷，可能引起痰多、嘔吐、腹瀉、腹脹、水腫等症狀。許多家屬不明白，總是勸老人家多吃，以為這樣才會有體力。甚至有家屬用湯匙翹開老人的口腔硬灌食物，反而造成嗆咳、肺炎送醫。一旦送到急診處，忙亂的醫護人員，看檢驗報告脫水、營養不良，最可能的處置就是打點滴、插上鼻胃管。老衰末期被插上餵食管，從此躺在床上拖好幾年的比比皆是。有了正確的知識就懂得尊重老人的身體自覺，順應自然，該放手的時候放手。不要用一根鼻胃管把要去天堂作神仙享福的人，拉到人間的地獄躺臥多年。

目前的健保法規定，無特別疾病的八十五歲以上老人也符合居家安寧的收案，可以申請附近的居家護理所、居家醫療診所支援，定期來家裡訪視，他們可以開處藥方也可以提供其他的醫療處置。老人家不用辛苦的往醫院跑，情況穩定時醫護團隊間隔較長的時間訪視一次（譬如每三個月或者一個月），有特殊急性症狀例如發燒、流感、腹痛等，可以聯繫居家團隊訪視給予適當的醫療。若是出現上述不吃不喝情況，也可以請他們來鑑別是身體不適需要治療或者是臨終現象。此時醫護人員會較密集的訪視，提供必要的舒適、止痛或鎮定等治療。避免臨終的病人緊急送醫，辛苦折騰，免得被過多的醫療介入，反而剝奪了在家自然善終的機會。

家裡有老衰重症者，家人應學習足夠的死亡識能（death literacy，臨終照顧的知識與能力），不要慌亂送醫，請醫護到家裡協助，可以大大提高在宅善終的機會，生死兩相安。

曾經有年近九十歲的老人家越睡越多，越吃越少，子女擔心的來詢問怎麼辦？我說：「準備他最愛吃的食物，他想吃多少，就多少。睡飽了，頭腦清醒的時候餵，不要把睡眠中的老人家叫起來吃東西。」女兒問：「可是我很擔心，他越吃越少，有一天就完全不吃了。」我說：「總有一天，他會完全不吃的，這是遲早的事情。沒有人可以長生不死啊！」女兒快哭出來了：「可是，我捨不得他死啊！我好心痛！」然後說了一些爸爸老年才生她，她跟爸爸感情多好的事情。聽完，我下猛藥：「妳捨不得，妳心痛，這是妳的情緒功課，妳遲早要面對，妳要學習處理。請妳先把心思放在怎麼做才能讓長輩最舒適的這件事情上，好好陪伴，好好說話。妳想像假如妳是他，妳希望別人怎麼對待妳。」我再補上一句：「他陪伴妳這麼多年，對妳已經沒有責任了！現在是長輩的想法最重要，他雖然老了，雖然快要走了，但是他還是個人，你們要相信他的判斷，尊重他的選擇啊！同理、尊重、接納才是他想要的，那才是真愛！」後來老先生安詳的走了，女兒說：「他多留了一個月陪我。」

還有一位老人家不吃不喝，媳婦知道不要送醫，兒子怕老人家不舒服家人不會處理，主張要送醫院。我問他：「送醫的目的是什麼？」他說：「讓老人家舒服一點。」我說：「你想像一下送醫的過程。把長輩搬上救護車，一路顛簸，到了急診處換上急診處窄窄的推床，連翻身都困難，大小便更不方便。然後抽血、吊點滴，推去照X光，甚至可能被插上鼻胃管。還可能被安置在走廊、大廳裡。這每一個步驟，都是不舒服的啊！醫院是治療疾病的地方，不是讓人在那裡死亡的好地方。」還好我成功的勸阻了家屬，老人家幾天後在睡夢中安詳往生了，身上沒有任何的針孔、管路，多麼圓滿。這就是「老衰不吃不喝睡睡走」的自然往生，過去的老人家、我們的祖先都是這樣走的啊！

這一類型病人是最容易陪伴善終的，有許多朋友和讀者向我反映，因為理解了這個觀念，他們沒有找我諮詢，知道不要慌亂送醫，以愛陪伴，長輩在家安詳的往生，家人都感欣慰，對我表達感謝。這是回復古老傳統，許多人在網路留言反映：「是啊！小時候長輩就是這樣離開的。」我們要重新找回這個傳統。

三、**自主斷食（Voluntarily Stopping Eating and Drinking, VSED）**

《自主斷食：慈悲而尊嚴的善終選擇》[2]一書提到：「自主斷食是一位當下已經病重或將會病重的病人，有意決定用完全停止吃喝來加速自身死亡的作法。它的過程初看之下似乎有點殘忍，但大多實際執行自主斷食的人，如果有著經驗豐富的臨床夥伴合作的話，都發現它其實是可以忍受並且有意義的。自主斷食提供了那些尋求逃離當下或即將面臨不可忍受的痛苦或惡化的人們，一個相對安詳、且在自我控制下的死亡過程。」

我們從本書第一章提到的某些個案中，也可了解這是可以自主決定時間、地點，一種預約式的，有家屬充分陪伴的溫馨過程。病人可以隨時改變主意恢復進食。斷食期間的身心不適，多半可以得到緩解，家屬參與陪伴及照顧，好好道謝、道愛，生死兩無憾。

執筆的此時，我協助了二十四位因為嚴重失能而自主斷食的個案，男性十一位，女性十三位，他們的平均年齡是七十二（四十至一百）歲，平均斷食的時間是二十一天。有兩位是減食太慢或沒有停止飲水，分別在第八十一天和第六十六天離開，若扣除這兩位，則平均是十六天後往生。他們罹患的疾病包括帕金森氏症、漸凍症、小腦萎縮症、失智症、多次腦中風、高位頸椎脊髓損傷、肌肉萎縮症和老衰。這組的病人是因為嚴重失能，生活沒有品質又沒有尊嚴，且疾病無法改善只會惡化，而選擇放下這個不堪使用且帶來痛苦、剝奪尊嚴的肉體，讓靈魂向前走，也讓家人可以自由前行。這些病人意識清楚，可以明白表示何以作這種選擇，家人的放手，卻需要一段時間的思考，甚至是痛哭好幾天。捨不得是因為愛，放手也是因為愛。送別的過程雙方都付出也得到了滿滿的愛，相對地就沒有那麼悲傷。

另有十九位因為重症末期而自主斷食的個案，男性十二位，女性七位，他們的平均年齡是七十五（五十八至九十二）歲，平均斷食的時間是十六天，若扣除一位食道癌患者因為減食太慢拖到六十四天，則平均斷食時間是十二天。罹患的疾病主要是癌症末期，另有心肺以及腎臟疾病末期。這些個案，病人和家屬都知道病人時日無多，但求能夠縮短痛苦，好好的走。所以拒絕了醫療過度給予的飲食和輸液，或者自主停止吃喝。因為本來就是疾病末期，有幾位短短幾日就安詳的離開，家屬因此替病人感到欣慰，雖有不捨也能化為祝福。

由於我國醫院各科（包括某些安寧緩和科）的醫師都不太能接受住院中的病人沒有進食、沒有打點滴，所以這些病人都是在家進行或者辦理自動出院回家。有些病人在得到相關足夠的資訊後只有家屬陪伴，有些病人找到居家安寧團隊居家訪視提供協助。自主斷食往生的臨終過程除了飢餓、口渴、發燒、躁動，並無特別嚴重的其他症狀，但若是合併其他內科疾病，有特殊的症狀，更需要居家安寧團隊的協助。他們不只提供病人的照護，也會對家屬給予指導、安撫和悲傷照顧。

老年時代來臨，衛福部應該最知道醫療量能將嚴重不足，臨終的病人在宅善終，對病人、家屬、健保都是有利的。相信居家醫療的資源將會越來越充足，下一章會介紹如何就近尋求居家醫療資源，可以安然面對人生必經的死亡課題。

四、無意識者停止強制人工餵食

無意識者被持續以人工餵食延遲死亡，我們並沒有得到他們的同意，所以我稱這組人是被「強制人工餵食」，停止強制餵食是還給他們自然死亡的權利。目前為止我接受諮詢停止強制人工餵食自然往生的有一百〇六位，男性五十位，女性五十六位，他們的平均年齡是七十五（兩個月至九十八）歲，平均斷食的時間是十五天。有三位兩、三個月大的嬰兒，一位七歲的女孩，扣除這四位的話，平均年齡是七十七歲。這四位兒童是罕見疾病或者出生時嚴重腦缺氧，造成嚴重腦性麻痺，認知功能以及運動功能嚴重受損，日常生活完全依賴，甚至靠鼻胃管餵食。成人罹患的疾病也是以腦部傷病為主，譬如腦中風、失智症、帕金森氏症、腦缺氧、腦炎、腦外傷、腦癌、低血糖腦病變等等。

將近一半的人是嚴重腦中風、失智症合併吞嚥障礙、嗆咳被插了鼻胃管躺臥在床。另一半是因為嚴重的腦部傷病，急性期接受過急救、甚至腦部的手術，但是因為傷病嚴重無法復原，病人持續昏迷或者意識不清，依賴呼吸器或者人工餵食管維生，伴隨嚴重的失能，沒有行動能力，日常生活完全依賴他人。家屬在急性期極力配合醫療搶救，經過一段時間以後，看得出來病人無復原可能，又身陷痛苦的深淵，早就萌生應該要放手的想法，但苦於不知合法途徑。有些人巧合接觸了斷食往生的訊息，在傷病後幾週或者幾個月就來尋求協助，大多數是已經躺臥幾年甚至二十年才得知可以停止人工餵食，讓病人得到解脫。

這其中有些人是在醫院的安寧緩和病房進行，有些人在護理之家進行，絕大多數是在家中進行。在家進行的，我盡量轉介居家護理所和居家醫療診所的團隊去協助，也有些個案因為找不到團隊接案，家屬自行陪伴和照顧，過程中持續與我保持聯絡。

無意識的長期插管臥床者，他們的醫療抉擇可由家屬來代為決定。餵食管意外滑脫、阻塞打結時，或每個月要移除人工餵食管更換新管子時，家屬可以拒絕讓病人接受餵食管的再插入。或者在要更換管路的前一週開始減少餵食，移除舊的管路後，不要再插入新的。這是法律賦予家屬或代理人的權利，我們一般人都不知道。很多家屬詢問醫師：「病人可以撤管嗎？」醫師可能回覆：「這樣違法喔！」「你們要餓死他，太殘忍了！」家屬就被嚇到了。這是某些醫師的錯誤認知，我們不必照單全收。

我國法律允許病人因家屬或代理人拒絕呼吸器、心肺復甦術等無效醫療而死去，不幸的是也有許多人認為「只要本人沒有預立醫囑，家屬或代理人無權代為拒絕人工營養灌食或靜脈注射」，這是他們對法律沒有全面性的了解。在本人沒有預立醫囑或指定代理人時，歐美國家都是以病人的推定意願及最大利益來決定。我們需要盡速對話，讓醫界、法界取得共識。被強迫活著繼續受苦的是病人及家屬，可不是這些反對人士。在社會共識未取得前，我們也可以不要說是要撤管、要拔管（主動採取行動），我們可以說這是拒絕讓病人繼續被強制人工餵食（被動不接受），因為對這些病人而言，人工餵食沒有治療效果，是一種無效醫療。無意識的病人不曾同意要繼續插管，病人從來沒有交代要插管臥床躺得越久越好，倒是多半有交代不要像某某人那樣，躺在床上不能動，那樣活著有什麼意義？停止強制人工餵食正符合他們的意願，也符合他們的最大利益福祉。

只是在進行前，最好配偶以及直系血親要先開會討論，取得共識，大家簽名同意，避免往後的糾紛。按照《安寧緩和醫療條例》，最近親屬之排序如下：一、配偶；二、成年子女、孫子女；三、父母；四、兄弟姊妹；五、祖父母；六、曾祖父母、曾孫子女或三親等旁系血親；七、一親等直系姻親。配偶及直系血親若已有共識，其他的親友是沒有置喙餘地的。

無意識者的醫療決策是由家屬來代為決定，最好的例子就是無意識病人送醫時，不論是否要開刀、氣切或插管都是要經過家屬簽名同意的。解鈴還要繫鈴人，不再插管當然也是由家屬來決定。除非病人有很大的復原機會，醫師當然會勸阻家屬要給病人機會。此時家屬需要釐清，所謂的復原只是活下來，還是能夠活得有品質、有尊嚴，若是後者才需要接受醫師的建議給病人嘗試治療的機會。

五、斷食往生的誤用

自從《斷食善終》[3]一書出版以來，為了推廣「拒絕無效醫療、回歸自然善終」的觀念，我接受了所有的演講和媒體採訪邀約，加上數十年來有許多家庭經歷過或者正在經歷照顧長期臥床病人，所以引起很大的迴響。有數百個病人或家屬在我臉書留私訊，諮詢斷食自然往生作法，我會盡量轉介安寧緩和科或者居家安寧團隊協助，停止沒有必要的人工餵食或者自主斷食而得到生死兩相安的圓滿。不過也有關心此議題的朋友提醒我，有出現被誤用的狀況。這也是促成我寫這本書的原因之一。

對於有意識的病人而言，只有當事人才有主張自主斷食往生的權利，其他的親友不宜自認為病人很痛苦，未經病人同意就拒絕提供其食物，或者停止餵食，這樣是一種虐待、遺棄，既違反了倫理，在法律上也構成遺棄罪或甚至殺人罪。

有自主斷食意願者，最好先經過醫療審慎的評估，確定其疾病目前並無有效治療的方法，其痛苦已經難以忍受，或者病情只會越來越惡化，將要進入難以忍受的程度。若情況確實如此，病人需完成文件簽署、錄影存證，表達其自主斷食主張，親友應該予以尊重。若行強制餵食，這是侵犯了當事人的人身自由。其斷食往生的過程，親人應盡到陪伴以及提供舒適照顧的義務，尋求必要的醫療協助，減少病人的痛苦。

對於無意識或者完全無法溝通的病人，若是符合《安寧緩和醫療條例》末期病人的規定（在自然存活狀態，沒有人工維生醫療下，預期近期內死亡為不可避免），則其家屬可以簽署安寧緩和同意書，包括拒絕心肺復甦術以及人工維生醫療（包含人工管路餵食），讓病人得以脫離靠著人工維生醫療維持無意義、無品質生命的慘況。有些人以《安寧緩和醫療條例》沒有明文寫入人工管路餵食而反對，這個意見明顯違反立法精神，若能修法也能解決困境。這裡所謂的家屬包括配偶以及直系血親，或者病人有自主意識時所委任的醫療代理人。在撤離呼吸器或人工餵食管（或停止餵食）之後的臨終期，應該提供陪伴以及舒適治療。

自主斷食者本人、其家屬，無意識病人之家屬等都應該對斷食往生會出現什麼症狀，需要哪些身心靈的照顧以及醫療需求有相當的認識。本書後面的章節會提供相關訊息，市面上有許多相關的書籍以及網路上的資訊，也很有幫助。請先作足功課，有足夠的臨終照顧知識，加上尋求必要的專業協助，才能達成圓滿的結果。切勿只是得到片面的訊息，就衝動的進行，可能造成傷害，也可能違法。

譬如中重度失智症者雖然不認得人，日常生活依賴他人，但仍有經口進食能力和正常的食慾，也還有生物求生之本能，無法理解或者作出斷食往生的決定，就應該盡到餵食的義務。貿然停止餵食，造成病人飢餓、虛弱、恐懼、營養不良、脫水之苦，這是一種傷害，不是解脫。美國的失智症病人可在仍有決策能力時預立醫囑，表明當疾病發展到什麼程度時，拒絕被餵食物與水分。《自主斷食：慈悲而尊嚴的善終選擇》書中有詳細描述其所需要的評估、準備以及施行臨床指引。在美國、荷蘭等國家，大多數的安寧緩和科可以安排自主斷食者住院接受臨終照顧。

當老衰、神經退化性疾病如失智症者出現吞嚥障礙時，應該到復健科接受語言治療師的吞嚥評估和治療，學習如何製作適合病人的食物，以及安全的進食方式。如果病人失能狀況繼續惡化，已經完全沒有由口進食能力，且生活品質低落時，建議不要給予人工餵食管，讓病人自然不吃不喝自然死亡，否則會延長其無品質、無尊嚴的失能狀態多年，對病人和家屬而言，都是痛苦的。這個原則在先進國家，已經行之有年。《記憶空了，愛滿了》[4]描述一個在台灣遵照此原則而善終的好例子，是失智症或神經退化性疾病家屬最佳參考書。

斷食過程最常遇見的錯誤有兩個相反的面向。一種是貿然的停止所有的飲食以及水分，造成病人痛苦，家屬又不懂如何減緩其症狀，或是沒有尋求在宅醫療或居家護理所的協助。臨床上，採漸進式的減少食物和水分，病人的身體和家屬的心理上比較能適應，若有嚴重飢餓或口渴的症狀，最低量的舒適餵食（Minimun Comfort Feeding Only）有時是必要的（詳情容後再述）。

另一種錯誤剛好相反，家屬因為不忍心病人飢餓、口渴，飲食的提供斷斷續續，把斷食過程拖得太長，或者因為繼續給藥，提供了太多的水分。病人可能過了兩個月甚至四個月都還沒有往生，造成營養不良、貧血、水腫等併發症，家屬也感到很煎熬。正確的斷食往生，臨終時間盡量掌握在一個月以內，這樣對病人和家屬都好。正確的實施步驟下章詳述。

斷食善終，包括斷食和善終兩個部分。斷食的意義包括「不勉強餵食」、

「尊重自主斷食」和「停止強制人工餵食」，這只是手段。善終才是真正的目標，必須對臨終現象有充分的認識，也要懂得如何作身心靈的照顧。若只是不給食物和飲水，沒有其他重要的配套，讓病人受罪，那就不是善終了。

六、哪些情況不適合斷食往生

在我接觸的諮詢者中，有些個案並不需要或者不適合作斷食往生。為數最多的是身心疾病患者，可能正處於低潮、憂鬱、情緒不穩定，有強烈的輕生念頭。我會聆聽其困擾，鼓勵他們繼續治療，多親近大自然、曬曬太陽、規律的運動；不要窩居家中或不與人互動。要有信心持續治療，尋找第二、第三意見，相信終會遇見能治好其病的貴人。這些人身體健康，相對年輕，醫界沒有協助斷食往生的法律依據，靠著斷食結束生命，臨床上也不容易成功。

其次是傷病早期，病情尚在復原中，由於身心痛苦，會有斷食往生想法。譬如中風恢復期，癱瘓明顯，身上有鼻胃管、導尿管，對未來感到不樂觀，而有不如歸去之感。如果依其病情判斷，只要持續復健，兩管都有移除的機會，就應鼓勵繼續治療。家屬不要一味的否定病人的想法，重要的是聆聽病人的感受，讓病人的痛苦有被聽見、被看見的機會，才可以得到紓解。一般的人際溝通，很容易自以為是為病人好而不斷糾正病人的想法，勸阻病人。病人沒有被同理、被接納，心情更不好，更容易有負面的想法。生理上的痛苦，相對容易解決，心理上的痛苦才是更需要受到重視的，心理上的痛苦若沒有被看見、被理解，那會使得生理上的痛苦更加嚴重、更難承受。

還有些情況病人提出斷食往生的要求，其實只是一種求救的訊號，表示他們有難以承受的身心痛苦。譬如親子關係疏離，病人只有外籍看護陪伴，渴望家人的關懷，沒有得到完善的醫療照顧；自知來日無多，單獨面對死亡的恐懼壓力很大等等。有些個案在居家醫療團隊居家訪視後，因為團隊聆聽了其痛苦與心聲，聯繫子女參與，提供了舒適治療，症狀明顯改善。病人就又燃起了生存的欲望，還是可以繼續享受美食和生命。

所以有病人或個案提出斷食往生需求時，不要忙著否認、拒絕，應先給予同理的聆聽，這樣最能釐清他們真正需要的是什麼幫助，如果是醫療或者陪伴可以改善的狀況，要優先考量。有足夠的關懷與理解，確定疾病無法治療、痛苦無法改善，才來考慮斷食往生是否適用。

也有些情況是家屬看到病人受苦非常不忍，覺得斷食往生可以讓他們趕快解脫。但是病人非常懼怕死亡、避談死亡。我的建議是可以和病人一起去簽署「預立醫療決定書」，由專業醫護團隊的引導，讓病人思考疾病更惡化或者末期時要作什麼選擇。在進行這個議題的討論之前，其實要多花點時間和病人深入溝通，作人生的回顧，談談過去的生活、目前的心境，或者追憶逝去的親人；最重要的是表達對病人的關心、感謝和愛。有了比較深入內在的互動（即使病人只能搖頭、點頭回應，仍可以溝通），建立親密的連結，適當的時機才切入對未來的打算、生死的抉擇。不要在關係還很疏離的時候，突然談起死亡的事情，這樣很不容易判斷病人真正的心意，也可能引起病人的排斥和恐慌。

有些病人在談一般事情的時候，都有反應，但是觸及與死亡相關的議題，就表情茫然不反應。數次試探，都是如此。我會告訴家屬，這是時機未到，有一種痛苦是家屬覺得病人痛苦，但是病人仍有生存欲望，或者還沒有面對死亡的心理準備。這種情況下，表示親緣未了，還是要好好的陪伴和照顧。

還有一種情況是生病的長輩非常痛苦，想要停止治療、斷食往生以求解脫。

但是其配偶不放棄，逼著病人做各種治療、否定其斷食往生的要求。子女同情受苦的長輩，對於不放手的長輩不能諒解，引起家庭的論戰、不和諧。子女通常認為沒有生病的這位長輩向來就非常強勢，讓伴侶一輩子忍氣吞聲，不敢為自己發聲，而感到忿忿不平。我會提醒子女：父母有他們的相處模式，我們只能多關心、多聆聽，想辦法傳達相關資訊讓父母知道。畢竟夫妻本是同林鳥，兒女也不宜過度的介入，努力過後，若無法達成目標也只能接納了。有位出嫁的女兒想做父母之間的溝通橋樑，開始多花些時間與爸爸聊天、談往事、談生死，一向寡言、木訥的父親，難得地說了許多心裡話。父女有了更多的了解與連結，女兒更加疼惜爸爸，對這位爸爸來說是晚年極大的欣慰。

曾經有長媳來信詢問失智十年插管臥床的婆婆是否適合斷食往生？自稱其他手足很少關切，都是先生在負責。如今先生退休了，要把婆婆從養護中心接回家全力照顧，對他們夫妻關係造成嚴重破壞。我告知這要所有手足都有共識才不會有遺憾，提供了一些相關資訊給她。後來才知道先生有聯絡居家護理所協助，護理師通知我病人有意識可以搖頭、點頭回應簡單問話，正在訓練病人由口進食（會吞稀飯和布丁牛奶），朝移除鼻胃管的方向努力。我與先生聯繫，他說中學離家以後幾十年忙於學業、家庭、事業，沒有好好孝敬過母親，想要陪伴母親一段時間彌補過去的缺憾，但是另方面也不捨母親如此受苦，心情很矛盾。我和護理師取得共識，我們以病人為中心，考量病人的最大利益。訓練她由口進食，移除鼻胃管，由病人自主決定是否要進食，還能吃就繼續餵，不願意吃或者不能吃了，不勉強餵食，順應自然。我提醒長媳：婆婆是大家的媽媽、婆婆和阿嬤，生死事大，不要執著，不要急於一時，事情會如何演變，就看緣分，不論如何，家和萬事興，需要大家互相體諒，以及理解抉擇背後的理由。結果老太太成功的移除鼻胃管，在兒子照顧了兩個月，過完農曆年的大團圓後，自主不吃不喝一星期，安詳的往生了。兒子很高興母親的最後一哩路是在家有子孫陪伴，也很慶幸自己盡到最後的孝道，不留遺憾。

有些家屬對斷食往生一知半解，做了不是很正確的選擇，或者沒有尊重病人的意願，造成一些醫療單位的困擾，感謝大家幫忙導正家屬的觀念，讓病人得到最適合的照顧。這也是我寫這本書的目的，希望對此議題有興趣的朋友，能夠因此得到完整的知識，本書也盡量把常見的誤解加以澄清，尤其希望大家不要斷章取義，誤用這些觀念。

註1—《大往生：最先進的醫療技術無法帶給你最幸福的生命終點》，中村仁一著，蕭雲菁譯，三采文化，二〇一三。

註2—《自主斷食：慈悲而尊嚴的善終選擇》，提摩西．奎爾、保羅．蒙則爾、塔迪烏斯．波普、茱蒂絲．史瓦茲著，汪漢澄譯，麥田出版，二〇二三。

註3—《斷食善終：送母遠行，學習面對死亡的生命課題》，畢柳鶯，麥田出版，二〇二二。

註4—《記憶空了，愛滿了：陪爸爸走過失智的美好日子》，周貞利，天下生活，二〇一四。

第三章

斷食自然往生前之準備

一、從出現想法到尋求共識

病人有自主意識：

雖然我相信靈魂永生，死亡是放下不堪使用的肉體，讓靈魂自由前行。不過畢竟生死事大，死亡終止了這一世，有去無回，對許多人來說，這是非常大的失落。因此作這個決定，需要特別的審慎，要花較長的時間來評估、討論與凝聚共識。

病人意識清楚的情況，是由病人作主，同時尋求家人的尊重；因為斷食往生不是一個人的事，是一個家庭的事，需要家人的陪伴與祝福。我的家人都知道當疾病嚴重無法治療，痛苦不堪忍受的時候，我會選擇自主斷食到天上逍遙自在和媽媽團圓。兒子的回應是：「我們會尊重妳的選擇，但是不要太早。」什麼叫「太早」，這沒有標準答案。我遇過幾個案例，病人的立場是「痛苦難忍，有如活在地獄，希望盡快解脫」，家屬的立場是「情況還沒有那麼糟，過些時候再說」，對誰來講情況沒有那麼糟？我母親小腦萎縮症末期癱瘓決定斷食往生，子女三人都尊重母親的決定，畢竟我們無法代她受苦；而我先生和兒子們覺得不捨，常說還可以再多活一段時間啊。所以就算尊重病人的選擇，何時才是恰當的時機，也需要花時間去整合。

家屬可以做的事情是，減輕病人的痛苦，尋求理性的舒適治療，不放過任何可以改善症狀的方法。不過若是盲目追尋無效或者副作用很大的治療，可能是提油救火，讓情況變得更難收拾。再者，痛苦不是只有身體的層次，更多的是心靈的層次，或是無法改善的「失去尊嚴」。病人需要的是聆聽、同理、接納與陪伴。家屬若是因為捨不得，站在自己的立場提出反對言論，病人覺得孤單、不被理解，只會加深病人的痛苦。通常貼身照顧者長期日夜陪伴，看著病人情況日益惡化，比較能夠理解病人之苦。

譬如有位病人的太太，每次都是一邊道歉、一邊哭，一邊幫先生抽痰。偶爾來探視的親人相對難以體會病人之苦，出張嘴說著：「病人狀況還不錯啊！」照顧者比較能夠接納病人斷食往生的意願；相對地，天邊孝子、孝女常反過來責怪是因為照顧者嫌累、懶得繼續照顧才會同意病人的要求，這是照顧者最大的痛與委屈。未同住者不妨利用假期，自己來日夜照顧幾天看看，較能體會重症或臥床者的辛苦，也讓照顧者有喘息的機會。醫療團隊的成員也是一樣，每天查房二十分鐘的醫師，常常都只在看數據、開藥、開檢查，不一定能感同身受病人的痛苦與無奈；有時日夜陪伴的護理人員，反而比較可以理解病人和家屬的心情。

有位女兒反對插管臥床的父親斷食往生，雖然父親點頭表示要停止進食，女兒懷疑是母親照顧累了，逼迫父親答應。我建議媽媽不要堅持扮演「好媽媽」的角色，捨不得女兒辛苦，一切都自己來。最好讓女兒多點時間與父親相處、陪伴、照顧，親身體驗後，女兒才能理解父母的心情；否則若是母親累壞倒下去或是先走了（這是貼心女婿表達的擔憂），女兒也是會愧疚一輩子。照顧者要好好的愛自己，懂得適時向外求援。

有位七十五歲阿嬤罹患了兩種癌症，她不接受治療，還沒有出現癌症的疼痛，就決定要斷食往生。她告訴孫子：「阿嬤沒有那麼笨啦，才不會等到痛不欲生才來斷食。」聽起來言之成理。她做了將近二十年的助念志工，子孫滿堂，覺得此生已經圓滿，沒有牽掛了。有趣的是斷食第五天，她問：「可不可吃兩顆小柳丁？」，我建議吃半顆就好，結果她吃了六顆。第十天我問孫子阿嬤情況如何？孫子說：「阿嬤決定不斷食了，她現在吃得蠻多。她說萬一會痛，再打止痛針就好。」我說：「你告訴阿嬤，老人的壽癌，與癌症共處，聽說不一定會痛。既然決定不斷食，那就好好享受人生吧！」這是自主斷食的好處之一，隨時都可以反悔。也許這樣走一回，對生命會有不同的領悟。

在人類的社會，也許亞洲更加嚴重，老衰重症者在作醫療的抉擇時，他們的自主意願很少受到重視，介入的除了醫師、家屬，甚至包括親朋好友，他們的理由都是「為了你好」、「你還不能死」！然而，病人最了解自己的身體，他知道自己要什麼，不要什麼；他甚至知道自己來日無多。但是他們沒有決定權，即使表達了自主意願也不被採納。我聽德國病人保護協會的會長說：「在德國，醫師如果沒有尊重病人自主意願，強行作醫療介入，觸犯了刑法，檢察官就可以起訴。」我不好意思說，在台灣，四個青壯人壓制一個老人，強行插鼻胃管的畫面比比皆是。病人哀求、憤怒、咒罵都沒有效，用盡方法拔出管子，又要反覆被插，所以雙手被約束。這樣還有人的基本尊嚴嗎？我們真的需要為了他好，讓他含冤、含怒、含恨的活久一點嗎？假如我們的寵物老了、生重病，可以安樂死。我們不會讓寵物插管躺在床上，為什麼我們可以忍受讓親人受到這種對待？因為人的生命比動物尊貴？彷彿有理，但其實不人道又殘忍。

我和居家醫療團隊都有此感觸，照顧病人相對容易，最困難的是整合家屬的共識。常常一兩個鐘頭的家庭會議，還是各持己見，有時還互相責難。因為家屬對病人的病情沒有概念，無法接受病人可能即將離開人間的事實，依照自己的期待看事情；或是像天邊孝子、孝女，其實是出於過去疏於照顧的罪惡感或補償心理，而放不了手。很少人能夠做到細心觀察、用心聆聽病人，同理病人提出這個要求的原因，因為想斷食是求救的訊號。如果已經用盡一切方法都無法處理或改善病人的痛苦與失去尊嚴，家屬和醫療團隊都應該尊重他的意願。病人即使年老、病重還是個「人」，最重要的事情就是關心他的感受，傾聽他的心聲，尊重他的意願，改善他的生活品質，所謂「以病人為中心」，才是真的為他好。

有一位罹癌父親不想接受可能有副作用的治療，打算順其自然，兒女非常不捨，他寫給兒女一封信。我蠻能同理他的心情。

我知道你們心理的擔心，希望我能積極治療。但是這種愛，往往會造成對方的痛苦，有時我們也要學習放手的愛。我不希望我的餘生痛苦，反而造成妳一輩子的自責。

對於生命的實質內涵，我們修行者有不同體悟與看法，該來的會欣然接受，不要讓自己的身體及體內的眾生受苦。生命有數，為了多幾年的餘生，把自己的生活搞得只在家裡與醫院之間往返，那活著也沒有意義。

目前癌症用藥，都還是機率的治療，而且用藥的強度與副作用以及復發率都會隨著個案而不同，說真的，我覺得醫師也是在過去的成功與失敗中在嘗試用藥。他們是不用負任何責任的，所以也有不少的案例在中途退卻。其實也有滿多透過改變生活習慣與壓力的釋放，而得到自癒的效果，這在醫界也是不爭的事實。

我現在好好的，能吃能喝能睡又能運動、散步，我希望能靠自己的力量，好好過眼前的每一天。假如有一天必須作抉擇的時候，也請你們能尊重我的選擇。

我們理解捨不得病人離開是為了愛，放手讓病人離開也是因為愛，大家表現愛的方式不一樣。不過最重要的是「被愛者」的感受，他／她覺得什麼才是「好」？如何讓他／她感覺「被愛」？

家屬捨不得放手，是人之常情，也是一種愛，只是這種愛若是需要被愛的人受苦來成全，這值得省思。我們沒有立場要求對方接受這種愛。所以我會勸家屬：人生終須一別，至親逝去帶來的痛苦，是我們自己的功課，我們必須自己面對，尋求療癒的方式，這是一種學習，也是一種成長，接納摯愛的離開。該離去的，如海邊的砂粒一樣，即使緊緊抓住，終究會從指縫溜走。我的經驗是斷食往生是一個長達兩三個星期預期性的、有充分陪伴與情感交流的過程；有充裕的時間道別，該說的話都說了，沒有遺憾。比猝死來不及道別、飽受折磨的醫療死過程圓滿太多了，所以家屬的悲傷反而可以降到最低，甚至感到這是一種福氣或恩典！

病人無決策能力時：

病人意識不清、無法語言溝通的情況，通常是某位照顧者感受到病人的痛苦，尤其是病人過往就曾經交代晚年絕對不要臥床拖磨，因此聽說斷食往生這個方法時，會來詢問我是否可行？我除了先了解病人的狀況以外，一定會詢問家裡有哪些人？大家是否有共識？尋求共識的過程，每個家庭的經歷都不同。家中總有人當下反應是「斷食是餓死，這樣太不人道了」、「斷食太痛苦了，好殘忍」、「這樣會不會違法」、「這樣做，別人會說我們不孝吧」。我們來一一剖析這些疑慮。

斷食不是餓死：病人已經失去飲食的功能，若不是有人工餵食管，早就自然往生了。停止人工餵食，是回歸自然，病人是因為疾病讓他失去生理功能而死亡，並不是餓死。自古以來，當人類沒有進食能力時，就是自然不吃不喝走的；如同不能自行呼吸，也是一樣。一九六〇年代呼吸器、人工餵食管發明以後，才有這種插管臥床的慘事，這才是最殘酷、最不自然的事情。請冷靜想想：到底是斷食殘忍，還是插管被強制人工餵食臥床數年殘忍？如果是自己，會選擇斷食還是插管臥床？

斷食往生沒有痛苦：病人被強制人工餵食，我們不知道他到底能吸收多少，通常都是每天灌食五到六次，被過度的餵食，讓他們受苦。日復一日躺在床上痛苦，每天被抽痰苦，四肢蜷曲苦，身上有壓瘡苦。斷食以後，身體輕鬆、痰也減少、晚上睡得安穩，情況都是改善。離開人世就沒有了病痛和臥床之苦。過程中若有痛苦，通常是因為本身原有特殊的疾病所引起，可以尋求緩和醫療及居家醫療協助。

斷食往生沒有違法：這是停止「未經病人同意的人工餵食」，完全不違法。只要家屬（配偶和直系血親）有共識，沒有興訴訟，誰會覺得長期臥床的失能者死亡了不正常？這件事情有利於這位臥床者和壓力沉重的家人，對其他人、對社會沒有任何害處，為什麼我們要界定為違法？為什麼要辛苦的立下《安寧緩和醫療條例》和《病人自主權利法》，就是因為無效醫療氾濫，所以立法避免無效醫療剝奪人們自然死亡的權利。法律是要防範人們為了自己的利益剝奪他人的利益或者造成他人的傷害，為什麼我們會擔心讓一個因無效醫療而長年臥床的病人脫離苦海違法，而繼續拖延死亡的過程？台灣人實在是太「古意」了。某些醫師認為這樣違法，是這些醫師不懂情理法的真髓，對現行法律有所誤解，我們要有思辨的能力。還好，也有很多醫師認同這是天經地義應該做的事情，就找有相同理念的醫師幫忙吧！

斷食往生是現代新孝道：由於現代醫療有太多的無效、過度醫療處置，讓病人只餘軀殼般沒有品質的活著，自然善終的機會被剝奪了。所以現代的新孝道是要懂得拒絕、停止無效醫療，還給臥床無品質、無尊嚴的家人自然死亡的權利。作這個決定不容易，那需要加倍的孝心和擔當，長輩知道我們是孝順的，外人因為不了解而妄加評論，我們何需放在心上？若有機會，能夠好好解釋清楚最好，這是傳播善知識。若有理說不清，就放下吧！

提出斷食往生作法的家屬如果作足了功課，一定明白上述的道理。對於其他家屬有上述的擔憂或質疑不要覺得奇怪，那都是首度聽說「斷食往生」的正常反應。想要凝聚家人共識，需要良性的溝通。溝通不是要別人聽自己的，溝通的第一個步驟是聆聽，互相聆聽每個人的不同想法。大家的意見都被充分聽見、理解，才能產生討論。一般沒有受過訓練的溝通，經常出現有人強勢的希望別人接受他的意見，那很容易激起對方要維護自己想法的防衛心理，如此一來雙方都執著於「自己才是對的，對方是錯的」，那就離共識越來越遠了。我通常都說斷食往生是新的觀念（雖然是古老的傳統），我們負責提供訊息給家人，但他們需要時間去理解、沉澱、思考。不要急著想說服他人，而我們也需要理解他們反對的理由，隱藏在反對面具下真正的原因。越是急著想勸說別人，越不容意得到認同。改變觀念需要足夠的時間去醞釀，事緩則圓。生死事大，慢慢來，等因緣俱足再說。

凝聚共識的另一個重點是站在病人的角度來看事情，不是以我的心情、情緒、期待為主，不是以我的價值觀為主，是要設想假如你是那個插管臥床的人，你最希望家人如何對待你？你會想要像他一樣，日復一日的躺在一方小床，天天望著天花板度日嗎？

有一家人，對於是否應該讓插管臥床的老爺爺斷食往生，無法達成共識。後來一起去簽署「預立醫療決定書」，結果發現沒有一個人願意昏迷、失智臥床還插人工餵食管，當場取得共識，老爺爺在斷食三星期以後，帶著親人滿滿的愛安詳往生了。

我公公失智十四年，臥床十二年離開。公公倒下前對我先生講的最後一句話是：「你要救救我！」先生一直以為就是要盡好醫師、兒子的職責，好好的照顧公公，讓他安穩的活著。請看護、買電動床、租氧氣筒、抽痰機，定期幫忙換鼻胃管、導尿管，有壓瘡幫忙換藥，發燒了幫忙打點滴、抗生素。公公不安唉唉叫，放他愛聽的日本歌曲給他聽，跟他說話。兩三年以後，他開始自我懷疑這樣是孝順還是殘忍？有時甚至不敢進房間看那表情愁苦、嘴巴張開開、四肢蜷曲的父親。又過了幾年，我婆婆說不管發生什麼事都不要送醫，不要氣切，不要急救。並且明確交代她自己將來不要像這樣活著。

如今回顧這一切，先生悔不當初：「我錯了，父親要我救救他，應該是希望我讓他脫離那個無盡的痛苦。我不只是愚孝，我是大不孝！」公公受苦、婆婆辛苦這十四年，我都看在眼裡、痛在心裡，感觸良多。我最自責的是當初竟然不知道失智症末期無法自行吞嚥時，在國外早就主張不要給人工餵食管延長死亡了。公公臥床第六年，我讀了《大往生》[1]，建議先生不要繼續餵食公公，讓公公解脫，先生沒有接受，我當時沒有更積極的進行家族溝通，也是我深深懊悔的事情。

二、斷食往生與臨終照護知識的儲備

六十年前的台灣，百分之八十的人在家中死亡，如今百分之七十的人在醫院或機構死亡。短短的六十年，醫療的進步成為雙面刃，老衰重症者在熟悉的家中、家人環繞下自然往生的傳統不復存在，多數人在冷冰冰的醫院機器圍繞之下受盡折騰死亡。

這是一位高中生李尚芸書寫她十一歲時親眼目睹的醫療死：

二〇一八年一個飄著冷雨的深夜，我們全家到醫院去見姑姑最後一面。我以前一直以為即將病逝的人會動也不動躺在床上，臉色慘白雙眼緊閉；然而實際的景象卻是她雙眼半闔，身上接滿管線，各種我讀不懂的液晶螢幕頻頻發出電子聲響，以塑膠管連通的呼吸器罩住她的大半張臉，用近乎暴力的方式把空氣強行灌進她的體內，再大力抽出，以致病床上那嬌小的身子不斷以違反人體工學的幅度，誇張地膨脹起來，又乾癟下去，如是反覆，連著床榻上的被褥一同起起伏伏，簡直像是某種荒謬的人體氣球展演。

那一晚，十一歲的我發自肺腑的認為這個世界，極其殘酷。

祖母的眼眶含淚，伸手顫巍巍地試了幾次，才終於成功播放出錄音器裡的大悲咒。低迴重複的音節源源不絕地流瀉而出，而我站在離病床一公尺左右的地方，看見姑姑的眼角也淌下了淚水，濡濕的淚痕順著她仍然姣好的側臉線條滑落，在加護病房中化作一閃即逝的幽微水光，像是殞落的流星。爾後，在那個充斥消毒水味、純白到近乎無情的房間裡，伴隨著彷彿永無止盡的誦經聲，我們送走了她。

如果可以，沒有任何人想要如此不堪、悲慘的死去，假如病人和家屬懂得適時的放手，醫師能夠適可而止，判斷治療無效的時候讓病人回家在家人陪伴中安詳死去，那才是一種尊嚴、溫馨的死亡，這就是傳統的在宅善終。

在宅善終不但是許多臨終病人的最後願望，也是政府目前在推動的政策。

這個政策的成功除了需要足夠的在宅醫療資源配合以外，最重要的是民眾普遍必須具備照顧臨終病人的知識與能力。不要因為慌張，把臨終的家人送醫折騰。

不只是為了親愛的家人，也是為了自己；現代人應該具備死亡識能，對於臨終現象有足夠的認識，了解如何照顧、陪伴臨終病人。如何尋求適當的醫療團隊到宅訪視提供舒適治療，而不是接受殘酷的無效醫療，淒涼的在醫院醫療死。

本書後面的章節我會提供完備的斷食往生步驟與臨終照顧的知識，希望自己或家人想要進行斷食或自然往生者，詳細閱讀本書。

《生命的最後一刻，如何能走得安然》（*A Good Death: A compassionate and practical guide to prepare for the end of life*）[2]非常有參考的價值，作者雖然不是醫療工作者，但是蒐集的資料相當詳盡，第一部主題涵蓋如何陪伴臨終者、臨終有哪些現象、臨終可能需要哪些醫療協助、臨終的靈性現象、至親過世後需處理哪些事情、如何應對悲傷等。第二部標題是「當輪到你時」，提供一般人平時就思考如何為自己的離世作規劃，與家人作好溝通，選擇自己期待的方式結束這一世的旅程，進入永生。

臨終過程若沒有過度的醫療介入，其實身體上的照顧相對容易，病人多半安詳、平靜的前往另一個世界。但是臨終過程病人的心理變化、靈性轉化則是非常細膩、難以捉摸和預測的；家屬的心情則是百感交集的，雙方都需要適當的心靈支持。在尋求共識期間或者陪伴的階段很適合閱讀《死亡癱瘓一切的知識：臨終前的靈性照護》[3]、《好走：臨終時刻的心靈轉化》（*The Grace in Dying: how we are transformed spiritually as we die*）[4]這兩本書。兩位作者對於心理學、哲學、各種宗教都有很深的造詣，又有豐富的臨終照護經驗，書中舉了許多實例來解釋各種可能出現的心理與靈性問題以及處理的方式。

現代社會因為大部分人是在醫院死亡，因此很少人有在家陪伴、照顧臨終病人的經驗。在自己熟悉的家裡，有親人圍繞，幸福的走完人生最後一哩路，對於往生者來講有多麼重大的意義，一般人無法體會。反而是對於陪伴死亡有太多想像出來的恐懼，不敢帶重症病人回家，或者把臨終病人往醫院送，事後才感到萬分自責。

日本的安寧居家療護協會理事長小笠原文雄在一九八九年就開始從事居家安寧工作，二〇一八年出版《可喜可賀的臨終》[5]時已經照顧超過一千名的居家安寧病人，以及五十名的獨居病人在宅善終。就算是獨居都能在宅善終，這真是很大的成就，靠的是合作無間的團隊，有效率的人員調度以及鄰里的互助。小笠原的死亡哲學是「希望死、滿足死、接納死」（以上是日文漢字，中文翻譯為充滿希望、心滿意足、無牽無掛地死去）。

《最幸福的離開》[6]則是二〇一三年平野國美醫師的著作，平野醫師在完成住院醫師訓練和博士學位以後，直接選擇開居家醫療診所，被稱為「最不像醫師的醫師」，和病人建立了緊密而和諧的關係。以八個在宅善終的案例，描繪出病人與家屬之間微妙的情感互動，臨終過程，並導入對現代醫療的反省。這兩本書可以消除在家照顧臨終病人的無謂恐懼，分享了許多美好經驗，也提供了有用的知識。日本比台灣提早二十年進入高齡社會，有很多經驗值得我們借鏡學習。

具備了本書以及其他書籍有關臨終的知識與照顧能力，當無常來臨，有親人重病送醫急救，也比較能有常識去判定何時該拒絕無效醫療，如何爭取善終的機會。最重要的是，不會把臨終親人送醫折騰，而是讓他在家心滿意足的安詳回到天家。

三、文件簽署與錄影存證

有自主意識者：

若病人情況還沒有嚴重到無法溝通的地步，能維持專注力約三十分鐘，建議去預立醫療照護諮商門診簽署「預立醫療決定書」，或是住院中提出諮商及簽署的需求，於住院中安排諮商團隊來簽署；醫療團隊會同時幫忙完成「預立安寧緩和醫療暨維生醫療抉擇意願書」的簽署，並且註記在健保卡上。這是表明自己對生命末期不接受無效醫療的意願，因為世事難料，有備無患，滿十八歲成年且有行為能力的人都可以簽署。「預立醫療決定書」其規範的啟動條件不一定與個人意願相吻合，所以可以另立署名文件以及留下錄影存證，闡述為自己量身訂做的預立醫囑。

譬如小腦萎縮症屬於《病人自主權利法》規定的五種醫療狀況中，若是已經依靠人工餵食管維生，可以啟動「預立醫療決定書」意願要求撤除人工餵食管，但是過程需要通過兩位醫師的確認。假如有嚴重吞嚥困難，但拒絕人工餵食管，醫師會依照病人意願不幫病人插管，病人不插管又無法進食，那就會進入類似斷食往生的臨終狀況，但是目前醫療單位未必會收治病人提供其臨終照顧。我聽過安寧緩和科醫師的說法：「這是加速死亡，我們不便收容。安寧病房是提供急性醫療，不是讓病人來這裡斷食、斷水死亡的地方。」

另外的情況是，小腦萎縮症的病人假如在吞嚥嚴重障礙以前，就已經無法忍受病苦而想要斷食往生，這時候醫院的醫師可能認為這不符合《病人自主權利法》的規定，有醫師戲稱此時處於沒有插頭可以拔、沒有管子可以撤的階段，結論就是無法可幫，不是法律允許的業務範圍。自主斷食是基本人權，但是醫院單位普遍不認為這是他們的服務項目。所以民眾要自立自強，在家進行、自行照顧，還好可以尋求居家醫療團隊的協助。不過，目前願意提供這種協助的團隊相對是少數，但有逐漸增加的趨勢。

還有許多退化性疾病譬如發生率很高的帕金森氏症，根本沒有被列入病主法的五項狀況中，醫界執著於法條的話，即使簽署「預立醫療決定書」，也是用不上的。除非病人惡化到末期極重度失智或者因病昏迷三個月或半年以上，才有拒絕或者撤除維生治療的可能。

以上所提的兩種善終法，立意良善，都是為了讓病人免於接受無效醫療，提高自然善終的機會。但是法規為了防弊，規範嚴格，適用對象範圍狹窄，若是醫界墨守成規，錯誤解讀，就有層層關卡難以跨越。這兩條善終法之上，還有更高的憲法所保障的人權，我們可以尋求其他管道來護衛自主善終權。

病人可以依自己的情況自行簽署符合自己需求的預立醫囑，有合法見證人就可以了。現在人人都有手機，我會建議病人把意願錄影起來，然後請親友根據錄影的內容寫下摘要，病人和重要家人或親友簽名、蓋章，證明其有效及真實性。錄影的內容包括：錄影時間、姓名、何時起罹患哪種疾病、做過哪些檢查或治療、目前疾病惡化到什麼情況、因為哪些痛苦難以忍受所以想要提前解脫、選擇什麼方法離去、是自願而非受強迫、生命末期拒絕哪些醫療處置等等。另外可同時錄下對後事的交代，對家人的遺言和叮嚀，也很好。也可以另錄一小段影片，給正在斷食中的自己加油打氣，提醒自己為什麼作這個決定。若是病人無法自行完成錄影，可以用對談的方式，請家人錄下病人的意願。

另一種情況是「預錄」錄影醫囑，譬如失智症的病人可以在早期具有決策能力的時候，錄影說明當病情惡化到什麼程度的時候，不再進食，拒絕被餵食、餵水。那個時機點由病人與專家討論後由病人決定，多數人會選擇在機會之窗關閉以前，進行斷食往生。必須注意的是，若要進行時病人已經症狀嚴重，忘記自己當初的決定，沒有足夠的意志力堅持斷食、或開始要求飲食，就會面臨難以執行的困境。這時需要更有經驗的團隊來協助及事前討論應對方法，家人也需要具備更豐富的知識。這在《自主斷食：慈悲而尊嚴的善終選擇》[7]書中有詳細的探討。

報載有一位教授因為得知罹患失智症，將無法再進行高深的研究工作而跳樓自殺，讓人感到非常遺憾，如果他有機會閱讀《自主斷食：慈悲而尊嚴的善終選擇》、《我們該談談人生的最後一件事》（*One Last Thing*）[8]這兩本書，都談到失智症病人可以如何依照病情的演化，自主選擇退場的時間點，而在那之前仍然可以好好的珍惜人生最後一段時間，用不同的方式度過另外一種有意義的人生。《我們該談談人生的最後一件事》的作者溫蒂・蜜雪兒（Wendy Mitchell）是英國一位失智症者，得病以後寫了介紹失智症的兩本暢銷書，在發病的第九年寫下第三本、也是人生的最後一本書（因為病情惡化，難以繼續勝任寫作），談她對人生最後關頭的思考與抉擇。她與許多病人對談，讓我們理解失智症和罹患重症者何以要掌控生命最後的自主權，她與醫師和支持善終團體談話，了解在英國有何善終的途徑可以選擇。英國短期內不會通過安樂死，她不考慮去瑞士安樂死，因為她不想在一個她不熟悉的國度辭世，也無法忍受兩個女兒和她一道前去瑞士，之後卻得獨自返回英國。自主斷食成了她最後的選項，因為詳細了解作法，知道這是一種接近自然死亡的溫和方式，得到兩個女兒的支持，她感到安心，竭盡心力寫下這本書利益眾生。

無自主意識者：

家屬為了尊重病人先前表達的意願，為病人的最大利益著想，不再強制人工餵食，最好是全家人有共識。可以寫下文件說明：病人的診斷、發病治療的過程，經過多少年的照顧，因為不忍病人受到哪些痛苦，決定停止餵食，讓病人自然往生，脫離痛苦。全體家人簽名，寫下日期，作為證據。若是需要居家醫療團隊協助，可以出示這份文件，保障家屬也保障醫療團隊的免責權。若是在養護中心或者醫院安寧病房，他們會在家庭會議後提供「安寧緩和醫療家屬同意書」給家屬簽署。

一位八十五歲臥床多年的老先生住在某家護理中心，平常只有一位兒子來探視。這個兒子不忍父親受苦，要求護理中心幫忙撤除鼻胃管，讓父親脫離痛苦。護理中心要求合作醫院的醫師協助家屬簽署安寧緩和醫療家屬同意書，進行斷食往生。沒想到安寧緩和科團隊說：「我們不做斷食往生，你們可以不插管，由口餵食，如果病人嗆到肺炎，我們收到病房但不做積極治療（打抗生素），讓病人自然往生。」護理中心負責人覺得不可思議，停止提供飲食讓病人舒適安詳的離開，那不是很好嗎？為什麼要等到肺炎不治療，讓病人經歷發燒、痰多而死？這樣符合倫理嗎？這樣人道嗎？

後來護理中心與家屬開家庭會議（全程錄影），全體家人簽下切結書，表明讓病人不再插鼻胃管是家人共同的決議，符合病人的最大利益，他們對護理中心充滿感謝，絕不會追究。病人在十五天後平順的往生。護理中心的同仁也都覺得做了一件有意義的善事。我對這家護理中心主事者的勇於擔當，欽佩不已。這是一家評鑑經常得獎的護理中心，這位病人走了，在排隊等床的病人就可以馬上轉進來，一舉兩得。如果越來越多無意識插管臥床者的家屬願意放手，養護中心主要收容的都是功能較好，可以有比較多互動的病人，對住民和工作人員來說，不是更理想的狀況嗎？

歐美的安養中心，沒有長期臥床的病人，住民們一起唱歌、跳舞、聊天、喝茶、下棋、看電影、做手工，到戶外曬太陽、推輪椅或者持拐杖散步，這才有人的尊嚴，不是嗎？工作人員在這樣的環境工作，比較有成就感，相信心情也會比較好，工作人員的流動率一定可以降低很多。

四、尋求居家安寧團隊的協助

幾十年來，台灣街頭巷尾醫院、診所林立，又有全民健保保障。人們習慣了有任何不適就到醫院或者診所看病。其實隨著老年社會來臨，長照需求增加，台灣已經有各種把醫療搬到家裡來的服務了。大醫院及衛生所有居家醫療到宅服務的團隊，有專門提供居家醫療服務的診所。更有由護理人員所成立的居家護理所，他們有配合的醫師、營養師、治療師、心理師等提供多元的服務。許多民眾不知道這個重要的資源，非常可惜。老實說，我也是這兩年才比較清楚。

若是有熟識長期看病的醫師，非常了解病人的病情，類似家庭醫師，可以詢問他們是否有提供居家醫療或者請他們轉介服務單位。假如有重症在某家醫院治療一段時間，要改為在宅醫療，也可以申請該醫院的居家醫療服務。若沒有以上兩種來源，可以上網查詢，例如在搜索引擎輸入「某某縣市居家護理所」或「某某縣市居家醫療診所」就會列出該縣市所有相關單位的名單及聯絡資訊，甚至有地圖標示。聯繫時要詢問該單位是否有提供「居家安寧」服務，說明未來有想要在宅自然善終的服務需求。

也可以在衛生福利部中央健康保險局官網的「居家醫療照護服務諮詢」網頁輸入所在縣市、地區、需求，就可以看到各種層級單位提供居家醫療服務的團隊聯絡資訊。

居家醫療收案的對象是：1. 不方便到醫院就醫者。2. 住在家裡。3. 需要醫療服務者，例如老衰（八十五歲以上）、癌症已經停止積極治療、各種慢性病、臨終狀況等等。

服務項目包括：1. 更換管路。2. 傷口處理。3. 膀胱沖洗、灌腸。4. 各種外用、內服、注射藥物，甚至包括嗎啡。5. 血液、尿液、糞便檢驗。6. 語言吞嚥、物理、職能、心理等治療。7. 指導家屬居家照護如沐浴、精油按摩、關節運動。8. 遺體護理等。大概除了開刀房、放射治療、化療、加護病房等重大醫療項目以外，都可以在家裡執行，有醫師稱這是「在家住院」。

服務的收費：1. 到府訪視一次刷一次健保卡，專業人員訪視費用由健保給付、2. 往返距離的交通費需自費、3. 健保未包含的項目也需要自費。可以請服務單位事先提供明細。

若是病人經過醫院治療無復原跡象，打算回家自然善終，可以事先聯絡好有提供居家安寧的單位，病人出院到家時團隊就來訪視接案，無縫接軌，讓病人可以得到需要的舒適照顧，家人可以安心。聯絡居家團隊前，請記得準備好病人的病歷摘要、診斷書、服用藥物的藥袋等，提供給醫護參考。

如前所述，病人一旦進到醫院，難免有非必要的醫療介入，因為醫師會覺得他們總不能什麼都不做，但只是點滴就可能造成身體負擔，讓病人無法好走，或者延長死亡。所以醫院不是適合善終的地方，除非病情符合安寧緩和住院標準，又能遇到真正有安寧緩和觀念的好團隊。「回家」是病人最大的願望（熟悉的人、地、物），家人也能放鬆的陪伴，所以在宅善終是未來的趨勢。家有老衰重症、嚴重失能者，最好事先就已經建立好居家安寧醫療的管道，才不至於稍有狀況就慌亂送醫。有狀況發生時，請醫護人員來府探視，能大大提高在宅安詳善終的機會，避免了無效醫療的折騰。

五、居家環境及物品的準備

如果有病人要在家裡善終，家裡的環境可以做哪些調整，需要準備什麼用品呢？

病人所在的空間：

1. 最好有足夠的光線，有一扇看到室外風景的窗戶，看到天空、雲或樹，聽到風聲、鳥叫聲。若是臥房太小，可以將病床搬到起居室或客廳，方便照顧者進行照顧，醫護人員和親友來訪時空間也才夠。

2. 若本來就有醫院的電動床很好，若沒有，可以去租借。電動床是保護長期照顧者免於傷到腰部，如果病人只是短暫幾天需要臥床，一般床鋪也可以。床上可以放著舒服的抱枕、多準備一些大小枕頭，以協助病人翻身擺位。

3. 房內放一張高靠背的舒適椅子或者輪椅，病人體力好時可以起來坐坐。旁邊有其他椅子方便親友或醫護與病人談話。

4. 牆上可以貼他最喜歡的家人照片。貼在病人視線所及的高度。

5. 音樂播放器，播放病人喜歡或者有安撫功能的音樂，譬如宗教音樂。

6. 看電視或者喜歡的電影，或者書籍。

以上依據病人身體狀況以及個人喜好不同而有不同需求。

準備物品：

1. 非常特殊情況下才會需要氧氣、抽痰機，建議參考醫護的意見。
2. 成人紙尿褲、看護墊、清潔用濕巾。
3. 棉棒、無菌紗布、海綿頭牙刷。
4. 人工淚液、護唇膏、凡士林、乳液、按摩精油、生理食鹽水。
5. 挖便、淨身用手套。
6. 如廁或者沐浴的便盆椅。
7. 男性的尿壺，晚期無法走到廁所時用。

8. 拐杖或助行器，虛弱時用。或者使用護腰，讓照顧者穩定病人的腰部避免跌倒（可以向輔具中心或醫療儀器行租用）。

9. 最常使用到的藥物有普拿疼、退燒貼片、止痛藥、肛門塞劑或灌腸的甘油球。鎮定劑和安眠藥需要醫師處方，可以事先準備，或者由居家醫療團隊提供。

10. 病人往生時要穿的衣服。

11. 往生被一條（一般可聯絡葬儀社或禮儀公司準備）、或依各不同宗教需求準備的儀式性物品。

六、生前告別式與交代後事

《選擇死亡》[9]書中的主人翁想到自己將錯過葬禮中親友們對他的祝福和愛，覺得很傷心。因此自己策劃了生前告別式，他稱之為慶祝人生式或人生畢業式（Celebration of Life），慶祝他圓滿的一生。當天來了數十位親友，歡樂的齊聚一堂。他發表了感言，請了樂隊，點唱了幾首歌。也聽到親友們對他人生的禮敬、愛和祝福。他相當的興奮，說他將永遠記得這特別的一晚。

不管病人是有意識的自主斷食，還是意識不清的長期臥床者，都可以為他／她們舉辦生前告別式。籌辦的過程就深具意義，大家陪病人一起作生命回顧，整理好病人一生的精彩照片，所有的家人尤其是晚輩會因此更加了解病人的一生，大家的連結更緊密，把心裡的話毫無保留的說出來。

舉行生前告別式時，所有重要的親友齊聚一堂，從語言描述或者照片集的觀賞中讓眾人一起慶祝病人有意義的人生，回憶美好的過往，讓病人感到不虛此生，有價值感。與每位親友的互動中，可以互相叮嚀、關愛，對死亡沒有恐懼而是祝福。病人最在乎的每個人都來見最後一面，與每一位參加者對話、交代遺言，互相道謝、道愛、道別。這樣可以讓雙方都沒有遺憾，也可以讓悲傷減到最低。

難怪弘一大師圓寂前留下「悲欣交集」四個字，把人生這樣細看從頭，真的是歡欣與悲傷交集啊。離開或送別的這一刻，也是既覺得悲傷又感覺欣慰啊！準備好了，無懼無憾的放下這個肉體，無病無痛、無牽無掛、心滿意足的去極樂世界修行。

我們說四道人生，道謝、道愛、道別以外，還有道歉。死亡之前，一切都可以放下，若是往生者與什麼人有誤會、心結、怨恨，如果因緣俱足的話，可以利用這個機會好好和解。不要覺得某個手足不孝，不用通知他，對父母而言，再不孝的子女，也是他／她人生中重要的人。見最後一面對雙方都深具意義，否則生者可能抱憾終生。有一個兒子好幾年都不來探視父親，臥床父親在姊姊照顧多年後，停止人工餵食往生。最終他回家見父親最後一面了，父親在冰櫃的日子裡，他每日都去祭拜。姊姊不滿弟弟為何生前不來看，死後才來有什麼意義？我知道父親下葬以前，每日的祭拜對弟弟而言意義重大，相信父親在天之靈也會深感安慰。

在斷食善終記錄片《順行》影片中，馬爺爺雖然失智沒有語言溝通的能力，但是我們可以從影片細節中發現，其實他明白很多事情，他參與了整個過程，從他眼神的流轉、偶然恰當的肢體或聲音的回應，我們感受到整個斷食以及生前告別式過程中，他都有覺知，讓人覺得備感溫馨與安慰（請搜尋 YouTube：斷食善終記錄片《順行》）。

有語言能力的病人可以清楚的交代後事，想要穿什麼衣服、聽什麼音樂、什麼樣的葬禮、埋在哪裡、遺物的處理、朋友的通知等等。

我母親指定往生時要聽翁倩玉的〈祈禱〉：「讓我們敲希望的鐘呀，多少祈禱在心中！讓世間找不到黑暗，幸福像花開放！」她穿的壽衣是妹妹親手縫製的，由我們姊妹幫她更衣，不假手他人。不發訃聞、不做儀式，不燒銀紙、不燒香，選擇了樹葬，未來不用掃墓。母親永遠在我們心中，隨時都可與她連結。

就如〈千風之歌〉的歌詞所言：

請不要佇立在我墳前哭泣，
我不在那裡，我沒有沉睡不醒。
我是一首永不止息的歌，我是家人與好友之間的愛。
我已經化身為千縷微風，翱翔在無限寬廣的天空裡。

七、與看護的溝通

假如病人已經有照顧的看護，決定要進行自主斷食或者停止人工餵食，事先一定要告訴看護，因為整個過程需要她們的理解與配合。很多家屬覺得難以啟齒，問我應該要怎麼說明？有下列重點。

1. 你如何說服你自己的，你就如何說服她。看護會不忍心，我們當初也是不忍心，何以仍要作此決定，無非就是為了不忍病人受苦。是否違法，斷食過程是否痛苦等疑慮她們也有，就用自己理解的理由真誠的跟看護說明。

2. 看護可能理解，卻不一定接納，尤其有些看護基於宗教的理由，認為這樣做有違教義。那可以把餵食的工作，改由家人來負責，看護只負責其他的身體照顧。通常看護可以接受這樣的變通方式。

3. 看護完全無法接受的話，就提前離職。斷食往生這兩三星期，由家人輪流照顧，或者另請短期台藉有臨終照顧經驗的看護。

4. 看護通常照顧病人多年，臨終的照顧更加費心，還要幫病人做最後的遺體淨身。華人的習慣是會包個紅包給她們。事先講好病人往生後會給她多少額外的謝金，有家屬提到講清楚這點，看護就多半會接受了。

假如平常病人並不需要看護，或者是從養護中心帶回家斷食往生，家人不熟悉如何照顧臨終病人，可以聘請短期台籍看護。有位家屬她到看護和照服員的社群網站去貼廣告，聲明哪段期間、在什麼地址、有什麼樣的病人需要聘用看護斷食往生，很快有人來應徵，整個斷食過程很平順。家屬是一對姊弟，反映看護阿姨很認真又專業，還很關心他們姊弟的生活。

我很好奇，跟該看護中心的老闆聯繫上，想了解他何以支持斷食往生，又如何挑選適合的看護。他說以前岳母住在養護中心，定期去探望，看到隔壁床的老太太雙手被綁、每次被灌食都唉唉叫，心裡真是感到難過。他經營看護中心多年，看過許多插管臥床的病人，實在很同情他們的悲慘遭遇。如今知道可以不要再強迫餵食，讓他們解脫，他自然非常認同。有些看護不願意或者害怕照顧臨終病人，他會告訴她們沒有什麼好怕的，就帶著做好事的心情，虔誠的祝福他們好走就好了。帶她們久了，自然知道哪些人適合，一旦有過經驗，就有越來越多的看護能夠勝任。所以後來又有不少個案尋求他們的幫忙。

有越來越多的家屬願意把長住養護中心的病人帶回家在宅善終，這時候短期的台藉看護非常有幫助。因為家屬不太懂得如何照顧，看護對臨終現象和如何照顧很熟悉，身體照顧的事情就交給看護。家屬可以專心的當家屬，給病人最好的心靈撫慰和陪伴。

日本出版的《善終守護師》[10]、美國出版的《自主斷食手冊》[11]，還有英國出版的《我們該談談人生的最後一件事》不約而同的提到一種新興的照護人員「臨終陪伴員」（death doula, or end-of-life doula）。相對於助產士（birth doula）協助迎接新生兒，臨終陪伴員熟悉臨終病人的需求，提供身體照顧以外，還提供情感上和靈性上的實際幫助，協助臨終者安然進入另一段人生。先了解病人的實際需求，排解家人之間的心結與焦慮，幫忙完成病人的所有心願，讓病人平靜、無懼、無憾的離開人世。

《善終守護師》二〇一九年出版的時候，作者柴田久美子已經協助兩百多位病人安詳往生，當時全日本有三百多位善終守護師。從事看護工作二十多年的柴田女士，因為經常照顧臨終病人而體會出如何讓病人善終的服務，她四處演講並培訓人才，於二〇一二年在日本成立「日本善終守護師協會」，定期舉辦訓練班，頒發證書，目前日本已經有兩千三百位善終守護師，曾經有台灣人前往受訓。

柴田女士對善終守護師的定位是，當家裡有人臨終時，沒經驗的家屬常感慌亂不安，善終守護師要堅守臨終者的心意，充分表達當事人的想法。例如，要向家屬解釋，臨終者無食慾的生理狀態，若「迎接使者」已到時，人已「不知苦」又是什麼狀況，換句話說，善終守護師必須代言臨終者的心，代理臨終者的意願。醫師常常是支援「肉身」的人，他們的慣性就是趕走死亡，挺身與死神作戰。但善終守護師則相反，他們從一開始就接納死亡，然後陪伴當事人面對死亡，基本上不與死亡對抗。

《我們該談談人生的最後一件事》書中提到，二〇二三年英國有兩百多位臨終陪伴員。據查美國目前有一千五百位臨終導樂師。大雁出版社將於今年七月出版法蘭西絲卡・阿諾爾迪（Francesca Lynn Arnoldy）所寫的《*The Death Doula's Guide to Living Fully and Dying Prepared: An Essential Workbook to Help You Reflect Back, Plan Ahead, and Find Peace on Your Journey*》（暫譯《最後一堂人生必修課：讓臨終導樂師幫助你反思過去，提前計畫，並在生命旅途中找到平靜》）。台灣很快就要進入超高齡社會（二〇二五年，六十五歲以上老人佔人口百分之二十以上），跟隨日本之後，也將進入多死時代。在宅善終的好處逐漸被社會大眾看見，善終照護員的需求，應該會快速的升高，很值得開發這個新的職類。

位於台北市中正區的大悲學苑，由照顧末期病患臨床經驗豐富的佛教法師、專家與志工組成，已培訓十屆的安寧靈性關懷人員，提供大台北地區末期病人居家訪視、電話諮詢與面談諮詢，目標是協助回到居家的末期病人與家屬達到善終的願望。大悲學苑集資拍攝的《回眸》紀錄片電影，於二〇二一年十月上映，呈現安寧靈性關懷人員照顧三位末期病人的歷程，是台灣首部探討靈性照顧的記錄片，目前可在 MyVedio 平台觀看；於二〇二三年出版的《大悲事務所：菜鳥志工的外星視角，讓臨終變善終》[12]，則是以靈性關懷志工照顧臨終者的經驗為主軸。大悲學苑培訓的安寧靈性關懷人員，令人欽佩，但願有越來越多的單位提供這種訓練，讓更多人加入這個促進善終的行列。一個人的善終，就是一個家庭的善生。

註1｜《大往生：最先進的醫療技術無法帶給你最幸福的生命終點》，中村仁一著，蕭雲菁譯，三采文化，二〇一三。

註2｜《生命的最後一刻，如何能走得安然》（*A Good Death: A compassionate and practical guide to prepare for the end of life*），瑪格麗特・萊斯（Margaret Rice）著，朱耘、陸蕙貽譯，四塊玉文創，二〇二一。

註3｜《死亡癱瘓一切的知識：臨終前的靈性照護》，張明志，寶瓶文化，二〇二一。

註4｜《好走：臨終時刻的心靈轉化》（*The Grace in Dying: How We Are Transformed Spiritually as We Die*），凱思林・辛（Kathleen Dowling Singh）著，彭榮邦、廖婉如譯，心靈工坊，二〇一〇。

註5｜《可喜可賀的臨終》，小笠原文雄著，邱心柔譯，方智出版，二〇一八。

註6｜《最幸福的離開：好好走完最後生命的9個在家善終故事》，平野國美著，石玉鳳譯，三采文化，二〇一三。

註7｜《自主斷食：慈悲而尊嚴的善終選擇》，提摩西・奎爾、保羅・蒙則爾、塔迪烏斯・波普、茱蒂絲・史瓦茲著，汪漢澄譯，麥田出版，二〇二三。

註8｜《我們該談談人生的最後一件事：善終，是留給準備好的人》（*One Last Thing*），溫蒂・蜜雪兒（Wendy Mitchell）、安娜・沃頓（Anna Wharton）著，盧相如譯，商周出版，二〇二三。

註9｜*Choosing to Die: a personal story: Elective Death by Voluntarily Stopping Eating and*

Drinking (VSED) in the Face of Degenerative Disease, Phyllis Shacter, CreateSpace Independent Publishing Platform; First Thus edition, 2017.

註10｜《善終守護師》，柴田久美子著，洪金珠譯，正好文化，二〇一九。

註11｜*The VSED Handbook: A Practical Guide to Voluntarily Stopping Eating and Drinking*, Kate Christie, Second Growth Books, 2022。

註12｜《大悲事務所：菜鳥志工的外星視角，讓臨終變善終》，日青禾櫟，依揚想亮人文事業，二〇二三。

第四章

斷食往生的過程與臨終照顧

一、斷食斷水的程序

在美國出版的《自主斷食：慈悲而尊嚴的善終選擇》[1]、《選擇死亡》[2]、《自主斷食手冊》[3]三本書以及荷蘭皇家醫學會公布的自主斷食臨床指引中，都是採直接斷食、斷水的方式，為期平均兩週。荷蘭的指引中有提到用漸進式的斷食也可以，但是沒有提到減食的速度。《大往生》[4]作者中村仁一醫師則是建議以七天為單位逐漸減少食量，完全斷水七天，預計一個月往生。廣欽老和尚據載也是斷食一個月後圓寂，那一個月中不斷唸佛。

我在這兩年的摸索中逐漸建立出一

個中庸的原則。那就是以一星期的時間，逐漸將進食量減到零，有兩天進水五十到一百CC左右，之後就只用濕的棉棒濕潤口腔。這樣平均三個星期左右離開。台灣有幾位醫師收治病人住院進行斷食往生的，則是直接停止飲食，為期兩週左右往生，與國外的情形類似。

影響斷食往生過程長短的主要因素是完全斷水的時間，斷水七到十四天後絕大多數人會往生。也可以倒過來根據家人有多少時間陪伴最後一哩路來決定斷食的速度。除非斷食斷斷續續，或者給了太多水分，才會造成超過一個月以上，我參與的有幾例拖到兩個月甚至四個月，那樣普遍會有病人和家屬心理都很煎熬的情況。

對於沒有意識的長期臥床者，他們身體功能不佳，長期被過度的餵食，可以採直接停止所有飲食的方式，並沒有不舒服的反應（家屬的近距離觀察所得）。許多家屬都很驚訝病人情況明顯好轉，沒有痰了、精神變好了，對問話也比較有反應。對於這種出乎意料之外的轉變，家屬反而問我，這樣正常嗎？有一位四十七歲男性，因為腦傷已經臥床二十五年，血壓下降、血氧太低，住到安寧病房，不做積極治療。父母暗中幫苦命的兒子斷食，四天以後，兒子生命跡象全部都回復穩定，而且臉色紅潤，來問我這是正常的嗎？我說很常見喔！沒想到因為情況穩定，被要求出院，又回到養護中心，失去了繼續斷食的機會。如果好好跟醫師溝通，繼續留院斷食，也許再十天他就可以離苦得樂了。父母都是七十幾歲的純樸老人，不敢跟醫師要求。

但是偶然還是有無意識的長期臥床者斷食速度比較慢的，通常都是因為家人捨不得病人這麼快走，或者是不忍心，以為病人沒有進食很可憐，減食的速度慢或吃吃停停，那樣拖的時間會比較長。無所謂對錯，家屬的心情也是要顧慮到，基本上能夠維持在一個月以內對雙方都比較好。

我推薦有意識的自主斷食者斷食速度採「三、三、二、二、一、一、〇、〇」，單位是每日用餐數。前兩天一日三餐，接著的兩天一日兩餐，後面兩天一日一餐，〇、〇兩天是只喝少量的水。一餐份量是多少，因人而異，基本上以好消化、清淡的食物為主，不要有大魚大肉，或很硬、辛辣、刺激、難以消化的食物。如果是管灌配方奶，那就是每天灌三罐兩天，每日兩罐兩天，依此類推。其實減食可以很有彈性，譬如更慢的「三三三、二二二、一一一、〇〇」，或者加快的「三、二、一、〇」都可以。持續每天吃三餐不變，每隔兩天將每餐的份量減少三分之一，六天後停止進食只進水，結果也是一樣。可以由當事人或照顧者選擇最輕鬆、方便沒有壓力的方式。

在減食的過程中，同時等比例減少原來飲用的水量，相對安全方便。因為如果給予太多水分，會延緩往生的時間。

家中有人在進行斷食的時候，家裡最好不要有氣味太濃的食物，可以的話避免在病人面前進食。《自主斷食手冊》作者一家人就輪流去鄰居家用餐。有一位病人因為家人吃雞腿，引起她的食慾而決定復食。我母親斷食中對於我們就在她旁邊用餐，倒是毫無影響，情況因人而異。

結論是斷食的程序可以非常有彈性，直接斷食、斷水是最乾脆的方法，醫界多半沿用此法。將整個過程控制在一個月左右的前提下，可以選擇病人和家屬方便的方法。萬一慢了幾天，也無妨。我的經驗是拖到兩個月以上，病人或家屬就都感覺辛苦了。有些人只聽到三三二二一〇〇的口訣，沒有深入了解，而訂出每一週甚至是每一個月減少一餐的程序，以為這樣病人可以慢慢適應飢餓，但是病人可能出現慢性營養不良，所以並不恰當。自古以來老衰重症者自然不吃不喝往生，通常也是一個月左右，我相信一個月是符合人體生理的時間。

在完全斷食、斷水以後，完全不能吃喝任何東西了嗎？那倒不必，我們希望他們能夠舒適的離開，才是善終！《自主斷食》書中提到一個觀念：最低量舒適導向餵食（Minimun Comfort Feeding Only, MCFO），只提供基本舒適所需的最少量食物和飲料。以少量的食物之氣味、味道和觸感，以及伴著餵食而來的人際相處與聯繫，提供病人飲食的愉悅感，但又盡量遵從他斷食往生的意願。

我的母親是以喝一口油來止飢，有位病人以喝一口奶茶或者慢慢細嚼一口白米飯來增加舒適感。還有位病人將檸檬蜂蜜做成小塊的冰塊，含在口中止渴又潤喉。

MCFO的目的是提供舒適和滿足感，可以依據當事人最懷念的食物和滋味，取少量做成冰塊或泡在水裡，可以含在口裡很久，一天數次也不會過量。病人和家屬可以共同發揮創意。有一位朋友因為爺爺往生前想吃棒棒糖，被父母阻止，理由是爺爺有糖尿病。長大後成為醫師的他，為此事遺憾不已。他說如果能夠重來，不管爺爺想吃幾根棒棒糖，他都會滿足爺爺的心願。馬偕醫院的張明志醫師則分享往生前的病人，常常突然想吃某種大家意料之外的食物，就盡量圓滿他的期待，少量就好。

我覺得 MCFO 這個觀念也可以應用在插著鼻胃管的病人身上。我去拜訪馬來西亞一個慈善機構時，有照顧者問我：「經常有依賴鼻胃管進食的病人說，他很想念嘴巴吃東西的感覺，可以讓他們由口進食嗎？」我的建議是：「挑他們最喜歡的食物，做成泥狀或冰塊，放在嘴裡慢慢融化，假如不會因此嗆咳就可以。蒸蛋、布丁、優格、冰淇淋、水果泥、鹽糖都可以試試看。先少量測試，尋找安全的食物型態。多嘗試以後，有了經驗，你們就成為專家啦！」跟 MCFO 有異曲同工之妙，不是為了提供足夠的營養，是為了滿足飲食帶來的愉悅感。

至於如何製作安全的食物，可以參考《吞嚥困難安心照護飲食全書》[5]。此書由台大醫院復健科的醫師、營養師、語言吞嚥治療師團隊所編著，除了指導如何安全餵食以外，也提供了如何製作各種不同質地食物的方法。通常軟爛不需咀嚼的食物最方便，若是液體就加上適量增稠劑，「多樂飲」冷熱都可使用，「快凝寶」只能使用在冷的液體，「蓮藕粉」則是最便宜、天然的，搭配溫水較好。不妨比較看看，何者較適合病人的喜好。在臨床上有些靠鼻胃管進食者經過專家的評估訓練以後，可以恢復由口進食，大大的提升了生活的品質和樂趣。在台灣，不論是養護中心或者是醫師，都太輕易的讓病人插上鼻胃管，感覺是為了方便照顧，但其實副作用很多。奉勸家屬要請吞嚥訓練的團隊好好評估、訓練，給病人由口進食的機會。

二、斷食初期

斷食初期多數病人都沒有什麼明顯不適，可能因為吃得少、喝得少，身體負擔小、排泄減少而感到輕鬆。許多家屬或親友來訪視，大家熱鬧談天；仍有能力起床看電視或書報、到院子裡看花、賞鳥。日子過得輕鬆而充實。

前面幾天會有飢餓感，多數人可以忍耐，許多人在數日以後，飢餓感就不明顯了。醫學上有一種說法是身體製造酮體，抑制了飢餓感。在明顯有飢餓感的時候，可以用注意力轉移，或者服用鎮定劑延長睡眠時間來幫忙度過這個關卡，之後飢餓感不明顯，就沒有想吃東西的衝動了。

相對來說，口渴的感受比飢餓感更加明顯，需要更大的意志力克服想喝水的欲望。最主要的方式是用沾濕的棉棒濕潤口腔，或者含水在口中然後吐出。

《自主斷食》書中還有提及人工唾液和用噴霧器向口中噴水。用沾濕的棉棒濕潤口腔時，讓病人吸吮一點水進入喉嚨對喉嚨的乾裂感有改善的效果。以食用油做口腔護理，也有幫忙。真的非常渴，就偶爾含一口水，一口水可以分好幾次才吞進去，不要大口大口狂飲就好。給予病人喜愛滋味的冰塊，反應也很好。

至於仰賴人工餵食管者，因為原來都是過度餵食，減量以後大多數家屬都感到驚訝：病人的精神變好，臉色變好，痰變少，睡得安穩；也有人睡眠時間變少、話很多。本來沒有反應的病人，可能可以搖頭、點頭回應。可以利用這個時期，好好跟病人說話。病人也許沒有溝通能力，但是多數仍然聽懂一些話，或者能感應我們與他說話時的情感交流。說這些話，不只是為了病人好，也是為了陪伴最後一哩路的家屬。

好好說話（有幾個面向）：

1. 作人生的回顧。從小到大，從年輕到成家到老年，像電影裡面人死亡之前的跑馬燈一樣。人生中最美好的回憶會進入大家的腦海，讓子孫因此更認識長輩，讓即將往生者感受到這一生的美滿，這一生很有價值。即使有過困苦的日子，那也成為一種激勵，畢竟走過來了。

2. 道謝、道愛、道歉。離別時，放下一切，把內心深處真摯的感情表達出來，給往生者力量，送別的家屬因此沒有遺憾。

3. 描述天上是一個好地方，以往生者的喜好去形容那個地方有他喜歡的一切，有他喜歡的神明，有他想念的已逝親友。回顧他與已逝親友過去的相處時光，消除他對死亡的恐懼，接納死亡，並且嚮往那是一個充滿希望、充滿光的地方。

4. 告訴往生者，活著的家人會互相照顧，讓他可以沒有牽掛的放下一切。大家除了談笑，也可以一起聽歌、唱歌，看家人的照片、影片，環繞在寧靜又充滿愛的氛圍中。適時的擁抱、親吻、肢體的接觸都可以表達愛，加深連結。

有關藥物：

斷食期間藥物是否還需要繼續服用，也是我常被問到的問題。簡單來說，停止服用某個藥物，症狀會惡化的話，就要繼續服用，譬如預防便祕的藥或是止痛藥。另一個例子是抗癲癇的藥物，假如最近還曾經發作，那就不要停。有些病人從來沒有癲癇過，長期服用是為了預防，那可以考慮停掉，但是不能直接停掉，要漸進式停藥。譬如減少三分之一或者四分之一，觀察兩天沒有問題，就繼續減量。由於進食的量減少中，不必再服降血糖的藥。若發現血壓已經不高，降血壓的藥也可以停。另外一個原則就是症狀已經消失，相關的藥物也要停掉。譬如沒有痰了，化痰的藥當然就不必服用。所謂的味素藥，如促進血液循環的、維生素、消化劑等都可以停掉。以免服用太多的藥物，造成進水量多，會延長死亡的時間。藥物可以改成外用或者塞劑的，就避免用口服。譬如退燒或者止痛藥，都有貼片可代替。便祕就使用肛門塞劑或者甘油球。

有關抽痰：

病人住院中需要抽痰的話，通常院方都會要求家屬病人回家要租抽痰機。台灣的許多醫院，對於抽痰也是太浮濫。譬如有病人住院中被要求每天抽痰六次（或八次），每次抽痰家屬都難過得哭泣。家屬要求不要抽那麼多次，病人可以自己咳出來。護士說不行，這是醫師的醫囑。抽痰是發現病人痰很多，在肺的深部，且咳不出來，才需要抽的。不可能剛好幾點鐘抽，或者每天抽幾次，抽痰是隨機的，而且病人的病情隨時會改變。再者定期翻身、定期拍痰、不要給過多的水分，這三件事情做到，很多病人就不需要抽痰了。抽痰對黏膜的刺激太大，不僅有時候連血都抽出來，也會讓分泌物更多。所以病人痰多，在減少食物和水分攝取以後，通常會明顯減少。只要勤於翻身、拍痰，就不用抽痰了。若是呼吸時喉部有痰聲，用濕的棉棒到喉頭把分泌物清出來，就沒有聲音了。只有在肺炎嚴重、肺深部痰非常多的時候，才需要動用抽痰機。我公公臥床十二年，有段時間經常肺炎、發燒、抽痰，時而要使用氧氣。換了一個有經驗的看護，翻身、拍背認真又專業，氧氣筒、抽痰機都不用了，一直到往生前有好幾年再也沒有發燒、打抗生素了。不但公公人舒服了，看護照顧起來也輕鬆。

身體清潔和身體照顧：

每天洗臉、刷牙、洗澡（或擦澡），定期洗頭。海綿頭的牙刷比較安全舒適，可減少口腔發出異味，另外躺在床上也能洗頭。可以聯絡長照機構「到宅沐浴車」提供服務，居家醫療護理師也有簡易的「床上浴槽」，用塑膠布搭建在原來的床上，用熱水進行洗浴。洗完澡病人明顯感到放鬆。若兩者都有困難，至少可以進行床上擦澡。這些在網路上都可以找到教學影片，居家醫療護理師也可以現場指導。定期翻身，四肢做被動關節活動，避免壓瘡和四肢僵硬造成不適。提供精油按摩，讓身心放鬆，不同的精油有不同的效果，居家護理師可以提供這方面的知識和服務。

三、斷食中期

斷水數日以後，逐漸進入脫水期，人越來越虛弱，睡眠時間增加，排泄困難。在這個階段，需要更密切的觀察與照顧。以下症狀，並非每個都會出現。

全身脫水：

皮膚乾燥，定期擦乳液或凡士林，尤其是手臂、小腿和手腳。眼睛乾燥可以點人工淚液。嘴唇定期擦護唇膏或凡士林。

發燒：

脫水嚴重可能引起發燒；房間通風，冰枕有幫忙。若是三十九度C以上、病人不舒服、怕誘發癲癇，那就給予退燒藥（普拿疼）或者退燒貼片、肛門塞劑。必要時可加重藥量。不得已時，可以暫時補充一點水分。

排尿：

尿液會越來越少，顏色自然越來越深。如果尿液變得混濁，有嚴重異味，就可能有尿路感染。若無症狀，不需處理。若是造成下腹或者尿道疼痛，請醫師處方抗生素使用。症狀消失，就可停藥，不必吃足一星期。即使斷食、斷水多日，因為身體利用身上的脂肪、肌肉等組織來進行新陳代謝，所以仍然會製造水分，而持續有尿液。

留置導尿管者：

重視尿道口的清潔，避免尿路感染。有些病人在尿液減少時，可能出現尿管阻塞，可以用大型空針將生理食鹽水自導尿管注入膀胱沖洗膀胱，避免膀胱炎，也可以預防尿管阻塞。膀胱沖洗方法可以請教定期來更換尿管的團隊。

陰道白色念珠菌感染：

女性頻尿、使用尿布、老年或糖尿病致抵抗力變差者容易造成霉菌感染，最常見的是白色念珠菌。症狀包括尿道口和會陰部紅腫、有白色分泌物、搔癢、頻尿、躁動，合併陰道炎或尿道炎。除了注意會陰之清潔與乾燥外，需使用陰道塞劑和外用藥膏。

排便：

因為進食少，糞便會越來越少，幾天才排便一次也無妨。因為活動量少，且沒有進食纖維，所以多少都有便祕現象。可以戴手套、抹上凡士林，到直腸（肛門內）探測是否有糞便排不出來，若有硬便，直接幫忙挖出來。在直腸內環狀刺激，也可以促進排便。若以上方法都無法讓糞便排出，可以每兩三日用甘油球做小灌腸。甘油球的用法，說明書上有。

被動關節活動：

每個關節、每個活動方向都做，動作要輕、要慢、要拉到最大活動度，停留五到十秒鐘，每次來回三到五下。雙手的關節可以特別強調，因為指關節最容易腫脹、僵硬而疼痛。

定期翻身：

睡眠時間會越來越長，病人清醒時記得翻身，變換姿勢。檢查受壓迫的皮膚有沒有問題，可以輕輕按摩，促進血液循環。若是被壓得紅紅的皮膚在下次壓迫以前已經恢復正常顏色就沒有關係。若是起水泡可以用消毒的針頭把水泡刺破，將裡面的水慢慢擠出，用紗布保護。在破皮恢復之前，盡量不要再受壓。

精油按摩：

因為睡得多，活動量越來越少，固定相同姿勢太久，按摩可以改善局部循環，讓肌肉放鬆，精神也放鬆。臉部和肩頸可以特別強調。

舒緩音樂：

有宗教信仰者可以放佛樂、聖歌等，讓往生者一心唸佛或者祈禱，強化將去佛陀那裡修行或者回到主的懷抱的信念，期待未來的光明和希望。一般的舒緩音樂可以讓即將往生者以及家人在平靜的情緒中，互相陪伴。播放往生者最喜歡的歌曲或音樂，也可以帶來安撫的效果。

四、彌留階段

死亡的前幾天會有一些徵兆，讓照顧者知道病人時日無多，可以預作準備。以下是常見的各種徵兆，但是每位病人情況不同，不是所有徵兆都會出現。

迴光返照：

在身體逐漸虛弱過程中，突然精神變好，說很多話，甚至想要起身、下床。張明志醫師形容這就像燈泡要壞掉之前突然大亮一樣。醫學上的說法是身體功能在要完全當機之前的奮力一搏、最後的衝刺，功能代償性增加，但無法持續很久，失去代償能力後功能快速下降就接近死亡。並非每個人都有此經歷。若出現此現象，可以利用這個機會把想要跟往生者說的話，明白的說清楚，主要就是道謝、道愛和祝福的話。《選擇死亡》書中的先生在斷食第七天有此經歷，他的太太躺在他身旁與他親密互動，他說：「好戲就要上場……好多人都來了，像是派對一樣……我也打算啟程了。」他在三天後安詳往生。

呼吸症狀：

最常見的是呼吸急促，也可以說是呼吸「淺而快」。因為每次的吸氣量變少，所以呼吸次數會增加。正常人的呼吸速率是每分鐘十四下左右，此時可快到二十幾下，甚至三、四十下，嬰兒或小孩還更快。家屬都是向我反映病人很喘，覺得病人吸不到氣而感到難過、焦慮。我解釋因為肺的功能變差，所以呼吸淺，那呼吸次數就會多；他們就不會那麼焦慮了。家屬焦慮，會造成病人焦慮，焦慮會更喘。所以我希望家屬安心，去安撫病人，才對情況有幫助。若是真的喘得很難過，可以請協助的醫師給予藥物減輕症狀。也有人會出現陳施氏呼吸，淺呼吸與深呼吸循環交替，甚至中間有短暫停止。通常最後呼吸會變慢，有時吐一口氣就平靜的離開了，也有人沒有什麼特殊現象的如進入睡眠般的停止呼吸往生。

心跳和血壓變化：

斷食期間，心跳和血壓通常維持正常，或甚至比之前更穩定，所以多半這方面的藥物都可以停止。臨終前某些病人會出現心跳變快、血壓上升，讓家屬感到疑惑。我感覺這與迴光返照的機制很類似，出現這個現象距離死亡大概二到五天。通常病人維持這種狀態一、兩天（偶然有三、四天的），之後心跳、血壓會下降，開始下降以後一、兩天左右，病人就往生了。所以若有出現心跳、血壓代償性變快變高的，當反過來心跳變慢、脈搏變弱，可以預測病人時間不多了。有些人沒有上述代償的現象，就只是心跳、血壓慢慢下降，脈搏越來越弱、不規則，最後就摸不到了。

瀕死嘎嘎聲：

這是因為喉部的肌肉鬆弛，所以唾液堆積在喉部，吞不進去也咳不出來，隨著呼吸氣流的進出而產生嘎嘎聲，並不是肺部有痰，抽痰也沒有用。可以用沾濕的棉棒到喉部清出分泌物，這種聲音就消失了。讓病人側躺有助於拍痰、清痰、喉嚨的聲音也會減少，呼吸也會比較平穩。家屬常因為這聲音而有很大的焦慮感，正確的處理，家屬會安定下來。居家護理所團隊發現斷食往生者因為明顯脫水，這種現象較少。若是臨終在醫院打點滴者，因為水分太多，就比較常見，甚至聲音特別的大。

眼神失去光芒：

因為末梢循環不好，鞏膜水腫，眼睛看起來濛濛不清澈，有如荔枝果肉，又稱荔枝膜。腦部功能下降，所以眼神呆滯、無法聚焦。病人眼睛可以張開，但是感覺不知他看向何方，好像沒有在看，對眼前的人也沒有反應。即使如此，病人的聽覺和神識仍在，還是可以握著他／她們的手，輕聲的說話安撫他們。

嘴巴張開：

因為肌肉無力、僵硬以至於無法閉緊嘴巴，張口呼吸造成嘴巴更乾燥。除了噴水、用霧化器製造水霧、濕棉棒濕潤口腔、用濕潤的紗布蓋住張開的嘴巴以外，可以加強臉部肌肉的按摩，幫忙把嘴合攏。用洗臉的中型毛巾對折捲成圓柱狀，頂在下巴與胸骨之間，可以輔助讓嘴巴合攏。

手腳冰冷：

因為血液集中在心、肺、腦等重要部位，加上心臟收縮力量變弱，四肢尤其是末梢的血液循環不足，因此會有手腳冰冷的現象。可以輕輕的做精油按摩或者擦乳液按摩，但動作若太大，反而引起不適。一般人常誤以為手腳冰冷病人一定覺得冷，而幫忙蓋上厚的被子。此時病人非常敏感，蓋上厚被子會造成壓迫感，甚至呼吸更困難。有時病人還會要求想開冷氣，不時的自己掀掉身上的被子，有可能他們身體感到熱。建議開空調，給病人最薄的涼被，若是夏天，不蓋也可以。

皮膚出現紫斑：

因為血小板不足，血液循環變差，在肢體末梢常會出現紫斑。這是正常過程，接納就好，不需特別處理，也不用擔心。

冒冷汗：

少數病人有全身或局部冒冷汗的現象，隨時幫忙擦乾，換上乾的衣服就好。

洗澡：

有許多個案在洗完澡後全身放鬆，沒多久就安詳的往生了。可見身體的清潔對他們而言具有重大意義。

臨終辭土：

有些病人（尤其是老人家）明明已經很虛弱，一直掙扎著想下床。可以幫他穿上比較有支撐性的長褲、打赤腳，左右各一個人攙扶著，後面一個人控制腰部，讓病人下床，若他想往哪個方向或哪個物品過去，就協助他完成目的，這樣他會變得安定。有人可能是想拜別祖先或者神明，或者是好好再看一遍自己的家和那些有紀念價值的物品。坐上輪椅推到四處看看也可以。

排尿障礙：

可能會出現失禁現象，床上可以鋪上看護墊，讓病人穿上尿布。隨時保持清潔。也可能因為虛弱無法自行排尿，可以在恥骨上方握拳緩慢的往下壓，協助排尿。若是發現小腹鼓起，卻壓不出尿，可以請護理師幫忙導尿，甚至留置尿管幾天也無妨。

異常排便：

有可能因為腸胃有小出血或者小栓塞而排出稀便、黑便，甚至是血便，都不要擔心，這是自然過程，接納就好。也有病人糞便已經越來越少，彌留時突然排出大量糞便的；可能是肛門括約肌鬆弛，所有宿便都清空的關係。

全身敏感：

講話聲音要輕，做身體照顧都先說明，動作也要輕。家人不要在病人面前大聲喧譁，或甚至起衝突。有家屬反映，因為家人在臨終的阿嬤床前起爭執，阿嬤哭了兩天不理人。不要蓋過於厚重的被子，薄薄的被單就好。厚重被子讓病人呼吸更感困難，壓在身上病人覺得很沉重、不舒服。即使播放的是佛樂、詩歌，音量也不要太大。

五、靈性現象的陪伴

我的母親往生以後，三次託夢，夢境有如實境，且三次一模一樣，印象至今鮮明。有一次我演講當晚，夢到年輕的母親穿著一席白衣、灰裙，優雅坐在演講廳門口，我欣喜的推開門，她卻消失了。隔日具通靈能力的朋友來電告知，我母親有到演講現場，請朋友轉達：「她很高興我做的事情，很有意義！」我自然是深信不疑。我協助的個案當中也有許多託夢的例子，都是往生者變年輕而行動自如，感動、安慰了家人。往生者在臨終期出現靈性現象的情況也很多。我們身邊一定有朋友記得他們小時候，看得到靈魂的親身經驗。更不要說市面上有許多書籍描述靈界，講述靈魂永生。我年輕時候，對靈魂的說法半信半疑，母親往生以後的種種經歷，讓我完全相信擁有我們血肉之軀的是我們的靈魂。我們要有這樣的理解，才不會在臨終家人出現靈性現象的時候，反射性地予以駁斥：「沒有啦，你不要亂講，你還不會死！」讓他們的靈魂不安。

臨死覺知（Near Death Awareness）：

假如說我們所在、所能感受的是陽間，靈界是另外一個訊息場稱為陰間。臨終的人因為肉體的衰弱，他們的靈可以接收到陰陽兩界的訊息，因此他們可能看見、聽見、感應到某些訊息是我們在陽間的人所無法感知的。西醫的教育稱這些現象為幻覺，其實有問題的不是病人，而是我們對那個訊息場沒有接收的能力。

1. 最強烈的臨死覺知是病人會斬釘截鐵的預告自己將在哪一天離開人世，後來果然成真。猜想是他的守護靈或者其他的靈看過他的生死簿轉告他的吧！
2. 大部分人知道自己時日無多，會交代遺言，甚至處理好後事。
3. 常聽說病人夢見已逝的家人，家屬可以趁機會陪他回憶他們過往相處的美好時光。最常夢見的通常是病人的父母或者配偶。有位九十二歲癌末病人，決定自主斷食前我問他：「回到天上最想見到誰？」他回答我：「我的爸爸、媽媽。」我聽了頗有感觸，原來即將往生的老人，最想念的仍是父母。

4. 與已逝家人交談，說看見他們來訪，建議家屬配合他們的要求與已逝家人互動。趁這機會讓病人知道時間到了，會去一個好地方，與逝去的家人團圓。

5. 看見神明、菩薩、耶穌、上帝、天使等。家屬最適當的反應就是接納、配合、安慰他們，讓他們知道看見祂們真好，會有神明來接引，有神明的保佑，請他們安心。

6. 不過有時候，他們描繪的狀況非常隱晦，需要一些想像力才能理解。有位老先生臨終一直想起床，說要去看地，蓋一座家族的大墳墓。女兒乖巧的詢問要去哪裡看地？他說出了地點。女兒安撫他好好休息，等家人籌到錢會去他說的地方（老家）買地。老先生往生以後，家人果然在他說的地方找到一家靈骨塔，把父親的骨灰安置在那裡。大家覺得父親的心願達成，都感到開心。

7. 臨終的人託夢給家人也很常見。譬如有一個失智插管臥床的老太太，住在醫院接受肺炎的治療，每天抽痰，女兒心疼地不敢看。有一天這個女兒夢到媽媽，媽媽看起來人好好的，但是很清楚的告訴女兒，她被困在這個身體十年了，很痛苦，她想要死了。女兒在夢裡跟她媽媽說：「你怎麼這麼說?!」她難過得痛哭不已，醒來發現自己其實沒有哭，原來剛剛經歷的是夢境，但是異常清晰，有如實境。因為這個夢，手足達成共識，知道大家應該放手了。

8. 完成某件事或者見到某個人才會離開。譬如找到他放在哪裡的重要物品，知道家人已經快到了，與想見的某個人見面了或者聽到他想聽的話。譬如有位老太太她前次婚姻生的兒子打電話來，告訴她子孫安好，她才眉開眼笑的離開。有位老先生只有兒子來陪他，其他親人只跟他視訊道別，護理人員覺得他早該離開了怎麼還在，要求其他親人都來現場道別，老先生在親人出現後一個小時含笑而終。有時候長輩過世，可能以為某個手足最不孝，或者已經斷絕往來而沒有通知該人，但是對往生者來說，再不孝（或者有誤會）的子女也還是有愛，最好是想辦法通知該子女來見最後一面，面對死亡這個不可逆的最後機會，通常家人都會和解。這樣生死兩相安，才不會留下更大的遺憾。

臨終躁動：

病人往生前幾天，有些人會出現躁動不安的症狀，家屬要先確認他是否身體不舒服，先行處理。有時明明虛弱無力起身卻一直想要起床，雙手不停舞動，不知道目的是什麼，該睡覺的時候不睡覺。家屬需猜測病人可能的需求來安撫他，也許他只是想下床到處看看，也許他是在與我們看不見的靈溝通。通常我們以安定的聲音說話、唱歌，加上肢體的撫慰，都可以穩定他們的情緒。可以請醫師開鎮靜或者安眠的藥物讓他們容易入眠。我看過一位女兒唱著母親最愛聽的歌曲，她就慢慢闔起雙眼睡著了。也看過女兒躺在臨終的父親身旁，輕拍他的身體，跟他輕聲對話，這位父親反過來輕拍女兒的背，互相安慰。躁動的現象可能只是數小時，也有人持續幾天，我接觸的大部分個案沒有出現這現象，出現的話症狀也不嚴重。

譫妄與靈性困擾：

臨終的人有些會出現程度不一、時好時壞的意識不清、大腦認知障礙症狀，稱為譫妄現象。病人可能個性改變、出現過度警覺、躁動、易怒、害怕、吵鬧，甚至攻擊行為；可能自言自語、日夜顛倒；人、事、時、地的定向感混淆；看到或聽到不應該出現的人物、影像或聲音。常見的原因包括電解質不平衡、缺氧、脫水、低血糖、高血鈣、感染或敗血症、藥物副作用、酒精戒斷、疼痛、排尿困難或脹尿、便祕、器官衰竭、腦部病變等。

若是排除可處理的生理性原因，而症狀控制或藥物鎮靜無效，就可能是心因性譫妄，來自過去潛意識被壓抑的事件、內心意念的顯現、來不及完成或擔憂的人事物、過去重大的負面經驗或心結，必須從病人的視角，回顧病人的生命歷程，種種事件的脈絡來理解。

有位九十一歲老太太，臨終前連續三天出現幻覺，回溯其一生經歷的委屈辛苦、胡言亂語，不讓女兒靠近她，說女兒在水裡加迷幻藥要害死她，一會哭一會笑、拿水潑女兒、不讓人靠近、揮拳頭想打人、憤怒、面目猙獰。有智慧的女兒擁抱她、安撫她、讚美她，還好老太太逐漸安靜下來。千萬不要因為他們說的話不順耳，跟他們一般見識，或者感到傷心。他們會這樣說話，與他們當時靈魂經歷的事情有關，不是針對照顧者。

若是病人住在醫院裡，醫師經常開立精神分裂症的藥物給病人，多半效果並不好，還可能出現藥物的副作用。馬偕醫院的張明志醫師在《死亡癱瘓一切的知識》[6]書中表示，譫妄的現象多半與靈性困擾有關係，可能是看到了不祥的黑衣人，或者地獄的景象，可能來自於對死亡的恐懼，或者是有邪靈來干擾。所以他建議以靈性的方式來處理，如果病人有宗教信仰，可以唸佛號、唸經文、咒語或者祈禱、唱聖詩的方式來安撫病人。病人或者家屬對死後的世界如果有正向的信念，在此階段一心嚮往光明，家屬描述死後世界的平安、自在，應可讓病人安心而安定下來。平常就有涉獵靈魂永生或者死後世界的資訊或者書籍，對死亡沒有恐懼且懷有正向的信念，可以減少往生時的靈性困擾。

以上靈性現象與斷食往生無關，所有各種死亡原因的臨終病人都可能出現，但也可能沒有。

六、死亡判定與後續事務

死亡判定：

有家屬問我：「怎樣確認親人已經死亡？」我心想呼吸、心跳停止就是死亡，這不是人人都會的嗎？有一位退休警察，他說看過各種屍體，但都是已經冰冷的，他怕自己無法正確判斷父親的死亡，問我：「那我打一一九請人確認，但是絕對不讓他們把父親送醫，好不好？」我說不用浪費資源，他接受了我的建議。後來，看護幫他父親洗完澡，發現他父親呼吸停止了。他還是小心翼翼的等待了半個小時，才通知母親和葬儀社。果然是警察出身，行事如此謹慎。

我想最好的方式是多練習觀察呼吸時胸部和腹部的起伏，反覆練習觸摸頸部、手腕的脈搏，或者在病人胸前側耳傾聽心臟的跳動聲。如果對這些生命跡象的觀測都非常熟悉，那麼當這些生命跡象都停止的時候，一定會很有把握的判定病人已經死亡。

遺體護理：

1. 往生者可能因眼輪匝肌無力或鬆弛而未闔上眼，可以一面跟往生者說好話，一面用手指輕輕把眼皮往下推，協助雙眼闔上。若是間隔太長時間，可能肌肉僵硬，就更不容易幫忙闔上。

2. 往生者常因閉口肌肉無力或顳顎關節僵硬而嘴巴張開，可以按摩、熱敷耳前的肌肉，有利將下巴合上。然後拿一條洗臉的中型毛巾對折捲起來，夾在下巴與胸骨之間，避免下巴又往下打開。

3. 做臉部及五官的清潔，不要忽略耳朵附近。

4. 接下來檢查尿布，大部分人因為骨盆底括約肌放鬆，會排出最後的尿液和糞便。雖然斷食往生者排泄物少很多，但還是會有。先做好會陰部、肛門附近的清潔。

5. 然後做全身的清潔，網路上有很多教導的視頻，若是有居家護理師協助，或者禮儀師的協助也可以。

6. 幫忙換上往生者喜歡或預先挑選的壽衣。換衣服也需要技巧，我母親往生時，禮儀師指導我和妹妹完成，並不困難。網路也有教學影片。

7. 在宅善終病人，臉部都很祥和，若是當事人或者家人覺得幫忙化點淡妝很好，網路有教學影片，護理師和禮儀師也都可以協助。

助念或者牧師、神父祈禱：

由於當事人宗教信仰不同，可能會找不同的宗教師或者助念團來為往生者祈福、引路。可以在彌留狀態的時候先聯絡好。看是往生多久適合通知他們前來。遺體要靜置多久，也是各宗教有所不同。我娘家和夫家都不算有特殊的宗教信仰，還是依照習俗，靜置八個小時，這段時間家屬可以聯繫安排各種事務，等待重要親屬都到齊，沒有特別事情的家屬就在遺體旁以自己的方式助念或陪伴。目前大多主張唸阿彌陀佛的佛號就可以。葬儀社會提供一個小播放器，反覆播放，陪伴的家人只要跟著旋律唸就可以了，可以幫助往生者也是幫助家屬心神安定，虔誠祝福！

有關救護車：

盡量「不要」叫救護車。有些家庭可能因為不想讓病人在家往生而叫救護車送醫，那要跟救護員講清楚不必急救，到了醫院也要好好跟醫師溝通，不做任何非必要的醫療處置，帶給往生者痛苦。要有心理準備，急診處醫師通常認為病人既然送來，就應該要提供服務，務必事先想好如何溝通。有些民眾誤以為家裡有人死亡，都應該送醫院，這樣才有醫師幫忙開死亡證明書。到院前死亡的病人，醫院的醫師不會開死亡診斷書。但不用擔心，到了殯儀館，自然有檢察官幫忙開立。

通知葬儀社：

既然預知家中有人近期內死亡，事先可以聯絡葬儀社：病人往生後，如何聯繫，何時聯繫，半夜死亡是否需要緊急聯絡，聯絡電話是哪支？順便討論是否有合作的醫師來現場開具死亡證明書？禮儀師多少時間內會抵達，會作哪些協助，家裡事先要準備什麼？

開立死亡證明書：

大部分的葬儀社或禮儀公司會派遣醫師來家中開具死亡證明書，也有在殯儀館檢視遺體、詢問家屬病史後開立的。或者打電話請衛生所的醫師來協助，里長或者附近的派出所接到通報也會幫忙聯繫。醫師來到現場會探視往生者的面容、摸鼻息、摸脈搏，詢問病情。提供醫院的診斷書、殘障手冊或者藥袋給醫師參考，他們可以從這些資料得知往生者罹患什麼疾病，多少年了。斷食往生是自然往生，在死亡方式的欄位醫師會勾選「病死或自然死」的選項，相對應的是「意外」、「自殺」、「他殺」。若是病人在死亡前三個月內有經歷重大意外如車禍，且與死亡成因相關，就是非病死、非自然死，則需通報警察局，由警察局通知檢察官到殯儀館，司法相驗（不必解剖，除非有重大可疑因素）後開具診斷書。許多人以為要送醫院才能開立死亡診斷書，這是錯誤的認知。

七、悲傷撫慰與轉化

一位朋友的父親在九十七歲的時候，因為老衰逐漸越睡越多，越吃越少，手足們都心裡有數，知道老父親來日無多。她是家中唯一的醫師，也知道這時候沒有必要送醫，在家自然善終就好。但是難免心中還是掙扎，是否應該到醫院去打營養針，說不定可以延長一些時日，最後她選擇不送醫。我誇獎她的選擇是正確的，她卻告訴我：「父親往生後，有三個多月，心情很悲傷，也有自責，一直懷疑自己是否做錯了？」我聽了非常訝異，但也能理解這是為人子女喪父之痛的複雜情緒。

自責是悲傷的一種表現，有些人歷時數月，甚至數年。要理解那只是「念頭」，不是事實，覺察此念頭出現，不抗拒也不批判，看著念頭來，看著念頭離去，不要被念頭牽著鼻子走就好了。

我公公失智插管臥床十二年往生，先生當時沒有很大的悲傷，畢竟公公是得到解脫，從此自由自在了。不過每次先生提到當初不應該持續人工餵食強留公公，他總是心痛的說自己錯了，整個講述的過程哽咽流淚。這也是內在深處的自責，還好經過一次一次的訴說，得到了化解。

家父九十二歲無疾而終，家母八十三歲斷食善終，我沒有經歷任何的悲傷情緒，只有一點點的沉重。我甚至無法想像其他人在父母過世後，會那麼悲傷？我想來想去有兩個原因，主要可能是因為我娘家從來不避諱死亡，把死亡當成人生自然的過程，我們都覺得生命的品質比較重要，生命的長短相對沒有那麼重要。我們對死亡沒有未知的恐懼，我弟弟覺得死亡什麼都沒有了，我和妹妹覺得肉身死亡，靈魂永生，必定是到一個好地方繼續修行。另外一個原因，可能是我的父母家教很嚴，從小對我只有批評、打罵，他們沒有時間或是不懂得如何陪伴小孩，所以我一直覺得我的成長過程沒有感受過父愛和母愛。父母絕對不可能不愛孩子，我只能說他們疏於表達，或者是我對負面批評和說教太敏感，而無法感受父母未明示的親情。

我想表達的是，每個人的悲傷與不悲傷可能各有其背景因素與性格因素，就算是同一對父母所生，每個子女與父母的親子關係也完全不同。沒有什麼對與不對，就如實的接納吧！

這幾年我接觸的個案中，主要與我聯繫的感覺都是家中最負責任、最有勇氣的人，且以女性佔大多數。有些人會抱怨為什麼手足那麼多，只有她／他一個人在扛責，其他手足既不出錢、也不出力，甚至請他們來探望父母都不肯。我感覺她們願意承擔，但是「不甘心」，這種情緒帶給她們很大的傷害。「不甘心」的背後，其實是手足的表現未符合她的「期待」。我總是解釋，每個子女與父母的親緣不同，你若是做得到開個家庭會議，討論大家如何相對平均的分攤照護責任，就去推動。如果做不到，也只好認了。既然要做，不如心甘情願的做，對身心比較好。確實是如此，雖然是同一對父母生的，每個手足的資質不同，人生際遇不同，與父母的感情、緣分也都不同，這種事情如何尋求公平？你如何期待「他人」該怎麼對待他的父母？放下，是對自己最大的慈悲。

我相信喪親以後的悲傷也是每個人都不同，也許最常在照顧的子女因為長期的陪伴，心裡沒有遺憾，所以比較不悲傷。但是非常可能，就因為付出最多時間、心力，比較親密，感情比較深，反而更悲傷。這就是愛的代價，這就是人性，只能接納。自己的悲傷要靠自己來處理，這倒是一定的。

有位老師的一句話我印象深刻：「要先走進悲傷，才能走出悲傷。」如何走進悲傷？找人談話、說故事、看過往照片、整理故人遺物、寫信給往生者，這些過程都會觸動情緒，那時候要善用這個時機，去感受那個情緒，讓情緒出來而不是壓抑掉，然後好好的陪伴那個情緒。情緒一旦被看見了，能夠流動，才有機會走過那個情緒。若是反過來去壓抑那個情緒，情緒深藏在身體裡，還可能會長大。周而復始的重複練習去看見、感受、陪伴、接納、轉化，就可以逐漸走出悲傷。過程中少不了眼淚，眼淚是愛，流淚是好事。悲傷也是愛，悲傷不是壞事，我們可以化悲傷為祝福！

雖然如此，如果悲傷影響到生活、睡眠、情緒、人際關係，那麼也要懂得向外求助。能夠找到很好的心理諮商師當然是最上策，但是費用最高。其次是參加悲傷療癒的身心靈課程，上課中可能經由老師的引導得到一些療癒，也會學到方法自己繼續練習；這要靠緣分，知道哪裡有適合的課程。再其次可以在網路上找到免費的悲傷療癒影片，從專家的演講或者課程中學習。還有一個方便的資源是書籍，市面上講述喪親的悲傷療癒書籍非常多，自己去翻閱，尋找最符合需要、最有共鳴的書籍，也可以得到幫助。《論哀傷：帶領你走向療癒的情緒、靈性與心理旅程》（*On Grief and Grieving: Finding the Meaning of Grief Through the Five Stages of Loss*）[7]是這方面的經典著作。作者伊莉莎白・庫伯勒—羅斯（Elisabeth Kübler-Ross）是一位兼具智慧與慈悲的瑞士裔美國女醫師，她在一九六〇年代開啟臨終關懷工作，建立哀傷五階段理論，推動安寧緩和醫療以及哀傷輔導。

時間是一個最好的療癒師，在等待悲傷轉化的過程，積極從事可以安頓身心的活動也很重要，譬如接觸大自然、運動、旅遊、上課、參加社團、培養嗜好，只要能安穩的陪伴你走過，總有心情平復的時候。《回眸》記錄片電影中，一位六歲小女孩在媽媽離開之後，家人問她想不想吃冰淇淋，小女孩說：「媽媽死了，我很難過，但我還是可以有快樂。」

也許很幸運的，並沒有那麼嚴重的悲傷，有很多人說父母的過世是給兒女最後的禮物，是我們成長的一個契機。珍・賽佛（Jeanne Safer）博士出了一本書叫《死亡的益處：失去父母，是我們二度成長的機會》（*Death Benefits: How Losing A Parent Can Change An Adult's Life: For The Better*）[8]。她提出收穫死亡益處的三步驟：

1. 建構父母的生命故事，盡量保持客觀，把它寫下來。
2. 盤點父母的人格特質，精密的分析，決定要保留和捨棄哪些。
3. 尋求有助於你發掘死亡益處的人與事，來支持你打算進行的改變。

我發覺前面兩個步驟在父母亡故之前就可以進行，這樣有助於客觀的以「一般人」的角度來看待父母，可以有效的減輕家庭創傷，避免留下沒有與父母和解的遺憾！

註1｜《自主斷食：慈悲而尊嚴的善終選擇》，提摩西．奎爾、保羅．蒙則爾、塔迪烏斯．波普、茱蒂絲．史瓦茲著，汪漢澄譯，麥田出版，二〇二三。

註2｜*Choosing to Die: a personal story: Elective Death by Voluntarily Stopping Eating and*

Drinking (VSED) in the Face of Degenerative Disease, Phyllis Shacter, CreateSpace Independent Publishing Platform; First Thus edition, 2017.

註3｜*The VSED Handbook: A Practical Guide to Voluntarily Stopping Eating and Drinking*, Kate Christie, Second Growth Books, 2022.

註4｜《大往生：最先進的醫療技術無法帶給你最幸福的生命終點》，中村仁一著，蕭雲菁譯，三采文化，二〇一三。

註5｜《吞嚥困難安心照護飲食全書》，台大醫院14位復健科＆營養師團隊，原水文化，二〇二二。

註6｜《死亡癱瘓一切的知識：臨終前的靈性照護》，張明志，寶瓶文化，二〇二一。

註7｜《論哀傷：帶領你走向療癒的情緒、靈性與心理旅程》（*On Grief and Grieving : Finding the Meaning of Grief Through the Five Stages of Loss*），伊莉莎白・庫伯勒—羅斯（Elisabeth Kübler-Ross）、大衛・凱思樂（David Kessler）著，蔡孟璇、吳品儒譯，遠流出版，二〇二三。

註8｜《死亡的益處：失去父母，是我們二度成長的機會》（*Death Benefits: How Losing a Parent Can Change an Adult's Life For the Better*），珍・賽佛（Jeanne Safer）著，謝靜雯譯，大塊文化，二〇一〇。

第五章

我們一起來寫歷史

假如從全民健保實施（一九九五年）算起，台灣的民眾難以善終至少有三十年了。三十年來人人都可以輕易得到醫療照顧，加上醫療院所林立，人們養成了有任何身心狀況都送醫院的習慣，連臨終的病人也送醫。各種醫療科技與時俱進，醫師和家屬竭盡心力想救活每一個垂死之人，造成了無效醫療的氾濫。有段時間，只要病人的死亡出乎家屬的意料之外，家屬的抗爭無所不用其極，抬棺、灑冥紙、找電視台、在醫院前用擴音器怒罵，在醫師診間發控訴傳單，濫訴文化造成醫療機構害怕病人死亡，醫師集體有死亡恐懼。本來西醫的訓練，就強調救命，對於協助病人善終的認知與實踐不足，在醫療訴訟頻繁的社會氛圍下，整個醫療體制習慣救到底、盡量多做，結果就是越來越多的病人在醫院經歷痛苦的醫療死，越來越多人餘生插管纏綿病榻，如今已到人人聞之色變的地步，紛紛向家人交代生命末期或生活無法自理時不要救了。

這樣的局面既然是多種因素長期累積下來的惡果，當然就需要從政策、醫界到民間都要改變觀念與作法，才能扭轉局勢。這是西方先進國家也曾經歷的醫療科技發展快速但以人為本的末期照護及倫理思辨能力跟不上的狀況。台灣許多前輩先進預見這種局面，大力奔走致力於《安寧緩和醫療條例》（原始提案是自然死法案）與《病人自主權利法》的立法以及善終觀念的推動。可惜兩條法案強調的精神要讓全民理解並不容易，因為人們避談死亡。即使是醫界對兩個善終法的精神、內涵也很陌生，可能只有某些重症科和安寧緩和科的團隊比較理解。筆者從這兩年接觸個案所面臨的困境中，發現整體「文化的框架」以及「體制的慣性」亟需突破，有賴社會各階層的人關注並作改變，才有促進善終的可能。

雖然我在此領域經驗有限，但親身經歷了不少關鍵問題，在此拋磚引玉，提出我對各界的建言，懇請包涵與賜教。

一、民眾

1. 在日常生活中像談論美食、旅遊、理財一般談論死亡，讓所有的家人互相了解生死觀。請打電話到醫院預約「預立醫療照護門診」，在團隊說明下簽署「預立醫療決定書」，同時簽署「安寧緩和同意書」，兩者都會註記在健保卡上。全家結伴去，可以互為見證人，同時節省諮商費（目前第一人的諮商費約兩千五百至三千五百元，第二至第五人諮商費為半價或八百元，榮民、低收入者、中低收入者、領有身心障礙手冊者免費）。或者以文字和手機錄影的方式明白陳述自己的生前醫囑，請記得要讓配偶和所有的子女都深切了解與認同您的意願。

2. 若有任何原因不方便簽署「預立醫療決定書」，十八歲以上成人請至少要簽署「安寧緩和醫療意願書」，仍可得到一定的保障。該意願書在任何醫院的服務台都有，帶回家以後，依據表格填寫，請兩位見證人填寫基本資料（最好是自己的家人），然後寄回表格上所附的回郵地址，一段時間以後即可生效，註記在健保卡上，完全免費而且非常方便。

3. 像閱讀旅遊、藝術、文學一般的閱讀醫學常識及討論死亡的書籍，建立足夠的相關知識與死亡識能，而不是盲目的把健康與醫療決策權交給醫師。自己的健康自己顧，醫師只是必要時的諮詢者，經由提供完整的資訊，協助病人作出醫療決策。

4. 在作醫療決策的時候，不要只考慮「存活」與「存活時間」，而是要考慮到存活以後的生命「品質」和「意義」；必要時請徵詢第二意見，這是病人與家屬的權利，醫療機構不能拒絕。

5. 病人與醫師都要揚棄「治療都是好的」、「有治療有希望」的迷思，所有的醫療藥物與處置都有風險與副作用，要跟治療效果、成功機會與生活品質放在天平上面秤一秤看是否有勝算。如果沒有本錢（年齡、體能）承擔巨大的醫療副作用時，還不如藉著改變生活習慣，與疾病共處，接受安寧療護安享餘年。因為病體承擔不起的副作用，不僅帶來痛苦且反而可能縮短壽命，例如因勉強給化學治療，導致病人免疫力與白血球下降，反而大幅增加病人因感染與敗血症死亡的風險，是典型的得不償失。末期無特效藥、或對現在所有藥物都抗藥的癌症，都是治療風險遠大於治療效果的最好案例，尤其是高齡老人的癌症。

6. 腦中風、退化性疾病的病人吞嚥功能出現障礙時，請安排復健科語言治療師的吞嚥評估與訓練，讓病人可以吃到最後一口。若生活已經到無法自理、失去生活品質與生命尊嚴的程度，沒有恢復的機會，病人不能吃了，慎重考慮拒絕管灌飲食，以免延長品質低落的生命。若病人選擇接受管灌飲食，最好是以胃造口的方式，可以避免鼻胃管的不適、手腳被綁與腸胃和呼吸道的副作用。管灌餵食的熱量與次數，要好好斟酌，不要完全謹遵醫囑，請參考下一節的討論。

7. 若積極治療、限時醫療嘗試已經一段時間，沒有帶來好的結果，進入生命末期，不可逆或者無法復原，只餘軀殼靠著維生醫療無品質的存活，要盡一切的努力要求撤除維生醫療，爭取自然善終的機會。依賴維生醫療存活者（呼吸器、餵食管）一旦沒有維生醫療，病人短期內會死亡，所以屬於末期病人。此時家屬有簽署安寧緩和同意書拒絕維生醫療的代理決定權，可以尋求有共識的醫師協助。醫師不放手的話，帶回家撤管善終，事先聯絡居家醫療單位協助。

8. 家有老衰重症病人，請聯繫居家醫療團隊提供醫療照顧，可以減少往返醫院門診的奔波，也可以避免非必要的送醫。充分了解臨終現象與照顧的知識，不要將臨終的病人送到醫院，接受不必要的折騰；而是聯絡居家醫療團隊到宅訪視，給予評估和治療。

9. 許多未婚、無子女、獨居的讀者，有未來若重症無法治療且痛苦難以忍受時不想接受無效醫療的想法，詢問我在無後援的狀況下如何進行斷食往生？首先，一個人不會單獨存在這個世界上，就算沒有結婚、生子，也一定有親戚、朋友、芳鄰、社區人際網路。假如可以找到一位或者數位這樣的連結，在斷食往生過程可以緊密的聯繫，在身體照顧方面可以僱用短期的看護協助，在醫療方面尋求在地的居家安寧團隊訪視（健保支付），是可以圓滿說再見的。所以事先建立好這些連結，懂得向外求援，非常重要。其次，有些人會因住在租來的房子，擔心房東介意。在宅善終是生活的日常，沒有自殺或凶殺案而成為凶宅的社會忌諱。我們要先對死亡以平常心看待，不覺得這是不祥的，心安理得的在家裡善終，事先安排好葬儀社低調的處理後事，房東應該會包容和接納。

10. 有家人想要自主斷食或者需要停止強制人工餵食的時候，請不要跟醫護人員說：「我的家人要斷食善終。」因為有些醫護人員聽到「斷食善終」、「斷食往生」、「自主斷食」這些名詞就會很敏感的教訓家屬，譬如說這樣違法、這樣是餓死人、這樣是殺人，那家屬一定會很受傷。所以就跟醫護人員說明病人目前是什麼狀況，家人有什麼考量，想要尊重病人的意願讓他「自然善終」，或者說病人情況很不好，想要「在宅安寧」。等他們來評估過，就能夠理解怎麼做是對病人最好的安排。重點是如果他們可以解決病人的困境，減緩身心靈痛苦或恢復生命尊嚴，自然就不用斷食往生，那是很棒的事情。萬一沒有任何有效的方法解決病人的困境，那就可以逐漸減少飲食，讓病人自然善終，靈魂重生。

二、營養學會

台灣有數十萬人靠著人工餵食管存活於慢性呼吸病房、養護中心或者病人家中，醫院的急性或者末期病人每年也有數萬人接受管灌飲食。目前只要是住院中，絕大多數是每日餵食六次，每次餵食兩百到三百大卡的熱量，相當於每天一千二百到一千八百大卡。這應當是一般人在疾病復原期無法由口進食者每日所需要的熱量，他們身體狀況還好，只是因為手術或者腦中風等急性病症而暫時需要管灌飲食。他們多半神智清醒，可以說話，可以坐起來，甚至還可以會客。但是同樣的灌食方式，如今被應用在昏迷躺臥在加護病房、或者是末期住在安寧病房、沒有活動量的病人身上。

至於無意識長期臥床的病人，一旦住院也都是處方每日六次、每次一罐的餵食量。這些病人沒有意識、沒有語言功能，躺在床上沒有自主活動的能力，大部分時間都在睡眠狀態，顯然他們需要的熱量更低才對。每天餵六次是怎麼來的呢？我查到的餵食熱量計算公式是，臥床者每日所需要的熱量為每公斤體重「二十到二十五大卡」。也就是說六十公斤的人，每天要攝取一千二百到一千五百卡。最常用的配方奶每罐熱量在二百四十卡左右，六罐是將近一千五百卡。健康的人依照工作的輕、中、重，每公斤體重需要的熱量是「三十到四十大卡」，無意識臥床者何以需要每公斤體重二十到二十五大卡？這個熱量是一個每天做著粗重工作的勞力者所需要的一半？我高度懷疑臥床者需要每公斤體重二十到二十五大卡是給神識清楚、四肢健全、在疾病恢復期所需要的熱量供給，這個公式應該已經存在幾十年了。

餵食的次數也很有探討的餘地，在養護中心的臥床者多半每天餵食五次，住院中就會被改為六次。所以病人的腸胃每天有十五到十八小時要工作，空腹時間只有六到九小時，這對於消化道非常不利，難怪倚賴餵食管存活的長期臥床病人，經常因為腸胃問題反覆住院，到晚期甚至有腸胃道衰竭的現象（註：一天空腹十二小時以上是人體維持腸胃道健康的基本要求）。

長期臥床的病人，肌肉萎縮、骨質疏鬆，體重只會下降，年齡也越來越大，但是多年被處方同樣的餵食量。我遇到全癱七歲的小女孩、五十歲的植物人，與九十七歲的臥床多年老先生，都被處方每日六次，每次二百四十CC，接近一千五百大卡熱量的配方奶。雖然我不是營養學的專家，但是我以常識推論，這不符合個別的生理需求。尤其是我在協助斷食往生個案的身上，看到病人減食到一日三餐的時候（每日餵食七百五十卡左右），原來的許多症狀都明顯改善（痰多、吐奶、腹脹、水腫、躁動等），也可以反證原本的灌食量太多，灌食次數也太多，造成空腹時間太短，腸胃道無法得到休息。

由於西方國家已經越來越少長期插管臥床的病人，找不到相關的文獻足供參考。我建議台灣的營養學會正視這個議題，可以進行學術研究來釐清。目前的餵食量計算公式存在數十年了，那個時代沒有長期插餵食管臥床的病人，是不是該為長期插管臥床病人訂下新的餵食指引？目前有幾十萬人插管臥床，很容易可以分組進行研究，尋找最適合的灌食公式。現存這種集體過度餵食的情況，增加照顧者的人力和經濟負擔，最嚴重的是造成病人腹脹、吐奶、吸入性肺炎、肥胖、免疫力下降等問題，病人頻繁出現腸胃道和呼吸道併發症而反覆住院，這既不人道，又浪費社會資源。日本的中村仁一醫師在養護中心工作多年以後，也有相同的發現，在《大往生》[1]書中他建議無意識插管臥床者，每日只需要六百到八百大卡，非常值得大家參考。

我的公公臥床十二年，假如在一開始被要求每日餵食一千五百大卡，十二年間一直沿用，絕對是不符合人體需求的。隨著躺臥的時間越久，體重會下降，年齡也增長，往生時已經九十二歲，餵食量一定是要逐漸降低的。正常的老人在這十二年間，胃口也會越來越小。我父親腦中風後遺症二十年，只在室內短距離走動。九十二歲無疾而終之前，有好幾年食量明顯減少（吃不到半碗），但是精神還是很好。

反觀我接觸的個案，同樣是九十幾歲越睡越多、活動量越來越少、吃得也越來越少，明顯是自然往生的前兆。若是吃飯嗆到、發燒，被慌張的家屬送到醫院，有很高的機率被插上鼻胃管、打上點滴。餵食量也幾乎都是每天六次，每次二百四十CC，餵食量只考量體重嗎？為什麼沒有考量年齡，考量病人的整體生理狀況與活動量。假如有醫師開藥物處方的時候，每個病人、每種藥都是每天三次、每次一顆，大家是不是會覺得不合理？我覺得目前管灌餵食量的準則，是沿襲數十年前的舊習慣，絕對有重新審視、訂出新規範的必要。

三、養護中心

養護中心是社會小家庭化、人口老年化，長照需求擴大之下的產物，團隊提供的服務對病人、家屬和社會貢獻很大。養護中心這二、三十年來照護品質持續在進步，在此提出四項建議：

1. **讓住民在地臨終：**養護中心人員長期在照顧老衰病人，應該有住民在機構死亡的經歷，所以對於臨終現象不陌生。目前很多機構是發現病人有狀況的時候就趕快送醫，可能是擔心病人死亡引起訴訟問題，或家屬質疑照護不周全（我也遇到很多家屬抱怨，家屬希望不要送醫，養護中心不配合的）。因此絕大多數的臨終病人，無法就地安詳地自然往生，反而會被送到急診處。急診處是在急救病人的地方，而且台灣的急診處是一個極度繁忙的場所，醫師幾乎是反射的給予讓病人延命的治療，造成這些臨終病人在死前還要接受沒有益處的醫療，增加了病人的痛苦，延長了死亡。家屬在慌亂中，無法好好陪伴、和病人道別，留下許多遺憾。

理想的狀態是，病人入住養護中心的時候，就簽署好拒絕急救（心肺復甦術）或「預立醫療決定書」等文件，與家屬溝通好，如果病人有危急狀況是否要送醫。譬如失智臥床的老人、植物人可以先談好，當出現臨終現象，不要送醫，而是通知家人來探視，提供獨立的空間讓家屬好好陪伴病人走最後一哩路，讓生死兩無憾，這是大功德一件，相信病人和家屬都會非常感恩。機構對於住民來講好像是自己的家一樣，讓住民在地臨終，我相信這符合他們的期待，也是他們最感安心的。已經有些養護中心這樣做，政府也在研議獎勵辦法，期待有越來越多的養護中心跟進。若是覺得需要醫護的協助，可以與在地的居家安寧團隊合作。

2. **管灌餵食量問題：**如前所述，目前插管臥床病人的餵食量是其所需要的兩倍。等待營養師們完成研究，改變處方，相信還需要很長的時間。在這之前就可以開始改變，第一步是改為餵食四次，這樣可以延長餵食的間隔，也可以延長每日腸胃空腹休息的時間。只要觀察病人的情況是否改善就可以分辨。也可以先挑選意識比較差、睡眠時間比較長的病人來作實驗，如果明顯有改善，再擴及其他情況的病人。觀察是哪些症狀改善了，再針對症狀只得到部分改善的病人，繼續減少灌食量，譬如減為三次，或者每次減少五十或一百大卡。如果大多數的病人可以減少餵食的次數，並且因為病人舒適度提高、併發症減少，而減少工作人員的工作量，有多重的好處。若因此降低工作人員的流動率，也是好事一樁。

3. **吞嚥障礙病人插鼻胃管時機：**目前狀況是因為病人吃得太慢，或者吞嚥功能變差，容易產生嗆咳，就會要求病人插鼻胃管。可能認為這樣可以縮短餵食的時間，避免嗆咳，比較好照顧。但是鼻胃管帶來其他很多問題，譬如病人整天哀號、咒罵不已（我聽過錄音），雙手要約束，被拔掉或者脫落還要重插。最嚴重的是鼻胃管讓病人失去進食的樂趣，不再有咀嚼的機會，腦部功能會更快退化。目前的餵食量太大，造成某些病人身體肥胖更難照顧，過度的餵食常常引起嘔吐或者食物逆流，反覆的呼吸道感染，更難照顧。過度的飲食造成抵抗力更差，會因為反覆的肺炎、尿道炎、腸胃消化不良而住院，工作量也是增加，病人和家屬也都跟著受罪。

建議請語言治療師來指導照護員，學習舒適安全的餵食方法，讓病人享受飲食的樂趣，吃到無法吞嚥為止。此時，就是讓病人自然往生的時機，這是最符合人道的作法。假如機構接受這種觀念與作法，家屬也可以被教育接受這樣的觀念，其實對病人和家屬都是最好的。對機構來講，無意識插管臥床病人的比例減少，多收容些生活品質較好的住民，對住民和員工來講，可以增加照顧品質和住民滿意度，提高員工士氣和成就感。

4. **接受有胃造口的病人入住：**有些養護中心拒絕收治有胃造口病人。在國外針對需要長期管灌餵食的病人都是建議做胃造口，餵食管可以半年到一年才更換一次。反觀鼻胃管每個月要更換一次，還常常被病人拔掉、滑脫、阻塞而要重插，病人因此需要被約束而痛苦哀號。鼻胃管本身無法完全預防吸入性肺炎，病人情況更不穩定。日本的養護中心規定，依靠管灌餵食者必須接受胃造口手術，拒絕收治使用鼻胃管住民。只要願意改變習慣，事實證明胃造口更沒有副作用，也更好照顧。

因為家屬的介紹，我在網路參觀了一家日本在台灣開的養護中心（林口和龍潭兩個院區），和該中心主管談話以後，發現他們的經營方式非常人性化。不約束病人，有語言治療師指導病人由口進食，也有經訓練脫離鼻胃管的，可收容胃造口病人，病人若情況變差會與家屬商討是否要送醫，是否要急救。提供安寧的照顧，讓病人在養護中心自然往生。他們的收費比一般養護中心高一些，插管臥床病人比例低，輕中度失能老人為主。環境優雅整潔，有復健課程，還有很多藝文或手工活動。值得國內養護中心學習。

四、醫院附設護理之家

除了上述對養護中心期待的四個項目以外，希望護理之家還可以提供住民

「停止強制人工餵食，讓病人自然善終」的服務。護理之家通常有安寧緩和醫師和護理人員定期訪視，若是病人符合末期狀況，與家屬開家庭會議取得共識，簽署「不施行維生醫療同意書」，在護理之家停止人工餵食的無效醫療，讓病人得到善終，這本就是《安寧緩和醫療條例》和《病人自主權利法》當初立法保障善終權的目的。若家屬都願意放手，醫療單位協助執行，是一種醫療行善，也是一種應盡的責任。

就我所知，已經有好幾家護理之家接受家屬的要求，協助病人停止非經病人同意的人工餵食自然善終，醫護人員從中感受到這種工作很有意義，因為病人都是安詳的往生，家屬誠摯的表達感謝。這樣的善行，不只幫助一個人，而是幫助一個家庭。

假如一般的養護中心也願意提供這樣的服務當然是更好，可以與居家安寧團隊合作，提供臨終照顧所需的醫療協助。

五、各科醫師

現在流行說我們的工作場所是「公司」，我們服務的對象是「客戶」。醫師服務的對象是病人，病人就是我們的客戶，也就是我們的衣食父母。現在絕大多數醫院，醫師的薪資都是抽成制，我們做的每項業務，幾乎都有抽成。我們收治的病人做了越多的處置，我們的薪資就越高，然而和我們一起努力照顧病人的其他團隊成員，多數領的卻是固定薪。如果病人情況好轉，相信得到的成就感以及病人和家屬的感謝，是他們最好的回報，也是他們熱情與成就感的來源。假如我們收治的病人活在悲慘的境地，所有的治療都是枉然，醫師們仍然可從無效醫療得到對應的收入，其他的成員尤其在第一線最忙碌的護理人員，他們的辛苦有何意義？有加護病房護理師向我反映：「我們明知治療無效，還要配合醫師一起演戲，安慰病人和家屬做這個治療會改善喔！都快要人格分裂了。」有護理師在慢性呼吸病房做了幾年快得憂鬱症，從此離開醫療體系轉行了。假如工作忙碌、壓力大，卻是白忙一場，甚至對「客戶」有害，還要心口不一，誰能夠長期留在這樣的崗位工作？

護理師流動率大，相信有多重因素，但我認為醫療商業化、無效治療太多，造成護理師們失去助人工作的成就感與慈悲心疲憊（compassion fatigue）也是難辭其咎。有位年輕麻醉科醫師看到這麼多無效、為開刀而開刀的手術，有不如歸去之感。有次她好不容易說服家屬不要讓老阿嬤開刀白受罪，主治醫師一句：「有希望喔，不要放棄！」老阿嬤還是被推上手術檯，但是死在手術檯上，成為壓垮她的最後一根稻草，她傷心的暫離醫界，回家當家庭主婦。

醫師從小學業上是佼佼者，當了醫師在團隊擔任發號施令的領導者，身負重任與期待，難免養成凡事醫師說了算的習慣。然而，醫學畢竟是一門藝術，每個病人都是完全獨特的個體，更不要說他們的家屬了。期待醫師在作醫療抉擇的時候，不要只有科學上的考量，能夠加入更多人性上的考量。

我分享幾個醫師的說話方式，家屬向我反映這些話讓他們非常受傷：

「你們要不要救？」「你爸爸心臟還很強，要不要救？」（註：心臟很強，問題是腦壞了）這對家屬來說，好像沒有說「不」的餘地，怎麼有人敢說「不要救」？因為完全違背我們語言習慣和文化習慣，「救」是好事，且有強烈的道德壓迫性，相對應的當然是「要」。結果作決定的人，有可能一輩子自責。

雖然情況一定是很緊急，最好不要用有道德壓力的這句話「要不要救」，建議詳細說明發生什麼狀況？醫師要採取的是什麼處置？把「救」的說法改成治療的選擇，說明有做和沒有做的結果有何不同？讓家屬有詳細的資訊足以判斷，充分的時間思考，而不是讓家屬只能反射性地回答「要救！」，事後悔恨不已。

「明明有救，你們為什麼不救？」這種情況是家屬和醫師對於醫療抉擇有不同看法，這句話是一種嚴厲的指責。家屬是最愛病人的人，他們會選擇不積極治療，絕對有比我們更多的考量，若是家屬誤判，太早放棄，我們用學理和專業解釋清楚就好，不要用指控的語言，這是家屬不可承受之重，甚至造成一輩子的創傷。何況家屬間本來就有可能意見不一致，這句話讓家屬間產生更大的分歧。有很多情況，是我們醫師只考慮病人是否存活，但是家屬要考慮的是存活以後病人的生活品質，家屬是否有長期照顧的能力。俗話說得好：「未經他人苦，莫勸他人善；你若經我苦，未必有我善。」如果能夠不執著於「我是專家，我才是對的」，比較能夠同理家屬的感受。

「如果不插管，他／她會死掉喔！」一定是有家屬考慮插管對病人長遠來看，不一定是好事，或是病人有明白交代過不要插管，才會遲疑無法決定。醫師這句話等於把病人死亡的原因推給反對插管的家屬，這樣有哪位家屬擔當得起？本來家屬中有贊成、有反對的，醫師這句話，直接讓反對的家屬再無反對的餘地。事實是，如果病人死亡了，是因為重大疾病或傷害而亡，而不是因為沒有插管。假如病人後來人救活了，卻生不如死，不管當初是贊成還是反對插管的家屬，通通要活在懊悔之中。贊成的人懊悔當初為什麼沒有反對，反對的人懊悔當初為什麼沒有堅持。責任其實是醫師，那個只想到要救命的醫師，沒有考慮救回來的病人要過什麼樣的日子。

「不插鼻胃管，難道你要餓死病人嗎？這樣太殘忍了。」這也是非常嚴厲的指控。假如病人只需暫時使用鼻胃管，一段時間以後可以移除，身體可以有很好的復原，好好解釋，家屬一定會接受。家屬會考慮拒絕鼻胃管，最常見的狀況是，病人以前有交代過不要插管，或者家屬知道這鼻胃管插下去永遠拔不掉了。幾十年來社會上有多少插管臥床多年的病例，相當多的人明白這不是他們要過的餘生，我們有什麼立場，認為他們作這樣的選擇，彷彿大惡不赦似地。「餓死」的語境是指健康的人因為長期食物缺乏、要吃沒得吃而導致死亡，在人們心目中是一種悲慘的死亡方式。拒絕插鼻胃管，是最愛病人的家屬，捨不得病人受苦，不想拖延病人的死亡過程，被扣上「餓死」的帽子，這樣的語言完全不合邏輯，只會加深家屬的罪惡感，不符合醫師的專業素養。

「**移除病人的鼻胃管？當然不行，這樣是殺人喔！**」我剛開始聽到家屬這樣轉述，真的是嚇一跳，怎有醫師這樣說話，後來竟然看到有安寧緩和科醫師寫在文章裡，心裡真是難過。《安寧緩和醫療條例》和《病人自主權利法》這兩個善終法，都明示某些情況是可以撤除維生系統的，這是還給病人自然死亡的人權，讓病人不被現代無效醫療綁架。如前所述，這兩個善終法不夠完善，都有修法需要，但何必給家屬扣上殺人的帽子？殺人是為了自己的利益或者仇恨去殺死無辜的人；移除鼻胃管是因為愛，因為不忍家人僅餘軀殼痛苦度日，兩者有天壤之別。

「**你要想清楚喔，不然你以後會後悔的！**」家屬會選擇放手，正是因為心中有愛。即使為了愛放手，沒有一位家屬心裡不掙扎、不糾結的。醫者父母心，身為醫者這樣講話，會讓家屬有更大的創傷難以平復。也許說者無心，只是講出自己的觀點，但是我們怎能忽視對方聽到有何感受？「你以後會後悔」這幾個字，有強烈審判意味，不適合對任何人講。這句話很耳熟，就是過去許多老師、父母拿來情緒勒索學生、子女常用的話，是一種上對下的語言。

「看著媽媽不吃、像一朵花凋謝，你都不心疼嗎？我好心疼耶。」護理師這句話是「棉裡藏針」，家屬的感受是：「不斷被這樣的話拷問靈魂。說了『不』之後，伴隨著強烈的自責與自我懷疑。」

這位沒有醫療背景的女兒，母喪多年之後，看了斷食善終紀錄片《順行》，在留言區寫下對醫界的質疑與心情：

1. 醫院的醫師根本不管這是自家醫院的護理之家送來的九旬老人，離大去之期不遠矣；對病人的處置方式，青年與風中殘燭不是該有不同考量嗎？醫療體系廣告用的「全人照護（考量身心靈與人生階段等等）」只是虛晃一招嗎？

2. 不斷拒絕鼻胃管，為何變成是家屬的責任？後來，機構換個方式提出「胃造口」的要求。幸好，同醫院的腸胃科醫師拒絕了，他說：「失智晚期的老人家，強制進食沒有意義。」但是，同一家醫院的胸腔內科醫師，在老人家肺炎住院時，還是插了鼻胃管。

3. 看了斷食善終紀錄片，淚崩！直到此刻，我才明白：對長照及醫療體制的憤怒與失望，是不會隨著長輩死亡而埋葬的。

生老病死，病和死經常連在一起，醫師除了救命，一定要認識死亡、接納死亡，陪伴病人善終，家屬得到善生。有位醫師說得好，安寧緩和是一個「軟體」，是一個觀念，所有的醫師要有這樣的基本素養，當積極救治已經沒有希望，就應提供緩和治療、舒適治療，可以轉給安寧緩和科，或者轉介給居家安寧團隊，因為很多病人想回家。如果醫病互動良好，不想重新適應新的醫療團隊，讓病人留在原本科裡提供緩和照顧也很好。緩和照顧不必高科技，重要的是正確的觀念。

六、急診處醫師

台灣的現況是，養護中心或者一般民眾都有將臨終病人送急診處的習慣，通常急診處會以病人脫水、營養不良、血氧低為理由，給病人打點滴、插上鼻胃管、戴上氧氣面罩或插氣管內管，造成病人成為長期插管臥床者或者臨終不得安寧的狀況。期待急診科的教學加強辨識臨終病人的能力，遇到這種情形，耐心跟家屬解釋沒有必要作醫療介入，讓病人自然安詳的離開才是上策。前面我們有提到，養護中心把臨終病人送急診，急診處做了上述所有處置，家屬到了，非常詫異而堅持要撤除的案例。也有提到家屬知道病人就要往生，拒絕急救、拒絕點滴，醫師反而覺得怎麼能什麼都不做？忽略了要往生的病人給予點滴也是對病人有害的。有醫師反問：既然什麼都不要做，為何要送醫院？假如連醫界對於死亡的教育都不足，民眾更沒有足夠的醫學常識，數十年來病人大多在醫院死亡，民眾沒有陪伴臨終病人的經驗，養成有任何身體不適都送醫的習慣。懂得拒絕心肺復甦術，要求不要打點滴，已經是比較有概念的家屬。本來應該是醫師要告訴家屬，臨終病人不要作過度處置的，如今家屬要求，醫護哪有拒絕的理由。如果是因為怕被告，理由也不夠充分。怎可因為我們心中的恐懼，讓絕大多數不會告我們的病人和家屬受罪？若說是不怕一萬只怕萬一，那不就是因噎廢食？

期待急診科醫師在「救命」的知識以外，也要提高「死亡識能」，讓病人有「自然死亡」的機會。不要給予瀕死病人沒有必要的處置，更不要因此送病人到加護病房，延長無效醫療的時間，病人受罪，又浪費醫療資源，更可能間接造成需要急救的病人在急診處留置太久，無法及時轉入加護病房的排擠效應。如果無法轉入安寧病房或一般病房照顧，急診室最好有個有隱私、不干擾他人的空間，在醫師判斷醫療無效、病人已經彌留狀態時，讓家屬在這個空間與病人好好的道謝、道愛、道別。讓病人得到善終，這是更高層次的醫療行善，來自家屬的感謝也更深刻。

有位八十八歲的失智老先生，吃東西不慎噎住，家屬開車送到急診處時，已經呼吸、心跳停止一段時間，急診醫師向家屬解釋：「不要讓老先生再受苦了！」有兩位子女非常認同，但是一個兒子堅持要救到底。結果心肺復甦術救回老先生，左側多根肋骨骨折，氣胸、肺部浸潤，裝上鼻胃管，每日灌食五次，共一千CC。轉往加護病房急救，兩週後脫離呼吸器回到普通病房。病人持續昏迷，全身癱瘓，每日抽痰數次。兩位子女持續要求醫師不要積極治療，停止強制人工餵食，讓父親好走。病人的妻子之前在加護病房過世，他曾經當著所有子女的面說過：「我以後不要接受這樣的急救。」即使如此，不論加護病房還是普通病房，醫師都說要照常規走。輕度憂鬱症的女兒聯繫我、看護中心，備妥所有設備，接爸爸回家，病人在家漸進停止人工灌食，三週後往生，從噎住、呼吸心跳停止那天算起，被無效醫療折騰了兩個月又三週。近三個月的過程中，堅持救到底的哥哥，不去醫院探視父親，所有後續的事情全丟給最負責任的妹妹。

醫師專業判斷不應該急救，只因為一位家屬反對，醫師就棄守原則？病人以前交代過不要急救，另外兩位兒女支持醫師意見，他們三人的意見為何醫師不採納？最常聽到的理由，是因為怕被家屬告。這位病人是末期病人無誤，只要有一位家屬簽署「不施行維生醫療同意書」，就可以拒絕執行心肺復甦術以及維生醫療。為何要為了一個成立機會極小、想像中的訴訟而違背專業，讓病人和家屬受苦。我們有足夠的經驗知道，主張要救到底的人通常是最不負責任、因為愧疚感而作出違背常理決定的人。作出傷害家人的決定後，這個人通常連探視病人都不敢，更別說負起責任扛起他留下的爛攤子。我想起所羅門王的裁判（兩個婦人爭奪一個嬰兒），醫師如果用心的觀察，應該能夠分辨誰才是真正關心病人的家屬。

我天真的想法是，心肺復甦術可以分兩種，一種是搶救有意義的生命，盡全力。另一種是應付無理性家屬的，拉起床簾輕輕帶過，放過無辜的病人吧！我們為什麼要替不孝的子女折磨他們的長輩呢？醫師的天職是行善，請堅持到底。

七、重症科醫師

據統計，加護病房的醫療支出有將近四分之一用在無效醫療。這些病人在幾個月內可能死亡，沒有死亡的也留下嚴重的後遺症。當然有一部分重症者經過治療，器官恢復功能起死回生，得到很好的復原，這是加護或重症病房成立的初衷，也是重症醫療最有挑戰、最有成就感之處。如今加護病房被數量龐大的無效治療佔用，真正需要積極治療的病人進不來，病人在急診處滯留，造成急診處擁塞，成為一個惡性循環。我遇見不少個案家屬，知道病人預後很差，可能永久昏迷，即使甦醒也是終身癱瘓在床，病人也交代過不要如此狀態存活。家屬已有共識請求醫師撤除無效的維生治療，但仍然有許多醫師反對，最常提出的理由是違法。這是屬於醫學判斷的範圍，醫師本就該出於專業，主動勸導家屬放手（有很多醫師會如此做）。以前多是家屬放不了手，現在逐漸變成家屬願意放手的時候，醫師不願意，這是很弔詭的情形。既然有很多醫師這樣做，就表示這並不違法，顯然這些醫師對法律有錯誤的解讀。

西元二〇〇〇年以前，《安寧緩和醫療條例》和《病人自主權利法》都還沒有成立，難道在那之前情況再差的病人都要靠維生醫療維持無品質、無意義的生命嗎？那時候可沒有慢性呼吸病房，也沒有人插著呼吸器無意識的躺五年、十年。前述兩個善終法的施行，是要呼籲民眾和醫師適時的放手讓病人善終，怎麼反而成為病人善終的阻力？在兩個善終法之上，還有家屬是喪失決策能力病人之代理人的更高權利，家屬可以依據病人的最大利益來代理其醫療決策權，所以車禍昏迷的病人是否要接受腦部手術是由家屬簽署手術同意書決定的，何以家屬可以簽手術同意書讓病人接受開腦手術，而當病人持續昏迷，家屬想要停止無效醫療，就沒有代理醫療決策的權利了呢？這明顯有邏輯上的問題。

另外一種狀況是，醫師答應撤除呼吸器讓病人自然往生，沒有想到病人可以自行呼吸，家屬進而要求停止人工餵食或者撤除鼻胃管，這時有些醫師會說：

不能把病人餓死，這很殘忍，這樣違法。在鼻胃管發明之前，無法進食的病人會自然死亡，我們會說這樣是餓死、很殘忍嗎？不會自行呼吸的病人撤除呼吸器，缺氧死亡就不殘忍嗎？可以合法撤除呼吸器的病人，為什麼撤除鼻胃管變成違法，兩者都是延長死亡的無效維生醫療，不是嗎？所以這個「撤除鼻胃管違法」的說法，也是邏輯上自相矛盾的。

加護病房團隊厲害的功夫是妙手回春帶來莫大的成就感，如今收容那麼多垂死邊緣、毫無生機的病人，這不是違反初衷、讓工作人員士氣低落嗎？救人一命勝造七級浮屠，讓人「好死」其功德更勝一籌，一人好死，全家人得救。

黃勝堅、陳秀丹、吳育政（紀錄片《一念》主角）等重症科醫師呼籲停止無效醫療多年，相信有很多醫師和民眾逐漸接受這觀念而願意放手，但是文化框架以及醫療體制的慣性還是讓有些醫師不願意放手，少數的醫師不願意放手，每年就可以造成很多病人和家庭的苦難。高齡化社會來臨，造成的衝擊越來越大，願意放手的家屬會越來越多，這是必然的趨勢，希望醫師可以多省思醫學存在的意義，隨順潮流。

黃勝堅醫師曾經在演講中提到，在加護病房死亡的病人，死後更衣需要去買比平常大兩號的衣服，還調侃他自己平常穿XXL的衣服，可買不到XXXL的衣服，這是玩笑話。但是家屬到加護病房看到病人的最後一面是全身插滿管子、臉腫得像豬頭，全身腫得皮膚發亮，床邊有許多袋子裝著身上多處（包括針孔）流出來的血和水。這很明顯是病人在臨終期灌食過量、給水過多。我雖沒有看到病人，多次聽家屬這樣描述，可以理解何以他們那麼悲痛。有次和德國病人保護協會的會長談話，他說在德國，醫師給予臨終病人營養和水分是違法的。我知道臨床現場非常複雜，假如德國有這樣的規定，顯示他們的醫師也常犯這樣的錯誤，但是他們設法在防範這種錯誤，這值得我們的參考和借鏡。

有位葬儀社員工聽了我的演講後，跟我反映一件事情。他說到加護病房接遺體，常碰到護理人員告訴他，病人往生前沒多久才灌了一瓶牛奶，因此鼻胃管暫時不能撤除。因為遺體肚子裡的食物會發酵腐敗，所以腸胃道的壓力很大，若沒有鼻胃管減壓，可能會有大量空氣、食物殘渣由口中溢出，腹部也會腫脹，所以要等氣消了以後，再來拔管。這類病人假如依照習俗靜置八小時，在這段時間中已經出現腐屍味，大家都不好受。所以老天爺的設計是，所有的人類和動物在自然往生之前，都是不吃不喝走的，有其重大意義。高僧大德不吃不喝，唸佛往生，顯然也深知其理。

八、慢性呼吸病房醫師

一九九五年全民健保施行，人人看得起病，無效醫療快速增加。有著超高密度加護病房的台灣，還是不敷使用，於二〇〇〇年成立呼吸照護中心（Respiratory Care Center, RCC）、呼吸照護病房（Respiratory Care Ward, RCW）。使用呼吸器而無法脫離者前二十一天在加護病房，接著轉往呼吸照護中心四十二天，第六十四天開始轉往呼吸照護病房。這成為一種醫療輸送帶，輸送帶上是無意識、全身癱瘓、身上插著三管的病人軀殼，他們的靈魂被綑綁不得自由。維持這輸送帶運轉的是大量的金錢、病人的苦難、家屬的眼淚和辛酸。這當中少數病人有自主意識，他們可以自主選擇，通常脫離呼吸器的機會也比較大。大部分是無意識者，他們永遠沒有脫離呼吸器的可能，聽說有躺在呼吸病房十六年才往生的個案。以前報導總說是家屬不放手，但是這兩年來，我遇見很多願意放手的家屬告訴我他們的醫師不放手。家屬不放手，醫師有義務勸導家屬放手；家屬願意而醫師不願意，醫師的考量是什麼？有民眾諷刺呼吸病房是醫院的金庫，我寧可相信這不是理由。

我知道至少有兩家醫院，醫師不忍心繼續這種殘酷的醫療，而關閉了呼吸照護病房，其配套當然是要幫永遠無法復原者撤除維生系統，法律的依據就是《安寧緩和醫療條例》，這種病人沒有維生系統將快速死亡，所以屬於末期病人，醫師和家屬可以簽署《不施行維生醫療同意書》幫病人撤管。

有位三十五歲車禍腦傷重度昏迷的病人，在呼吸病房躺了七年。他的母親因為跌倒接受骨科手術，在病床上躺了七天。出院後她驚覺躺在床上七天就這麼痛苦，兒子躺了七年，身上還有各種管路，一定更苦。要求醫師幫兒子撤除呼吸器讓他好走，沒想到病人離開呼吸器以後可以自行呼吸，家屬當然要求連鼻胃管也一併移除，醫師的回答是「不合法」，說「《安寧緩和醫療條例》只規定可以撤除呼吸器，沒有包含鼻胃管」。這是對法規的錯誤解讀，陳秀丹醫師寫書、演講、上電視節目幫多少病人撤除人工餵食管，怎會不合法？我在兩年裡也經歷近百位病人撤除人工餵食管，有理念相同的多組醫護團隊協助。可以撤除呼吸器，當然就可以撤除鼻胃管，理由相同，兩者都屬於維生醫療，對於病人無法復原者而言都是無效醫療，都不符合病人的最大利益。《安寧緩和醫療條例》沒有在「維生醫療」項目詳列人工餵食管，但是並沒有說人工餵食管不屬於維生醫療，我們不必畫地自限。維生醫療包括心肺復甦術、葉克膜、呼吸器、人工餵食管、人工輸液、輸血、血液透析、抗生素等等，這是醫學常識。

用了呼吸器七年，撤除後病人會自行呼吸，這種情況並非罕見。呼吸器這麼侵入性的醫療，是否應定期評估、訓練看病人有無脫離的可能。我常擔心醫師只記得開藥，不記得停藥，用了呼吸器不知道檢討何時可以撤除，這是非常嚴重的失職，請醫師們慎重的反思。

我也經歷了不少撤除呼吸器以後沒有移除氣切管的例子，氣切管是一個異物，會造成多痰、咳痰困難以及局部不適，不需要呼吸器的病人沒有留著的必要。如果是因為痰多不敢移除，那是因果倒置，因為只要氣切管在，不可能沒有痰；就好像有導尿管在，尿液檢驗就一定出現發炎反應（白血球增高）是同樣的道理。氣切管放太久，造成肉芽組織增生，就更難以移除了。我在復健醫院服務的時候，就經常在幫病人移除氣切管。越早移除，越容易。當初也有家屬反對移除，擔心抽痰不容易，相信是之前的醫師這樣說的。結果移除氣切管以後，病人的氣管裡沒有異物，也沒有肺炎，當然就沒有痰需要抽了。

有醫師形容慢性呼吸病房是有心跳的停屍間，能夠在這種環境工作，如果不是變成冷漠無感的人，想必要有特別高的韌性。然而這人間地獄般的存在，我們有沒有辦法去改善或者削減到最小？把我們的人力、物力應用在更有意義的事情上面？朋友常對我說：「你當醫師呀，真好，醫師是很有福報的工作！」沒有錯啊，我們的工作是在行善，但是有時候需要深思才能分辨何者才是真正的行善。在呼吸病房工作過的吳育政醫師說：「我從鬼門關拉病人回來，不是為了要推他下地獄，這有違醫師救人行善的目標。」

九、安寧緩和科醫師

世界衛生組織（WHO）在一九九〇年對安寧緩和醫學（palliative medicine）下了一個定義：「對治癒性治療已無法獲益的末期病人之整體積極的照顧。此時給予病人疼痛控制及其他症狀的緩解，再加上心理、社會及靈性層面之照顧為重，目標是協助病人及家屬獲得最佳的生活品質。」安寧緩和醫療並不只是消極的放棄急救或具侵襲性的治療，而是藉由各種支持，讓病患能積極的好好生活至死亡。經由完整的身、心、靈關懷與醫療，減輕末期病患的身體疼痛、不適應症及心理壓力，對病患及家屬提供心靈扶持，輔導其接受臨終事實，陪伴病患安詳走完人生最後一程，並協助家屬面對病患死亡，達到生死兩相安的境界。也將醫療人權還給病人以及家屬，讓病患在了解之後，能對於自己想過的生活做出選擇，而不是一味的接受插管呼吸器等體外維生系統、接受急救、接受加護病房。

安寧療護的六大原則是：

1. 肯定生命的價值，且將死亡視為一個自然的過程。
2. 不刻意加速，也不延遲死亡的到來。
3. 有效控制疼痛以及緩解身體的不適症狀。
4. 對病患的心理及靈性層面提供整體的照顧。
5. 提供來自周遭的支持系統，讓病患積極地活著直到辭世。
6. 此支持系統也協助家屬，於親人患病期間以及喪親之後的心理反應都能有所調適。

台灣的安寧緩和醫療水準世界一流，二〇二二年英國經濟學人資訊社對全球臨終死亡品質的評鑑，台灣高居第三名。

和我一起工作的居家安寧團隊，非常了不起，靠著熱情和更多的勞動奔波於社區，推廣社區的善終。不過有些社區團隊不敢接受自主斷食和無意識插管臥床者的停止人工餵食的服務。因為醫界對這些作法還有爭論。

有好幾位資深的安寧緩和科醫師為文、演講批評「斷食善終」不合法、有負面影響、過程很痛苦、不符合安寧緩和精神，使得其同業不願意或中止從事這樣的服務，許多家屬看了相關訊息，害怕違法而更不敢放手，讓我感到非常遺憾。我認真的思考後，發現安寧緩和有一條原則是「不刻意加速，也不延遲死亡的到來」，莫非因此與我理念不同？

我協助的病人分為三大類，第一類是老衰重症末期「不勉強餵食」，第二類是意識清楚病人的「自主斷食」，第三類是無意識插管臥床者的「停止強制人工餵食」。第一類病人沒有胃口、吃不下順其自然往生，沒有爭議。第二類的自主斷食，病人有權利拒絕所有的醫療包括飲食，這是基本人權沒有法律爭議，但是違背了安寧緩和「不加速死亡」的信念。在做得到的情況，我們當然盡量讓病人好好活著，不要加速死亡。但是自主斷食這是非常個人化的選擇，我們沒有妄加論斷的權利。出生就罹患脊髓肌肉萎縮症（spinal muscular atrophy, SMA）的陳俊翰律師，全身癱瘓僅餘雙眼、嘴巴和指頭有動作。這樣重度失能的狀況，他憑著金頭腦、堅忍樂觀的天性，以及母親的協助，把四十年的生命活出了至高的價值和意義，令人萬分欽佩。但是世界上能有幾個陳俊翰，我們無法要求其他人也要像他一樣。美國有一位病情比陳律師稍輕的、接近全癱少女選擇自主斷食，我們沒有立場說她對或者不對，只能尊重。畢竟每個人的資質、性格、際遇、感受、價值觀不同，外人沒有資格也沒有權利以自己的價值觀來判定其對與錯，我們要學習尊重每個人的自主選擇。

第三類無意識插管臥床者的停止強制人工餵食，這些人是被無效醫療（餵食管）延長了死亡，停止強制人工餵食符合安寧「不延遲死亡」的信念，但是質疑者認為沒有得到病人的同意，就停止餵食，他們是「被斷食」、被餓死的，不合法，不合倫理。一位朋友說得好：事情總有先後，這些人是先「被強制餵食」，才有後來的停止強制餵食。我協助的大多數病人，生病前有交代過將來不要插管臥床賴活，許多人由四個大人壓制被迫插入鼻胃管，病人當然想要拔掉管子，結果雙手被綁每天躺臥床上數年、數十年，對病人而言這絕對是凌虐，所以停止餵食才符合病人的意願和最大利益。這是人工餵食管發明後的不當使用所造成的違背倫理現象，正是因為如此才有許多人努力奔走實施《安寧緩和醫療條例》、《病人自主權利法》，其立法的目的就是要避免這種不符合倫理的狀況惡化。我做的事情就是在貫徹這兩個善終法的精神！這兩個法案不是政府對民眾的恩惠，這兩個法案是因為無效醫療的氾濫，立法保障病人權益和賦予撤除維生醫療免責。為什麼最懂得善終精神的安寧緩和醫師要來質疑這種完全符合善終立法精神的作為？民眾不懂，我們要教育他們。民眾懂了，我們竟然阻擋。民之所欲，勢不可擋，沒有人阻擋得了的，看西方國家的醫療決策演變就知道。

安寧緩和是所有醫師當中最了解臨終病人應該停止飲食和輸液的，可是我發現重症病人轉往安寧病房的時候，家屬知道應該停止灌食和點滴，病人才能少受罪，才能好走。但是曾有醫學中心安寧緩和醫師對我說：「住院病人每天至少要提供三百大卡、五百 CC 水分的要求。」不論是哪一科的醫師，對於住院病人的醫療有這樣的規定就不符合醫學原理了，竟然安寧緩和科也有這樣的規定，讓我非常的詫異。趙可式教授曾經公開說，台灣的安寧緩和的量能不足，品質良莠不齊，這是事實。因為所有的行業，所有的科別都是如此。我期待安寧緩和學會可以關注臨終病人何時該停止食物與輸液這個議題，大家討論出共識來，讓台灣的安寧緩和醫療水準更上一層樓。我前面提過，德國的醫師如果在病人臨終給予營養和輸液，是違法的，家屬可以提告。

在生老病死的人生道路上，醫療工作者陪伴病人往兩個方向走，一個是陪著病人走上復原的康莊大道，另外一條比較少人走的路是陪伴病人和家屬走在前往人生終點的坎坷路。三十幾年來，許多令人尊敬的前輩和先進們選擇了後者，造福了無數的病人和家屬。我從相關的演講、著作、影片中有了很多的學習，由衷的佩服並且感恩。拙作《斷食善終》出版以後，安寧緩和專家給我最多協助，也給我最多指教，正是因為安寧緩和是善終議題的專家。以下對於種種指教一併作說明，以免民眾從這些出自善意的指教中，產生了誤會。

「**斷食不一定能善終**」這句話從字面看是千真萬確的，但語氣是負面的，不深入探究的民眾會被嚇到。如果閱讀本書應該會了解，只要有充分的知識當背景，用在適當的對象，有專業團隊協助，我所經歷的案例都能得到善終。雖然有少數的個案其過程中仍有些許不適，譬如難以控制的癲癇、長期的神經痛與失眠、靈性困擾等等，但是即使住在安寧病房，這些身體不適也一樣會出現。

「善終不一定要斷食」也是沒有錯。譬如老衰重症末期，自然吃不下也喝不下，不需刻意斷食，重點是不要勉強餵食或者強制插管。但是也可以說是病人在自主斷食了，我們要順應自然，要接納。有了這個觀念的許多家屬，都來感謝我因此家中長輩自然善終了。斷食只是一種選擇，當然有很多人沒有斷食也能善終。我強調的是強制人工餵食的違反人道，病人無意識、無行動能力、無生活品質，對這些人而言，假如沒有斷食（停止人工餵食）是無法得到善終的。

「只要讓病人安樂地活，就不需要安樂死，也不需要斷食」。讓病人安樂活確實是我們追求的理想目標，然而斷食和安樂死都是病人求救的訊號，我建議這些人先尋求安寧緩和醫療的協助，如果困境解決，自然不需要斷食；但社會的現實是，安寧緩和醫療的量能不足，品質良莠不齊，而安寧緩和醫療仍有其極限，許多人無法安樂地活或失去尊嚴，才會想要自主斷食或安樂死；社會也應該投入更多資源，以完善安寧緩和醫療的量能與品質。再者，那五千多位躺在慢性呼吸病房的病人，以及數十萬長期臥床靠餵食管延命的病人，有如活在人間地獄，請問我們可以如何讓他們安樂的活？他們本應該安樂的往生樂土，卻被家屬或醫療拖延死亡的過程。醫療雖然越來越發達，還是有許多嚴重的慢性神經退化、精神或其他疾病病人，活在痛苦的深淵，他們遍尋醫療也得不到改善，我們真的有能力讓他們都能有尊嚴地安樂活嗎？就是因為醫療再先進，也做不到，所以完成安樂死立法的先進國家在二十一世紀快速的增加，那是人權進步的指標。我們不要忘記，這些完成安樂死立法的先進國家，都有提供人民安寧緩和醫療。病人是否活得安樂，由他們來判定，而不是我們。

「醫療有極限，關懷無極限」這句話也非常正確。「有時治癒，常常幫助，總是安慰」（To Cure Sometimes, To Relieve Often, To Comfort Always.），「人性關懷」是醫療行善裡最重要的一環，正因為如此，我們要出自關懷去理解何者才符合病人真正的需要，以病人為中心，尊重病人的自主權，而不是要求病人符合我們的要求，符合我們自以為是的準則。我們沒有權利依照自己的道德、宗教、專業信條，掌控他人的死亡權利！「醫療有極限，關懷無極限」這句話沒有錯，但若因此認為「關懷」足以解決所有的僵局，那未免太樂觀了！

也有醫師反應「斷食善終」被誤用了，感謝提醒。我在第二章有針對常見的誤用作解說，希望能減少這樣的不幸。若是遇到這種情況，煩請專家指導這些家屬，讓他們知道什麼才是正確的。我們醫療專業人員都可能犯錯，沒有醫療背景的民眾一定也是如此。犯錯是人之常情，重要的是要有修正錯誤的機會與智慧。

十、醫學教育

身為醫師（一九八〇年畢業），我受的死亡教育僅止於一次又一次的心肺復甦術。那是充滿緊張與慌亂的戰場，腦海裡不斷盤旋的是急救的每個步驟、每個動作、每個指令，只許成功，不許失敗。我們的心中有病人嗎？沒有。他只是我們這個緊急行動的對象，我們在施救的是一副肉體，我們關注的是他的呼吸和心跳，不是這個「人」。我們在乎的人不是病人，是家屬，擔心病人沒有救回來，要如何面對家屬，擔心家屬會不會提告？所以死亡是我們的敵人，我們對抗的是死神。死亡是我們絕對不想面對的。我們都知道，人必有一死，在那一刻，我們無暇這樣想。

我們對腦部、心肺、腸胃、泌尿、骨骼、肌肉，甚至血管、神經、淋巴都有豐富的知識，但是沒有人教我們什麼是死亡，如何面對死亡，如何陪伴死亡。直到一九八五年有少數學習安寧緩和觀念的專家歸國，一九九〇年第一家安寧緩和病房成立。他們懂得如何讓病人在臨終得到舒適治療，得到身心靈圓滿的照顧，讓生死兩相安。但是他們要花很多時間去說服其他科的醫師和家屬，說明積極治療對病人已經沒有效果只有增加痛苦時，讓病人接受舒適的緩和醫療，安詳的走完人生最後一哩路，對病人和家屬都好。但常常碰到主治醫師覺得還有希望，還有別的方法可以試。病人擔心去安寧就只是等死，家屬不願意面對病人來日無多的現實。

我們的社會，民眾不思考、不面對、不接納死亡。安寧緩和科醫師一定有深刻感觸，其實大多數的醫師也是如此。醫學教育在進步中，加入了醫學人文、醫學倫理課程，死亡學沒有受到應有的重視。死亡學需要深刻的「體驗」，進入臨床以後，我們沒有足夠的訓練讓所有的醫師了解死亡在生理上、心理上、靈性上會有何種變化？什麼時候死亡是必然？如何讓死亡也可以因為醫療的協助而成為美善的。

《一起面對生與死》[2]的作者山崎章郎醫師，於一九七五年畢業於日本千葉大學，受訓成為腸胃外科醫師。一九八三年他自願擔任日本南極探險隊的船醫，他隨機帶了一本從此改變他一生的書籍《論死亡與臨終：生死學大師的最後一堂人生課》（*On Death and Dying: What the Dying Have to Teach Doctors, Nurses, Clergy and Their Own Families*）[3]。他說：「這是一本需要費神去讀的書，我在初讀的三十分鐘內，就已經在無盡的感動中，發現它很輕易地，將我行醫八年所認為的醫師常識推翻了，我一向認為理所當然的那些醫療行為，也陡地轉成一段痛苦的歷史。這本書，對我行醫之後所習得的醫療行為——為行將死去的人，盡可能地替他延長一分、一秒的生命——有了一番痛斥。」

山崎醫師次年回到日本以後，從此不再對臨終病人做心肺復甦術，他會在病人面臨死亡之前，就先好好的跟病人和家屬解釋，取得他們的同意，不要做沒有必要的心肺復甦術。之後他陸續發表了有關癌症末期病人應否告知真相、臨終照顧等文章，成為日本安寧緩和醫療的前輩。《一起面對生與死》這本書於一九九〇年在日本出版，造成轟動，書中描寫了五個不得安寧的死亡，和五個尊嚴死亡的故事，搬上大銀幕。一九九〇年的台灣才剛成立第一家安寧緩和病房，安寧緩和之母趙可式女士於一九九三年才學成歸國。

當時在日本留學的台灣兒童文學作家林真美老師躬逢其盛，閱讀了日文版《一起面對生與死》，感受到其重要性，於一九九四年完成中譯本，這是相當令人讚嘆的事情。她說：「在我三十四歲這一年，我自覺完成了一件生命大事，總算，我對自己的生命可以交代了，我的生命終於可以不是一紙白卷。」

她向圓神出版社負責人如此介紹這本書：「這是一本非常重要的，有關死亡尊嚴的書。他對現代醫療體系在對待臨終病人的態度上，提出了諸多控訴和質疑，另外，作者也以他的親身經歷，藉著一些癌症末期病人的感人故事，提醒在現代社會中對醫療制度深信不疑的我們重新去思考，如何面對死亡這一生命中固有的過程。」三十年前林真美的這段話，在現在的台灣仍然是真知灼見。山崎醫師的這本著作，成為台灣最早的安寧緩和大眾書籍之一。

《論死亡與臨終》是伊莉莎白·庫伯勒-羅斯的代表作，原作出版於一九六九年，二〇一九年美國出版五十週年紀念版，二〇二三年台灣的遠流出版社出中譯本。羅斯醫師在一九六〇年代開始在醫院主持「死亡與臨終研討會」，邀請臨終病人談他們的痛苦、焦慮、恐懼與希望。她提醒醫界不要刻意迴避那些已經「無藥可救」的重症者，而是親近他們，將他們當成真正的「人」來看，他們能在生命的最後時刻為我們帶來莫大的幫助，這是一場互惠的體驗。但是，當時醫院的同儕非常排斥她的研討會，認為醫院是救命的地方，羅斯醫師總是在談死亡。直到著名的生活雜誌（*LIFE*）報導，才讓她一夜成名，民眾比醫界先接納了她先進的觀念，後來她成為世界上安寧緩和醫療的先驅者。我有幸在二〇〇〇年閱讀了她的另一本類傳記著作《天使走過人間：生與死的回憶錄》（*The Wheel of Life: A Memoir of Living and Dying*）[4]，她成為啟發我最大的一位醫師作家，也是我死亡學和安寧緩和觀念的啟蒙老師。

早在一九六九年她在《論死亡與臨終》中的這些話，現在看來仍然是精闢的警語：

> 當病人病入膏肓，他通常像個無權表達任何意見的人一樣被對待，通常是另一個人在決定他是否住院、何時入院、該住哪家醫院。只要稍微

多用點心就能記得，病人也是個有感覺、有願望、有想法的人——最重要的是，他也有被聽見的權利。

他可能會懇求獲得休息、平靜與尊嚴，但他只會被輸液、輸血、裝上人工心肺機，必要的話還會被施以氣管切開術。他可能只希望有一個人停下來一分鐘就好，好讓他可以問個問題——但只有一群人全天候圍繞者他，所有人全忙著留意他的心跳、脈搏、心電圖或肺功能，卻沒有注意到他是一個有血有淚的人。他可能想要反抗，但由於這一切都是為了搶救他的生命，所以反抗無用，一切都要等他們把他這條命救起來，才能去理會他這個人。這一切的背後都有正當理由，但真的是如此嗎？我們採用大量機器、非人道的醫療方式，是否只是我們的一種自我防衛？病重或生命垂危的病人在我們內心引發的焦慮，難道我們要用這種方式對付它、壓抑它？

或許我們該提出一個問題：我們到底是變得越來越有人性，還是越來越沒有人性？無論答案是什麼，顯然病人受到越來越多的折磨——不只是身體上的，且是心理與情感上的。病人的需求數百年來未曾改變，改變的是我們滿足病人需求的能力。

假如讓我推薦兩本必讀死亡學書藉給所有的醫療人員，我會推薦《論死亡與臨終》與《二十一世紀生死課》[5]。後者在二〇一八年出版中譯本，作者是哈佛大學出身的心臟科年輕副教授海德．沃瑞棋醫師。書中從細胞的死亡談起，介紹人類歷史上死亡原因的演變，現代醫療如何在一九六〇的大躍進以後，快速走進了無效醫療的死胡同。談到病人家屬如何反抗無意義的維生醫療，影響了醫療決策，病人自主權得到伸張。然而革命尚未成功，即使美國比台灣進步開放很多，在醫療現場還是因為生死的糾結而有許多難解困境。他列舉多個案例，探討如何與病人、家屬、同儕溝通，朝向圓滿的結果努力，非常具有啟發性。

我對醫學教育雖是外行，深感醫界的死亡學教育嚴重不足，許多醫師連最基本的末期、臨終、彌留狀態的判定知識都欠缺，當然就無法提供臨終病人恰如其分的醫療處置，就更談不上讓病人與家屬在身心靈上都得到安慰了。目前有最多這方面訓練的是安寧緩和醫師，我建議所有的實習醫師都要去安寧緩和科實習，在宅善終是未來趨勢，社區的實習也要加入居家安寧的項目。

至於，其他還有什麼有效的方法，就有賴醫學教育的專家來研擬了。

十一、衛福部中央健康保險署

一九九五年二月二十六日，星期日傍晚，我在中國醫藥學院上了整整兩天的全民健保課程，所有的講師都猜測應該在八月會開始實施。我看著處處以防弊為考量的健保法一大疊講義憂心重重，因為當時我擔任台中市立復健醫院的院長，備感壓力。沒有料到晚間新聞發布，全民健保將於三月一日開始上路。我只有二十七、二十八兩天的時間準備，要改變看診流程，要設計一堆表單，要教育全體員工。全院只有我和一位醫管組人員去上課，我只能樣樣自己來。兩天時間就上路，真是不折不扣的台灣奇蹟。

接著我進入健保局的醫療審查委員會，看到某些偏差的醫療行為，也深刻感受到了在健保局人員心目中，醫師都成了賊，不定期有醫療申報不實的事件登上報紙版面。民眾消費者意識快速抬頭，那段時間是台灣醫病關係急速惡化，也是醫療糾紛最多的時代。同時也是無效醫療快速成長的分界點，養護中心、慢性呼吸病房紛紛設立。台灣步先進國家的後塵，醫療在拯救生命的同時，延長無數的死亡。先進國家已經走過，有了改革的方針，台灣才陷入相同的窠臼中。

高額的慢性呼吸病房給付，鼓勵了慢性呼吸病房的設立。雖然後來調降了給付，遏止了床數的繼續成長，但是五千多床在哪裡，就創造了五千多人的需求。在先進國家沒有這樣的病人，因為無法脫離呼吸器，尤其是病人無意識、無復原可能時，撤除呼吸器讓病人自然死亡是一種標準流程。在落後國家也沒有這樣的病人，因為不論是政府還是人民都付不起這樣高昂的費用。

健保署公布每年八千億的醫療費用中，無效醫療佔了兩千多億，這不符合公平正義原則，因為造成金錢和醫療資源的排擠效應，許多醫療沒有辦法得到健保給付，需要住院的病人一床難求，人民繳交的健保費用必須調漲。這是從資源浪費的角度來看事情。從人道的角度來看，兩千億的費用足以讓多少病人受多久的罪，有多少的家屬因此痛徹心扉，留下終身的遺憾和創傷。這是無法用金錢來衡量和彌補的。健保用在救命功德無量，可惜也有龐大的金錢與醫療資源用在延遲死亡而「行不義」，這嚴重削弱了全民健保傲視全球的成就。

給付制度影響醫療行為，解鈴還要繫鈴人，非常期待健保署能夠商討出有效的政策，減少無效醫療的發生。減少無效醫療的關鍵，是監督醫師在病人無復原可能或存活後生活品質極差的情況下，醫師和家屬要及早放手，撤除無效的治療和維生系統。我知道健保署面對著醫師與民眾各種醫療濫用，真的是很不容易。但健保署握有大數據，應該可以分析出問題的癥結，相信可以訂出規範管制費用的支出。套句前健保局長葉金川講過的一句話：「不要顧著拍蒼蠅，而不敢打老虎。」我覺得無效醫療的管制是當務之急，不只為了有效應用經費，更是為了人的尊嚴，為了人道。

十二、衛生福利部

感謝衛福部持續推動長照服務，對於中輕度失能者家庭提供了很大的幫助，然而重度和極重度失能者的家庭，身心和經濟的壓力仍是很大的挑戰。居家醫療服務雖然量能還不足，一般民眾還不太知道有這項服務，得到服務者都非常感激政府的德政。最近推動養護中心讓住民就地臨終，臨終不送醫，鼓勵「在宅在地善終」，這都是高齡社會非常需要的政策。醫院是治療疾病的地方，不是死亡的地方。老衰末期重症者應該在社區安度餘生，對病人和家屬都是最輕鬆的方式。期待在居家醫療給付方面可以更合理，才能鼓勵更多的長照、居家醫護人員加入社區的醫療工作。

從公共衛生的角度，台灣有五千多人躺在慢性呼吸病房，有數十萬人在養護中心或家中長期臥床，這不是一個健康的社會該有的現象。首先，建請衛福部做一個普查，到底有多少這樣的人口，他們平均臥床多久，照顧多久家屬就知道復原無望而想放手，有多少家屬其實很想放手但是不得其門。每年以怎樣的速度在增加這種人口，對於家庭和健保的經濟有多大的負擔，我們的醫療量能承擔得起嗎？台灣很快就要進入超高齡的老人社會，長照需求急速升高，有生產力的人口比例快速的下降，這對國家的競爭力顯然有極大的損害。若不及時找出對策，這樣的重度依賴人口，因無效醫療的浮濫，必定會以越來越快的速度增加。

慢性呼吸病房在先進國家已經不存在，因為在加護病房就足以作出判斷，撤除無意義的維生醫療，期待衛福部可以評估呼吸病房中有多少比例的病人是有意識、有復原機會的。據聞有百分之七十以上的病人是無意識且終身無法脫離呼吸器的，那麼這些床數應該可以關閉，轉型成其他的病房，既可以減少無意義的醫療成本，更可以造福病人和家屬。

《安寧緩和醫療條例》和《病人自主權利法》[6]的實施，目的就是想要減少以維生系統延長死亡的悲劇，在實施上有兩大困境，首先是《安寧緩和醫療條例》中有關「末期病人」的定義，有些醫師認定一旦撤除維生系統就無法存活者當然屬於末期，所以家屬也同意的話，應該協助撤除維生系統，包括人工餵食管。有些醫師認為可以撤除呼吸器但不能撤除人工餵食管。更多的醫師認為這些病人只要繼續管灌餵食可以存活超過半年（未考慮生活品質），所以不是末期病人。這是一個攸關生死的條例，但是實施已經二十四年，竟然醫界在解讀和執行上仍有嚴重的分歧。懇請相關單位，重視此事，研討出共識，昭告醫界和民眾，我相信這可以很大程度的解決大部分的問題。

《病人自主權利法》適用對象雖然在末期病人以外，增加了四項重度或極重度失能人口，由於預立醫療照護諮商必須自費及諮商門診量能不足這兩個大門檻，簽署人口僅佔成人人口百分之〇點三（八萬多人），醫師反而以病人未簽署此文件為由，拒絕家屬想要撤除病人維生系統的要求。以美國為例，簽署預立醫囑的成人人口，也只達到百分之三十，沒有簽署的病人，其家屬可以執行代理權，要求幫無復原可能的病人撤除維生系統。企待衛福部內部先取得共識，明令公布，讓醫界和民眾有明確的原則可遵循。

十三、立法機關

二〇〇〇年的《安寧緩和醫療條例》、二〇一九年的《病人自主權利法》實施以後，由於民眾不懂，醫界解讀不同，成效受到限制。立法過程耗費大量人力和金錢，立法之後，是否也該有一定的機制來確定善終法得以有效的執行，才不致浪費了當初的立意良善。

目前《安寧緩和醫療條例》在實踐上有兩大問題，首先是醫師對於「末期病人」的定義有不同的解讀，對於依靠維生系統（呼吸器或者人工餵食管）的無意識、無行動能力者，有醫師認為他們是末期病人，可以由家屬簽署同意書撤除維生系統，因為病人無法自然存活，當然是末期病人。但也有醫師不把這種病人視為末期病人，而拒絕家屬撤除維生系統的要求。期待醫界和法界能夠取得共識，昭告社會。第二個問題是，有些醫師願意撤除呼吸器，但不願意撤除人工餵食管，因為安寧緩和條例的「維生醫療」，沒有明列人工餵食管。實際上人工餵食管本來就屬於維生醫療，但就是有醫師需要白紙黑字才願意這樣認定。如果在條例的維生醫療詳述各項目，可以提高執行效率。

《安寧緩和醫療條例》有所不足，所以在《病人自主權利法》增列了適用對象，但是具有決策能力者才能簽署，沒有考量本人推定意願及最大利益的家屬代理決策機制，嚴重限縮了其效能。我親耳聽過多位前輩建議，病主法應該要開放家屬代理決策機制，這樣才能真正發揮其尊重病人自主權、保障病人善終權益及促進醫病關係和諧的立法精神。至於限制疾病種類、失智症要到極重度，或者昏迷要觀察三個月到半年等等細節，都應該再審慎評估。立法當然要嚴格，但是若為了防弊，反而阻礙了真正需要的人士，相信那就違背了立法的本意。期待法界與醫界慎思，進行必要的修法，回應社會大眾的需求。

十四、「在宅善終協會」

感謝「在宅善終友善團隊」這兩年來協助許多個案在宅自然善終，受到民眾很大的肯定。深入民間的居家安寧團隊，感受到我們已經有一整代的人，送到醫院死亡，結果非常慘痛。民眾為什麼害怕死亡，部分是因為死亡經驗太可怕、太殘酷，不少人在多年後提起自己家人的過世還是嚎啕大哭，有明顯的創傷後壓力症候群。這直接造成社會大眾對於「如何善終」這件事情有著急迫需要和「集體焦慮」，不想再複製那樣的死亡經驗，不想再把自己的死亡決定權交給別人，想要有更多的自主權和不同的選擇。

我們團隊成員中的陳嘉瑋醫師與程子芸護理師，號召了一群有志之士，正在籌組「在宅善終協會」，我也欣然加入。目前已經成立臉書粉絲團，名稱即是「在宅善終協會」，請踴躍加入，提供意見。未來應該會有正式官網，希望成為民眾有關在宅善終方面諮詢的對話窗口。

協會成立宗旨：

本會為依法設立、非以營利為目的之公益性社會團體，以致力於配合政府推動在宅善終的政策理念，媒合政府與民間資源，經營社區住民共享家屋，與陪伴社區癌症末期、老衰住民獲得有尊嚴的陪伴與善終地點為宗旨，達到「終有其所」的理想。

協會任務：

一、推動社區住民共享家屋的設置，提供無障礙設施、協力共享資源的住所，為無處善終的民眾媒合住處。

二、尋找可設置住民共享家屋的地點與改建，包括捐贈、長期租用、政府變更用途之建物企劃案等。

三、結合關心人士，聚集社會善念發動募款，妥善運用募款，照顧一定比例的低收入或無處可善終的民眾。

四、在宅善終之宣導與推廣。

五、邀請醫療專業人士或團體合作辦理，社區家屋癌症末期、老衰住民之相關陪伴人員訓練。

六、辦理社區家屋住民之權益等相關事項之研究、倡議與服務。

七、編印發行相關之資訊材料、書籍及刊物。

八、社區住民共享家屋與生死教育之扎根、推動、研究，與活動之辦理。

居家安寧團隊目睹社區中許多病人無法在家善終，譬如孤獨老人、無家者、未婚無子女的年輕癌症病人、長住養護之家者，現有安寧緩和病房資源有限，住院標準又有嚴格管制，期待能夠設置小型「安寧家屋」收容，讓病人最後一哩路能夠在類似家庭環境下，互相照顧，有溫馨的陪伴，以及圓滿的身心靈照顧。由住民共同分擔生活以及照護費用。經濟情況極其困難者，申請補助。

期待有巨大良善力量的台灣民眾共襄盛舉，同心協力，自助助人，讓台灣成為更加重視人權的國家。

註1｜《大往生：最先進的醫療技術無法帶給你最幸福的生命終點》，中村仁一著，蕭雲菁譯，三采文化，二〇一三。

註2｜《一起面對生與死》，山崎章郎著，林真美譯，圓神出版，一九九四。

註3｜《論死亡與臨終：生死學大師的最後一堂人生課》（*On Death and Dying: What the Dying Have to Teach Doctors, Nurses, Clergy and Their Own Families*），伊莉莎白・庫伯勒-羅斯著，蔡孟璇譯，遠流出版，二〇一三。

註4｜《天使走過人間：生與死的回憶錄》（*The Wheel of Life: A Memoir of Living and Dying*）伊莉莎白・庫伯勒-羅斯著，李永平譯，天下文化，二〇〇九。

註5｜《二十一世紀生死課》，海德・沃瑞棋著，朱怡康譯，行路出版，二〇一八。

註6｜衛生福利部提供預立醫療照護諮商醫療機構網頁連結（亦有醫療機構清單可供下載）：https://hpcod.mohw.gov.tw/HospWeb/RWD/PageType/acp/hpcodlist.aspx。

後記

感恩路上你和我

十二年前我從臨床工作退休，離開醫療現場，僅負責教學的工作。沒有料到退休後十年，老天爺賦予我新的使命，以志工的身分推動善終實務，是另一種回饋社會的醫療志業。第一位貴人是日本已逝的中村仁一醫師，我從《大往生》[1]書上學到老衰不吃不喝自然死亡，是自古以來人類的自然現象，並意外得知「斷食往生」這個概念。第二個重要人物是我勇敢堅毅的母親張秀琴女士，讓我實地學到斷食往生的過程是一種圓滿的自主在宅善終，在現代社會非常稀罕。接著要感謝麥田出版社的邀約，出版了《斷食善終》[2]，讓更多人了解自主斷食與停止人工餵食可以讓人從插管臥床困境解脫。單純仰賴閱讀人口，觀念的散播有其局限，感恩各方媒體的採訪以及各單位的演講邀約，讓更多人得知我們可以拒絕無效的延命醫療，可以掌握生命的自主權。

《有一種愛是放手》[3]以及此書的出版，最大的推手是找我諮詢的數百位病人和家屬們。病人一直是醫師最好的老師，在推廣善終的路上更是如此。因為他們，我更深刻體會病人躺在那裡的慘無人道，照顧者的心力交瘁，一個臥床長輩可能導致子女數個家庭的衝擊、衝突與衰敗。我才知道即使照顧者身心俱疲，這個放手的決定有多麼艱難。陪伴臨終的過程雖然煎熬，但也是充滿愛的過程，生死兩相安是一種難得的幸福。也因而認識許多醫護每日奔波於前往病家的路上，即使健保給付偏低，他們因為理想、成就感、為善最樂、不捨病人受苦而熱情付出。

有人問我，過去的醫療工作和現在的協助善終，性質上有何不同？對我的意義有何不同？前者是增進「生命」的品質，後者是提高「死亡」的品質。增進生命品質的事情，大家都在做，提高死亡品質卻是較少人懂得，要達到目的也更加艱難，需要更多的專業知識、熱情和巧思。台灣的醫療在「治療疾病」

這方面，成就非凡，享譽國際。台灣的全民健保連先進國家都稱羨不已，但是其最大的副作用卻是在台灣很難「善終」。因為死亡的禁忌，因為家屬不懂得適時放手，因為醫師不懂得適可而止，因為健保的給付沒有適切的規範，無效醫療不是金錢的浪費而已，是造成了無數人的痛苦、悲傷與遺憾。

死亡是一種重生，有如新生兒出生一般的神聖，只是我們與祂們將不在同一個時空，但是靈性的交流讓我們持續保持連結。而靈性正是來自於病人往生過程，我們以愛陪伴、全程參與。我聆聽家屬從開始的不忍、焦慮、恐懼，到學會安定的陪伴，到病人安詳往生帶來的欣慰與讚嘆。我知道他們對往生者充滿了感謝和愛，認識了死亡一點都不可怕，死亡可以是一種恩典。我從這些家庭的故事中，得到一次又一次靈性的感動，我感恩命運將我推到這條路上，讓我能更深刻的體驗生命的珍貴與死亡的神聖。一個人的善終，全家人都學到重要的人生課題，影響他們一生。我得到的精神回饋遠比以前醫治病人來得更豐盛、更深刻、更長遠。我感恩病人、照顧者、家屬、安寧緩和及居家醫療團隊，大家共同的努力，讓死亡成為柏拉圖所說的「至善」。

諮詢的個案大多數都是在家中往生，「在宅善終」的固有傳統，可以重新恢復，只要適當的指導，家屬們都做得很好，我對他們無比欽佩。這段經歷成為他們人生最珍貴的一段歷程，而且常常是三代人一起學習，這種經驗將會傳承下去。期待人們不再避談死亡、充實死亡的知識、懂得拒絕無效醫療、從插管臥床的困境解脫，讓台灣成為一個善終權越來越受到重視的國家。

從前的醫療工作讓我感到「助人最樂」，比較是照顧肉體以及心理的健康。死亡是靈性充滿的時刻，無論是往生者、家屬、醫護都是虔誠而純淨的心靈交流，是身心靈圓滿的過程，每位參與者都得到靈性的啟發，我感到「施比受更有福」。因為這些菩薩，我曾經走過大街小巷，進入他們的家庭空間，感受親人之間的深情大愛，接到他們充滿感恩的安詳往生回報。在短時間內大量的閱讀有關死亡與善終的書籍，面對死亡是為了活得更好。也因此認識了許多年輕的自媒體者，拍攝紀錄片的團隊，感受台灣年輕一輩的朝氣和創意。也才認識台灣很多在居家安寧的路上奔走多年的團隊，他們接受我轉介的個案，提供最專業又溫馨的照護，我從他們身上學習到很多臨終知識，也從他們那裡得知，台灣角落裡存在比我想像更多的無助者。他們需要多元的幫助，需要更多人專注這個議題，做一些必要的改變，大家同心協力，努力向前。

執筆的此刻，我感到豁然開朗，幾百位菩薩的牽引，和書寫三本書的歷程，死亡與善終在我心中的輪廓越來越簡明而清晰，也更加明確自己走在正確的道路上。生命的神聖與死亡的必然並不衝突，好好活在當下，當老衰或者重症無法醫治時，順應自然不強求，不吃不喝就可以平靜、幸福的前往美麗新世界！

感恩所有促成此書面世的有名或無名英雄們！我就不一一列舉了，一切銘感在心。

註1──《大往生：最先進的醫療技術無法帶給你最幸福的生命終點》，中村仁一著，蕭雲菁譯，三采文化，二〇一三。

註2──《斷食善終：送母遠行，學習面對死亡的生命課題》，畢柳鶯，麥田出版，二〇二一。

註3──《有一種愛是放手：斷食善終2》，畢柳鶯，麥田出版，二〇二三。

附錄一

斷食善終紀錄片《順行》幕前幕後

紀錄片《順行》的完成，也是一場奇幻的旅程，充滿了奇異的恩典。楊易導演與我相識於周志建老師的身心靈課程。聽說了斷食善終的故事，主動邀約我拍紀錄片。我覺得這是生死的私密事件，要找到拍攝對象，不容易吧！楊導演說這是一個重要的社會議題，我們正站在風口上，影像說故事和紙本書的閱讀會產生不一樣的效果，對許多人而言「影像」是他們更熟悉的閱聽媒材。紀錄片是另一種推廣理念的方式，擴散的力量比書籍快。他說不急，有緣機會自然會來。沒想到，不到一個月，拍攝對象就出現了。

馬爺爺（九十五歲）的兒女在二〇

二二年十一月聯絡我，家人取得共識後決定二〇二三年一月開始進行斷食，所以我們有比較充裕的時間討論。經過三天的考慮後，他們答應了。據小妹說，爸爸在八十歲的時候，寫了一本自傳，他們推測爸爸應該願意把自己人生最後一哩路的故事與眾人分享，利益眾生。二哥有點擔心一生非常注重形象的父親會不會被拍到不雅的畫面，導演和攝影師解釋一定會避免，定稿前所有畫面會讓家屬確認。

我帶著楊導演和劉松頤攝影師登門拜訪，討論拍攝細節。我與家屬說完話，轉而與馬爺爺說話，希望他了解未來我們的作法，也取得他的同意，確認不要再進食了。之後，聽說攝影師在他們家中到處放了收音麥克風，他有空就在那裡蹲點，以一個旁觀者的角度，捕捉了非常多自然的感人畫面。

剪接師賴俐安小姐拿到這些毛片，邊看邊哭了三天，才平靜下來開始工作。花了近月完成剪接。我去看初剪的片子，既驚訝又感動。這麼溫馨感人的歷程，全部是自然發生的情境，劉導演兼攝影一個人取鏡，剪接以後呈現了多元、豐富的角度。

馬家簡直就是模範家庭，馬奶奶如此淡定又深情，三位兒女那麼疼愛著臥床的父親。自然的撫摸、擁抱、親吻、照顧即將離世的父親。我心想先父要是看了這種畫面，不知道有多羨慕。我父親對太太、小孩都極其嚴厲，大家與他關係疏遠，總是離得越遠越好。馬爺爺和我父親一樣是中國來的軍人，我問馬家二哥：「你父親對你們不嚴厲嗎？你們跟他關係怎能這麼親密？」二哥說：「很嚴厲喔，我們家是靠大姊把我們全家人框在一起的。」

紀錄片裡主要的敘事者馬大姊，口條清晰，充滿了智慧與愛，很符合二哥的描述。影片中，另外一個讓我非常感動的是馬爺爺的反應。我跟他說：「你太太很了不起耶，大老遠從菲律賓跑來嫁給你。」當時我並不知道他有反應，看了影片，聽到他努力發出聲音回應，差點落淚。我與他說話當時，發現他能動舌頭回應我的簡短問題，他的兩位女兒也是熱淚盈眶。從紀錄片中發現，生前告別式、馬奶奶跟他說話、四個人一起看平板電腦裡的過去相片的時候，馬爺爺都有反應，時而轉頭、時而抬腿、時而眼神跟著畫面走。

無法利用語言與我們溝通的馬爺爺，神智清明的聽到了家人愛的叮嚀，感受到家人給予的照顧以及陪伴。人生能夠在自己的家中，在摯親的陪伴中走向下一段旅程，離苦得樂，真是莫大的幸福啊！

一年半前他越睡越多、越吃越少、說的話越來越少、體力快速衰退，家人不了解這是身體準備關機要回去天家的自然過程。因為血尿被送醫，連醫師也不清楚這是臨終表現，四人壓制馬爺爺強迫插了鼻胃管。馬爺爺憤怒抗拒，家屬心疼，改做胃造口。雖然減少了鼻胃管的不適，但是衰敗的身體被人工餵食強留在人間，結果就是反覆的出現各種問題，頻繁的往返於醫院之間。每次的急診室等待、住院治療，對馬爺爺和家人而言，都是很大的折磨。

我介紹了很棒的居家護理所團隊（陳乾原醫師、簡秀娟護理師）給馬家，從此以後，任何的醫療問題都在家中處理，再也不必送醫院折騰了。很少人知道長照可以提供到府洗浴，更不知道嚴重失能的病人可以請居家醫療團隊到府訪視，每次刷一次健保卡，只需負擔少少的車馬費。我認識好多居家護理所的團隊，他們是真正的行動菩薩，過年過節、三更半夜，也常常外出服務。就我所知，這樣的收入非常微薄，他們必須要靠其他的服務來補貼。

剪接完成後，還請了師父調音和調光，然後完成了目前的影片。與馬家家人一起看片時，大姊說：「好溫馨！」小妹紅著眼說：「好感動！」奶奶維持著一貫淡定的笑容說：「拍得真好。」二哥說：「我原本擔心有不雅畫面，不會耶，爸爸看起來很莊嚴。」製作團隊都鬆了一口氣。我們從家人對馬爺爺的愛，深刻感受到馬爺爺是一位令人尊敬的人。首映會時馬大姊特別提到，在孫輩的心目中，本來馬爺爺只是一位老人，在臨終陪伴的過程、生前告別式的影片和她的解說中，馬爺爺成了一位很立體、年輕過、有著精彩一生、可敬的人。這也是我當初陪伴母親斷食往生時有的體驗，我們陪伴母親作人生的回顧，家人因此更了解阿嬤、媽媽的為人和經歷。這個過程加深了家人之間的團結，也加深了與往生者的連結（除了兒時，我們哪有機會二十一天全家相聚，親密陪伴）。所以馬大姊說，這個過程充滿了愛更多於悲傷。

感謝馬爺爺一家人的慷慨布施。感謝製作團隊在最短的時間、最少的人力和經費下，完成了深具意義的傑出作品，對社會將是一大貢獻。

附註：雖然馬爺爺無法以語言表達他的想法，但其實他神識清楚。在家人都有斷食往生的共識後，我與馬爺爺對話，並設法徵求他的同意。以下是我對他表達的主要內容，有部分不在紀錄片中。

馬伯伯，你好。我是畢醫師，我是你女兒和兒子的朋友。我知道你躺在這裡很辛苦，你的子女很孝順，他們很愛你，捨不得你受苦，請我來幫忙。你的身體其實很虛弱，不需要我們強灌你那麼多牛奶了，對不對？我們會慢慢的減少牛奶的量，你的身體就會越來越輕鬆，變得輕飄飄的喔！你會回到天上，那裡是一個很美麗的地方，有很多的花，有很多的天使。而且你會看到你的父母，他們會像你小時候一樣，看到你就張開雙臂擁抱你。你還會看到很多認識的朋友，也可能有你不認識的人來感謝你，可能是你以前幫助過的人，可是你忘記了。

我知道你曾經是軍人，當過教官，有很多學生很感謝你的照顧。你也是一個很好的先生，很棒的父親，他們都很愛你。你的太太很了不起，遠從菲律賓來台灣嫁給你，你很想要感謝她，對不對？（馬爺爺發出嗯嗯聲）感謝你的太太和兒女照顧你這麼久。他們互相很團結，生活也都過得很好，他們會好好照顧你太太的，你不用牽掛喔！你先到天上去探路，將來你太太會去和你團圓的。

馬伯伯你聽得懂我說的話，對不對？我看見你舌頭在動想要回應我。

那你等我講完完整的一句話，你再動舌頭回答我，好嗎？首先我想確定我們不再幫你灌食了，你會有點餓喔，確定要這樣的話，請你動兩下舌頭。不要的話，就閉緊嘴巴（舌頭動了兩下）。你知道，不再灌食，就是要回到天上去了，這樣是你要的嗎？是的話，請動兩下舌頭。不是的話，就閉緊嘴巴（又動了兩下）。還是你想繼續灌食，然後活得久一點？是的話，請動兩下舌頭。不是的話，就閉緊嘴巴（閉緊嘴巴）。馬伯伯，你好棒，我們完全了解你的心意了，我們會完成你的願望的。

之後有兩三個星期的時間，連你國外的子孫也都會回來好好陪伴你，跟你道別。也有醫生和護士來照顧你。你不要擔心喔！也許你會看到已經往生的親友，因為他們知道你就要去和他們團圓。如果你看到光，就跟著光走，天上是一個好地方，充滿了光明和希望，到那裡你就無病無痛，自由自在了，你要安心放下喔！

影片連結：https://www.youtube.com/watch?app=desktop&v=bR4OJEScGZ4。

附錄二

「在宅善終友善團隊」居家護理所推薦

地區	居家護理團隊	聯絡人	地址	聯絡電話
基隆	美綠居家護理所	陳素珍	基隆市中山區中山一路 121 號 5 樓	02-2425-1665，0983-605-687
新北	大心居家護理所	簡秀娟	新北市樹林區大義路 238 號 1 樓	0983-057-185
	慈家居家護理所	曾麗芬	新北市林口區文化三路一段 39 巷 283 號 12 樓	02-2600-9118，0918-076-170
台北	康健居家護理所	吳姁媛	台北市內湖區民權東路六段 180 巷 6 號 11 樓之 19	02-8791-9104，0916-360-104
	全佳居家護理所	全欣怡	台北市北投區中和街 40 號 6 樓之 45 室	02-2896-2900

地區	居家護理團隊	聯絡人	地址	聯絡電話
桃園	仁仁居家護理所	蔣壽元	桃園市平鎮區環南路二段 280 號 18 樓之 1	03-468-5666
苗栗	禾宜居家護理所	楊佩宜	苗栗市復興路三段 110 號	0910-851-363
新竹	菩心居家護理所	謝靜萍	新竹縣竹北市華興三街 268 號	03-555-6965
台中	全程安寧居家護理所	程子芸	台中市中區成功路 202 巷 3 號 3 樓	0979-776-601
	豐馥居家護理所	羅伊嵐	台中市南屯區永春東路 1110 號	0955-415-298
	慈德居家護理所	黃曉君	台中市霧峰區民生路 158 巷 21 號 1 樓	0937-805-552
	心愛居家護理所	黃智彗	台中市大里區光正路 17 巷 1-1 號	0963-302-056
	特安居家護理所	李佩珊	台中市北屯區太順路 69 號 4 樓之 1	04-2393-5690，0963-562-354
	祐健康居家護理所	劉怡孜	台中市太平區新平路一段 19 巷 5 號 1 樓	04-2257-0300，0902-239-662

地區	居家護理團隊	聯絡人	地址	聯絡電話
台中	日日福居家護理所	曾士贏	台中市西區精誠路 304 巷 13 號 1 樓	0911-380-085
	品安居家護理所	陳俐雅	台中市烏日區中華路 111 號 3 樓	04-2337-0550，0927-052-987
	長春居家護理所	廖子瑩	台中市烏日區三榮六路 86 號	0905-935-372
	金老時居家護理所	王慧娟	台中市南屯區文心南五路一段 323-10 號	04-2475-5559，0975-923-105
	好燁居家護理所	蔡欣Performance	台中市大甲區水源路 279 號	0916-888-136
彰化	蒙恩居家護理所	鄭婉容	彰化縣線西鄉線西村沿海路二段 51 巷 20 之 10 號	0978-312-816，0928-926-684
	安域居家護理所	蔡純芳	彰化縣花壇鄉中正東街 9 巷 6 號 2 樓	0921-309-162
	宥恩居家護理所	陳宥綸	彰化縣花壇鄉光明路 79 巷 25 號	0977-268-865
南投	長春居家護理所	廖子瑩	台中市烏日區三榮六路 86 號	0905-935-372

地區	居家 護理團隊	聯絡人	地址	聯絡電話
雲林	好厝邊居家護理所	王詩涵	雲林縣元長鄉東庄256號	05-788-9315，0910-661-113
	厚安居家護理所	鍾杏君	雲林縣西螺鎮新街路117號	05-588-1208，0939-528-523
	甘心居家護理所	黎曼雲	雲林縣二崙鄉湳仔村湳子路162之1號3樓	0916-675-343
	長春居家護理所	廖子瑩	雲林縣西螺鎮中山路221號5樓	0905-935-372
嘉義	共樂居家護理所	郭芳雅	嘉義縣義竹鄉154-27號	05-341-1111，0978-707-787
台南	活泉居家護理所	吳淑芬	台南市新營區東大街66巷8之1號	06-632-1867，0911-210-856
高雄	佑平居家護理所	楊婉萍	高雄市三民區自忠街61號	0970-031-713
	米蘭達居家護理所	溫琇媚、徐芳怡	高雄市鳳山區工協街22號	0956-180-302
	勤文居家護理所	宋歆喬、李威宏	高雄市林園區成功街3號	0903-771-539，0903-297-055
	昱芯居家護理所	陳慧芬	高雄市鳳山區中崙路632號1樓	0939-150-009

地區	居家 護理團隊	聯絡人	地址	聯絡電話
屏東	心禾居家護理所	簡佳慧	屏東市永信三巷17號	08-752-0060
	枋寮居家護理所	張玉玲	屏東縣枋寮鄉安樂村保安路128巷15號	0955-575-703
宜蘭	禾樂居居家護理所	張凱雅	宜蘭縣員山鄉同樂村同新路292號	0928-681-099
台東	瑞鄰居家護理所	簡瑞嚴	台東市吉泰路12號	08-951-0600
澎湖	芳悅居家護理所	陳淑芬	澎湖縣馬公市文前街81號1樓	0958-660-812
	滯心居家護理所	陳靜縈	澎湖縣馬公市東文澳330號	0917-821-221

麥田航區21

如何好好告別生命

《斷食善終》3，一百九十個台灣個案接觸經驗、十八個故事分享，斷食自然往生的執行步驟與觀念釐清，臨終者最需要的善終指引

作者	畢柳鶯
責任編輯	林秀梅
版權	吳玲緯　楊　靜
行銷	闕志勳　吳宇軒　余一霞
業務	李再星　李振東　陳美燕
副總編輯	林秀梅
編輯總監	劉麗真
事業群總經理	謝至平
發行人	何飛鵬
出版	麥田出版 台北市南港區昆陽街16號4樓 電話：886-2-25000888　傳真：886-2-25001951
發行	英屬蓋曼群島商家庭傳媒股份有限公司城邦分公司 台北市南港區昆陽街16號8樓 客服專線：02-25007718；25007719 24小時傳真專線：02-25001990；25001991 服務時間：週一至週五上午09:30-12:00；下午13:30-17:00 劃撥帳號：19863813　戶名：書虫股份有限公司 讀者服務信箱：service@readingclub.com.tw 城邦網址：http://www.cite.com.tw 麥田部落格：http://ryefield.pixnet.net/blog 麥田出版Facebook：https://www.facebook.com/RyeField.Cite/
香港發行所	城邦（香港）出版集團有限公司 香港九龍九龍城土瓜灣道86號順聯工業大廈6樓A室 電話：852-25086231　傳真：852-25789337 電子信箱：hkcite@biznetvigator.com
馬新發行所	城邦（馬新）出版集團 Cite（M）Sdn. Bhd.（458372U） 41, Jalan Radin Anum, Bandar Baru Seri Petaling, 57000 Kuala Lumpur, Malaysia. 電話：+6(03)-90563833　傳真：+6(03)-90576622 電子信箱：services@cite.my

設計	謝佳穎
排版	宸遠彩藝工作室
印刷	沐春行銷創意有限公司

初版一刷	2024年6月27日
定價	480元
ISBN	9786263106857 9786263106840 (EPUB)

國家圖書館出版品預行編目資料

如何好好告別生命:《斷食善終》3，一百九十個台灣個案接觸經驗、十八個故事分享，斷食自然往生的執行步驟與觀念釐清，臨終者最需要的善終指引/ 畢柳鶯著. -- 初版. -- 臺北市 : 麥田出版 : 英屬蓋曼群島商家庭傳媒股份有限公司城邦分公司發行, 2024.06
　面；　公分. -- (麥田航區 ; 21)

ISBN 978-626-310-685-7(平裝)

1. CST: 生命哲學　2. CST: 個案研究

191.91　　113006414

樹，
擁抱了全世界

世界環境大師傾聽森之音

樹，擁抱了全世界

世界環境大師傾聽森之音

Tree: A Life Story

David Suzuki 大衛・鈴木＋Wayne Grady 偉恩・葛拉帝｜合著

羅伯・貝特曼Robert Bateman／繪圖　林茂昌、黎湛平（增修版）／譯

目次

第一章　出生

大約這個時候，我們的種子就浸在陽光裡，而阿茲特克帝國正在建設首都特諾奇提特蘭，後來的墨西哥市。

39

第二章　生根

我們的種子已經完全醒來，胚根蠢蠢欲動，戴著根冠，保護即將竄土大肆前進、其實挺脆弱的根尖。

83

第三章　成長

我們的樹長到八公尺高了，有十六層枝條。身處森林生態系，透過真菌從根部獲得其他樹木夥伴的好處，提升了存活機會。

127

第四章　成熟　167
三百年來，我們這棵樹一直在九月的和風中散播種子——是澄腹赤松鼠的最愛，四天就可以貯存過冬所需。

第五章　死亡　215
我們這棵樹，生於馬可波羅覲見忽必烈的時代，倒於華爾街崩盤那一年，七百年前的幼苗，逐漸腐爛、分解，將在大自然中繼續支撐新的生命。

延伸閱讀　255

重要名詞中英對照表　259

〔導讀〕

我們需要人以外的故事

國立東華大學華文文學系教授／吳明益

一塊老木板的自傳，是一種學校未教過的文學。

——Aldo Leopold, A Sand County Almanac

多年之前，我初次進入棲蘭山檜木林。在進去之前，我就知道那是一片以台灣原生特有種扁柏、紅檜為主的森林，也知道那是全亞洲僅存的古老原始檜木林。但真正站在雲霧裡，站在一棵數千樹齡的樹冠底下時，還是出現了一種揉合了恐懼、敬仰、神聖、依附……難以言喻的複雜感受。林中一些樹齡古老的樹被以中國歷史上的著名人物為名，諸如孔子、司馬遷、關羽……，這或許體現了當時政府單位的單向文化思維。那之前我已在文學與自然相交的領域閱讀、走動，因而對呈現在為萬物「賦名」這樣的行為及其背後的權力關係有些許的了解，因此看到名牌時我並未單純地激動，而是在想，若由和這片森林產生過深厚文化經驗的泰雅族來命名，它們又將被稱做什麼名字？而如果是更早發現這片森林為棲居地的山羌、蝴蝶、獼猴來賦名（假設牠們有賦名的能力），牠們又將給這片森林什麼樣的名字？

而設若由樹來陳述自己的故事呢？每枚被環境幸運擇選，在壓力下生長的種子，裡頭是否也包含了屬於它們的自然史……或者小說、詩與傳說？

與其他生物在地球上生存的時間相較，現代智人在地球上的出現實在太過短暫，我們只是一首長歌裡的四分之一音符，只是一齣舞劇中一個眼神，一個動作的瞬間。我們的文字所能記憶的「歷史」，其實只是「我們的短暫歷史」。而從自然史這個學門從單純的研究自然，到了解自然物間的歷時性變化關係後，這種既講求證據，又講求推斷能力、想像力的學門，為人類開展了從未親眼見證年代的視野。那未必是百分之百真實，但人類確實在尋求一次又一次更合理的詮釋。在許多科學家的眼裡，樹的身體記憶了豐富的自然史，他們已經可以從樹的年輪、組織變化，推測出某年的異常氣候、森林大火，或地層變動。人們在面對這些或立或倒，或仍只是一枚小小種子的地球史書時，或許有不同的態度。但我常想像美國生態學家李奧波所說的，當他在溪邊看到一塊木板時，像是讀到一種學校所未教過的文學那樣的情緒。而當大雨過後，枯、死、活木被沖下河流，擱淺在出海口，簡直從森林所遺留下的一座複雜、深邃的「圖書館」。

我多次在花蓮溪口看到這樣壯麗、豐美，從山上某處漂流而下的「圖書館」，它們不是一群屍骸，而是飽含故事的「活物」。可惜我不懂那樣的語言，只能將它們視為一種揉合美與死亡隱喻的景觀。即使只是在林中單純面對一群年紀超過數百、數千的扁柏亦然，我知道它們在講述奇異、新奇、關於這個星球上生與死、鬥爭與演化的故事，可是我卻聽不懂。我聽不懂，那總讓我在心底有種淡淡的遺憾。

大衛·鈴木和偉恩·葛拉帝則不然。一開始他們可能只是結識了一棵七百多歲的花旗松，但最終他們在花旗松的身上看到了一部壯闊的演化史，再用文字轉譯出來。《樹，擁抱了全世界》就是這樣的一本書。初打開書稿時我以為會讀到人和樹相遇的記錄性書寫，但很快就發現我錯了。作者的視線是循著樹的葉子、表皮、木質層，隨著年輪線旋轉，如此曲折、有序地倒轉回去，回到根剛剛紮入土壤的那一刻，回到種子的旅行，回到樹的祖父、曾祖父、曾曾祖父……回到沒有樹的荒涼地球，回到生命還沉默、土壤正在集結的時代，回到生態圈都還不知道會將有生態圈的洪荒裡……再穿插上立在文學、藝術、族群史、科學史裡的花旗松。

這樣的寫作手法或許不算新鮮，卻十分動人。多年前我讀到美國作家 Mark Kurlansky 所寫的《鱈魚》（*Cod: a biography of the fish*），就非常著迷於作者能藉某種生物，展開一部詩意的自然史普及著作，從生物的演化寫到移民史，再從移民史寫到人類所塑造出的種種藝術形象，以及文化意義上。這種寫法首要是作者要有豐富的知識，而知識又能通過有序的安排，以說故事的語調展現。這並不是件容易的事。《樹，擁抱了全世界》的筆法或許在文學意味上淡了些，但卻像一部全知觀點的攝影機，用平靜、收斂、易接受卻不淺薄，又隱隱帶著情感的語氣，展演出樹的集體記憶。貝特曼的插圖也與文字的氣味相近，中文版的排版乾淨自然，讀來頗為舒服。

我在往花蓮、回台北的火車上，展讀這本書，從窗口可以看見遙遠的，層次分明的中央山脈。那曾經是移民與異族都很難穿越的高嶺，是許多原住民族靈魂聖山的所在，是堅強到足以破壞颱風結構的蔽障，是台灣森林覆蓋率最高的一條脊樑。那裡有樹。我們太可以寫這樣的一本書了，從一株扁柏的身世，描述島的生成，土壤的積累，樹種在島嶼的演化與散布，寫到樹與各族群歷史的相互依賴，乃至於這些相異文化體面對樹所形構出的文化象徵。作者可以嘗試深入一棵樹的「心」，想像它觀看以及自己所經歷的原生種與外來種的鬥爭，想像圍繞著它的不同植物，有的是順著海水與風、船舶與行李，乃至於沾黏在移民者褲管上，最終歸化此地，終究創造出這個提供了諸多生物生存的空間。甚至可以讓文字如空氣，如陽光，如水，滲透到土壤中，去窺看只有山才理解的種子庫。這樣的一本書，或許將與此地所演化出一種特有植物同樣珍貴。

雖然屬於此地的這樣一本書還未出現，但我們至少能讀到《樹，擁抱了全世界》。這樣的書不只帶給我們知識，也暗示了人類理解自然的努力，與設身處地，充滿想像力與同理心的溫柔。於是，我們發現，在這樣的時代裡，我們太需要人以外的故事。

〔推薦序〕

對神聖生命的讚禮

台灣森林專家／金恆鑣

我要站在那裡，雙眼瞪著我鍾愛的同仁，
然後告訴他們，他們的生計已到盡頭。

——威廉．迪特里希（William Dietrich），
《最終的森林》（*The Final Forest*, 1992）

我一直盼望有這麼一本書，介紹樹木的一生過程，讓一般讀者認識一粒不起眼的、塵土般的種子如何能長成一株讓人望斷脖子的高聳巨樹。這樣的一本書可以教人

認識生命的複雜、奧秘、費解與難得，進而能尊重所有的生命，建立生態的倫理觀。

二〇〇四年，加拿大的科普作家大衛．鈴木繼《神聖的平衡》之後，與偉恩．葛拉帝合作完成了《樹，擁抱了全世界》，終於償了我的宿願。這本書遠遠超過我預期的豐富。鈴木用淺顯而生動的文字，佐以科學的資料，步步有序的敘述一棵喬木的誕生、紮根、發育，成熟乃至死亡等過程，介紹了一株樹的傳奇故事，讓讀者毫不費力的進入樹之生與死的生態世界，最後「帶著這個感受回家，且終身受用」（作者的結尾語）。這本書將加深讀者對生命聖神的讚禮。

這本書的主角是西部黃杉（*Pseudotsuga menziesis*），比較不正式的傳統中譯名為「花旗松」（Douglas Fir），在北美洲也有人稱之為「黃雲杉」（Yellow Spruce）、紅雲杉（Red Spruce）或俄勒岡松（Oregon Pine）等數個俗名。但是，植物分類學者說，這不是松，也非杉，更不是冷杉（Fir），是黃杉屬（Pseudotsuga）的針葉樹。其種名 menziesis 乃是紀念阿奇柏爾德．孟席斯（Archibald Menzies, 1754-1842）他於一七九二年抵達北美洲西北岸時，首次形容此廣袤無邊的溫帶雨林「密得不能容身之松林」，故有「松」之俗名。而 Douglas Fir 之英文俗名乃是紀念大衛・道格拉斯（David Douglas, 1799-1834）於一八二七年將此樹之種子帶到英國播種之故。

西部黃杉是北美紅杉屬（*Sequoia*）的北美紅杉（*S. sempervirens*）及巨杉屬（*Sequoiadendron*）的北美巨杉（*S. giganteum*）之外北美洲最巨大的樹種。由於其分布面積與材積量遠超過上述的兩樹種，因此是北美洲最重要的森林生態系與木材資源，是家喻戶曉的樹。

作者挑了這種常見的西部黃杉為範例，用來介紹植物一生的生命現象。西部黃杉的種子每粒約十五公克，卻可長到將近九十公尺高，即使是樹幹上最低的枝條也離地面三十公尺高，直徑可達五・二公尺，真是令人難以想像的巍峨。其實，台灣的紅檜也不遑多讓，它可長到五十公尺高，直徑八公尺，它雖不如西部黃杉高，直徑卻不輸於西部黃杉。這是因為台灣有颱風，樹無法長得像許多沒有颱風之地區（如印尼，馬來西亞）的樹那麼高。台灣的紅檜能長成巨大之樹，其經歷之精采絕對不亞於西部黃杉，只是研究資料不夠豐富，無法寫成有科學根據的傳奇而已。試想：西部黃杉的種子每粒約有十五公克，而紅檜的種子每粒約才〇．七五公克，輕兩百倍，而樹徑卻一樣粗。

本書的楔子中十分明白扼要的說明該書內容：樹要生存、繁衍與擴散，必要適應物理環境（尤其是乾旱來臨，大火焚燒）的種種考驗，要化逆境為順境，並使之成為生存與繁衍的正面助力。例如許多針葉林的毬果，若無高熱大火，毬果不會裂開，種子無法散出，傳宗自然無望。大火可摧毀許多競爭的植物，讓散出的種子更有機會發育成苗與長成大樹。除了適應物理環境外，還要與其他生命合作或競爭。這種合作與競爭的方式緊緊跟隨著樹度過漫長的生命之旅，令之與從吃食種子或協助散擴種子的動物，到與其根部共生的真菌，組成一個複雜而緊密的生命之網。

這種巨樹死亡後，不論成為枯立木或枯倒木，都依然是森林生態系中無可取代的另類資源，人稱「生物襲產」。它為後代鋪設溫床，提供用水與營養，讓種子及早發芽，有適合生根之處。同時進行樹的第二大（除了光合作用外）任務，即腐解作用，將數百多年來收集與累積的太陽能資本，再用數百年的時光，以生物化學的方式逐步交給其他生物，本身繼續提供腐木的生態服務。腐解過程中逐漸釋放無機營養，培育下一代。所以，一株生活了七百年的巨樹，死亡後也要數百年，木材才能完全消失，而遺留在它世居土地上所有的無機營養物（氮、磷、鉀、鈉、鈣、鎂等十餘種元素），可回收、循環與再利用上數百年，這即是作者說的「這是一個變動中的穩定系統」。

本書僅注重森林生態系的地上部份，而對於同樣重要的地下之樹根生態系著墨不多。於是，我又得耐心等待另一本中譯的「土壤的生命傳奇」出現。屆時，讀者與我能明白一個更「完整的生態系」之故事了。讓我們拭目以待吧！

〔二〇一八增訂版特邀推薦序〕

這棵樹，偷走了我們的心。

彼得・渥雷本（Peter Wohlleben）

黎湛平◎譯

大衛・鈴木和葛拉帝是我的靈魂伴侶。理由不是他們寫樹，而是他們寫樹的方式。敢情這世上還有比本書主角——花旗松——更難理解的生物？在同一處地方生根屹立數世紀，生長速度緩慢到即使好些年過去，也幾乎看不出任何變化；是說哪來如此單調乏味的主角？但兩位作者妙筆生花，施展魔法，利用縮時手法呈現花旗松從種子長成古木的一生，教人嘖嘖驚奇。這段壓縮的光陰使我們明白，花旗松一點也不無趣，純粹只是它們的生活步調不同罷了。人類是快速移動的生物，而我們這種生物通常無法理解樹木如何調整生長方式（譬如順應腳下土坡滑動）；想當然爾，我們也看不見樹根的地下活動。

在閱讀過程中，大衛和葛拉帝時不時來一段簡單的植物小學堂，解釋植物一般作用機能、輔以科學知識佐證。其中最令我印象深刻的是，作者展現專注於單一步驟或過程如何使人迅速定下心來，不受整體局面干擾。科學家研究事物的細節，將片段資訊如拼圖般拼湊起來；但就算圖塊彼此吻合，最後顯現的圖像並非直指事物本質。譬如，若你僅知一個個獨立的原子和分子，要討論心靈、靈魂談何容易？唯有透過各種元素互相作用，才能迸生令人驚奇讚嘆的系統——然而就連這系統的最基本層次，我們也不見得有幾分掌握。演化真是一場強者恆勝的戰爭？作者以最動人的方式告訴我們，事實並非如此。譬如，赤楊能將「氮」運送給不同品種的樹木，然後以獲得高量的「糖」作為回報。花旗松的壽命雖不如星辰恆久，但它們似乎亦不因此而悲傷。大自然生生不息，變動不居；森林也一樣。森林裡不斷興起生機，讓新生代得以欣欣繁衍。然而，唯有當大自然的處境日漸危急，人類才會開始關心環境，而這正是我們改變觀點的好時機。假使數據都包裝得有如證交所報告，那麼每天無止盡接收森林、海洋等生態系的瀕危資訊，又有何用？如果把物種描述成精心設計的有機機器，又有誰會心有戚戚、發出共鳴？還有，我們之中又有多少人有耐性承受一則又一則警世壞消息？科學家搜集的資訊固然重要，但恕我不客氣地說，科學家提出的報告大多訴諸「理智」而非「心靈」。愛能牽動心靈。唯有愛能徹底改變思維模式。因為如此，我們必須找到能撞進心坎、打動人心的訊息寓意，而這一切則有賴傳訊者結合事實與情感，將這份心意傳送出去。

大衛和葛拉帝正是這門技藝的高手。他倆透過能引發讀者情感共鳴的文字呈現眾人已知的事實，並指出認知差距，再使出高超技巧將兩者編織成令我們滿心驚奇的故事。這是一棵有靈魂的樹；這棵樹偷走我們所有人的心。

謹以本書獻給愛倫・亞當斯（Ellen Adams），
最初認識時，她還是卑詩大學
動物學研究所的學生。
她聰明、活潑而興趣廣泛，超越動物學的領域。
她太年輕就辭世了。
她慷慨支援了鈴木大衛基金會的工作，
並協助本書付梓。

——大衛・鈴木

致謝

一本書就如同森林裡的一棵樹，與周圍大量的同類相聯結，因而得以生存。我們感謝許多研究花旗松的生物學家及研究人員，把這種植物神奇的特性公諸於世。我們也感謝灰石書社的羅布・桑德斯，熱心而嚴厲地催促我們完成本書手稿。

南茜・佛萊特以慣有的敏銳感為我們閱讀初稿，並提供優秀的指導；感謝珍妮佛・克洛一路指點我們潤稿改稿；保羅斯的複製編輯技巧讓我們免於窘態畢露，我們要向這三位致上深深的謝意。我們還要感謝嘉培爾，他為本書蒐集研究資料，表現可圈可點。我們很榮幸能夠請到羅伯・貝特曼為本書製作精采的藝術作品。

還有很多朋友在本書的製作過程中提供各種協助，這些朋友包括：蘭德曼、波勒克、史坎蘭、甘、虎克、亞克斯里及慕拉。

〔楔子〕

樹，擁抱了全世界

本書是一棵樹——花旗松的傳記，但任何一棵樹都可以做為本書的主角——澳洲的尤加利樹、印度的菩提樹、英國的櫟樹、非洲的猢猻木、來自亞馬遜的桃花心木，或是黎巴嫩的雪松。所有的樹，都證明了演化的奧妙，以及生命適應意外挑戰，讓自己在一大段時間裡永續長存的能力。

樹安穩地根植在地上，向天空伸展。在這星球上的每個角落，樹以非常豐富的形式和功能，簡直擁抱了全世界。它們的葉子接收太陽能，成為所有陸地動物的福利，並把洶湧的流水轉化成大氣中的水蒸汽。枝與幹為哺乳類、鳥類、兩棲類、昆蟲及其他植物提供庇護所、食物和居所。而它們的根則定植於岩石和土壤的神祕地底世界。樹是地球上活得最長的生物；它們生命的長度，遠超過我們的存在、經驗和記憶。樹是卓越的生命。然而它們矗立著，宛如生命舞台上的多餘角色，永遠是周遭不斷變化之活動的背景，如此熟悉而又如此無所不在，以致我們很少去注意它們。

我出於志願，經過修習，而成為一名動物學者。我這一生中，動物一直是我所關心和熱愛的對象。我第一次認識的動物就是我的父母、兄弟姊妹和玩伴，然後才是我的狗「史波特」。父母親是非常喜歡種花的人，但植物從未讓我感到興奮；它們既不可愛，又不會動，也不會叫幾聲。釣魚是我兒時的嗜好，蠑螈和青蛙是到水溝及沼澤探險時所抓到的獎品，而種類繁多的昆蟲，特別是甲蟲，一直讓我迷戀不已。難怪我長大後的職業是遺傳學者，研究黑腹果蠅這種昆蟲。

那麼，為什麼一個喜愛動物的人會寫一本關於樹的書？自從瑞秋．卡森的經典之作《寂靜的春天》讓全世界把焦點放在環境的重要性後，大家已經對破壞世界森林的行為及缺乏永續的工業造林多所譴責。和許多行動主義者一樣，我已經參與過保護南北美洲、亞洲和澳洲原始森林的抗議活動，但我所關心的，主要是它們為其他生物所提供的棲地、這種森林所喪失的生物多樣性，以及它們在全球暖化所扮演的角色。最後，是我島上小屋附近的一棵樹感動了我，讓我了解，一棵樹是如此神奇。

我的小屋前有一條小徑蜿蜒至海邊，在土壤結束、沙灘開始之處，坡度很陡。就在此處，土壤邊緣，矗立著一株宏偉的花旗松，高達五十多公尺，周長大約有五公尺。它也許有四百歲，這表示其生命開始之時，大約就是莎士比亞開始寫《李爾王》的時候。這棵樹很特別，因為它從沙灘上方的堤邊水平伸出，然後以三十度角彎轉而上，最後轉為垂直向上。樹幹水平的那一段是坐著或開始攀爬的好地方，我們在樹幹的上升段掛了一些繩子，吊著鞦韆和吊床。

那棵樹忍受我們的活動、提供遮蔭、養松鼠和花栗鼠，並讓老鷹及烏鴉棲息，但它總是徘徊在我們的意識外圍。有一天，我懶洋洋地看著這棵樹畸形的樹幹，竟猛然了解，幾百年前，這棵樹才開始生長的時候（喔，大約是牛頓在英國觀察到蘋果從樹上掉下來的時候），最初生長發芽的土地，應該曾經往海邊滑動過，造成這棵樹以歪斜的角度從沙灘上伸出。年輕的莖必須改變生長形態，才能繼續向上爬升接受光線。多年後，應該又有另一次的土地滑動，造成樹幹進一步往下掉，以至於成為水平，同時還要再補一次上彎曲線才能成為垂直。那棵樹是無言的歷史證據。

任何一棵樹的生命都充滿了不確定風險。樹不會動；然而，卻必須盡其所能，把花粉拋離自己的土地，愈遠愈好，然後，再把種子散播到自己的影響範圍內。樹已經演化出許多神奇的機制來達成這項任務，從利用動物做為傳播媒介，到種子硬殼上附有螺旋槳、降落傘和彈弓。任何人只要見過常綠林上端的花粉霧、白楊的柔荑花序（catkin，由單性花組成的穗狀花序，且主軸下垂）在安靜溪畔所形成的薄紗雲，或是櫟樹在結實豐年裡成堆的橡子，就會知道，樹為了確保非常少數的倖存者，竟是如此放肆浪費。一粒種子，不論落於何處，其命運已定，對大多數的種子而言，這表示它只能躺著，暴露於昆蟲、鳥類或哺乳類動物的掠食下，在石頭上枯死，或在水中淹死。即使種子落在土壤上，其未來也未必高枕無憂。那一小丁點的原生質，包含了所有來自父母的遺傳，儲存著其首次發芽所需的養分，還有一套基因藍圖，通知這株生長中的植物要向下扎根，向上長莖，還告訴它要如何抓住能量、水及生命所需的物質。其生命已經設計好了；然而，還必須有足夠的彈性，以應付意想不到的暴風雨、旱災、火災和掠食者。

一旦種子的第一條根穿進土壤，這顆種子就和地球上的這個地點結下了不解之緣，它未來數個世紀將在此地取得生存和生長所需的所有物質。它必須從空氣和土壤中，得到所有必要的元素以製成分子，形成結構，使樹能直立，離地數十甚至數百公尺，並重達數十噸，抵抗火、風等破壞力。人類的巧思和科技，永遠都無法和每棵樹與生俱來的力量和韌性相匹敵。只要有陽光、二氧化碳、水、氮和一些微量元素，一棵樹就能製造出一整套複雜分子，而這些分子就是樹身結構和新陳代謝的建構基礎。為了完成這項技藝，樹聘請真菌來幫忙，真菌將樹根和根毛包裹起來，像一層細絲飾品似的，把土壤中的微量元素和水析出，和樹葉製造出來的糖分交換。

樹的原生質裡包著能量儲存體和其他分子，這些物質是其他生物所無法抗拒的誘

我那小屋旁的花旗松

惑。對付掠食者，樹無法跑掉、躲藏或攻打，但它們也不是無助的受害者。它們的樹皮就像一層盔甲，而且會製造各種強效化合物，做為毒藥或對付入侵者的驅蟲劑。樹如果遭到昆蟲攻擊，就會產生揮發性化合物，不只驅趕昆蟲，還可以警告附近的樹有危險，刺激它們合成驅蟲劑。樹的細胞為真菌提供食宿；而這些客人則製造避免細菌感染的物質做為回報。如果被疾病或害蟲得逞，樹也許會把受害區域封起來，犧牲枝幹或其他部位，以求其餘部分得以生存。在土壤中，樹群中的樹根也許會相互混雜，幾乎融為一體，從而讓樹與樹之間得以溝通、交換物質並相互協助。沒有一棵樹是孤島；樹是社區公民，從合作、分享和相互幫忙中獲得好處，這和任何生物參與完整運作的生態系所獲得的好處是一樣的。

一段時間之後，即使是最堅韌的樹也會被無情地戳傷、穿透、腐蝕和弱化。樹的死亡訊號並不是停止心跳、腦死或嚥下最後一口氣。瀕死的樹還會斷斷續續地運作；根企圖把養分和水分經由堵塞而殘破不堪的管線送回來；光合作用零零星星地進行。但最後，樹變成了一堆沒有生命的枯立木，依舊支撐著為數龐大的其他生命。當它終於倒下，仍舊餵養和支撐腐爛樹身上之繼起生命，達數世紀之久。

我們曾經思考人類和地球上其他生命的歷史關係。過去，許多人了解，我們不只和動物，而且還和所有綠色植物，有著相互依存及親緣關係。他們想像宇宙是如何形成，人類何時及為何出現，以及事情的來龍去脈。這些在各個文化中傳述的故事，具體顯現出形成各民族世界觀的觀察、想法和推測。

科學代表一種完全不同卻很有力量的觀看世界的方法。把焦點放在自然中的一小部分，控制所有的干擾因素，並測量和描述某個特定片段，我們就得到了深入的看法——對那塊片段的看法。在此過程中，科學家忽略了那一小部分所存在的背景環境，不再去看當初那塊片段之所以有趣的韻律、周期和形態。科學觀點是一個變動中的穩定狀態，因為新的觀察而不斷地深化、改變，甚或棄置。在本書中，我們試著秉持門外漢的好奇心和疑問，並加上科學家所獲得的那類資訊。一段時間之後，細節就會有所改變、有所增添，但現象依舊如往常一樣神奇而耀眼。

一棵樹的故事，把我們和其他時空及世界各個角落聯結起來。本書講的就是這麼一個故事。但這個故事也是這稱為地球的土地上，所有樹以及所有生命的故事。

大衛・鈴木

二〇〇四年六月

第一章　出生

樹會扭曲時間。

——符傲思《樹》

一道閃電照亮了天空，打在林木叢生的山脊最高點。山頂並未著火，然而，雖然這些樹既年輕又強壯，但在低一點兒的地方，多年來的枯立木和落枝已經累積成一堆乾燥的火種。一株枯立木悶燒了數天，還帶著餘燼的木炭掉到下面的岩石土壤上。炭火傳給周圍的落葉層，引發了一場地下火，點燃火徑上的小細枝和毬果。火苗向上竄燒，觸及活樹低層的枯枝，迅速順著交錯的樹枝拾級而上，進入了中段的樹脂層，火勢在此燒得非常猛烈，以至於耗盡附近空氣中的氧，而溫度也遠遠超過活枝條的燃點。接著，就像突然打開壁爐的空氣閥一樣，空氣對流所激起的風適時帶來新鮮的氧氣，而且就如同某種邪惡魔法一樣，似乎全世界的火都同時點著了，燒進了樹冠層。開始時只是地下火，現在則成了樹冠火，這種火會四處蔓延。

樹冠火的行進是派斥候先行，尋找新鮮的資源。起初，主火開始前後擺動，彷彿不知何去何從；接著其火苗觸鬚絞成小火圈、螺旋、漩渦和小龍捲風，迅速結合，形成一個大而猛烈的氣旋，一個筒狀的螺旋煙捲。頂部以攝氏一千度燃燒的空氣被吸到底部，它們在此處拾起燃燒的枝條，有時是整枝木頭，往上帶到封住筒狀體的排氣口，此時就好像一具大砲，把枝條射到數百公尺處未著火的森林。空氣中充滿了火箭。它們的任務是點燃星星之火，或是圍繞著主火，燃起旁邊的小火，然後，在向主火回報之前先融合起來。

當主火和聯合起來的星星之火之間的空間溫度變得比木材的燃點高，而且還有風帶來新鮮氧氣時，突然間，百萬分之一秒，主火和殖民斥候之間就沒有分別了。這稱為爆炸。悄悄前進的火突然間占據了一百平方公里。它不再呈線性移動；它現在是四散的野火。整個森林亂成一團，煙火交錯，高溫燒炙，動物和鳥類在黑暗中驚叫亂竄，巨石鬆動，狂風怒吼，似乎是所有生命的終點。

當這個區域中，每一個可以燒的東西都燒過了之後，當地表上的植物被掠奪一空，使有機養分毫無用處時，當石頭碎裂、大火燃燒所產生的煙塵捲上地球大氣層的極限時，火的驚人毀滅力量繼續發威，跟隨著新斥候，往任何地理或風所決定的方向，去開發新領土。它走過之後留下的是一片死寂。嘶嘶聲和吼叫聲都離開了；動物沒了，鳥或爬蟲類或昆蟲沒了，沒有柳樹迎風，也沒有枝條相互摩擦的聲音。除了木炭和灰燼之外沒有顏色。看到如此荒涼景象的人如果認為火是來自地底下的災難，是可以原諒的，而和這場火差不多時期，離我們半個地球遠的義大利詩人但丁，則為文稱之為「地獄」。雨來自天堂；火則來自地獄。

這樣的人錯了。在北美的西岸，也就是這場火發生的地方，經常有這種大火。這種真正的大火，世紀之火，每隔二百年到三百年就席捲整個北部森林一次；而較小的地下火則每三十年肆虐兩次。由於成熟的花旗松、錫達卡雲杉和北美巨杉等大樹，活了一千年以上，於是我們可以認為，即使是更大的火，它們也不會被燒毀。事實上，大樹靠大火來進行並完成它們的生命周期。

近年，由於全球暖化的關係，西岸野火發生的頻率翻倍飆升。以往每隔幾年才會來場大火清理森林；現在每年就燒它個好幾百回，而且數字還有繼續攀升之勢。舉例來說，二〇一一年通報的數字為六百四十六件，二〇一三年來到一千八百五十一件；二〇一六年的氣候相對潮濕，但仍有一千零五十場野火。此外，由於夏季越來越乾熱，野火肆虐的範圍也逐漸擴大。即使是次數低於平均值的二〇一一年，遭野火吞噬的總面積卻達平均值的三倍，高達三十三萬公頃林地遭焚毀。目前通報的案例近半數與人為有關；有些是意外，更多是蓄意縱火。人類正以各種數不清的方式改變這顆星球的自然生態。

大自然之火既非來自天堂也不是來自地獄。它們是主導動植物生命的部分自然過程。火是一種能量，來自巨大的核子融爐，即我們的太陽。太陽能照射到地球上，被葉子抓住，然後轉換成穩定的分子，如果發生意外，經常會重新點燃而轉回火。在本世紀裡，火和雨一樣，或是和昆蟲嗡嗡聲、美洲飛鼠和紅樹鼠的唧唧聲一樣，都是森林生命的一部分。

柱松、北美巨杉及其他西部針葉樹是晚花植物，較晚開花；它們不像蘋果樹和楓樹那樣，種子一成熟就掉落，而是把種子掛在身上，因應某些環境因素的觸發，才拋掉種子。美國柱松可能一直保持毬果的封閉狀態達五十年，等待一場火的到來，才打開毬果，釋出種子。世界爺也同樣緊閉其毬果達數十年，只有當毬果受熱達攝氏五十到六十度時，才釋出種子，而這種溫度只有火才能達到。植物（和動物）的組織在攝氏五十度時開始壞死，這表示這些巨人在溫度高到足以殺死它們自己時釋出種子。有人認為，某些針葉樹最低矮的枝條枯死後還留在樹上，沒別的目的，只是為了扮演燃料，把地下火射上它們的樹冠，以對毬果加熱並彈出種子。

在所謂的火險氣候區裡（年降雨量低，一年少於一百二十五公分，乾熱期長，有強風），抵抗高熱的能力是種珍貴的特性。澳洲就有這種氣候，而其特有的尤加利樹或桉樹，是地球上最容易著火的樹，會產生大量的乾樹葉甚至可燃氣體，能把火焰射到一百公尺遠。然而桉樹能抵抗難以置信的溫度，而且某些品種甚至顯示需要火來維持生存。即使在相對潮濕的氣候，抗火也是一種資產。例如在夏威夷，桃金孃科的物種實際上可以活埋在火山所噴出來的熱熔渣裡，而且還能冒出新芽，甚至還能在一堆新鮮的火山灰底下長出新根。

花旗松不需要火來繁殖，但它們的生存的確要靠火。其幼苗不耐陰；這種樹要靠火把基地附近像西部鐵杉和美國側柏等低矮樹種清掉，以便它們的種子掉下時，能夠安置在未被占用，從而沒有遮蔭的土地上。而且，灰中含有珍貴的養分，年輕的幼苗得以生長旺盛。如果沒有火，花旗松終將消失於鐵杉和側柏林中。成熟的花旗松可以耐得住這些清場的火，因為它們已經演化出厚而不可燃的樹皮（成株的樹皮最厚可達三十公分）保護裡面的形成層。

火的行徑怪誕。它在幾天之內橫掃數千公頃的林木，似乎鐵了心要毀掉它路徑上的所有東西，然而卻在這裡留下一株幼苗，那兒留下一棵成株，其他地方則立了幾棵完整的樹。經過這場火之後，對這焦黑的山谷匆匆一瞥，除了燒焦的木樁斜倚在灰燼

大火之後

堆上之外，空無一物。但仔細看，尤其是在雨後，將會發現偶爾的一抹綠意，流出的少許樹脂，閃閃地映著陽光，而在山脊低處下方的掩蔽處，有一小片森林綠洲。

雖然花旗松的毬果不需要高溫來撬開，但必須乾燥到自然含水量少於百分之五十。在大火這幾天裡，一百七十公尺高，昂然矗立的花旗松上所懸掛的數百顆毬果慢慢張開鱗片，把它們所藏的帶翅種子，釋放到來去自如的風中。種子各自或轉或旋地飄落到地上。它們之中，百分之九十五會掉到石頭上、水裡面或貧瘠的土壤上而不會發芽。其餘的，百分之九十五會因缺乏養分、遮蔭太多，或是被前來探險的鹿鼠或橙腹赤松鼠吃掉，而活不過第一年。但大自然的鋪張浪費，確保有一些（足夠了）會落到濕潤而富礦物質的土壤上，刺激其發芽。這些樹大多數永遠無法長到成株，在樹皮還不夠厚之前就在另一場大火中喪生、被黑尾鹿吃掉、被麋鹿用來磨長得太旺的鹿角、昆蟲、真菌病、乾旱、土地位移、霜害，或是其他樹的競爭。但在再度轉綠的山谷向陽處，它們之中有一棵會矗立在空曠、高聳、排水良好的地方，陽光充足，還有從太平洋吹來的陣陣水氣。這顆種子會發根、長主幹、抽出枝條、散出針葉，並在未來五百年光景裡，繼續成長茁壯。這棵，就是我們的主角。

開始

火是森林生態系中常見而基本的成分；火會把森林中各種生命的物質和能量還原成基本成分，供新生命再利用。火、種子和我們這棵樹接下來的成長，是一個過程中的幾個階段，這個過程遠在動物出現於地球前就開始了。我們的宇宙於一百三十八億年前大霹靂的熔爐中爆炸，當時，所有的物質都壓縮在一起，成為一個「奇異點」，而這一點，不會比本句結尾的句點大。然後，這點以無法想像的力量、溫度和速度爆炸，向外噴出，到今天還在繼續擴展。接下來的九十億年，冷卻氣旋含有足夠的物質產生引力把空氣吸進來，成為密度不斷增加的凝塊。以宇宙時間座標來看，突然間，天空被數十億顆幾乎同時點燃的核子反應爐（星球）照亮，其中一顆就是我們的星球——太陽，由雲團所形成的太陽，包含了太陽系百分之九十九・八以上的物質。

行星則是由那百分之〇・二，未被困在太陽裡的宇宙氣態物質凝結而成。當地球成形時，約四十五億年前，局部的地心引力把地球壓擠在一起，而核心則受熱成為岩漿。這顆行星上的大氣層沒有氧，但充滿了二氧化碳和水蒸汽等溫室氣體，形成一層隔熱毯，把地球的熱量包起來，使表面溫度穩定在適合生命的水準。於是舞台設置妥當，打上燈光，生命大戲便要開演。

第一幕是這樣的：地球表面冷卻成廣大的地殼板塊，漂浮在岩漿上，宛如火海上的巨型浮冰；它們相互碰撞之處往天空擠壓，形成山脈，而它們被拉扯分離處，則有海洋湧入填補缺口。一陣子之後（這一陣子就是五億年以上），蒸發、凝結和降水的水文循環自行在不毛之地上建立起來，當洪水流動時，蝕刻出峽谷，從岩石中溶出礦物質沖刷入海，經過數千年的累積，並和水裡既有的元素相結合。海洋變成富含碳、氮、磷、硫、氫和鈉的溶液。而土地則得到由沙、砂礫、火山灰、鹽和泥土所組成的一層薄壟。

大約在第一幕戲的中間，這些建構基礎在海洋裡結合，形成活的有機體。它們如何形成，是現代生物學上爭論得最激烈的問題，但大多數人同意，這現象大約發生於三十八億到三十九億年前，發生於水中，發生於一個需要能量的過程中。那能量可能來自不同源頭：來自無臭氧大氣的紫外線、閃電、流星雨（根據某些假說，流星帶來少數地球所缺少的基本元素），和海底的深海溫泉，岩漿從地殼板塊的裂縫中冒出，以超高熱把水加溫，並提供甲烷和氨等成分。

一些原子和分子最後增長成較大的聚合物：高分子的脂肪、碳水化合物、蛋白質和核酸。由於不明原因，複雜的分子被脂肪膜包住，區隔為內外。這些就是原始細胞——生命之開始。在某一點，無生命的物質已經經過相當複雜的安排，變成了生命。第一幕結束。

今天，生命和非生命的分別有幾項特性，沒有任何一項特性是生命所特有，但集合起來，則只表現於生物——高度有序結構、繁殖、生長發育、使用能源、對環境有反應、體內平衡（維持內部環境不變）和演化適應。我們不知道有多少潛在生命形態短暫出現後，就屈服於其他的潛在生命形態、環境條件、缺乏資源或應變能力而消失，退回成無法發展的物質。生命也許是這樣產生，由於太古海洋中充滿了各式各樣的分子基材，經常出現自發性聚集。果真如此，當時的競爭應該相當激烈，而失敗的代價則殘忍無情。其中只有一個實驗證實是成功的。一旦出現一種生命形態，在競爭上勝過其他所有的生命形態，能自行複製，並以各種方式進行變異，以增加競爭優勢，這種原始的單細胞細菌便成為地球上所有未來生命的始祖，也是這個星球上最後一次，無生命物質進行自發性聚集以成為生命形式。此後，只有生命產生生命，代代相連從未間斷，直到現在。

生命在第二幕開始時（一開始的幾億年間）並不容易。早期的細菌細胞必須在海洋裡四處搜尋謀生，例如，運用原子間硫鍵斷裂所釋放的能量以執行化學反應，或是群聚在深海溫泉附近取暖。如此微小的活動，大都發生在冰底下數公里處，因為雪球地球（Snowball Earth，雪球地球，地質史的名詞，描述距今七點五億年到五點八億年前一次極其嚴重而漫長的冰河時代）已經連續經歷了好幾階段的酷寒。這些早期生命形態，受到變動的環境和天擇的塑造，演化了數千萬年。

演化的基本引擎是突變：生物基因藍圖中，稀少而無法預測的變異。數代以來，由於生物只是以二分裂法簡單地一分為二，該生物的所有基因乃依照計畫複製、繁殖。但接著，突然而隨機地，在某一子代中，承襲到修改過、不一樣的某一基因，是為變種。在生命出現後的最初年代裡，突變就是機會，產生也許能帶來些許優勢的變化。

今天，經過數十億年的演化之後，任何一個活體都是萬古天擇所磨練出來的基因組受體。就像手工精緻打造錶的零件是由數代的瑞士製錶師傅煞費苦心發展而成，細胞核中的基因係經過汰選，而能在該生物的一生中正常運作。如果我們打開錶後蓋，胡亂插入一根針，這種隨機事件能改善手錶功能的機會相當有限，而絕大多數的情況是這個舉動將會帶來惡果。突變事件就好比手錶裡的那根針，這就是為什麼大多數的突變都有害，造成子代不適合在親代的棲地生存。但每隔一段長時間，會出現一次突變，意外地提供優勢：例如，在新陳代謝反應上些許、幾乎察覺不到的效率提升，或是附肢莫名其妙地變大，扭動時，可以提供推進力量。具優勢的子代存活下來，並透過競爭，把其餘的兄弟姊妹淘汰，演化於焉發生。不過，等待突變發生是一種隨興而緩慢的生命推進方式。

然而，性發明了之後，演化的速度就大幅加快。有性生殖輕輕鬆鬆就打敗了其他方法。性，引發基因混合和改組，產生龐大數量的新組合，大幅提升基因混合體帶來些微優勢的機率，而且巧妙地引入了死亡的必要性。當細胞進行無性生殖時，一如所有生物在早期數百萬年裡的做法，只是簡單地生長和分裂為二，這兩個子細胞完全相同，而且和生它們的母細胞也相同。如果棲地維持不變，這三細胞，母細胞和兩個子細胞有同樣的生存機率。基本上每個細胞都可以長生不老，因為它可以一直無限分裂下去。然而，當有兩個親代時，可能的出象（outcome，隨機試驗的結果）數目就呈指數增加，表示產生了遠比能夠生存還多的不同基因組合。

舉例來說，每個親代都帶著基因a的兩種形式，或稱對偶基因；其中一個親代帶著兩個a^1基因，而另一個親代帶著兩個a^2基因。透過有性生殖和基因重組，下一代將出現三種可能組合：a^1a^1、a^1a^2、和a^2a^2。現在，假設還有另一個基因b也存在兩種狀態：b^1和b^2。現在，可能的組合數上升到九種：$a^1a^1b^1b^1$、$a^1a^1b^2b^2$、$a^1a^1b^1b^2$、$a^1a^2b^1b^1$、$a^1a^2b^1b^2$、$a^1a^2b^2b^2$、$a^2a^2b^1b^1$、$a^2a^2b^1b^2$和$a^2a^2b^2b^2$。如果有三個兩種形態的基因，則其組合數就跳到二十七種。如果有n個基因，其組合數就是n^3（即3自乘3，自乘n次）。而這是假設每個基因只有兩種形態，在現實中，每個基因也許會有好幾十種不同的形態，於是，可能的組合數進一步暴增。最近，完整的人類基因組解碼顯示，我們每個人可能都帶有高達三萬個的基因，這表示，如果每一個基因只有兩種形態，其基因組合數將是三的三萬次方，一個超過我們理解的數字。有這麼龐大的變異量，於是競爭爆炸，而許多細胞必須死亡。性的引入，是生物版的偷嘗禁果，導致地球上的生物被逐出伊甸園。

將近有二十億年的時間，單細胞細菌是這個行星上唯一存在的生命。如果我們能夠回到那個時候，以裸眼看，地球像是沒有生命，因為細胞只有用顯微鏡放大才看得見。但海洋則充滿豐富的不同生命形態，全都在為資源和使用資源的空間而競爭。這是個微生物的行星。從許多方面來看，現在依然如此。今天，科學家發現古細菌存在於地球表面下十五公里之處，嵌在堅硬的岩石中。它們勉強維持生存，打破原子相互結合的化學鍵以獲得能源，啜飲岩石中的水分子，而分裂則可能少到每隔一千年到一萬年才一次。這些細菌鎖在岩石中，不會受到冰河時期和溫暖期、大陸漂移及動植物大規模變化的影響。他們就像博物館，保存著數十億年前的基因狀態。令人難以置信的是，在四千萬年前蜜蜂化石的內臟中，竟發現活菌。據估計，地球上所有微生物的總重量超過所有多細胞生物的總重量，從樹到鯨魚、到草、到人類。而我們將會看到，我們，包括人類和樹木，都是這些原始細菌生存策略的精心傑作。

但接著故事情節發生轉折。在溫暖周期裡，一種類似現代藍綠藻的生物發現了光合作用的方法——抓住落在海洋上的陽光大量光束中的幾個光子，利用其能量，轉化成可以儲存和隨時使用的糖。這些光合作用者，是地球上可以稱作植物的最早生物，散布於三十五億年前的海洋中，充滿最上層的二百公尺。它們非常善於利用流到地球表面的能量，所以其他非光合作用細菌提供自身的原生質給光合作用者做為避護所，以換取一些糖分。

這個互利的原始合作非常成功，以至於其他功能的結合，諸如細胞分裂及能量生產等也在類似的共生關係中發展出來。光合作用細胞在借來的原生質裡受到保護和滋養，最後終於把自己的未來，完全和它們的寄主細胞綁在一起，變成完全整合、相互依賴的胞器，稱為葉綠體。光合作用是一種化學過程，讓這個行星上，幾乎所有不同的獨立、自行繁殖之生物成為可能，而其效益，則透過合作在細胞間相互分享。還有附帶效益：吸收二氧化碳減少了包在地球表面的熱量，並釋放有趣的副產品——氧氣。

起初，這些光合作用者就是細菌或稱為單核生物的單細胞生物。和所有演化上的「突破」一樣，光合作用者的早期模式應該很粗糙，但與不能利用陽光者相較，它們仍有龐大的優勢。但當它們散布開來，就再度開始競爭，而透過天擇，光合作用變得更有效而多元。並非所有細菌都能行光合作用，但可以行光合作用者，得免於為能量來源而競爭，迅速占領海洋。做為藻類，它們仍舊擁有今天的海洋，而且占地球上行光合作用植物的一半以上；這也是為何它們被認為是「海洋的隱形森林」。

大約在三十五億到二十五億年前之間，有一藻類群組從其他的群組分離出來，形成三個新系：古細菌系（例如嗜極菌，生活在深海火山口附近，甚至裡面）、真細菌系（延續光合作用的藍綠藻那一系）和第三系，後者最終變成真核生物，是一種有核的有機體。真核生物起初是幾個互利共生生物的集合體，因為對寄主太有用了，以至於變成葉綠體和粒線體等胞器。第一個真核生物是單細胞生物。它們成為多細胞生物的建構基礎，多細胞生物這個群組包含所有的動物和植物。多細胞讓單一個體裡的細胞能夠分化；一個多細胞真核生物是許多不同形式細胞的集群，每個細胞都執行對集體有利的工作，知道對集體有利，就對個別細胞有利。一如細胞胞器和多細胞所展示，在大自然中，合作和競爭一樣，是一種驅動力，在無情的天擇遊戲中，提供選擇優勢。

如果有適當養分，幾乎所有構成人類的那一百兆個細胞都能自行新陳代謝、成長和分裂。每一個幾乎都夠格成為獨立細胞，然而，每個細胞也都整合在一個更大的整體裡。於是，一個自然人，就是在演化過程中的某一點上，一群可能自給自足的細胞，為了整體更大福利而合作，形成一個集群，而從這個集合整體所表現出來的人類意識，則是一種新特質，遠超過僅把各個部分加總起來的表現。

一開始，多細胞是自私和利他的奇怪混合。每個細胞，如果要把自己小家庭中的所有工作照顧好，就無法把任何一件事做到最好，而多細胞中的每個細胞並沒有這種負擔。例如，一群細胞可以專注於消化，而另一群則可能以生殖見長。第三群可能奉獻於能量取得，或光合作用，把自己排列在龐大的表面上（例如葉子），吸收足夠的陽光供給整個集合體能量，同時和周圍的生物爭奪取得太陽的空間。

大約在四億五千萬年前，很可能是因為過度擁擠和極度競爭的結果，一些植物從海洋環境移出到陸地上。有些生物被海浪沖到岸上，或是被暴風雨吹到陸地上，它們沒有死掉，反而適應了水分有限的挑戰環境，但這環境也有許多機會——未經水濾過的陽光和富含二氧化碳的大氣。第二幕到此結束。

當早期的植物散布到陸地上時，它們遇到充足的陽光，但由於離開海洋環境，它們不再浸泡於溶解的礦物質、元素和小分子的水中。它們必須從空氣中吸收二氧化碳，而且必須找到新方法來尋找和吸收養分，追逐光合作用所需的微量元素和水分。陸地上有灰塵、淤泥、沙、碎石和黏土，但沒有土壤。只有在陸生植物世世代代的生生滅滅之後，它們辛苦得到的礦物質和分子，加到岩石表面的惰性基質，花了數十萬年，才創造出土壤來。在數百萬年間，陸上植物成了地球上另一半行光合作用的生物。

現在陸地上覆蓋著土壤和蓄水池，看起來到處都是植物，為了爭取一絲陽光而用盡各種手段，愈演愈烈。用達爾文的話來說，在求生存的相互鬥爭中，競爭喜歡積極和創新。找出方法得到陽光的個體，以些微優勢領先其得不到陽光的兄弟株而得以生存。達爾文稱之為「生命的偉大戰爭」。競爭最激烈之處，達爾文在《物種源始》寫道：「在同類之間，幾乎全擠在相同的生態位置。」換言之，大自然最慘烈的戰爭一直是內戰，兄弟對抗姊妹、子女對抗父母。優勝劣敗。「每個有機生命……在其生命中的某段時期、在一年中的某個季節、在每一代或世代交替間，必須為生命而掙扎，並飽受大毀滅之苦。」在充滿同種植物的野地裡，站得比其他植物高一些者，將會以犧牲兄弟株為代價，長得很茂盛。

石炭紀始於三億三千五百萬年前，在此之前的某個時期，已經登陸的物種有某些子代的個體，短暫地把自己升起來，高出地面，偷走其兄弟的陽光而長得茂盛。要成功做到這點而不被風或浪掃掉，或不被其他努力模仿其成功方式的植物拉下來，它們就必須發展出堅固的莖和強韌的根。它們必須成為樹。

土壤中的家

雖然有些植物的種子，例如北美巨杉，喜歡充滿灰燼的土壤，但花旗松的種子可以休眠多年，等待氮或其他養分來回復土壤基底。氮是生命不可或缺之物，為構成核酸和蛋白質的元素，占我們身體重量的百分之二。氮在空氣中相當豐富，占了百分之七十八。但在土壤中，每百萬粒子只出現五個粒子；低濃度的氮是植物生長的最大限制因素。而在陡峭的太平洋海岸山脈，綿綿不絕的雨已經把諸如氮之類的養分沖離薄薄的土壤層。由於空氣中的氮不是活動很高的元素，因此，必須經過生命過程，轉變成氨或氮氧化合物，才能被生物吸收或利用。這個轉換過程稱為固氮作用。

在森林中，丁酸梭芽孢桿菌這類的細菌把空氣中的氮抓下來，固定到土壤中。這種細菌在攝氏八十二度就會被消滅，而花旗松休眠種子所躺的地表，火災時可輕易超過此溫度。梅瑟在《原始林》一書中，追蹤大火之後丁酸梭芽孢桿菌重回上層土壤的祕密路徑。

在地表底下深處，松露和各種真菌的子實體（fruiting bodies，真菌產生孢子的構造，也就是我們平常看到的菇菌部分）躲過了大火。細菌和酵母菌孢子就長在松露的表皮上。北美鹿鼠可能是北美洲分布最廣的囓齒動物，為雜食主義者；牠們喜歡吃種子，但也不排斥堅果、漿果、蟲卵和幼蟲，或菇類。牠們會做大型的種子儲藏室（北美鹿鼠在美國西南部所儲藏的松子帶有致命的漢他病毒，會造成四角病），這表示牠們對家有很強的戀土情結，例如牠們被火災趕走後，很快就會回來。然而，大火摧毀了牠們大部分的食物供給，包括牠們的種子儲藏室。於是，牠們在晚上匆匆地跑來跑去，挖起松露飽餐一頓（過得還真不錯），沒多久就排出顆粒狀的大便，上面帶著消化不了的丁酸梭芽孢桿菌。「於是，」梅瑟寫道，「被燒過的土壤，幾乎馬上就被森林中的小型哺乳動物，以從活森林中搬運過來的松露孢子、固氮細菌、酵母菌重新接種。」

「幾乎馬上」也許有些誇張，但並不過分。太平洋西北是北美洲最多種動物社群的家鄉，鼴鼠、田鼠、花栗鼠、土撥鼠、鼩鼱、老鼠和林鼠等數十種動物都跟花旗松森林有關，北美鹿鼠和這些小型動物忙著把貧瘠的木灰轉化成肥沃的土壤。有一份研究指出，土氏鼩鼱、流浪鼩鼱、北美鹿鼠和爬行田鼠這四種動物，在火災清理過的森林區域裡，特別活躍。但即使有一群食蟲動物和嚙齒動物的小型部隊來排便，大火之後，森林中的樹木可能要花五十年到一百年才能完成重生過程。

北美鹿鼠也喜歡吃花旗松的種子，它們碩大而營養豐富，而且落在空地上不太可能很久都找不到。我們這顆種子還滿幸運的。世紀大火冒出來的煙，讓大氣充滿了塵粒，而這些塵粒形成雨滴的核心，不出幾天，火後大雨在山谷那兒傾盆而下，灰燼溶於水中，然後滲入土壤。水流成河，數以千計的種子被大水從火災區沖出，順流而下。許多被沖到海裡，腐爛後就成了海中生物的食物。然而，我們這顆卻碰到了一個小型迴流，水道在一堆落石處突然轉向形成的小迴流，而種子隨著漩渦捲出到洪氾灘上，當大水消退後，就在此處安置下來。大雨不只沖刷土地，還清理天空，當雲消霧散時，太陽出來了，曬乾所有的雨水。

地球在繞行太陽的軌道上運行時，產生季節變化。最後溫度下降，而雨轉成了雪，因為我們種子所躺的高度，從十一月到四月，主要以降雪為主。大雪滿山滿谷，覆蓋了森林遺留下來的傷痕。現在只有矗立的木頭是黑色的，還有麋鹿和白尾鹿漫步所留下來的細緻腳印是黑色的，牠們沿著路徑快速往山下移動，那兒有好吃的牧草。

原始林

冰河撤退之後，百分之五十以上的地球陸地是森林——只要不是山、凍原、大草原、乾草原或沙漠，都有樹。全世界的森林占地一億二千五百萬平方公里，包括熱帶雨林、溫帶硬木林和北方針葉林。地球是綠色行星。樹木從大氣中吸收溫室氣體，並置換成復育生命的氧氣。它們把養分和氮貢獻給土壤，使其適合農耕。如果沒有森林，我們幾乎可以確定，地球上的生物還是以海洋生物為主。然而因為人類的活動，那些遠古留下來的森林很少不被破壞，而它們所保有的物種動，我們也所知甚少。有哪些脊椎動物、昆蟲、植物、真菌和微生物依賴原始林生存？當原始而複雜的森林社群被農業林，甚至次生林或三生林取代時，對氣候形態、沖蝕、風和太陽效應會產生什麼影響？南美洲、澳洲及紐西蘭、亞洲和歐洲的研究，幾乎才剛開始探究原始林及其特有物種的特殊性質，但強大的現代科技、爆炸成長的人口和消費的重度需求，以及全球經濟，卻正在消滅物種，有的物種甚至在還未被發現之前就絕種了。

在歐洲人來到太平洋西北之前，花旗松覆蓋超過七千七百萬公頃的山區和海岸棲地，從加拿大卑詩省中部南下到墨西哥，從東南方的喀斯喀山脊到威爾美和沙加緬度山谷，從海岸山脈頂上，下到幾乎觸及太平洋海岸線，那兒有一小片錫達卡雲杉、西部鐵杉和海岸紅木，把花旗松林和大海隔開。這是個相對年輕的生態系。在威斯康辛冰期結束時，差不多是一萬一千年前，氣候從極地氣候轉為溫帶氣候，迫使龐大的落葉林東移，並把溫和而潮濕的冬季和乾燥的夏季帶到西部，這種氣候很適合針葉樹。第一個移入的樹種是美國柱松，稱霸了數千年，直到氣候變得相當溫暖。然後花旗松取而代之，整個景觀被它們的樹冠、粗樹幹和密實的針葉占滿，在這新棲地上，完全勝過其他樹種——北邊的美國側柏和西部鐵杉；低地和山谷地區的太平洋紫杉和巨冷杉；南區的黃松、錫達卡雲杉、糖松、石櫟和太平洋瑪都那木（或稱楊梅）。總之，這些溫帶雨林的森林每公頃所支援的生物量比地球上任何生態系都要高。在這行星上的每個地方，樹木發展出不同的策略，利用其周遭獨特的氣候、地理和生態條件以求生存。

花旗松是先驅樹種，這表示它快速移動，有效進入沒有其他樹木的區域進行殖民，這特別有利於排除其他樹種，至少可在樹身長高以擋住陽光之前，排除其他樹木進入。接著，少數耐陰樹種可以在它們的枝幹遮蔽之下存活一陣子。但如果每隔幾年就來場清理大火，把附近的枯木和低矮灌木清掉以利其小苗生長，則花旗松會長得更旺。諷刺的是，鐵杉、側柏和冷杉等低矮樹種，也都是殖民樹種。它們在下面耐心地等待時機，直到那株大王樹長得太大了，超過其根系的負擔而倒下，然後，它們就可占據這塊地盤。

最早記錄花旗松的植物學者是十九世紀的自然作家繆爾。他稱之為花旗杉，然而，卻低估了命名學上的問題。花旗松並不是冷杉、或雲杉、或松，雖然常常被這麼稱呼。這就是為什麼花旗松的英文 Douglas-fir 中間加個連接符號的原因。該樹的學名 *Pseudotsuga menziesii* 也沒有太大幫助，*Pseudotsuga* 的意思是「假鐵杉」，而 *menziesii* 則是孟納氏的名字，他是溫哥華「船長發現號」上的皇家植物學者，當該船航行到北美洲西岸時，他採集到這種樹的幼苗。

對繆爾而言，花旗松是「目前為止我在所有森林中所見過最雄偉的雲杉，也是整個主要針葉區裡最大、最長壽的巨木」。雖然從他的南加州觀點來看，以花旗松為主的奧勒岡森林太密又太暗，而高山地區的花旗松林和糖松林則是稀稀疏疏的，而且

「在中午，沒有被太陽照到的森林地表只有百分之二十」，這簡直是天堂。「這種強壯的雲杉，」他寫道，「永遠那麼美麗，一個世紀又一個世紀，經歷了一千次的暴風雨，依然青春永駐，迎接山上的風雪，以及夏日和煦的陽光。」在歐洲人來到之前，花旗松林是原始林。

沒人可以明確知道北美洲在歐洲人來之前到底住了多少人，但考古學和DNA上的證據顯示，北美洲遠比哥倫布在希斯盤紐拉建立第一座絞刑台更早之前，就已經有稠密的人口、豐富的歷史和多元的文化。目前估計是十四世紀時，居住在新世界的人口已經高達一億一千兩百萬，其中有一千兩百五十萬人落腳格蘭德河以北。當時之所以有這麼多人住在太平洋西北，原因或多或少和今天許多人住那裡的理由相同：氣候溫和、漁產富饒、森林有豐富的動植物資源，還有山做為屏障，以防該大陸上其他地區的人覬覦此處。最近，沿海小島和洞穴地點等冰河時代末經冰河覆蓋的地區，有考古證據顯示，這些人的祖先並沒有像以前所假設的那樣，跨越白令陸橋之後走山路過來，而是更早之前就搭船過來，可能是來自波里尼西亞群島的原住民，和澳洲祖先的來源一樣。他們從海上過來。

大約這個時候，我們的種子就浸在陽光裡，旁邊有些掉落的石頭和岩屑，而阿茲特克帝國則正在建設首都特諾奇提特蘭，現在稱為墨西哥市。太平洋西北並沒有進行這麼大的都市計畫，但人口也算不少。沿海薩利什人分布於北到溫哥華島北方，南到哥倫比亞河之間的低窪地區，居住在小型的氏族村莊裡，每村約有三百人，維生的方式是在河裡捕鮭魚、海邊採集蛤蜊和蚵，以及貿易——每個村莊也是個商業中心。村子很小，但很多。每個村子約有一百戶。沿海薩利什人使用樹也尊敬樹，用美國側柏製造獨木舟、長屋和墓碑，因為這種樹夠大，但比花旗松容易砍伐，也比較軟，方便雕刻，最重要的原因可能是就它們長在海岸線。他們甚至用其樹皮做成夏季衣服，和波里尼西亞人一樣。岸邊的原住民文化，和全世界每個地方的人一樣，利用他們敏銳的觀察力，發現土地上的樹木有許多用處。他們用雲杉的根做籃子，用側柏做圖騰柱，用新折的赤楊枝條來燻鮭魚，用雲杉的樹膠來覆蓋傷口。這就是鮭魚-森林人。

華盛頓・歐文於一八三六年描寫（才接觸不久的）沿海薩利什人，他記載：「在他們的想法中，有一種仁慈而萬能的靈，是萬物的創造者。他們以各種快樂時的形態來描述他，但一般而言，他是一隻巨大的鳥。」當這隻鳥生氣時，閃電發自他的眼睛，而雷則是他在拍打翅膀。他們也談到第二個神，代表火，最令他們感到害怕。

這「大鳥」就是渡鴉。渡鴉有點像是會飛的土狼，是個騙子、變形者。渡鴉存在於印第安海達族說故事者兼藝術家雷德，以及詩人兼譯者布靈荷的作品裡，「在萬物出現之前，在洪水淹沒大地又退卻之前，在動物於地上走路、樹木覆蓋土地，或小鳥在樹叢中飛翔之前」，渡鴉偷走了光，交給天空。他從水獺那裡偷走鮭魚，交給河流流到海洋。而在大洪水退走之後，他發現，一具躺在沙灘上的巨蚌中，裝著一大群小小的、有兩條腿、沒羽毛也沒鳥喙的動物。他用低沉的聲音吼他們，而他們則匆匆忙忙地跑出蚌殼，傻傻地看著還不太習慣的太陽。他們就是最早的人類。

古巴比倫有一則關於渡鴉和洪水的故事。巴比倫人諾亞和諾比斯汀在大洪水來襲時，建造了一艘方舟。他想知道水是否已經退去，於是派鴿子去尋找陸地。鴿子找不到地方降落，就回到方舟。過了一陣子之後，諾比斯汀派燕子出去。燕子也找不到土地就回來了。諾比斯汀拿出一隻渡鴉放牠走。渡鴉飛走了，沒再回來。

現在我們知道為什麼了。渡鴉降落在太平洋西北的一處海灘上，並且忙著哄從蚌殼裡跑出來的第一群人類。西海岸的第一群人來自海上。

種子的周圍環境

當雪開始融化，我們種子下面的土壤變暖和，生命在裡面蠢蠢欲動。在此處，它有個伴侶：第一個搬進來的開花植物。雙色羽扇豆開始往斜坡上長，更接近之前的火場。因為種子的落點不像高處地區燒得那麼澈底，周遭的土壤也就不會那麼缺乏氮，而羽扇豆在缺乏氮的土壤裡卻長得很旺。那裡還有更多的普通火草，又稱柳葉菜，同樣是三公尺高的植物，分布於更北邊，首先在冰河撤退後所留下來的砂礫地定居：它喜歡火和冰。羽扇豆和柳葉菜在整個燒過的山谷裡長得很茂盛，但在碎石灘這裡，有一種較小而較少見的闊葉柳葉菜則長得很好。它的高度只有三十公分，但其粉紅四瓣花的色澤比高大的同類來得深濃。

繆爾於一八八八年走過奧勒岡州一處花旗松林下的空地，寫說他踏「入了一座迷人的野生花園，充滿了百合、蘭花、石楠草和玫瑰等，色彩鮮豔而花團錦簇，它們讓人工花園，不論多細心照顧，都顯得可憐而愚蠢」。我們可以合理假設，上面所提及的野花，有一部分早在一三〇〇年就帶頭長在我們那顆種子的周圍。所提到的百合可能是哥倫比亞百合，俗稱老虎百合，這一帶隨處可見，潮濕的森林裡和開闊的草原上都有。雖然要到六月之後，才能看到令人熟悉的帶著紅褐色斑點的橘色花瓣，不過其無莖的幼苗在四月下旬就開始穿出土壤。費城百合也是紅褐色斑點的橘色花，這區域裡也很多。

繆爾所看到的蘭花是搔首弄姿的模特兒。蘭花是植物中最大的一群，全世界有三萬多種。許多是腐生性，這是極為原始的蘭花，主要靠吸收腐敗植物的養分，因而不需要葉綠素。毫無疑問，繆爾所看到的蘭花是粉紅布袋蘭，又名鹿頭蘭，在巨樹常年遮蔭之下的苔蘚林地上非常多。布袋蘭引誘蜜蜂進入，停在其粉紅花朵大而噘起的唇瓣下部，一進到這裡，唇瓣上部就閉起來，把蜜蜂困在裡頭；當蜜蜂掙扎著想要脫困時，會猛然撞擊蕊柱，拾起花粉蓋，當牠脫困後，也許會將其送進另一朵花。

繆爾似乎發明了「石楠草」這個名詞，但石楠科植物包括藍莓、野蕎麥，和熊果等常見植物，是一種常綠灌木，把這個字帶到西方的歐洲商人和捕獸者又稱之為「沏泥沏泥」，這是印第安歐吉布威語「混合」的意思，因為其葉子乾燥後和菸草混合，可以在長途旅行中讓糧食放久一些。其莓子也可以乾燥後搗碎，混著鮭魚油下去炸，因此，沏泥沏泥這個名字，對住在海邊的沿海薩利什人來說，可能有點道理。另一種繆爾所描述的石楠植物：岩鬚，有著「極為纖細蔓延的枝條和鱗狀葉」，是一種小型植物，於七月「在冰河湖、草原和整個溼沼附近，散布著一條又一條搖曳生姿的可愛花朵」。而繆爾所說的玫瑰可能是一大群植物的總稱，從真正的玫瑰到野草莓、印第安櫻桃樹，或稱擬櫻桃，還有壯觀的假升麻，這些都是薔薇科植物，全都可以在冷涼、高海拔的花旗松林地裡發現。

這些開花植物不會傷害花旗松的種子。雖然當這棵樹長到幼樹高度時，它將不需要，也不能容忍遮蔭，但做為一顆種子，它需要保護，以免被太陽灼傷。和各種樹的種子一樣，它已經包含長成一棵樹所需的各種東西。它在脫離毬果前受精。它已經度過冬季的休眠階段。它是希望的容器，帶著執行生命新陳代謝程序所需的所有累積基因資訊。在一處落地生根，它必須從該處吸取生存所需的其他東西：來自空氣中的二氧化碳、來自土壤的水分和其他元素，以及來自太陽的光線。

它躺在土壤上，像把上膛的手槍。胚根、胚軸（胚的莖）和五到七片子葉，包在胚乳裡頭，以堅硬的外殼，或稱種皮，做保護。它有一整間屋子的食品儲存在胚乳和子葉裡，以碳水化合物的形態，帶著它度過發芽後的前幾天，提供成長所需的養分，直到成為幼苗開始行光合作用。

當春天來到山谷，兩隻渡鴉在一株完美無瑕的花旗松上落腳，位置比種子還要高，經常要飛下來到小河喝水。渡鴉具有無窮的吸引力。牠們是鴉科中體型最大者，這個族群包括烏鴉、松鴉和鵲，渡鴉雙翅展開超過一公尺，使得牠們比許多鷹類還大。牠們什麼都吃，包括冬天裡的樹芽，但牠們還是比較喜歡吃肉。牠們會搶奪其他鳥巢裡的蛋和雛鳥，尤其是在濱鳥群聚之處。牠們會抓一、兩隻走錯地方的北美鹿鼠。牠們花很多時間在海邊或河邊閒晃，只要是活的都抓，無一倖免。牠們整個秋季都加入鮭魚潮，把擋在前面的白頭海鵰擠開，並以牠們的喙部翻動石頭找魚卵吃，魚卵裡頭包著能量和營養。牠們用樹枝做成雜亂的鳥巢，建在懸崖邊或最高的樹上，而花旗松實在也是夠高的了，但牠們用威脅的眼睛盯著地上，尋找食物。牠們沙啞而低沉的叫聲是各種歌劇技巧的一部分，變化多端令人驚喜，包括低鳴聲、哀嚎，和旋律優美的咯咯歌聲，這個鳥類中的路易阿姆斯壯突然唱出像平克勞斯貝那樣的低沉歌聲。

牠們的聲音絕對是最大，但畢竟不是山谷裡唯一的聲音；渡鴉是交響樂團裡的銅管組，而更細膩的音符則由斯溫氏夜鶇、綠鵑、黃色林鶯和其他春季回來的候鳥擔綱。這裡的黃色林鶯是阿拉斯加變種，是聲音高吭的北方亞種一員，在飛往阿留申和阿拉斯加狹長地途中路經此地。牠們吃東西時像個緊張的觀光客，避開開闊空間和大樹，而在河床旁和火災後的新綠處周圍低矮的闊葉灌木林中覓食。牠們匆匆地在枝椏間移動，跳過來跳過去，以神奇的速度啄食大小蜘蛛，牠們的鮮黃色調在陽光中閃閃發亮。

一隻黑白雙色的北美黑啄木鳥看起來令人吃驚，宛如一隻正在飛行的化石鳥，也許是始祖鳥，羽毛又神奇地長出來了。牠展示出對木蟻的無限專注，但這並不妨礙牠吃樹皮小蠹，在東方，這一科的昆蟲是致命的荷蘭榆樹病媒蟲。在此地，牠們以花旗松蠹蟲這個不吉利的名字做為代表，這是一種背部黑亮的小甲蟲，特別喜歡曾經被火輕微傷害過，或因夏季過度乾熱而削弱抗蟲害能力的健康花旗松。母蟲於春季鑽透樹皮，進到樹的形成層，吃出一條產卵通道，可能長達半公尺，並把卵產在裡頭；幾星期後卵就會孵化，白色幼蟲一路津津有味地吃著，形成一條新的進食通道，直到牠們在秋季鑽出來，成為成蟲。北美黑啄木鳥以爪子抓住樹皮並用尾巴把自己撐住，頭轉到一邊，好像在傾聽進食的聲音。在此同時，牠還時時留意冷杉吉丁，其母蟲並不挖進樹裡，但會把卵產在樹皮的裂縫中，而北美黑啄木鳥很容易就可以看到牠們古銅黑色的甲蟲狀身體在太陽下閃閃發亮。

植物學之誕生

古希臘人懷疑，樹有很多部分是無法用肉眼看到的，其中一位古希臘人，他的觀察紀錄一直保持至今，他就是林奈尊為植物學之父的泰奧弗拉斯多。西元前三七一年，泰奧弗拉斯多生於萊斯沃斯島，即今日的麥特林。泰奧弗拉斯多年輕時就被送到雅典向柏拉圖學習。亞里斯多德死後，泰奧弗拉斯多不只繼承了他創立的學園和其廣大（而且是第一座）的植物園，還繼承了亞里斯多德的私人圖書館，一般人認為這是當時希臘最大的圖書館。泰奧弗拉斯多的二百二十七篇植物學論文和《植物史》及《植物本原》二書，幾乎可以確定是摘自亞里斯多德本人對植物之功能、生理和意義的觀察。

泰奧弗拉斯多把這些觀察加以改善並擴充。他很少會放心地接受，而是仔細檢驗他所接觸到的資訊，不論資訊是來自最基層的切根人（供應藥用植物給雅典藥師的根部採集者），或是來自大師自己。例如，亞里斯多德推測，樹被毀壞之後還可以繼續活著，因為它們含有某種「生命原」，存在於樹的各個部分，而且由於這種普遍的生

北美黑啄木鳥

命力，它們永遠是「一部分死亡，一部分誕生」。但對亞里斯多德而言，樹主要是哲學上的觀念；他談的不是某一棵特定的樹，而是在柏拉圖洞穴牆上晃動的「理想樹」影子。亞里斯多德並不是現在所謂的田野科學家。

泰奧弗拉斯多則是。他走到外面去看樹。他把樹挖起來檢查它們的根。他解剖種子和果實。他把它們分門別類，分成喬木、灌木和草本植物，並談到，有些樹長在山區（他提到冷杉、野松、雲杉、冬青、黃楊木、胡桃和栗樹），有些樹則喜歡長在低窪地和平原：榆、櫸、楓、柳、赤楊和白楊。他相信松和杉在南面向陽的坡地長得很茂盛，而硬木樹則在山的遮蔽面長得比較好。他看到長在冷涼地區的落葉樹，其樹幹筆直無分叉，而在充分日照下的樹偏向於分成兩、三枝樹幹，於基部相連接。

雖然泰奧弗拉斯多因為看到樹受傷後自我修復的能力，甚或可以離地生存的能力，而接受亞里斯多德的生命力說法，但他還是去檢驗這種力量如何傳送到樹的各個部位。他認識到根是「樹木吸收養分的部位」，而莖則是導管，把養分傳送到葉子。他想不出來葉子有何用處，並且懷疑樹葉到底是真正的器官或只是附屬物，但他描述了數百種葉子，以其形態做為區分出不同物種，或是把乍看不一樣的植物歸併為同種的方法。他寫到種子發芽和幼苗發育的部分，正確判別出種皮裡的胚根先長，然後才是根。泰奧弗拉斯多是真正的田野觀察科學家，而他在植物學上的權威，一直延伸至中世紀，甚至更久；在此同時，我們那棵樹正要開始它的生命，吾人今天對植物形態學之了解仍然和泰奧弗拉斯多差不多，可能更少。

第二個希臘偉大植物學家是迪奧斯科里斯。他大約於基督年代生於地中海沿岸的西利西亞，為羅馬軍醫；大約西元五十年，也許是在埃及，他使用現在已經消失的亞力山大圖書館。他的唯一著作《藥物論》探討六百多種植物的藥學特性，該書似乎是做為醫師甚至於一般市民的指南，而不像泰奧弗拉斯多那樣的學術著作。迪奧斯科里斯在告訴大家植物藥的製備及最有效的應用方式時，對植物為什麼會有療效並不怎麼有興趣。

許多迪奧斯科里斯的草藥仍沿用至今，包括：杏仁油、蘆薈、顛茄、爐甘石、薑、刺柏、馬鬱蘭和罌粟等。他也描述提煉自動物和礦物的藥。迪奧斯科里斯的著作據引述，一直到十七世紀都是草藥上最權威的著作，即使是北歐的醫生，雖然他們附近很少有書中記載的植物，卻也都參考此書。《藥物論》在藥界之地位，一如《聖經》之於宗教界。該書有數種拉丁文翻譯，一直是主要的參考書；一三〇〇年，義大利自然史學家達班諾在巴黎講授迪奧斯科里斯，後來又回到帕度亞，熱情地擁戴迪奧斯科里斯所堅持的理念：尋求所有自然現象的自然原因——事實上他熱情到被控訴為異端邪說，因為他質疑基督誕生的神蹟，雖然他在審判前就過世了。他的命運不只顯示科學和宗教間的分歧愈演愈烈，還顯示出，只是單純研究植物，竟然會對毫不相干的事務造成這麼廣泛的衝擊。達班諾死於一三一五年，四十年後，他的著作受到譴責，而他的屍體則被挖出焚毀。

在野花新葉的遮蔽下，這顆種子開始進行煉金術程序，吸收空氣中的基本元素、陽光和水，並轉化成生命。它的開始過程，只需要一點點溫度和濕度，這在太平洋西北普吉谷的向南坡地的定義裡，就是春天。

第二章　生根

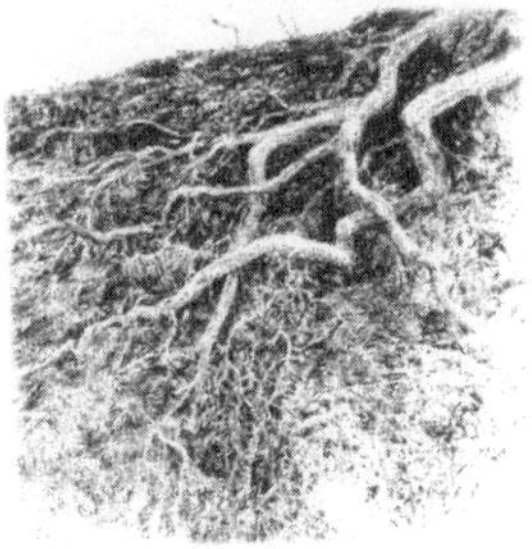

我是風之聲
也是浪和樹
的力量來源
欲念堅定卻無定向

——羅伯茨〈原住民〉

我們那顆種子落腳的向南坡地高處，水分、溫度和氧氣都很充裕。種子四周是忙碌的生活。從林地裡鑽出來的昆蟲，宛若被陽光照亮的灰塵粒子，在天空穿梭過樹頂的銀灰日光中，快速地閃著。空氣中充滿了牠們的振翅聲。羊齒蕨像某種神祕的蛇，開始張開捲曲的線團，伸展成龐大的葉子。有幾區的奶油木開始冒芽；它們會長到

三、四公尺高，而它們長長的枝條則已經懸滿香甜多汁的奶油色花朵。花旗松林裡的生命不僅豐富，還很壯觀。

現在，我們的種子已經完全醒來，其體液開始流動，引擎發出低吼聲。胚根在外種皮裡蠢蠢欲動。這是這動植物最先長出來的部分，穿過種皮的一個小開口，或稱珠孔。它戴著根冠，這是一頂寬鬆的細胞硬帽，當根部穿入粗糙的土壤時，保護其脆弱的根尖不受傷害。根的生長方式是在根冠後面進行細胞分裂以增加自己的數量；根裡面的細胞還分化成特殊形態的組織。其中央，或核心，含有木質部，這種組織係由眾多相互連接，細長而中空的細胞，即管胞所構成。每個管胞的兩端皆封住，像個小膠囊，具支撐和運送水分的功能，從根壁，或內皮層，進入木質部。水分經由管胞牆上的小孔滲入，然後傳給上面的一個管胞，如此輾轉相傳到植物的其餘部分。

我們尚未完全了解水分在樹裡面的傳輸機制。一棵長成的大樹，管胞柱可以從根部延伸到樹頂，把水分升高到離地一百公尺以上。在細管子裡，水分可以被表面張力拉上來，稱為微管作用，但這個過程，只能讓水分上升數公分而已。滲透作用，水分從較稀的鹽溶液移向較濃的鹽溶液，解釋了水分從土壤進入根細胞的拉力，但如何從根部拉到葉子或針葉則依然神祕莫測。當前最受流行的假說是，葉子上的蒸發作用在其後面產生了一個真空部位，而這個真空部位經由木質部把水吸上來。可能還有水泵機制，主動推拉水分子。當木質部束被刺穿（例如被穿孔蟲刺穿），空氣就跑進去了，而這一束木質部此後終其一生將停止運送水分。

第二種組織是韌皮部。韌皮部很像木質部，但為篩胞構成，篩胞也是沿著根系端端相連；篩胞和木質部的管胞行使類似的功能，但其內部的液體可以雙向流動，把儲存在子葉裡（以及後來從闊葉或針葉製造出來）的養分，下傳到根部。管胞和篩胞是摩天大樹裡上上下下的升降梯。

祕密生活

我們的樹已經開始過它的祕密生活。至少，對我們而言是神祕的，因為，經過千年來的研究，我們對樹還是有很多問題不了解。有些是實體性的問題——譬如說，它產生多少種荷爾蒙。但還有一些非實體領域的疑問。樹是一個獨立的個體，抑或要透過與其他動植物個體的結合，才能達到其真正的天性？科學家猜測，二者皆有可能。

樹是社群生物，有時候，甚至達到共產主義的程度：它們以一大群的方式一起生長，好像是為了舒適或保護。它們和附近其他的樹建立關係，包括異花授粉的性關係，甚至還會和同種及不同種的樹溝通；它們為整體利益而運作，其方式有時令人嘖嘖稱奇；它們會像人類為了食物而種豆子一樣，與其他的物種形成共生關係——即使其他物種和它們的關係相當疏遠，屬於不同目。「樹是社會生物，」英國文學家符傲思在《樹》一書中寫道，「更甚於我們人類，相較之下，孤立無援的水手或隱士更像個與世隔絕的怪胎。」要了解一棵樹，我們就必須了解整座森林。

但有些樹是孤立無援的水手。一八六五年，當馬克吐溫於優勝美地國家公園東邊，加州的夢娜湖裡，駕著獨木舟划向湖中央的火山島時，他發現一處景觀，被一再噴出的火山完全毀滅，「除了灰和浮石之外空無一物，」他寫道，「我們每一步都陷到膝部。」他從未見過比這更荒蕪、更沒有生命的地形。島中央是「淺而廣闊的盆地，上面鋪著一層灰，還有東一堆、西一堆的細沙」。然而，活火山還有蒸汽噴出，在那附近，他發現「島上的唯一一棵樹，一棵小松樹，有著最優美的樹型，完全對稱」。實際上，該樹因為靠近火山而獲利，「因為水氣不斷地飄過枝條，使其常保濕潤。」有關生命的堅持和生命的自食其力，再也沒有比凶惡盆地裡的那棵孤松更具說服力的見證了。

樹，雖然喜歡交際，卻也相當地個人主義，因此，在其一生中，終究會碰到生死攸關的抉擇，它將毫不思索選擇對自己生存有利，或對其子孫生存有利的方向。在面對生存問題時，樹是個封閉系統。由於一開始就很幸運，降落在有利生長的情境裡，每棵樹都已經，或能夠，為自己取得向簡單而特定目標邁進所需的所有東西，其目標就是活得更長，也夠健康，足以產生後代，把其部分遺傳物質攜向未來。森林並不只是一堆樹而已，它是許多生物的社區。但裡面的每個個體能夠以符傲思所謂「個體有別於群眾」的方式突顯自己。從花旗松的觀點而言，群眾就是被火處理掉的那些植物。

樹是社群的一部分，但樹本身也是個社群，包含不同部分——根、莖、枝、針葉、毬果、內面樹芯和外層樹皮。樹之所以能自給自足，乃是靠著一套長期發展出來的網絡，把各個成員聯結起來，其間的聯繫則或疏或密。它不只要把水從地上運到葉子，把養分從葉子運到根部而已，其他的化合物也要有效移動，甚至還要比水及食物的移動更有效率。

例如一株成熟的花旗松要花三十六個小時，才能把水分從根部送到樹冠；而驅趕入侵昆蟲或治療折損枝幹的化合物則必須更迅速就定位。人體的各個部位有許多系統負責交通和資訊傳遞：中樞神經系統、交感神經系統、淋巴系統和免疫系統。樹比人類更早出現，事實上，遠比哺乳類更早。地球上，樹的種類比哺乳動物種類還多；其實，蘭花的種類幾乎就和哺乳類動物的種類一樣多。而且，樹還演化出一套屬於它們自己的複雜系統，以管理生長、生存、修復和防護等功能。泰奧弗拉斯多猜測樹的脈管裡流著「生命原」，這並沒有錯得很離譜；而英國植物學家格魯於一六八二年所寫的書《植物解剖學》中寫著，花粉「落在種子箱，即子宮上，以多產的精力和生命氣味碰觸之」。這也不離譜。樹如何產生樹？這二位作者都試著表達出他們感受到的神祕內在生命力，但我們一直要到最近，才真正開啟一扇窗，得以一窺這股力量。

樹的神祕系統中，第一個經由科學驗證出來的「生命氣味」就是生長素，即植物生長荷爾蒙，刺激細胞分裂、擴大和分化。偉大的德國植物生理學家及理論家薩克斯最先證明植物種子以澱粉形式儲存養分，而這澱粉，正是光合作用第一個吾人可以察覺的產物，而且，在根的形成當中，細胞擴大比細胞分裂還重要。他在一八六五年指出，負責形成花和種子的「形成特殊器官的物質」，乃是在葉子中產生。雖然他無法成功地分離出，甚至找到這些物質，但他的影響非常大，讓一整個世代的植物科學家去尋找這些物質，最後終於證實了他的預測。

一九二〇年代，一群由荷蘭植物學家文特領導的荷蘭烏特列芝大學研究人員終於說，我發現了。烏特列芝大學一開始想要了解的是植物的「向性」觀念——研究植物為什麼會對各種外界影響產生反應的原因，例如光（向光性）、水（向水性）和重力（向地性）。他們感到很奇怪，為什麼植物的根從種子長出時，即使種子在地上是上下顛倒，卻總是往下長？傳統的理論認為根有向地性——其重量把自己往下拉。但如果是這樣，那麼，他們推論，是什麼因素造成根不再往下長，而開始水平生長？雖然大多數的樹，包括花旗松，中央有個胡蘿蔔似的主根，但百分之九十以上的樹根系統是在地表四分之一公尺的範圍內水平伸展。而且，如果植物具有向地性，那麼，是什麼因素推著植物的莖部抵抗重力，一直往上長？

烏特列芝學院發現，植物的器官，特別是葉和芽，會產生荷爾蒙（生長素），在韌皮部裡隨著養分從莖部往下移動，而集中到需要細胞快速生長的區域。像我們這樣的幼樹，種苗開始顯現生命跡象，這些地方就在根冠後頭及胚幹，即胚芽中。

來自種皮的生長素會往下移動到根軸，也會進入幼胚幹，但它們並不會平均分布於各部位的細胞間；因為它是大分子，受到重力影響，而集中於下半部，就好比沙混著水，在水平的管子中移動。接著生長素的三項特性開始發生作用。首先，適當濃度的生長素會刺激細胞分裂和生長，但濃度太高會抑制生長；其次，影響根部生長所需的濃度遠低於莖部所需之濃度；第三，陽光會降低生長素促進細胞分裂的能力。這三項特性合在一起，解釋了何以根總是往下長，而莖卻向上長。集中在根的下半部的生長素，其濃度高到足以抑制對生長素敏感的細胞之分裂；從而，生長素含量較少的上半部就長得比下半部還快，於是根就會向下彎。同時，累積在樹苗胚芽底部的生長素會刺激生長，但落在胚芽上半部的陽光會抑制生長，所以胚芽就向上抽。結果，種苗的根往下長，而莖則朝向陽光上升。隨著種苗之伸展，生長素的分布就變得更為平均，所以莖就變得筆直了。

植物荷爾蒙有許多種化學態。一種是吲哚乙酸，果農用來噴灑果樹，促進均一生長。乙烯是另一種荷爾蒙，用來加速果實成熟。而合成除草劑 2, 4-D 是另一種生長素，會殺死某些闊葉植物而保留其他植物。類似的生長素 2, 4, 5-T 則含有戴奧辛，這種化合物會導致人類流產、畸形兒和器官病變；2, 4-D 混合 2, 4, 5-T 稱為橘劑。

數個世紀以來，自然哲學家一直在苦思生命活體和無生命物質之間的差異。生命和非生命之間有什麼區別？我們都已經知道，生命是由無生命的分子凝聚而成。生機論者相信，活體中有某種生命力，某種實體物質讓無生命的東西具有生命，而死亡時這些物質就跑走了。他們秤活生物的重量，殺死生物，然後再秤，企圖證明生命力是一種物質，可以偵測。事實上，空氣經常被聯想成精神，因為，沒有空氣就沒有生命。英文中還存著這樣的感覺：inspire 是吸氣，但也有鼓勵創造的意思；而 expire 則兼有呼氣和死亡的意思。

早期的化學家知道，生命的基礎是蛋白質、核酸、脂肪和碳水化合物的分子——都含有碳。他們假設只有活生物才能製造這些複雜的碳基分子，這個假設一直到一八二八年才被德國化學家哈柏推翻，他用銨和氰酸鹽合成尿素，一種存在於尿液裡的有機化合物。幾年之後，他的學生柯爾柏則製造出另一種有機化合物，醋酸。顯然試管化學可以複製生命的化學反應過程。

當牛頓（一六四二－一七二七）在光學和重力上的研究，造成物理學革命時，他把宇宙視為一個浩瀚的機械結構，一具大型時鐘，科學家可以分析各個零組件的方式來探索。他開啟了新的科學方法論，稱為化約主義。根據這種方法的假設，對大自然一點一滴的研究成果，可以像拼圖遊戲一樣，最後拼出全貌，解釋宇宙的運作方式。化約主義在取得及檢驗大自然資訊上，是個有力的工具。但是當科學家研究過活生物的零件後，他們發現零件本身也是由零件所組成——分子，而分子又是由原子組成，最後，原子是由夸克所組成，（目前為止）夸克是所有物質無法再分割的結構。在夸克層次，生命和非生命根本無法區別。這個最基礎的結構，並不能讓我們了解發育、分化或意識等複雜過程的全貌。因為如此，現代生物學和醫學遂與假設「見微知著」的化約主義分道揚鑣。誠如古生物暨演化生物學家古德所言：「生物絕不只是基因的混合體，它們自有一套歷史，別具意義。生物體的各部份以複雜的方式互相影響、交互作用。」現代生物學和醫學繼續採用化約主義的假設運作，檢驗各種片段，他們相信最後可以拼起來，解釋整體。

生命本身就是化約主義的反證，見證了整體大於個體的加總。還有，生命和非生命在外觀上的差異顯示，如果物質的最終粒子裡沒有生命力或精神存在，則生命必然是來自各個非生命零件之間的互動集合，一種產生呼吸、消化和繁殖這類突現特質的綜效。

神奇的真菌

「我們現在已經抵達，」大仲馬在一八六九年的《美饌大辭典》裡寫道，「美食家的 *sacrum sacrorum*，念這個名字，老饕無不傷透腦筋——這是 *Tuber cibarium*、*Lycoperdon gulosorum*，也就是松露。」

他接著談到，要寫松露史，免不了要涉及文明史，這就是他接下來所做的事。羅馬人已經知道松露，他說，但希臘人更早之前就開始吃松露了，由利比亞傳入。似乎松露的熱潮從未退過。當英國遊記家及《林木誌》作者艾夫林於一六四四年到法國旅遊時，他在道藩省那站的遊記裡寫著，「（雖有其他美食，）一盤松露，令人回味無窮，這是某種地果，以訓練過的豬去找，可以賣得極好的價錢。」

大仲馬所說的 *Tuber cibarium* 其實是真正的美食柱松露，但他所謂的 *Lycoperdon gulosorum* 則可能是芽狀馬勃，形狀如球，常常被誤認為松露，未成熟時可食。松露挖出之後（只有母豬能接受這種訓練），這種菇不是用鵝肝調味，做成鵝肝派，就是以各種誘人的方法烹煮。松露不只是一種時尚；在歐洲，松露已經成為法國文化的優越象徵。而且有人認為松露具有壯陽效果，直接和著生蠔吃。「時髦的好色男人，」一名十五世紀的義大利名流寫道，「在做愛之前吃松露開胃。」結果，松露的確可以刺激性欲，至少對母豬有效：現在已經知道它們所含的男性荷爾蒙，雄性固酮是一般公豬的二倍，因此，當母豬用鼻子把松露挖出來時，牠們大概覺得要翻雲覆雨一番，而非飽餐一頓。

子實體具有強烈雄性荷爾蒙味道，是真菌繁殖策略的一部分。松露裡塞滿了孢子，當孢子成熟，可以釋放到空中時，這對長在地底下的生物而言是高難度的技巧，於是松露就釋出雄性固酮費洛蒙，而森林裡的熊、豪豬和老鼠等雌性動物，不必訓練就會跑來，把松露挖出來吃掉，然後把孢子排泄出來，孢子有堅硬的外殼保護，安然通過動物腸胃，沒被消化掉：發射完成。

到了十九世紀末，普魯士國王要真菌學家哈奇想辦法在國內種松露，以對抗自法國進口的野生松露。哈奇像古生物學家挖掘一堆錯綜複雜的骨頭一樣，仔細地挖地底下的真菌系統。他發現真菌的親代並不只是長在土壤裡，它們還把自已附身在附近大樹的完整根系上——在本例中，主要是櫟樹。真菌和樹根其實是互相長在一起，看起來幾乎就像是單一的生物。哈奇稱這種複合生命體為菌根，這個字的原文是真菌和根的意思。他仔細思考這種特殊合作的特性；除了松露和食用菌之外，人類和真菌的關係一向是敵對的。我們將之和腐爛與疾病連在一起，而事實上也是如此。除了像香港腳、酵母菌感染和頭皮屑等各種真菌所造成的小毛病之外，有的真菌還是三種肺炎、一種腦膜炎的元凶。而植物有許多病也是真菌入侵所造成。我們的直覺認為，植物的根被真菌「感染」之後將會生病、死亡。但在菌根的安排方式下，雙方互蒙其利。

一八八〇年代，法國科學家繆升延續哈奇的研究，繆升的興趣在於植物呼吸和根部發育。繆升觀察到，某些真菌似乎和特定植物有特殊的親和性；有些只有在樹根，而有些則似乎喜愛草本植物。幾年後，另一名法國植物學家諾埃爾在研究蘭花的繁殖時，讓菌根關係往前邁進了一大步，他斷定，所有的蘭花都靠真菌提供養分——換句話說，和這個最古老的植物後裔所建立的菌根關係是不可或缺的，因為如果沒有真菌這個夥伴，蘭花就會枯死。

現在吾人相信，幾乎所有的菌根關係，如果不是不可或缺，就是一種常態；不需要真菌夥伴的植物種類很少，而有真菌夥伴的植物則長得更好；不過，這種依存關係偶爾會造成反效果。彼得．渥雷本在《樹的祕密生命》中提到，在他的德國家鄉，每當森林裡有一棵花旗松遭閃電劈倒，方圓十五公尺內的所有花旗松也隨之死亡。他寫道：「顯然，周圍的花旗松和那棵直接受害的花旗松彼此相連。而那一天，其他幾棵花旗松接收到的不是維生糖份，而是致命電擊。」加拿大森林研究員希瑪也觀察到類似的「地下連通性」：她發現，在清理林地時，若大量砍伐紙樺樹（北美白樺），會使花旗松的數目連帶下降。

化石證據顯示，這種相互依賴的關係，四億年前就存在了，就在第一群入侵陸地的植物。梅瑟寫道：「事實上，陸地植物可能發源自海洋真菌和綠藻的共生體。」因為登上陸地的海洋植物沒有自己的根，它們必須利用真菌來獲得足夠的水分和礦物質，才能在乾燥的陸地上生存。而對真菌來講，它們需要植物行光合作用產生的食物。

真菌大約有九萬種，它們因為沒有植物所擁有的葉綠體，無法自行製造食物。然而，它們還是需要糖這種形態的能源才能繁殖，於是菌根菌就入侵活植物的根部，從寄主植物那裡擷取糖分。事實上，它們所擷取的糖分非常多，足以擴展成巨大的面積。如果故事就是這樣，那麼真菌就是寄生生物，而樹最後會死亡。但真菌以互惠原則換取利益；為了回報它們從樹所拿到的糖分，它們龐大的菌絲網絡為樹木根系提供礦基裡根系達不到或吸收不到的水分和養分。

樹定著在最初種子掉落及根所長出的地方，命運就固定在單一落點上。此後，樹就無法逃避掠食者和害蟲，無法到其他地方尋找食物，也無法遷移到更有利之處。其擴張之根系，必須找到水分和溶解的養分，同時還要支撐不斷成長的樹身，以抵抗風、雨和洪水。根的效率端視它們穿入土壤的距離以及和地下物質接觸的表面積而定。真菌菌絲所形成的墊子大幅提升樹所能探索到的土壤量。它吸收水分並傳給樹。菌絲還比樹根更善於吸收土壤中的關鍵養分，諸如磷和氮等，它們用這些養分和樹換取糖分。它們會分泌酵素分解土壤中的氮，有時甚至還會殺死昆蟲，吸收昆蟲遺體中的微量元素，然後傳給樹。

真菌／蘭花的關係是內生性的，這表示真菌實際上是侵入並長在蘭花塊莖的細胞裡面。和真菌具有內生菌根關係的植物將近三十萬種，但其菌種只有一百三十種。真菌／樹的關係是外生性的。因為名為菌絲體的菌絲複雜網絡，形成一張覆蓋物，包在根的外頭，就像一層紗似的，並且填補根部外皮細胞間的空隙而沒有逕行穿入，形成所謂的哈氏網。誠如洛馬在《隱祕的森林》中所說的：「真菌學者現在相信，菌根菌有效地讓樹根和土壤的接觸區域增加一千倍以上。」而在這個區域裡，菌絲的量極高。從菌根體取出的土壤，一公升中含有長達數公里長緊密分布的菌絲。只有二千種

菌根菌

植物是外生菌根，但它們合作的真菌約有五千種。

菌根菌提供龐大的彈性給寄主樹，使其能夠面對乾旱、洪水、高溫、貧瘠土壤、低氧和其他可能的壓力。研究顯示，真菌甚至會保護樹木免於被其他可能有害的真菌侵入：例如，當赤松接種了菌根菌卷邊椿菇之後，卷邊椿菇會產生一種抗生素殺菌劑，讓此樹對根腐病鐮胞菌的抵抗力增強為二倍。真菌讓供應其糖分的樹保持健康、快樂，因而能繼續產生糖分，這麼做很值得。

和花旗松發生外生菌根關係的真菌有二千種以上。一棵樹可能有許多種不同的真菌附著在根系的不同部位，尤其是在根伸展到不同形態的土壤時。有些真菌只和特定的樹種合作。例如，乳牛肝菌，又名彩色乳牛肝菌，是一種紅棕色的菇，幾乎只長在花旗松下面；這種菇可食，雖然產季末期會變得有點黏黏的。紫色的紅蠟蘑也是花旗松樹下的一部分，雖然也見於其他松樹或木本植物下面。

植物和真菌間，關係最罕見的可能是水晶蘭，和附著在其根上的牛肝菌。水晶蘭是一種開花植物，生長在北美洲各地，包括太平洋西北的濕潤林地上——我們這株樹附近就有好幾棵，它們淡粉紅色的莖和彎曲的頭部，從林表落葉層探出頭來，好像一隻隻蒼白而傷心的蟲子。因為它們本身沒有葉綠體（成熟時轉為黑色），便無法產生糖給自己和菌根夥伴使用，然而牛肝菌卻還活著。原來是附著在水晶蘭根上的真菌同時也附著在附近針葉樹的根上，例如花旗松；牛肝菌從針葉樹吸出養分並直接傳給水晶蘭。沒人知道水晶蘭貢獻出什麼東西給牛肝菌或花旗松。它可能毫無貢獻；果真如此，這是自然界鮮少見到的白吃午餐。

來自肥沃的土壤

觀念和樹一樣，需要有肥沃的土地生長，然後，成熟所需的時間，幾乎與花旗松一樣長。十三世紀上半葉期間，歐洲在神聖羅馬帝國腓特烈二世的諭示下，開啟了科學思想革命。在黑暗時代，古希臘的作品已經流失或被教會所禁，而羅馬思想家對科學學習上的進展，貢獻極微。在腓特烈二世的統治下，希臘文章又再度被發現，譯成拉丁文，供愈來愈多的識字民眾研讀。這些作品包括亞里斯多德、歐幾里德、托勒密、阿幾米德、迪奧克萊斯和蓋倫等。他們還研讀並討論阿拉伯人的藥學、天文學、光學和化學作品，主要是靠拉丁文翻譯。在羅馬教會的壓制下，一千二百多年來，教會所允許的「科學」文章主要是拼拼湊湊的百科全書和藥典，像迪奧斯科里斯那本一樣——列了許多從未在地中海北部見過的藥用植物。自然科學突然在十三世紀期間爆炸，成為流行思潮。

在腓特烈二世統治之下，雅伯圖斯是廣受尊崇的學者，或稱大雅伯，當年，煉金術和占星術為可以合法研究的科學，他在法庭中被尊為魔術師。他的著作《草木誌》於一二五〇年出版（正好是腓特烈二世過世那年），是迪奧斯科里斯《植物誌》的評注，而一般相信，迪奧斯科里斯的《植物誌》乃是改編自亞里斯多德的作品。雅伯圖斯的作品中生動描述希臘人不知道的本土植物，裡面還有一些與原著作者看法不同的親自觀察。他推崇好奇心和經驗（拉丁文為*experimenta*），認為這是科學研究的二大支柱。他解剖樹木，宣稱汁液是以特殊的管子從根部運到葉子——就像血管，他說，但沒有脈搏。

當雅伯圖斯於一二八〇年去世時，腓特烈二世已經死了三十年，而愛德華一世則是英國國王。在愛德華一世統治下，英國最有成就的科學家是培根，他生於一二一九年，並於一二四〇年拿到牛津大學碩士學位。畢業後，他成為方濟會一員，有一段期間在巴黎教授亞里斯多德。

培根和雅伯圖斯一樣，讚揚他所謂的「實驗科學」美德，對自然現象的實質研究，而非仰賴抽象推理或接受他人的智慧。而且他和達班諾一樣，駁斥權威，因而和教會爆發衝突——晚年被他的方濟會監禁於巴黎，罪名是「奇技淫巧」和「危險邪說」，這些思想或許是來自他所敬仰的阿拉伯哲學家阿威羅伊，阿氏在亞里斯多德的基礎上宣揚普遍理性的思想，但否認人的靈魂可以永生。但培根讓歐洲往前邁進一步，脫離黑暗時代，不再盲目信奉教條，不論是宗教上或科學上的教條。「作者發表許多論述，」他堅稱，「人們竟透過推理而非自己所建構的經驗就相信他們。他們的推理完全是錯的。」

就像我們這棵樹首次嘗試性地探入土壤中，科學界也開始以新方法來探究神祕的大自然。

從地下長出來

在夏季溫暖的土壤裡，這株樹的嫩根建立自己的外生菌根關係，而莖則開始搖搖晃晃地向上長。種皮並未完全脫掉，戴在頭上，就像一次大戰時飛行員的頭盔。幼葉剛開始只是一小點，最後會長成針葉，但現在還要靠儲存在胚乳和子葉裡的澱粉提供能量。當儲存的能量用盡時，子葉立刻脫落，接著莖必須長出針葉，以維持對根部和真菌夥伴供應食物。

莖的內部結構和根非常類似（木質部和韌皮部包在表皮裡面），除了莖的外層不透水，而根則必須透水。儘管還只是生命初期的單薄、灰色樹皮，但畢竟還是樹皮。成熟的樹，基本上是死掉的心材，外面包著十到十五年壽命的邊材，裝在一層稱為形成層的活組織裡。當新管胞在內樹皮底下形成時，老細胞就會死亡，而樹的直徑也會變大。想像蠟燭被熱蠟愈滴愈厚的情形。在樹的情況，新一層的熱蠟就是形成層，而冷卻的那層蠟就是心材，也就是早先生長的那幾輪。如果我們在這棵樹十公尺高時釘上一根釘子，當樹完全長大時，這根釘子和地面的距離將還是一樣；樹從頂端長高，而幹身只會變粗。這時，樹是所有的活體，包括形成層、邊材和樹皮，再加上死掉的心材。水分從根部經過木質部的管胞往莖頂移動，當第一片針葉長出來開始行光合作用時，澱粉（即濃縮的糖）從韌皮部的篩胞順著莖往下移，在根部裡儲存和使用。

和所有的樹一樣，我們的小花旗松的木質部細胞是由細胞核和一層厚厚的纖維素所構成，它們在莖部的軸心往上升，就像一把有隔間的塑膠吸管。纖維素是一種多醣體，由單醣葡萄糖分子重複組合而成。纖維素在原生質體中形成時是軟的，但碰到細胞壁之後就變硬了。這是吾人所知最豐富的有機聚合物。所有的植物都有纖維素，甚至連某些真菌的菌絲外壁也有。纖維素也是天然纖維中最強韌者，比絲、腱，甚或骨頭更抗壓、更不易消化（草食性動物知道）。其強度一部分來自每個分子內部和平行分子相互間的氫鍵。事實上，纖維素之間的鍵結是如此之強，以至於如果沒有生長素來打破鍵結，連新的纖維素也無法依附在它們的外壁上，而樹也就無法生長。

另一個細胞成分是木質素，第二豐富的植物聚合物，可以提升細胞壁的韌性和強度。最早登上陸地的植物，有些開始長得比其他植物高時，它們的莖部細胞壁只由纖維素構成。當它們長得更高時，有許多會被風吹折或因自己的重量而塌下來；而沒折斷也沒垮下來者，係因某種未知過程，得到了木質素，其作用相當於鋼筋水泥裡的鋼筋。最後，只有具有木質素的植物才能存活產生後代。現在的木材約含百分之六十五的纖維素和百分之三十五的木質素。

木質素由三種芳香醇鍊結而成——香豆基醇、松柏基醇和芥基醇，填滿了整個細胞壁裡尚未被其他物質占用的空間，甚至還會把水分子排開。因此，其形態是一種非常強的抗水網，把細胞壁所有的元素像水泥般凝結在固定位置，提供木質部的強度和硬度。它還提供防止真菌及細菌感染的重要障礙。當樹被病菌入侵，它會用一道木質素牆把受感染區域隔開，讓病菌無法擴散。木質素是非常頑強的東西，因此，紙漿廠中，消除木質素的程序非常昂貴。破壞木漿裡木質素所需的酸是這種工廠排放到環境的主要汙染物。

我們這棵幼樹的頂端附近，有五片子葉從莖部像綠色傘骨一樣撐開。它們是這棵樹最初的針葉。在頂端，它們與莖相連處，有個圓形突起，稱為頂端分生組織，新芽由此生長。分生組織有一系列的小突起，或節點，而每個節點將形成一組新葉。起初，節點緊密地擠在一起，但隨著分生組織裡的細胞漸漸分裂擴大，節點之間的距離也跟著拉開。某些節點上會出現側芽或腋芽。這些芽最後會長成枝條，而每個枝條尖端，將各有其頂端分生組織。櫟樹或楓樹等硬木，每個葉節點上面就有個腋芽，但花旗松和其他軟木，節點非常密，節間距離只有二公釐，所以只有一小部分的節點才會有芽出現。每個芽都是微小而緊密的小苗，由胚葉、節點和節間所組成，處於休眠狀態，隨時可以接受來自根部食物的刺激而開始發育成枝條。

子葉由不規則的莖所支撐，在頂端像扇子般張開，花旗松現在看起來宛如一株小棕櫚樹。但麻雀雖小，五臟俱全；其每個分生組織裡的細胞都發狂般地分裂、擴大，而其種葉則已經開始終其一生的光合作用過程。

現在，整棵樹裡有很多細胞，每個細胞各自表現其獨特、預設的任務。對植物和動物而言都一樣，多細胞提供機會，在單一的生物裡發展多樣性的功能。我們已經談過，多細胞生物基本上是一群更小生物的集合體。然而這種多樣性卻表現出生物學上的一個難題。這是如何發生的？有絲分裂，或細胞分裂過程，確保所有子細胞的基因完全相同。如果細胞和組織形態的發育和分化係在基因控制之下，那麼產生差異的機制是什麼？

透過一系列嚴謹的實驗，分子生物學已經證實，受精會把親代的染色體結合成基因體，然後透過一次又一次的細胞分裂，忠實地複製這基因體。受精卵的基因體可以視為一套藍圖，指導整個過程，最後產生各個細胞都依不同角色正常運作的個體。然而，一套DNA藍圖，對單一細胞而言，要完全解讀是太龐大了。於是，當細胞進行分裂時，每個子細胞會接收分子訊號，依指示只去讀藍圖的某個特定段——例如，發根的那一段。但告訴特定細胞去讀什麼的訊號又是什麼呢？我們能操控這個訊號嗎？

最近發現哺乳類動物的幹細胞是「全能性的」，有能力分化成任何種類的細胞，當我們更了解那些細胞訊號時，也許會促成肢體，甚至整個器官失去後的再生應用。

光照下的葉子

光合作用是一種過程，讓地球上得以存在多元而豐富的生命。植物從太陽得到能源、從土壤得到養分，雖然這些並非祕密——達文西在其《手稿》正確地寫道：「太陽把精神和生命授予植物，而地球則以水氣滋養它們。」但了解這個過程如何運作，則是相當近代的發展。一七七九年，荷蘭植物生理學家英根豪斯出版了不朽作品，標題為《植物實驗，發現它們在日照下有淨化普通空氣的巨大力量，但在遮蔭處和夜間，則會侵染這種空氣》。他一直在追蹤英國偉大的化學家暨神學家普利斯特利的實驗，普利斯特利是許多宗教文章的作者，也是氧氣的發現者。普利斯特利於一七六六年開始研究「可燃氣」。到了一七七五年，他認定植物能夠供應「去燃素氣體」，後來定義為氧氣，將一種因燃燒或腐敗而不適合呼吸的氣體還原，或是加以淨化。

這些有關植物對人類生命重要性的早期認識，讓英根豪斯非常著迷，於是他從荷蘭遷到英國，以便更接近普利斯特利和他那一群志同道合的實驗化學家。他在自己的實驗中，發現植物只有綠色的部分才會產生氧氣淨化空氣，而且這些綠色部位所移除的碳，並非如先前大家所以為的來自土壤，而是來自空氣。他了解動物和植物間的互惠現象，一個吸入氧氣、呼出二氧化碳，而另一個則把空氣中的二氧化碳除掉，重新添滿氧氣。他身為醫師（在荷蘭開發出牛痘疫苗以對抗天花，並於一七六八年親自為奧地利皇室做預防接種），以其所了解的植物功能新知識來協助呼吸疾病患者，白天將他們置於充滿綠色植物的房間，晚上當光合作用停止時，則以他自己所設計的設備來產生純氧，取代植物。

針葉樹的葉子就是這種設備。常綠針葉和落葉樹的葉子雖然構造不同，卻含有相同的成分而作用相近；它們的形狀各有千秋，因為環境造成它們對效率的要求各不同。落葉和針葉的優點很難用一個普遍的通則去界定。兩種樹都存在於各種不同的環境。但大致上來說，落葉樹適應較低緯度的地區，有著長而嚴寒冬季或季節性乾旱的氣候；每年秋天落葉，春天再長新葉，如此所消耗的能量少於讓葉子度過長期的零下溫度。而針葉，由於表面積小，水分蒸散比闊葉少，因此在陽光充足、乾旱期長的環境裡表現良好，一如地中海附近和北美西部坡地。

陽光太多會阻礙光合作用，而花旗松是林冠樹種，這表示其上部枝條可照到非常多的陽光。其圓錐狀樹形也確保每一新枝條層不會遮住下面的枝條。針葉也比闊葉更能抖落積雪，因此比較不會有折斷樹枝的危險。而針葉所含的汁液較少，表示它們更耐寒。一株成熟的花旗松也許會有六千五百萬枚針葉，它們同時運作，但沒有一枚針葉會照到過多的陽光。

一般樹葉一季之後就掉落，針葉則不同，大多數都能在樹上存活二到三年（有些常綠樹種，像是猴謎樹，其針葉可以在樹上活到十五年；而針毬松的針葉則活五十年），因此這些樹有較長的時間來儲存換新葉的能量。而且針葉製造更多的能量。由於針葉常年保持在樹上，即使在冬季的月份，當光照和溫度都掉到非常低的水準期間，針葉樹依然可以不停地行光合作用。德國做了一項實驗，比較闊葉樹（山毛櫸）和針葉樹（挪威雲杉）所製造和儲存的能量，發現山毛櫸一年行光合作用的日數是一百七十六天，而挪威雲杉則是二百六十天；即使全樹的葉子總表面積較小，雲杉的生產力比山毛櫸高出百分之五十八。

花旗松的針葉是扁的，橫剖面為矩形，由表皮所構成，表皮裡面可以發現光合作用細胞。落葉樹的葉子和部分針葉樹的針葉，包括花旗松，含有兩種細胞：附著於表皮裡面的柵狀葉肉細胞，以及鬆散分布的海綿狀葉肉細胞。在花旗松，位於針葉上表皮的柵狀細胞保護海綿狀細胞不會照到太多的陽光。針葉表皮上的洞，稱為氣孔（stomata），由二枚保衛細胞控制開闔。希臘字 stoma 是喉嚨的意思（英文字 stomach「胃」是誤用）。一枚闊葉，例如榆葉或楓葉，有數百萬個氣孔，通常位於葉子的背面；某些櫟樹葉，一平方公分的表面就有十萬個氣孔。花旗松針葉上的氣孔較少，但也是位於背面。保衛細胞的表現就像嘴唇；它們依據針葉裡水分的多寡而膨脹、收縮，從而控制針葉裡從氣孔進來的二氧化碳量及擴散出去的水蒸汽量。

樹可以把大量的水分升起並蒸發掉。亞馬遜雨林裡一棵樹每天升起數百公升的水。雨林的行為就好像綠色海洋，蒸發水分向上「下雨」，宛如地心引力反轉似地。接著這些蒸發的水汽以巨型蒸汽河的方式流遍整個大陸。水分凝結後，變成雨水落下，再由樹拉上來。水分上上下下向西移動，平均要進行六次，才終於碰到安地斯山脈的實體障礙，變成地球上最大的河流，再流回大陸各地。同樣地，印尼有一億一千四百萬公頃的熱帶雨林（是全世界第二大森林國家，僅次於巴西），是亞洲水循環的關鍵部分。森林在全世界各地定期以清水補充地球，並在氣候及氣象上扮演重要角色。

植物還含有豐富的分子來源，人類數千年來已經學會如何運用。一八一七年，兩名法國化學家——巴黎藥學院藥物自然史的助理教授佩爾蒂埃，以及研究生卡芳杜，研究生物鹼和植物色素。他們除了發現馬錢子鹼、奎寧和咖啡因之外，還確認樹葉裡的綠色色素是一種化合物，他們將之命名為葉綠素，這個字衍生自希臘文的「黃綠色」和「葉子」二字。雖然當時他們並不了解，但他們已經分離出行光合作用的化合物。

葉綠素由五種元素組成：四種生命基本元素——碳、氧、氫和氮，加上第五種——鎂，一種來自土壤的金屬元素，幾乎所有生物都不可或缺。例如，人類一天要消耗二百毫克的鎂（靠吃植物或草食動物），以維持骨骼和血液的健康。讓葉子和針葉顯現綠色的物質是葉綠素裡的鎂；葉綠素分子吸收陽光中的紅色和藍色成分，但不吸收綠色。當光從植物反射出來時，我們看到的是未被吸收的綠色；我們之所以活在綠色世界，是因為我們的土壤和植物含有鎂。

皮阿提在他的書《花滿地球》中，回憶他就讀哈佛大學植物系時，學習從長在哈佛尊貴建築物外的長春藤葉子萃取出葉綠素的情形。他和同學先把葉子煮過，然後置於酒精中；葉子就失去了顏色，而酒精則變成綠色。接著他們用水稀釋酒精並加入苯；溶液就分離了，黃色的酒精在底下，而濃稠、綠色的苯漂在上面，像一池渣滓。「你只要小心地把後者倒進試管，」皮阿提寫道，「就可以得到葉綠素的萃取液，不透明、搖搖晃晃、流動緩慢、有點黏、油油的，而且有味道，很腥，像割草機於雨後草地上除草後刮刀上的味道。」皮阿提做了光譜分析後，發現組成葉綠素的分子竟讓他有種怪異的熟悉感。「身為一個植物學學徒，一個未來的自然學者，」他寫道，「有件事讓我心跳加速。這件事就是葉綠素和血紅素，我們血液的基礎，竟然如此類似。」這不是想像力豐富的比較，而是踏實的科學類比：「這兩個化學結構式有個顯著差異是：每個血紅素分子的軸心是一個鐵原子，而葉綠素則是一個鎂原子。」就像葉綠素因為鎂吸收了綠色以外的所有光譜，所以是綠色；血液之所以為紅色，是因為鐵吸收了紅色以外的所有光譜。葉綠素是綠色的血。它設計來抓住光；而血則是設計來抓住氧。

海綿狀細胞裡有許多小小的封包，即葉綠體，而每個葉綠體裡，還有一些更小的封包，稱為葉綠餅。葉綠體由一層一層葉綠素和脂蛋白交替排列而成，懸浮在液體酵素和鹽溶液裡。每個葉綠體的作用就好像效率非常高的光子伏特電池，抓住太陽能，用太陽能把空氣轉化為食物。葉綠體可以抓住幾乎無限的太陽光以取得所需的能量，把二氧化碳和水轉化為糖。由於能量綁在葡萄糖的鍵結中，糖分子可以儲存起來，以備未來隨時可以合成高分子的建構基礎：脂肪、澱粉、蛋白質和核酸。

皮阿提問道：「葉綠素這古老的綠色煉金術士是如何把地球上的渣滓轉變成活組織？」水從根部經由附在莖上的木質部進入針葉，並滲出到海綿狀細胞之間。二氧化碳透過氣孔被吸入針葉。當一個太陽光子打到葉綠體，每個葉綠素分子會射出一個電子；這個能量把分子激化，然後以此激態來執行化學反應。事實上，一系列的反應瞬間發生；被射出的電子所釋放的能量把水分解成原來的構成元素，氫和氧。二氧化碳也分解成個別元素。然後釋放出來的碳、氫和氧重新結合成碳酸，隨即變成蟻酸——和螞蟻螫人的化合物相同。這就變成了甲醛和過氧化氫，隨即又分解成水、氧氣和葡萄糖。有些葡萄糖接著再轉成果糖，立即供樹使用，其他的則濃縮成澱粉，傳送到根部儲存以備將來使用。氧氣和水蒸汽經由氣孔以呼氣和蒸發的方式排出。這個過程的最後產物還包括氨基酸（蛋白質的基本成分）和多種脂肪及維生素。

這種化學作用需要光，而所有的光皆來自太陽，而太陽，雖然離地球一億五千萬公里，卻以驚人的速度把能量傳到地球，每秒 215,000,000,000,000 卡路里。這些能量大多數未曾發生光合作用——大都落在沙漠、山坡、極地冰山，和我們的皮膚上。但夠了。只要百分之一用於植物，就足以保持整個星球的生命力。

蠑螈燒得發亮

在我們這棵樹以及附近的蕨類、羽扇豆和火草遮蔭下的低矮處，一隻西部紅背無肺蠑螈於尋找蟲子的途中，停下來偵查溪畔是否有掠食者或潛在交配對象。這是花旗松附近所發現的二十一種蠑螈中的一種，這隻西部紅背無肺蠑螈是一隻長而光滑的黑色母螈，背上有一道像毛筆畫出來的明顯赤銅色線條，直到尾部，腿部上端也有。她的腹部灰白，帶著黑白色的小斑點，當她在黑暗中等待時，她的肋骨一脹一縮地發出吼聲。西部紅背無肺蠑螈是一種無肺的兩棲類，這表示她不是用嘴來呼吸，而是直接用皮膚來吸收氧氣。要做到這樣，蠑螈發展出非常透氣的表皮，以至於經常有脫水的危險，這也是為什麼牠們只有在陰濕的微氣候裡才找得到。牠們的皮膚就像我們肺部的內裡一樣細緻而脆弱。

其他的北方蠑螈，諸如烏雲攀螈和埃氏劍蠑，喜歡藏身於老熟林地表的腐木中心，那裡有豐富的彈尾蟲，濕度也很穩定，即使在大火中亦然。但西部紅背無肺螈較常發現於空曠處，在火燒過之處，通常是面西的碎石坡，土壤中含有砂礫，日照較少，有一些低矮的葉子保護，而且有水。所有的蠑螈都是冷血動物，表示牠們的體溫會隨著四周物體的溫度而改變——空氣、石頭，和腐敗物。比起其他種類的蠑螈，西部紅背喜歡稍微溫暖一點。

這種蠑螈的活動範圍很小，只有二平方公尺，而牠也不擔心保護地盤的問題——這一區森林的蠑螈密度頗高，每公頃將近八百隻，因此，嚴厲的地盤保護政策將會消耗大量精力。大多數時候牠會避開腐木，在腐木中會碰到其他蠑螈，而當牠進到腐木時，牠會儘量待在靠近表面處，剛好在樹皮下面，而不是深入腐木中心。牠似乎喜歡帚狀耳蕨基部的洞穴。四月是牠的交配期，六月把卵產在陸地上，而不是像水生蠑螈一樣產在水中。牠的小蠑螈將會從卵裡出來，外表已經完全成形，像是牠的縮小版。

無肺的蠑螈

全世界已知的蠑螈只有四十種，但牠們分布很廣。在我們這棵樹的成長期間，蠑螈分布於歐洲、小亞細亞和非洲。傳說中甚至還有火蠑螈。根據亞里斯多德的看法，他的話在當時還很有權威性，火蠑螈不怕火；牠們非常冷血，所以只要走過火，火就熄滅了。一直到十七世紀之前都有故事說，有人在他們的火爐裡，看到蠑螈冷靜地棲息於火熱的木頭裡。世人還認為蠑螈有毒。亞歷山大大帝描述他有四千人和二千匹馬喝了一隻蠑螈掉在裡面的泉水之後，全部立即死亡。蠑螈爬過的樹，其果實就會有毒。這些迷信也許有些科學根據，因為某些蠑螈會分泌出一層薄薄的乳汁，是神經毒，吞食會致命，這也是大多數掠食者都不去招惹牠們的原因。有人認為用蠑螈製成的披風可以防火，於是就有手工外套做給煉金術士或想當魔術師的人，例如教宗就有一件。唉，其實是浪得虛名。迪奧斯科里斯把數十隻蠑螈丟進火裡看看結果如何；牠們燒得脆脆的。顯然，觀察必須更小心。馬可波羅從一二七一年起旅居中國二十五年，在此期間尋找這種動物，卻一無所獲。「傳說中以蛇的形態活在火中的蠑螈，」他一二九六年回到威尼斯時，在報告中說道，「我在東方完全看不到任何蹤跡。」

雖然他沒有見過火蠑螈，但他的確報告一種產品，在欽赤塔拉斯地區，有一種稱為蠑螈布的東西，以「取自山上之物」製成，含有「類似羊毛的纖維。這東西在太陽曬乾後，用銅缽敲打，然後一直洗到泥土粒子脫落為止」。做出來的羊毛接著再紡成線，織成布，放到火上燒一小時，直到變為白色。「但燒不起來。」他認為這種從礦中取出的物質可能是蠑螈皮的化石。我們知道這是石棉。「據說羅馬保存一條用這種物質做的餐巾，是成吉思汗送給教宗的禮物，做為包耶穌基督的聖手帕。」

我們現在知道蠑螈的染色體細胞擠滿了染色體DNA，是哺乳類動物（包括人類）的一百倍。沒人知道這些多餘的核甘酸有何作用；它們可能只是有效DNA的複製品，即基因學者所謂的垃圾DNA。但一般而言，誠如亞里斯多德的觀察，大自然裡沒有任何東西是多餘的。蠑螈仍然是個謎。

風從海洋升上來，吹動了溪畔我們這株幼樹上方的年輕闊葉樹的葉子。這棵樹在其後的生命裡，必須抵抗風，風會搖晃、打擊樹冠，有斷枝的威脅，減弱抓土壤的力道，煽起樹底下的地表火，並把種子高高地吹到山上。暴風是決定大型森林形態和組成的第二大力量，僅次於火；未來五百年，將會出現風速高達每小時二百公里的暴風，把數百萬公頃的花旗松林吹倒。但現在，風是有益的力量。

第三章　成長

當最初不開花的蕨類林，
把古老潟湖遮得天昏地暗時，
一個模糊而無意識的長期騷動，
支配了或金或綠的巨大蕨葉。

——瑪麗・羅賓森《達爾文主義》

火災至今已十六年。燒過之處不再是森林裡的黑洞，而是一道鮮綠，雖不及未燒到之處那麼綠，但顯然已起死回生。空氣中的炭燒味早就消失。有一年春季，雨量非常大，超過一千五百公釐，之後是乾旱炎熱的夏季，而森林則長得非常茂盛。現在是初秋，看不見的泉水從山脊流下，流經林地中暗色的樹幹和盤繞的根部，不過我們可以感覺到一道綠色光澤。森林依舊安靜，但不像火災後的死寂，而是蓄勢待發的靜。

美國側柏和一些大葉槭、圓葉槭等，現在已經從火燒處長出，形成森林社群的一部分。沿著溪畔附近，美國赤楊形成一道明顯較為黑亮的帶子，蜿蜒穿過針葉林。成熟的四十年美國赤楊在空曠處可以長到二十四公尺，它們不耐陰，因此，在這座森林裡將活不久。在它們還沒完全長高之前，較老的將會死亡，為林地留下一處暗色的空地，有點單調。但現在，在地面高度，它們平滑而接近白色的樹幹就好像昏暗的地底下一束掩住的光線。黑頭威氏林鶯、綠鵑，以及（冬季裡的）暗眼燈草雀，發現它們是昆蟲、蜘蛛和種子的可靠來源。

它們之所以稱為赤楊，是因為樹皮內層有紅色色素。每年，有個沿海薩利什人家庭總是會爬上火災舊址，在溪邊紮營住一到二夜。他們稱美國赤楊為「優沙威」。白天，他們把樹皮削成三角形的木條，小心翼翼地避免繞著樹幹削成一圈，也避免傷到活形成層，然後把這些三角形緊緊地繞成一捲一捲的，拔營時，就帶回海邊的村莊。他們會把內樹皮打成顏料，和魚油混合，用這個混合物來裝飾側柏樹皮衣服和狗毛毯子。

薩利什人前面臨海，後面靠山，他們知道如何在這兩個營養區之間取得平衡，安全地生活。他們不太關心上和下、天和地，但海邊和森林則是他們知之甚詳的環境。

晚上，在美國赤楊帳篷裡，房子裡的家長教授各種樹的特性和名稱。西部鐵杉（音「史古布」）的樹皮可以做成棕灰色的色膏，人們用來染魚網，讓鮭魚看不見。美國側柏（「西白玉」），他們用來做獨木舟、長屋、工具和藥品。葉子大大的大葉槭（「伊歐黑」），很適合做成裝莓果的籃子。白楊葉（「庫烏」），做繃帶很好，因為它們搗碎後可以黏在皮膚上。花旗松（「優比兌」）輕，但非常堅固，是一種燃料樹；樹皮特別好燒，雖然會爆出許多火花，而其綠色的枝，可以拿到蒸汗屋去燒，以淨化人類的心靈和想法。這位家長還講故事——例如洪水樹（苦露）就是神聖的瑪都那木，其先人乘著獨木舟在大洪水中漂流，直到發現這些樹可以棲身而得救。所有的故事都和土地及海洋有關，而人也一樣。

樹萌芽

我們這棵樹高八公尺，有十六層枝條從其圓錐狀的主幹輻射出來；底下八層已經掉落。其基部直徑為三十五公分。樹枝頂端的新芽條，顏色比成熟的針葉淡，基部有新芽。

但低矮的樹沒有枝條，因為樹的生長，是最有利之處長得最大：上面的全日照處和地底下。

花旗松和柱松及黃松等其他的針葉樹一樣，只要土壤的深度許可，就會長出深入土中的中央主根，以支撐其巨大的超級結構，最後長得高聳入雲。常綠樹還有支根網系，四處散開在樹附近，形成一個平台。有些厚一點的側根會隆起在地面上，就像海灣裡的灰鯨潛在海中吃鯡魚時的背部。根暴露在陽光之處，其內樹皮會布上葉綠素，可生產區域性荷爾蒙，幫助養分經由木質部往上傳送。當側根碰上相鄰花旗松的側根時，兩條根會結合在一起，有時是直線對接，有時是呈直角，形成共同的脈絡網絡，如此，每棵樹都透過相連的韌皮部相互分享荷爾蒙和澱粉。

美洲顫楊樹叢採不同種的根部結合方式。顫楊樹幹事實上是從單一個根系上長出來的。這是一種適應方式，讓單一生物可以利用不同利基，從陽光充足而乾燥的高地到低濕的谷底和河畔，因為透過根，位於貧瘠土壤的顫楊能夠接受到來自肥沃土壤顫楊的養分。這樣的美洲顫楊聚落可以長到覆蓋廣大區域。猶他州有一叢占地四十三公頃，總重達六千多公噸，將近是一棵大型北美巨杉的三倍，也是世界上最大的生物體。全世界最大的單一生物也許是奧勒岡東北部藍山針葉混合林裡所發現的奧氏蜜環菌。它已經有八千五百歲，覆蓋面積將近十平方公里。

我們這棵樹也透過外生菌根真菌夥伴得到其他樹根的好處。例如美國赤楊特別善於將空氣中的氮固定到土壤中（根據紀錄，一年中每公頃高達三百公斤，足以供給整座森林二百年之用），然後被細菌分解，再被真菌以虹吸作用引到其他樹的根部，包括我們這棵樹。美國赤楊根部澱粉的儲量中有百分之十係來自它們的鄰居，以做為回饋。透過種內和種間的結合，我們的樹因為身為森林生態系的一部分而獲得好處，從而提升自己的存活機會。儘管美國赤楊非常有效率地將氮固定，但陡坡和薄土壤上的豪雨把氮沖刷到河裡，再流入海中。對所有的森林而言，限制生長的因素通常就是氮濃度。

四月初，整枝樹幹和枝條上的分生組織開始分裂，形成一層新的形成層，夾在外樹皮和邊材外部之間；這就是樹的生長方式，在前一年細胞層上面再添上新一層的活細胞。老細胞會死亡，成為心材的最外環，而新的邊材則接下大部分的運水工作。每一年，樹的中心軸都會加上新的一輪。活樹冠基部的輪比頂部的輪稍微厚一些，但樹基部的輪則更厚。結果，樹幹的外形一直保持圓錐狀。樹冠和最低層枝條部位所形成的圓錐角，比樹冠和樹基部所形成的圓錐角更尖銳。

在春天，當溫度升高到攝氏五度以上，樹冠部位分生組織的細胞會產生生長素，以每小時五到十公分的速度往下散布，促進形成層生長。生長素會累積在以前年度所形成的芽中，使細胞快速分裂，促成側生長或腋生長，最後成為新枝條。到五月中，這些芽開始冒出來，或漲開。小針葉，像浸在綠色顏料裡的畫筆，從端點長出。這些芽有些會發育成新芽條，但今年，有些會發育成毬果，而長花粉、讓卵子受精，及散播種子，這個周期要十七個月，已經開始進行。

將來要長成毬果的芽，主要位於樹頂附近一年大的枝條上。有些靠近芽條基部者會變成雄毬，或稱花粉毬，而其他接近芽條頂端者，會變成母毬，或種子毬。在七月中之前，我們還不清楚哪些芽會發育成芽條，而哪些會發育成毬果。在十周大之前，它們看起來都好像要長成芽條似的，但漸漸地，芽條、種子毬和花粉毬這三種芽的不同生長形態，就會日趨明顯。到了秋季，預計要長成芽條的芽，長出了螺旋排列的葉原體；未來的花粉毬，會長出呈螺旋排列的結構，看似突生的葉子，但最後會變成花粉囊；而種子毬的芽則發育成螺旋排列的原體，以後再長成老鼠尾狀的苞片，這是花旗松毬果的特色。

現在是九月了，這三種類型的芽似乎都進入休眠狀態。然而，細胞分裂卻在它們內部進行，而整個冬季，某些生理活動將持續進行，只是速度降低。未來會成為毬果的芽，其內部的冬季活動較成為芽條者多；而成為雌毬者的活動又比雄毬多。有些活動的養分來自光合作用。只要溫度維持在攝氏五或六度以上，這棵樹就會持續行光合作用，以補充冬季的澱粉供應。但大多數時候，它會休眠，靠著夏季儲存在邊材和樹葉裡的能量來過冬，並供應春天來臨時第一波發芽的能量。此後，在我們這棵樹的一生當中，這個過程將每兩年進行一次。

隨風飄去

雖然針葉樹看起來宛如從地上冒出來的電線桿一般，呈筆直生長，其實，它是以盤繞方式鑽離地面，就像用刻有來福線砲管發射的飛彈那樣旋轉升空。這種生長形態的數學式就是「動態螺旋」，這說明了樹幹和樹枝呈圓錐狀以及樹冠呈箭頭形。在樹皮底下，木材紋理以螺旋狀向上生長。於是，樹幹的形狀就反映出樹的形狀，因為這二者都是以對數成長方式增加的結果：每年的新生部位，不只增加樹的周長，還增加樹的高度。這種基底周長和整體長度同時增加的螺旋樣式，在許多自然事物中，一再出現：大多數軟體動物的殼、獨角鯨和象扭絞狀的牙、玫瑰花瓣沿著中心生長的重疊樣式等。太陽系中螺旋狀的銀河和形成人類單倍體細胞的雙螺旋纏繞DNA都是明顯的例子。在針葉樹裡，毬果的螺旋結構也是明證。

雖然外部特徵和傳輸系統可能完全不同，但植物的性和動物幾乎沒什麼差異；植物和動物都含有來自雙親的基因物質以產生子代。在針葉樹，雌毬裡帶著胚珠，每個胚珠含有一顆卵子。當來自花粉毬的雄性配子使之受精後，卵子就會變成種子，即樹的胚胎加上養分供給。

松樹的毬體上沒有花瓣，而是以螺旋狀的方式，圍繞著中心軸長出鱗片，沒有任何鱗片長在另一片的正上方，而且，整個毬體可以用蠟和松脂封起來，春季時可以防止水分滲入，夏季乾旱期則可以保持水分，以待秋季適當時機散播種子。雄毬長在樹枝基部，為花粉毬。它們比雌毬小，發育也比較慢，雄毬在第一年大部分的時間及冬季，都一直包在鱗片芽裡，其細胞則悄悄地分裂為五個細胞的粒子，到了二月，會在花粉囊裡開始成熟。一直要到春季，即將釋出花粉之前，毬體才會打開。它們是等待中的授粉員，和蜂巢中的雄蜂一樣，顯然要一直等待，直到受召為雌性服務為止，一旦任務完成，就會死亡。雄毬由一個中心軸和許多鱗片組成；鱗片的基部具有兩個花粉囊。雄毬大都長在低處的枝條上，而雌毬則長在高處，如此，到了四月雄毬釋放出花粉時，才比較不會和同一株樹上的雌毬授粉。而是被風吹到附近樹上的雌毬那兒。

雌毬遠比雄毬複雜。它們從二月開始生長，中心軸拉長，而鱗片芽也隨之長大。這時，雌毬呈水平方向長在樹枝上，但因為毬體底部所累積的生長激素較多，所以底部的生長速度也就比較快，因而在芽體爆開之前，毬體會彎轉向上，到了四月，則呈直立狀。每個苞片的基部是個鱗片，而每個鱗片基部則連著兩個胚珠。胚珠靠中心軸那端有一個小孔，稱為珠孔，這裡就是最後長出新根的地方；沒多久，來自雄毬的花粉粒就會穿入這個開口，展開授粉之旅。

三月起，花粉粒已經完全發育，雄毬從此開始變大。當其中心軸拉長時，新的生長現象會把鱗片芽推開，到了四月芽體爆開時，花粉就會從封閉的囊體裡釋放出來。空氣中充滿了花粉雨。這時，雌毬在枝頭上筆直站立，其苞片張開，宛如一把一把的小傘，以完美的姿勢接收被風吹過來，像粉塵似的花粉粒。

風媒授粉是一個不受控制且沒把握的過程，一般認為，這是植物界裡相當原始的方式，因為無法控制花粉落於何處。相對地，經由昆蟲授粉則有比較好的授粉機率，因為花粉黏在昆蟲上，而昆蟲會去尋找同種植物的其他花朵。事實上，許多種植物演化出吸引特定昆蟲的花，就只是為了這個目的。但針葉樹在會飛的昆蟲出現之前，就已經發展出它們的授粉技術了。開花植物，即被子植物，卻只有在白堊紀時期才演化出來，白堊紀大約結束於六百五十萬年前，而裸子植物（針葉樹、蘇鐵和銀杏）卻已經至少存在了三億年。

在二疊紀時期，樹開始和蕨類有所區別，當時所能運用的花粉傳播機制並不多。當時有水，但水卻在地上。當時有陸上動物，但它們也被局限在地面上。樹的生殖器官高掛空中，除了風之外，還有什麼東西能夠帶著它們的花粉到處跑呢？繁殖興盛的樹種就是那些能夠產生個個獨立而又極為細小花粉粒的樹，只要一絲絲微風，花粉就能飄起來，大量散播，其中一部分花粉落到其他樹的雌毬上的機率，顯著地大於零。通常風媒植物所產生的花粉數量是個天文數字，在空中形成霧狀，也為山中的湖面蒙上一層外衣。開花植物，如樺樹、榛樹等，也是靠風媒介，每個花序能夠產生高達五百萬個花粉粒，而每棵樹則有數千個花序。這是一種散彈槍式的交配方法，但似乎還行得通。

這種方法當然比自花授粉好，也是白堊紀之後植物所採用的方法——例如大多數現代一年生草本植物。達爾文曾經提過「自然……厭惡長期自花授粉」。也許是因為他了解到，一如動物近親繁殖的情形，長期自花授粉會使得物種弱化。厭惡自花授粉並不只是維多利亞時代的偏見而已；大多數人類的文化裡，也有近親繁殖的禁忌，特別是針對兄弟姊妹間或是父母子女間的亂倫行為，有些地方禁止六等以內的表親通婚，例如未與文明接觸前的印紐特文化。雖然許多社會道德規範缺乏科學上確切的解釋基礎，這些社會禁忌在遺傳上卻有著相當好的理由。

有性生殖所產生的生命體帶著兩組染色體，一組來自父親，一組來自母親。這樣的生命體稱為二倍體；而精子和卵子裡的那套染色體則稱為單倍體。每個染色體攜帶了數百個基因，這些基因在染色體上的排列方式有點像是一串鍊珠。這些基因也會搭

北美岸鼩和花旗松毬果

載於其他相對的（同源）染色體上。同源染色體上同一位置的基因，相互稱為對偶基因，二者也許相同，也許不同。例如，豌豆種子的顏色是由一個基因的兩種不同形式所控制，其中一種形式決定了黃色種子，而另一種則為綠色。在任何一株豌豆上，這兩個對偶基因也許都是黃色或都是綠色；也有可能是一個黃色而另一個綠色。同一株植物同時帶有黃色基因和綠色基因者，其種子的顏色為黃色，因此，我們稱黃色基因對綠色基因為顯性，而綠色基因對黃色基因為隱性。人類和其他動物一樣，如果個體中所攜帶的對偶基因二者都是隱性的，就會產生死亡、畸形或是其他缺陷特徵。沒有親屬關係的兩個人所生的小孩，其染色體中決定任何一個特性的對偶基因全為隱性的機會微乎其微。然而，雙親血源愈近，則這二人都帶有同樣隱性對偶基因的機率就愈高，在高度近親通婚之下，其機率會呈天文數字般跳升——有些基因遺傳疾病會從一比一千跳升為一比二十。連續近親繁殖，一代接著一代之後，會進一步提升機率，很快就會產生一個群組，在此群組之中遺傳到隱性特徵的機會，就跟那些生下來即沒有這項隱性特徵的機會一樣高。如果某特定的遺傳變異造成個體對環境適應不良，則會導致絕種；如果更能適應新環境或是改變後的環境，則這項變異就是有利的，把更大的競爭優勢傳給個體。但達爾文注意到長期的近親繁殖，很少會得到適應上的優勢。

以前一度以為特別適應某一環境的生物會取代其他的生物，最終會消滅所有存活率不高的基因——換言之，這些個體在基因上將會變得愈來愈類似，或是具均質性。一九六〇年代，由於分子技術已臻成熟，基因學者便開始檢視生物個體特定基因的產物，例如果蠅，預期牠們大多數的基因具有均質性。他們很訝異，證明剛好相反；在檢驗特定基因時，發現了非常豐富的各種對偶基因形態。這種多樣性現在稱為基因多形性，而且成為強健、適應良好物種的特有定義。像孟加拉虎或貓熊的族群個體數，當低於某個特定數時，就不具足夠的基因多樣性以確保物種的健康——最後，這個物種的所有成員都具基因上的關係，於是，所有的繁殖都成了近親繁殖。

大量個體集中於狹小區域的物種，如島嶼或非常小的生態利基中之物種，保持基因多形性，也許和我們的直覺相違：為什麼要選擇一大堆的多樣性，而不專注於既有環境下最佳的對偶基因組合？如果環境狀況永遠不變，這也許行得通，但在地質時間軸上，變化才是常態。現在的太陽比生命剛出現時，溫暖將近百分之三十；山脈出現而又弭平；海洋滿了又空；冰河年代來了又走。然而生命一直存在，而且還更加繁盛。基因多樣性可以確保既有的物種隨時都有大量的異質基因，提供大量的組合方式，其中某些組合可能比其親代更能適應變動中的環境。

多樣性提供彈性和適應力。大自然似乎建立在一系列的成長差異上。在每個物種裡，有個體基因多樣性；在棲地裡，有許多不同的物種；生態系裡有許多不同的棲地；而整個地球則有一大堆生態系。就是這種多樣性，讓生命在生物圈中具有彈性。誠如人類學家戴維斯指出，就適者生存而言，還有另一「圈」裡的多樣性是同等重要：人種圈。全世界的人類文化，從北極圈的印紐特文化、亞馬遜流域的卡雅布文化、澳洲的澳洲原住民文化，到喀拉哈里沙漠的閃族文化，數百個世代以來，都累積了相當的知識，讓他們在各異其趣的不同環境中繁衍。每一種知識的基礎，都深植於對地方的了解，而這個地方，我們稱之為家。把這些文化全都集合起來，它們所包含的知識，就形成人種圈，是所有人類對世界想像方式的集合，包括世界如何運作，以及我們屬於哪個部分等的不同想法。就如同生物圈中，各種層次的生物多樣性，是生命永遠存在於地球所不可或缺的東西；人種圈裡的多樣性，確保各種知識之分享得以延續，而這正是我們在變化驚人的生態系中，做為一個物種存在的關鍵。

單一培養，把單一物種或單一基因品系散布到廣大的區域上，而排除其他的品系或物種，這是多樣性的反義，會造成一個物種或一個生態系容易受到氣候條件、掠食者、害蟲或疾病變化的傷害——一如我們在農業、漁業及林業上付出慘痛代價所學得的經驗。只為了生長速度、大小和材質的考量，去篩選少數個體，或在實驗室裡進行基因操作，而不考慮樹種的環境以及經由演化形成結合關係的其他物種，是無法栽植成花旗松林的。生物學家威爾森預測不久將來會出現一種情形，所有的砍伐樹木皆來自「林場」的栽培，一如所有食用鮭魚皆來自養殖場、雞來自養雞場一樣。結果損失了基因多形性和物種多樣性，這將會讓地球上的整個基因結構，容易受到無法預測和無法控制的力量之傷害。一九七〇年代美國南方大量栽培一種雜交穀物的商業品種，就幾乎發生這種災難。一種變種真菌疾病在幾個月之中就把數十萬公頃的作物一掃而空。

風媒方式也許原始，卻還可以讓基因多形性永續長存，而且相較於其他的遠系繁殖方法，例如靠哺乳類或鳥類來傳播，還有些優點。首先，森林幾乎總是有風。在高海拔地區，春季的氣候經常是濕冷，四月裡的哺乳類和鳥類可能很少，但不太可能沒有風。另一個優點是樹不用耗費一大堆能量來讓生殖器官對授粉的昆蟲具吸引力。長出開花植物那種大而絢麗的展示品是很昂貴的，而且還需要能量去維持。相對上，毬果是低維護成本的器官。它比花持久，因為用比較耐久的材料做成，而且不須定期補充糖蜜以報答來訪的昆蟲。第三個優點是距離：有人發現風所挾帶的花粉，離最近一棵帶有這種花粉的樹，相隔達五千公里，遠比任何蜜蜂、蚊子或經過的動物所能攜帶的距離還要遠。這種授粉方法可以增加基因多樣性，也可以讓最孤單的松樹雌毬有機會授粉而產生種子。同時，應該也可以用來警告那些主張能控制基因工程作物的倡導者。

花旗松花粉粒裡所儲備的食物比其他大多數針葉樹還多，由於比較大也比較重，所以傳不太遠，但在以花旗松為主的森林裡，它們不必傳太遠。研究人員計算離最近的花旗松數公里遠處的地上花粉粒數，發現平均每平方公分有一百二十三粒；離最近花旗松四分之三公里遠處，這個數字上升到每平方公分三百二十粒；而在花旗松下面，每平方公分有八百粒。他們研判最有效的風媒距離，可以遠達樹高的十倍距離，對我們這棵樹而言，其花粉落在一百公尺內的樹最有效率。這個區域包括火災舊址裡大部分的樹，以及火災邊緣的少數幾棵老樹。

植物復興

中世紀結束那年，我們的樹正要展開它第十五年的生命，此時，世界普遍對植物更加了解。建築上，木樑在大型建築如大教堂中，取代了石拱，其木造中樞，可以在沒有支撐的中殿，建成高聳的圓頂。在衣服方面，羊毛和皮革受到植物製成的材質挑戰，這種質材更輕便、更便宜，且更時髦。當哥倫布於一四九二年抵達西印度群島時，泰諾人用來和他以物易物的東西不是黃金，而是水果、蔬菜和幾束棉紗，這也是他認為他到了東印度群島的原因之一。六年後，伽馬從印度航行回來，帶了一捲來自卡里卡特的棉紗。其後兩個世紀，許多航行探險都是為了棉纖維的需求。到了十五世紀末，亞麻紙從中國輸入歐洲（中國自第一世紀即使用亞麻紙），除了書本所用的羊皮紙之外，已經全面取代各種材質，證明其耐用性。這是植物對新社會秩序影響最顯著之處，因為它們讓快速印刷成為可能。

一四四七年到一四五五年之間，當古騰堡於德國麥茵茲發明印刷機時，亞麻紙正好可以派上用場，快速而便宜地印書。例如，一本古騰堡《聖經》，如果不用亞麻紙印刷而是由僧人以羊皮紙抄寫，要花二十年才能完成，而且還需要二百隻羊的皮。

古騰堡的天才發明，被用來滿足大學入學人數擴增所創造出來的文書需求，而大學人數之所以增加，是因為古希臘和阿拉伯自然哲學家的手稿被重新發現。古騰堡的發明為書籍大量生產鋪路。印刷機開始印出新版的亞里斯多德、歐幾里德、迪奧斯科里斯和泰奧弗拉斯多，因此，對這些古典作家思想之優、缺點做更廣泛的探討，不僅成為可能，而且還無法避免。閱讀，以及不久之後的教育，為大眾所熱烈追求，而不再局限於過去的富人。知識的新渴望反映在印刷品流傳到歐洲各地的非凡速度上。古騰堡《聖經》問世之後五十年內，德國的六十個城市，還有其他位於義大利、西班牙、匈牙利、丹麥、瑞典和英國各地的城市，都有了印刷機，全都忙著印書以供應消費大眾。據估計，十五世紀結束時，已經印了二千萬本以上的書；以每種書平均印不到五百本來算，有四萬種以上的書落在一般讀者熱切的手中。

這些新書中，有許多是談植物。《拉丁植物誌》於一四八四年出版，接著《德國植物誌》於一四八五年出版，雖然這二本書是古典作家（通常是迪奧斯科里斯）所寫的植物手冊，不過此二書是首次有附錄描述當地所發現植物的書。科學界所認識的植物種類迅速而劇烈地增加，尤其是在哥倫布從新世界回來後，帶回完全不同於希臘人甚至馬可波羅所描述的標本。十五世紀植物學這波新植物狂潮，效果和十六世紀發明望遠鏡對天文學的影響相當。眼界開了，以新方式來思考世界是無可避免了。不用再一直躲在別人背後偷看，而是轉頭大大方方地看著現在，甚至還對未來一探究竟。

一五三四年五月十日，卡蒂埃的兩艘船「發現新陸地」。接著幾周，航行在聖羅倫斯灣裡，卡蒂埃碰到許多小島，上面長著奇怪的植物、動物和小鳥。他報告，大多數的土地盡為荒地，「不該稱為新土地，而是石頭和野獸，一個野生怪獸之地，因為在整個北島，我看不到大片的好泥土」。在一個他稱為白沙的島上，他「什麼都沒看到，除了苔蘚和這裡一堆、那裡一堆的小荊棘，呈乾枯狀」。然而，有一群島，他們停下來取水和木材，非常肥沃，足以讓植物生長，而卡蒂埃很高興地描述他們的豐碩成果。「它們擁有我所見過最好的土壤，因此，其田野比其他新土地更有價值。我們發現那裡充滿了好樹、草原和野豆四處開花的平原，厚實、排列整齊，而且美麗，好像被耕種過似地，一如吾人在不列塔尼所見的景觀。那裡還有非常多鵝莓、草莓、突厥薔薇、荷蘭芹，以及其他非常甜美的香草。」可惜卡蒂埃沒有植物學家隨行，後來的探險隊就有了。他所謂的「野豆」可能是當地任何一種豆科植物，從海濱山黧豆到美洲野豌豆都有可能，而且可以確定在不列塔尼看不到。而當地數十種薔薇科植物中，不管他看到的是哪一種，絕對不是突厥薔薇。

新植物需要新名字，而且，以本國語言來命名的愈來愈多，不再用希臘文或拉丁文。描繪並描述植物的是草藥專家，及另一種新身分——業餘植物學家。玻克就是這樣的植物學家，他的書《新草木誌》出版於一五三九年，記錄玻克田野調查的植物，並以德文命名。他把他所描述並繪示的七百種植物，依泰奧弗拉斯多之法，分為草本、灌木和喬木三大類，而且描述它們的物理性狀，諸如高度、葉子、根系類型及開花時間等，編排方式並非按字母或藥性排列，而是以類似的形態、花冠形狀、顏色和種皮構造來排列。該書就好像早期的《彼得森德國植物指南》，玻克因此書而被稱為德國的植物學之父。

對珍奇植物的高度興趣，後來導引出另一種新現象——公共植物園。長久以來，修道院、女修道院、大學和皇宮都設有私人的「藥用」花園，有的以圍牆圍住，有的甚至是食用或藥用植物的大型農場，這些園子，或用來做教學展示，或為了觀賞，或是在日益擁擠且瘟疫橫行的城市中，供精疲力盡的特權階級做為療養身心的場所。新植物園養了世界各地的植物，兼具展示觀賞和實用價值。佛羅倫斯著名的菩菩利花園設立於一五五〇年，乃是當時的梅迪奇一世買下碧提宮擴建而成。這座花園由裴利可立設計，占地三百二十公頃（將近八百英畝），蒐羅全世界最賞心悅目、最珍奇的植物，只供梅迪奇家族獨享。在此之前，第一座公共植物園在安古拉拉的指示下，已經於一五四五年在帕度亞開放了。一五六七年，愛德凡蒂建立了波隆那植物園，愛氏在波隆那大學講授自然史之時，也是第一個把不具藥用價值，單純只因其存在的植物納入課程中的教授。

當時，最具影響力的植物學家也許是義大利的普羅斯波羅．阿盤尼，他生於一五五三年，因此和莎士比亞幾乎是同時代的人。他在帕度亞大學研讀藥學，對那裡的植物園知之甚詳，後來到埃及旅遊，在開羅住了三年，然後回到威尼斯大學，成為植物學講師。他的《埃及植物誌》出版於一五九二年，向好奇的讀者介紹了許多異國植物，包括許多影響未來歐洲商業的植物，如大蕉樹和咖啡樹。現在南美洲到處都有種的咖啡和香蕉，最初是由歐洲商人從非洲帶過去的。阿盤尼雖然不知道確定的機制，他還觀察到樹的授粉過程其實就是一種交配過程，這次，他所觀察的是棗椰子，因而證實了亞述人的信仰，四千年前，亞述人有複雜的儀式，由祭司為棗椰子進行異花授粉。數個世紀以來，園藝人員一直都在為植物做授粉和異花授粉的工作，而阿盤尼是第一個研究授粉如何發生的植物學家。他還描述酸豆樹葉子的趨光運動，但不知道這種運動是隨著太陽在動的——他認為它們可能是在吸取空氣。他對植物的興趣既不神祕也不學術；他以一顆好奇心來看植物，也就是說，那是科學家的眼光，而非魔術師或草藥郎中的眼光。阿盤尼和莎士比亞都死於一六一六年。當另一位普羅斯波羅，即莎士比亞最後一齣戲《暴風雨》中的英雄，把他的魔法書丟在一旁，魔術年代就此結束。

蕨類世界

纖細的帚狀耳蕨葉子還在我們這棵樹的基部生長，雖然蠑螈已經離去。蕨類具有許多相當原始的特性；它們的美，是一種數學美，就像雪花或水晶之美。它們看起來就像是由電腦設計，用來展示混沌理論的植物。它們的基本結構和我們這棵樹相同，但只有二維空間。樹的枝條由主幹以輻射狀朝各個方向長出去，而帚狀耳蕨的葉子卻是兩兩相對而扁平，宛如樹影。和所有的蕨一樣，帚狀耳蕨是一種帶有蕾絲的優雅植物，每片葉子從其盤繞的維管束組織升起，長到一公尺半，上面有三十公分長的淺綠色指狀葉，從軸像刀片似地散開，平均排列在二側，愈上面愈細，這是典型的形狀。帚狀耳蕨的基部就在埋於土中的柄狀根莖之上，上頭覆滿了捲曲的棕色鱗片。

蕨類在地球各地幾乎都長得很茂盛。帚狀耳蕨只是生長在花旗松樹下幾十種植物中的一種，其他還有木賊和石松，蠑螈和蕨類的出現，是生態系統健康的象徵。穗烏毛蕨是這屬中唯一出現在北美者，其他都分布在熱帶，和帚狀耳蕨長得很像，但較矮小，而且其葉是連續而非分離狀，比較像割草機的刮刀而不像一排小刀；它長在沼澤地區，那裡比較適合美國側柏。帚狀耳蕨和穗烏毛蕨都是常綠植物，但羽節蕨的三叉葉在秋天會掉落；它喜歡酸性土壤，常常發現於陡坡和石壁上。甘草蕨是附生植物；長在苔蘚附生的大葉槭樹幹上。

蕨類看起來像原始植物，因為它們就是原始植物。當海洋植物海藻移到陸地上時，它們演化成苔蘚植物（苔類和蘚類），後來，爭取陽光的競爭愈形激烈，於是從地面上升高，成為蕨類植物（這種植物有根、莖、葉，但沒有花或種子）。木賊是最成功者；我們這座森林就有好幾種：問荊、溪木賊、平滑木賊，及各種各樣的木賊，木賊的英文 scouringrush 有刷的意思，因為它們看起來像瓶刷，而且實際上當它們長高時，原住民就用它們來刷烹飪容器。它們的莖含有矽和纖維素以做為支撐機構。木賊的葉子很像變形的芽鱗片。它們的莖中空而節節相連，就像竹子，而且和釘子一樣厲害；它們會推開水泥板，穿出柏油塊。

蕨類、木賊和石松掌控了植物界數百萬年，這段期間，它們的莖長得和樹一樣粗，還有龐大的葉子把沼澤陸地遮住。然而，在石炭紀結束時，氣候變得愈來愈乾燥，蕨類全軍覆沒；來自石炭紀大量的煤和石油，我們已經用了兩個世紀，全部都是蕨類化石變成的。現在，木賊是小植物，但十九世紀中葉，一株石炭紀的木賊化石在英國班森煤礦的礦層裡出土，它大得嚇人，所以礦場叫科學家過去檢驗。其主幹在分枝處之前長達十二公尺，基部直徑長一公尺。以前沒人見過這種東西，以後也很少見到。它被敲碎成煤出售，也許還充作火車頭的燃料，載著這些科學家回牛津。但結論已經出來了。當一塊煤燃燒時，其所釋放的熱能，係蕨類植物所收集的太陽能，儲存了三億年。

蕨類為隱花植物（cryptogams，來自希臘字「隱藏」和「已婚」）；它們以孢子繁殖，這是最先從細胞分裂改良而成的繁殖方式。孢子似乎是介於細胞分裂和公然性行為的過渡階段。蕨類以世代交替方式繁殖，這個現象最初是由德國植物學家胡麥瑟在一八五一年所提出，胡氏對細胞分裂和花粉形成的興趣也許來自他的近視毛病；他酷愛仔細檢驗所有的東西。他非常善於使用解剖顯微鏡，也是第一位觀察到細胞核內染色體的植物學家，雖然他不知道那是什麼。

成熟的蕨類散出數以千計的孢子。落在陰濕處者會立即開始生長，但不是長成蕨類的樣子；它們長成稱為配子體的扁平植物，直徑約數公分，它們葉狀器官背面長出來的並不是孢子，而是正常植物的兩性器官——雄性的藏精器和雌性的藏卵器，和現在所發現的針葉樹很類似。這些「隱藏」的性器官「結婚」以產生種子，一旦交配成功，就可以長成蕨。這種複雜而間接的繁殖方法，可能是為防氣候突然變化，不利於孢子繁殖和種子傳播這兩種策略時，為確保族群繁衍所發展出來的退路。

雖然氣候條件在石炭紀之末產生劇烈變化，造成大量植物死亡，但蕨類卻還能代代相傳活到現在，這也是我們現在還看得到這麼多種蕨類的原因。全世界有二萬多種蕨類，至少包括一種活化石——問荊，比其龐然大物的祖先小，但卻是同類中分布最廣者。有些現代蕨類並不小：美麗的熱帶桫欏經常可以長到三十公尺以上，而巨木賊可以長到十公尺。但大多數都低於一公尺，回復到它們祖先在石炭紀以前的大小。真菌依舊只靠孢子繁殖；而所有的裸子植物，像我們這棵樹，都是蕨類的子孫，它們走上種子繁殖這條路。胡麥瑟證實，針葉樹在演化上介於蕨類和開花植物之間。

裸子植物的意思是「裸體的種子」，來自希臘文 gymno「裸體」（希臘運動員在體育場裡裸體演出）和 sperma「種子」（抹香鯨〔sperm whale〕的英文為「精子鯨」之意，因為其頭部中白色的脂肪物質一度被認為是精液）。在裸子植物中，發育

花旗松林

成種子的胚珠，露天式地躺在毬果鱗片上，並沒有覆上一層心皮保護，像後來的開花植物，即被子植物（「包住的種子」）一樣。針葉樹產生種子的器官仍然稱為孢子體，表示蕨類產生孢子的器官之意。而木賊和石松，其孢子就放在孢子囊穗裡，其拉丁文和毬果是同一個意思。

裸子植物演化自蕨類，得到了形成層。它們還改善了莖部的強度，增加纖維素和木質素的量以做為支撐結構，並把中空的部分填滿死木材。它們為什麼要這樣做至今仍是個謎。可能是為了適應石炭紀之後的乾燥氣候；雖然外樹皮和把水分更有效地從根部運到高聳的樹冠，已經是相當出色的演化優勢。而發展出複雜的根系以吸取日漸稀少的地下水，這種方式比單靠根莖好。或者，這個策略只是從孢子繁殖轉換成種子繁殖的直接結果：當種子毬和花粉毬變得愈來愈重時，就必須有更強壯的莖來支撐。例如蘇鐵（類似棕櫚的熱帶樹）就有巨大的生殖器官。花旗松的種子只有數毫米，但某些蘇鐵的種子卻有六公分長，而攜帶這些種子的毬體可重達四十五公斤。即使是石炭紀像樹一樣的木賊也無法用其柔弱中空而沒有枝條的莖，撐起數百顆沉重的毬果。

心材才是解決方法。

然而，針葉樹仍然保留其蕨類祖先的纖細形狀；它們的樹幹高而尖聳，但卻不粗壯。花旗松看起來也許非常龐大，但就比例而言，是全世界這種高度中最細的樹。英國裘園的旗桿是從三百七十一歲的花旗松砍下來的，高八十二公尺，其基部直徑卻只有八十二公分。把它們等比例縮小，你就得到一株桫欏。

森林中的性

花旗松的雌毬會開放二十天來接收花粉粒，直到四月底左右。花粉粒一旦滑入雌毬苞片的平滑表面，就會被胚珠頂端微小具黏性的纖毛纏住。然後花粉粒舒服地待在這個開放區域兩個月，等著其附近的胚珠唇部脹大；胚珠漸漸把花粉粒包住，而花粉粒就像槌球般沉入軟綿綿的枕頭裡。五月初，有個開口發育出來，而胚珠變成了漏斗口；黏毛收縮成一個祕密通道入口，這個通道稱為精孔管，而花粉粒就掉進裡面，開始往胚珠的珠心前進，珠心即為胚珠中包著雌配子體的部分。花粉粒在行進時，會變成伸長的硬桿，其外壁由纖維素和果膠所構成。這時，桿子裡的花粉粒會長出兩個配子，即雄性精細胞，只有在這個時候，花粉管才和珠心接觸。花粉管的最前端碰到珠心時，會輕推，最後終於穿進珠心。

在一般松樹中，花粉管靠胚珠裡甜蜜而珍貴的流體流到珠心，但花旗松並沒有這種稱為傳粉滴的流體；花粉是靠一種強壯的夾子，從柱頭頂端移動到珠心。然而，現在是海岸區的五月，是雨季，可能會有一些雨水進入胚珠。當這種情形發生時，整個機制就變得和一般松樹一樣，水分讓花粉粒輕鬆地沿著胚珠通道進入珠心，然後排開水分子以接受發芽的花粉。數千年來，花旗松已經適應了發芽期間的下雨機率，不管潤滑作用是否出現，都可以順利授粉。

花粉管穿入珠心表面組織後會休息二到三星期，再繼續往胚珠藏卵器的頸部移動，進入藏卵器之後，繼續向卵子接近。這時，花粉管所有的內含物（帶有細胞核的細胞質、包著兩個雄性配子的體細胞，以及柄細胞）癒合成圓柱體，移動到花粉管的最前端。隔離精細胞和細胞質的薄膜破裂，把精細胞射出花粉管，使其和卵子結合。

一個雌毬也許會收到一個以上的花粉粒。多餘的花粉粒就分解成種子所儲存的養分。

一六三三年，法國巴黎位於法柏格聖維克多的新植物園成立時，任命布羅斯為第一任總監。這十年來，他一直奔走遊說設立這樣的植物園，主要的構想除了當成公共花園之外，還可以做為生產草藥的實驗室和化學新科學的教學設備。擔任總監第一年時，布羅斯種了一千五百種植物，並教導學生這些植物的「外部」特性，即其外形和關係，還有它們的「內部」特性，即藥學性質。

布羅斯是當時最具前瞻性的科學家，他對於植物的行為竟然如此類似動物頗為驚訝。他的理由是，二者皆有出生、成長和運動，而且都需要養分、睡眠（冬眠），甚至性；他是第一個認為植物的繁殖和動物一樣，需要雌雄交配者。他甚至還異想天開，思考植物是否有靈魂。生命就是生命，他堅持，不論其表現的形式是植物或動物，而且，這二者的生與死，都不是受到其形成時所植入種子的調控，而是受制於環境中其他因子的影響。他在新實驗室中，試著以裝著無菌土的盆子養植物，澆蒸餾水；當植物枯死時，他做出結論，植物從土壤中得到鹽類，從水中得到「靈糧」等養分。他還嘗試以真空方式來養植物，得到類似結果；空氣，他稱之為「精神」，是植物之所需，一如動物需要空氣。植物沒有肺，但昆蟲也沒有，而昆蟲沒有空氣就活不了。在他所寫的植物化學中，有一章幾乎已經了解光合作用；他寫道，化學變化是兩種機構合在一起的現象——植物，他稱為「工匠」，而火則是「通用的工具」，或是「偉大的藝術家」。

一六四〇年，當他的機構終於對大眾開放時，裡面種了一千八百種植物，許多是布羅斯從東印度群島和美國引進來的。不幸的是，在過度的準備和期待之下，他隔年就去世了。

然而，他的工作還是由一名德國醫師卡梅拉里烏斯接續下去，一六八八年，卡氏二十三歲，是圖賓根大學傑出的醫學教授，也是該市植物園的總監。一六九一年，他對植物的性行為有興趣，當時，在園中，他觀察到一株雌桑樹附近雖然沒有雄樹，卻還是結了許多果實。他檢查這些桑椹，發現裡頭只有發育不全或消掉的種子。他把這些無子桑椹比喻成母雞的「無精卵」，並做出結論，和母雞一樣，雌樹需要雄樹才能產生活種子。然而，到目前為止，這項結論只是根據單一觀察所做的未經驗證之假設；卡梅拉里烏斯對植物科學的貢獻是，他對這項假設進行一系列的實驗測試。

他把兩株雌一年生山靛盆栽放在室內，遠離雄株，讓其生長。和桑樹一樣，這些植物長得很好並結出豐盛的莓果，但果實只有半熟就枯萎、掉落，裡頭沒有發育完整的種子。接著他把蓖麻雄花序上開放的雄花花藥除去；該植物只結出「空殼子，最後掉落地上衰竭而亡」。他用菠菜、玉米和大麻重複試驗，全都無法產生活種子。「於是，似乎，」他在《論植物的性別》中寫道，「我們可以合理地給這些端點（花藥）一個更高貴的名稱，以彰顯其雄性器官的重要性，因為這種容器裡的粉末是植物最微妙的部分，其分泌物收集起來，然後供應給種子。同樣明確地，子房代表了植物的雌性器官。」

六月初，雌性卵子的細胞核脹大，移動到藏卵器中央，周圍的細胞質變成濃稠的纖維狀液體。細胞核就像是半流體湖中的小島，是雄性配子的目標。當花粉管進入細胞核時，就把其全部的內含物倒進藏卵器中——細胞核、兩個配子（只有一個能到達島上）和柄細胞。兩個配子中較大的一個，藉著細胞質的能量，向湖中的卵子細胞核前進；較小的配子很快就放棄並分解，把其具有生產力的物質提供給正在形成中的種子。勝利的配子抵達細胞核，漸漸穿透細胞壁，讓卵子受精。到了六月第二周，我們的樹已經達到性成熟。在七月到八月期間，細胞在發育中的胚芽裡不斷地複製，大約這時候，清教徒移民前輩正在照顧他們第一次種田所長出的穀物，這塊位於新英格蘭森林中的地，被發現時已經清理乾淨。到了九月，當氣候合宜，北美東西兩岸的種子已經就序；我們這棵樹上的雌毬張開苞片，把四萬顆帶著翅膀的種子，釋放到溫暖、乾燥的秋空中。

第四章　成熟

當芽苞長出新芽，
健壯的會長出枝條，遮蓋四周的弱枝，
我相信這巨大「生命之樹」的世世代代亦復如此，
地表堆滿它的枯枝落葉，
然後新枝不斷冒出，
以美麗的枝椏縱橫覆滿大地

——達爾文《物種源始》

三百年來，我們這棵樹一直在九月的和風中散播種子。適逢豐年的時候，一如今年，它會產生大量種子。有些年的秋季則一粒種子也沒有。所有會結子的樹都有繁殖周期——櫟樹以不規則結子聞名，但即使是栽培的蘋果樹也是每二年才有一次結得比較好。花旗松的結子節奏有三個交叉周期：有二年周期與七年周期，理由至今不明；而二十二年周期，似乎是反映太陽表面黑子活動的高峰。當這三條曲線交會時，大約每十年一次，樹會結出豐富的種子。如果我們這棵是櫟樹，這一年就稱為豐年。

櫟樹的豐年現象，經由一連串的複雜事件，和萊姆病的發生有關。一九七五年，耶魯大學醫學家調查一群康乃狄克州海邊小鎮萊姆鎮的關節炎年輕病例，人數超過五十一個。艾倫·史帝爾和他的同事發現其症狀是名為遊走性紅斑的特殊牛眼疹和關節腫脹，後來此病命名為萊姆病。一九八二年，伯格多費在蜱的汁液中發現一種螺旋體菌，稱為伯氏疏螺旋體，此病證實為這種螺旋體菌所造成。

白尾鹿一般以灌木的嫩葉為食，但在豐年，牠們會到櫟樹林裡大啖橡實。牠們在那裡引來鹿蜱成蟲。母蜱吸了四到五天的血，吸夠了就從寄主身上掉落到樹葉堆裡過冬。到了春天，母蟲所產下的卵塊含有數百到數千顆卵。

豐年裡的大量橡實還引來白足鹿鼠到此處蒐集、儲存大量核果。然後牠們產下比平常更多的幼鼠，存活率也高於一般時期，結果，到了隔年，「鼠口」爆炸，從而提供剛孵化的幼蜱大量的吸食機會。白足鹿鼠是螺旋體菌的帶原者，當牠們被幼蜱寄生時，細菌就透過血液傳到硬蜱，使硬蜱感染。硬蜱吸飽之後掉落林床過冬，春天從蛹中冒出，準備散播螺旋體菌。如果有行人碰巧經過，硬蜱就會附在不知情的受害者身上。因此，豐年之後兩年，人類就發生萊姆病流行。

庫蘭和她的工作夥伴在研究龍腦香科植物時，發現了另一個神奇的豐年現象，龍腦香科植物是印尼林冠層的主要樹木。從一九八五年到一九九九年，科學家聚集在婆羅洲巴隆山國家公園一百四十七平方公里的土地上。他們發現整個森林生態系有一種豐年現象，五十種以上的龍腦香樹以大約三・七年的周期，於短暫而密集的期間同時繁殖，產生大量的果實和種子。在六周的豐年期間，百分之九十三的樹會掉落果實，研究人員發現，每公頃達一千三百公斤。大量的動物被吸引過來，包括山豬、紅毛猩猩、鸚鵡、原雞、松雞、數不盡的昆蟲，甚至當地村民。科學家發現，引發豐年的因素是聖嬰現象／南方震盪，為一種熱帶洋流周期性變動形態，於六到八月間為印尼帶來乾旱。豐年現象接在乾旱之後。這是一個樹群的神奇演化策略。

有些生物學家認為，豐年現象是樹木用來控制掠食者的策略。豐年之間夾著漫長的無果期，靠種子或核果為生的動物就得受制於樹木，被迫進入大餐與饑荒循環。如果饑荒期夠長，則動物族群數量就會銳減而樹就安全了，至少安全一陣子。在中國，有些種類的竹子每一百年才結一次子，然後死亡，造成吃竹子的貓熊餓死。

以種子為食的松鼠和鳴禽

在花旗松林裡，以種子為食的掠食者主要是橙腹赤松鼠，長二十公分，腹部及眼圈為閃亮的深黃色，黑耳，尾部比身子短，活力十足。在夏季，橙腹赤松鼠就坐在高處的枝條上，摘下成熟中的毬果，並開始有系統地剝毬果；從底部開始，一次剝一鱗片，吃掉毬果基部的種子，而空鱗片和最後被剝剩的心則丟到地上。現在到了秋季，松鼠趕在種子散開之前，瘋狂地從樹上摘下數千枚種子毬。松鼠把毬果從莖部切下，丟到地上，然後匆匆趕下來把毬果藏到地面上倒木和枯樹頭底下的洞裡，毬果在那裡保持濕潤卻不會讓種子淋到水。許多毬果鬆鬆地埋在林地表面，將來有些種子會發芽。松鼠的速度和效率非常驚人。加州觀察到一隻松鼠在三十分鐘之內切下五百三十七枚紅杉的毬果；四天就把過冬用的收成準備好。繆爾對這種勤勞的小動物非常欽佩，他估計森林所長的毬果，由活力十足的橙腹赤松鼠經手者高達百分之五十。

橙腹赤松鼠和牠們的近親北美紅松鼠一樣，有強烈的地域性，每隻守著約一公頃的成熟花旗松林。牠用尖銳、嘈雜的叫聲保護家園不受飛鼠、花栗鼠的侵犯，尤其是其他橙腹赤松鼠，包括潛在的交配對象。牠們在區域裡的樹幹分叉處築夏巢，或稱松鼠窩，有時則占用老鷹或渡鴉所遺棄的巢。到了秋天，牠們會離開夏巢，利用當時掉落的低層枝條和雨水滲入腐根所形成的空隙（通常還有昆蟲、啄木鳥和撲動鴷挖過），在樹洞裡築窩。松鼠在洞裡排上一列列的碎樹皮和針葉，底部填滿種子以備不時之需。牠們並不完全進入冬眠，但一次會睡上好幾天，醒來吃點存糧，然後再睡。

牠們的繁殖期在春季，接在樹木繁殖期之後。四月求偶交配期間，牠們以花旗松與美國柱松花粉為食；五月中幼鼠出生時，則以樹木嫩芽餵食。幼鼠撫養八周，到了七月中旬之後，就會被趕出出生的窩，獨立生活。現在，這還不到一歲大的小傢伙必須自己去找過冬的食物，並改吃成熟的種子毬，因而與已經建立勢力範圍的成鼠競爭。一歲的成鼠不易尋求和護衛自己地盤，這正是橙腹赤松鼠無法繁殖到布滿整個地球的原因；很多會找不到自己的地盤，也無法儲存足夠的糧食過冬，而在春天來臨之前餓死，這個問題在花旗松老熟林不斷開發下，更形嚴重。

九月的第一周，剛好是種子蹦出時，秋季遷徙的燕雀類開始回來了。對某些候鳥而言，例如暗眼燈草鵐，這是牠們遷徙到達的最南端；牠們加入留鳥型的燈草鵐，這些留鳥整個夏季都在此地。今天，所有的燈草鵐都叫暗眼燈草鵐，但西部森林裡的燈草鵐有兩型：以前分別稱為灰藍燈草鵐和奧勒岡燈草鵐。灰藍燈草鵐的上部是堅實的灰色（暗灰色的冠羽、胸、翅和尾部），披上背心似的暗黃色羽毛，還有兩道雪白尾羽，當牠們在空中煞車準備降落時，看起來就像幽暗灌木下的火花。奧勒岡燈草鵐有深色冠羽，但上半身其餘部分全是紅褐色，肩部有赭色斑，兩側為略淡的紅褐色。這兩種全都稱為暗眼燈草鵐，來自拉丁文「Juncaceae」，即燈心草。這應該是以前有人曾經認為燈草鵐以燈心草的種子為食，其實牠們並不吃燈心草種子。牠們春天以蜘蛛和昆蟲幼蟲餵雛鳥，但現在是秋季，成鳥在光照充足的草原及森林邊緣搜尋食物，吃各種種子，卻不包括燈心草。牠們進食時大都在地上，以併腿跳的方式移動，最有名的就是「連環雙跳」：第一步向前跳，落下時雙腳把帶有種子的草稈壓下，接著迅速往後跳，把掉落的種子啄起來。

燈草鵐及其他的過冬鳥類——松金翅雀、歌帶雀、金喉雀、紅交嘴鳥和紅朱雀等，也吃花旗松子，九月底，花旗松子覆滿大地，宛如一隻隻透明的小魚乾。鳥吃松子，因為松子大而富含澱粉，值得花力氣去打開它們。在非豐年裡，以果實為食的鳥類總計吃掉樹子年產量的百分之六十五。

對某些候鳥而言，如雀類，從北方森林往南遷移時，九月不過是補充碳水化合物的暫時落腳點。有些雀鳥會大啖花旗松子，然後一路沿著太平洋岸把種子隨著排泄物排掉。其他則在飽食種子之後，輪到牠們被美洲茶隼、紅尾鵟和毛足鵟吃掉，嗉囊遭撕開而種子四散，或是被這些鷹類吞下，種子就存在鷹的糞便中。北方老熟林的種子就以這種方式傳播，改變低緯度森林的組成。千百年來，這種鳥類遷徙和其所帶來的樹木，已經改善氣候及南區的侵蝕形態，因為森林蒸發水分會改變水文循環，而風吹過森林的效果也和吹過光禿禿的土壤不一樣。

樹木反擊

儘管樹是各種掠食者的目標，卻還是活得相當旺盛，掠食者計有：覬覦種子和花旗松嫩芽的鳥類、松鼠、黑尾鹿等；喜歡侵入有髓的核之真菌；攻擊芽和針葉的昆蟲；以及以各種不同方法進入細胞壁的各種細菌和病毒等。植物不能拍打或躲避害蟲，而是靠化學武器兵工廠來抵擋病原體侵襲。一株健康的植物就是一座效率良好的生化廠，持續生產各種化合物，有些可以促進生長，有些則是所謂的次級代謝物，常常用來抵抗入侵的敵人。幾個世紀以來，從古代的草藥到現代藥學，人類利用自樹的多數醫療和養生效果，就是衍生自這些次級代謝物。這些化合物分為三類：帖烯、酚和植物鹼。

有些帖烯可以幫助樹木生長，例如荷爾蒙勃激素就帶有帖烯基，但大多數則是用於防禦。樹脂包含單帖類和二帖類，在樹的莖部和枝條中上上下下地流動，甚至經由樹紋裡的特殊導管，進入針葉和毬果。當昆蟲幼蟲鑽進樹裡，牠很可能穿破一些這種導管；一旦發生這種狀況，樹脂就會倒入昆蟲的進食室。樹脂好像沒什麼驅蟲效果，卻含有帖烯可以進一步殺害昆蟲胃部。接著樹脂硬化，把傷口封起來以免真菌孢子跑進來。一株受到嚴重侵襲的樹，其樹皮上可能有數百處樹脂傷口。有些帖烯具有毒性。例如馬利筋草的帖烯對鳥類就帶有毒性，這也是為什麼帝王蝶幼蟲喜歡吃馬利筋草的原因；吃下去的分子發揮減少鳥類掠食的作用。楝樹的藥用抽取物楝樹油為三帖類，具強力殺蟲效果。

酚為苯基，通常具揮發性——可在空氣中傳得很遠。有些酚稱為類黃酮，植物花朵吸引授粉昆蟲的香味和顏色，就是由其負責。其他的酚為植物相剋作用的元素，這是同一個生態系中，某株植物防止其他植物生長的能力：例如黑胡桃樹的根部會分泌一種化合物，防止其他植物在其樹冠正底下生長。某些沙漠植物會釋出一種酚——水楊酸，可以做成阿斯匹靈——阻礙附近植物根部吸收水分。

然而，有些時候影響是正面的；以酚之排放，警告附近同種植物有食葉昆蟲來襲。一九七九年有一項實驗，將三組盆栽柳樹置於封閉房間內，其中二組在同一室，而另一組則置於另一房間。第一間裡，半數的樹放上食葉毛蟲。二周後，受侵襲植物的免疫系統啟動，以驅逐毛蟲的入侵，而同一房間裡未受侵襲的植株也啟動了免疫系統；然而另一獨立房間裡的樹卻不受影響。第一間房子裡受侵襲的樹以某種方式警告其他樹——而且不是透過菌根溝通，因為樹種在盆子裡。受侵襲植株排放出某種揮發性化合物，把附近植株的主開關打開。

植物受到草食性昆蟲攻擊時，還會釋出酚以吸引其他以入侵昆蟲為食的昆蟲。例如，山菸草實驗顯示，當其葉子被天蛾毛蟲所吃時，該植物會放出芳香類化合物以吸引大眼長椿象，這是一種以天蛾卵為食的卵生昆蟲。顯然，毛蟲唾液裡的化學物質啟動了求救訊號的排放。銀杏、玉米和棉等植物中都發現類似的酚。荷蘭植物學家迪克研究過皇帝豆排放的化學物質，根據他的研究，「大多數植物，也許是所有植物，都具有和保鏢對談的特性」。植物會呼叫許多種蜘蛛和寄生蜂來幫忙，而這些掠食性昆蟲已經演化出監控空氣中這類化學物質的能力。

丹寧酸為類黃酮聚合物，保護樹的組織不受微生物的侵蝕——其功能與鞣皮革相同。櫟樹、栗樹和針葉樹的丹寧酸還能破壞草食性動物的腸子，以防止牠們進食；丹寧酸會破壞腸子的上皮細胞層，造成動物無法消化所吃的食物。結果，有些草食性動物，如鹿，必須吃大量的葉子才能得到足夠的養分以維持重量。動物吃植物以獲取氮，植物利用這點，讓它們不同部位的葉子含有不同量的氮，因此，草食性動物，包括昆蟲，必須從樹的某部位移動到另一部位，或是從某棵樹移動到其他樹，或是更好的情況，從某一種樹移動到另一種樹以取得適量的氮。

即使如此，植物還是儘量讓它們所含的氮保持在最低量。樹的含氮量是所有植物中最低者——低到木質部只有百分之〇・〇〇〇三，葉子最高可達百分之五，而芽苞和嫩莖則為百分之八。大多數昆蟲體內的氮必須維持在百分之九到十五才能繁殖。植物還在氮中混入酚毒，如丹寧酸和植物鹼，使其葉子和種子不可食。草食性動物的遷徙，包括鹿、美洲野牛和昆蟲，部分的解釋原因是牠們必須一直追求富含氮源的牧草，因此，我們或許可以說，這乃是受植物所控制。

植物所產生的第三種次級代謝物植物鹼，可以像光通過玻璃一樣，穿透細胞膜。它們直接進入中樞神經系統，在腦中引發反應。例如咖啡因就酷似腎上腺素，是我們產生清醒錯覺的原因。咖啡因癮是令人挫折的永久性腎上腺毒癮。菸草的植物鹼尼古丁，進入腦部的速度是咖啡因的十倍，因此更容易上癮。嗎啡則是鴉片的主要植物鹼，也是非常容易上癮。

並非所有植物鹼都對人有害。預防瘧疾不可或缺的藥奎寧，就是金雞納樹皮中的植物鹼。提煉自顛茄根部的阿托品，可做為刺激呼吸藥或止痙攣藥，但大部分生物鹼於攝取多量時皆有毒性。馬錢子鹼是東南亞毒果馬錢子的植物鹼；十九世紀時，用其稀釋溶液可治酒精中毒，但只要稍微濃一些，就會導致極度痛苦而死亡。尼古丁原用於治療疥瘡，劑量強一些可治癲癇（也就是當時所稱的羊癲瘋）；劑量過強則會造成意識喪失甚至死亡。從東印度迦素巴素樹（一種格木屬植物）所提煉之神經西定，牙醫用來取代砒霜當止痛劑，毫無疑問，許多病人得以免除疼痛，但狗每公斤體重只要皮下注射達一微毫克就會致命。過去試圖尋找較不易上癮的鴉片衍生物，結果事與願違，反而做出實際上癮度達二十倍的化合物：海洛因。

我們這座森林裡含有一些致命的植物鹼。大都屬於美麗的百合科。例如劇毒棋盤花，有精緻的黃花，和長在一旁的克共蓮非常像，真正的克共蓮根可食；在食物短缺時，本地的原住民會到森林裡的「克共蓮農場」非常小心地分辨這兩種植物。加州藜蘆也長在這區，通常位於顫楊樹底下；母羊懷孕十四天時吃了這種植物，會產出獨眼畸形胎——生下來的小羊前額中間一隻眼睛。當地原住民把其根煮成湯汁，連續三周每天服用三次，可以導致不孕。雖然當地原住民以嫩的美國白藜蘆經過初霜的葉子泡水來降血壓，其幼苗卻帶有劇毒。這種植物曬乾磨成粉，可做為園藝用殺蟲劑出售，名為藜蘆粉。迪奧斯科里斯知道白藜蘆，他說其根部曬乾磨成粉混以蜂蜜可殺老鼠。

哈佛癌症中心在《科學》期刊發表了一篇賓州某醫院於一九八四年的研究報告。結果指出，術後若安排病人住在窗外有樹景、而非典型都市景觀的病房，病人不僅恢復較快、藥物用量也比較少；於是研究人員著手尋找符合科學邏輯的解釋。其他與「樹木有益健康」的案例也逐一浮上檯面。舉例來說，全世界最大的公共住宅計畫「芝加哥泰勒國宅」曾進行過一項研究，結果顯示，屋棟入口周圍植有樹木者，鄰居間關係比較好，居民的社區意識也比較強；而入口周圍盡是水泥及玻璃者則恰恰相反。怎麼會這樣？

「森林浴」這套日式修行倒是給了答案。森林浴按字面解釋是「沉浸在森林中」，實際意思是「吸入森林的氣息」。研究森林浴的學者指出，城市人每天只要在林間散步二十分鐘、置身低皮質醇環境（皮質醇即「環境荷爾蒙」），即可降低血壓、紓緩交感神經興奮並提升副交感神經活性。照這樣看來，儘管視覺、聽覺刺激似乎也可能引發上述變化，但「呼吸」應該才是關鍵要素。另一項試驗則是讓受試者接觸日本柳杉、絲柏和台灣檜木等三種日本森林常見的樹木的氣味。結果，所有受試者的血壓均下降、大腦前額葉皮質活動增強、身心更為放鬆，進而提高專注力與生產力。追本溯源，這些好處來自一種揮發性次級衍生物：芬多精——許多樹木和植物都會散發芬多精，用以驅退天敵或掠食者的攻擊。這種設計用來降低植物吸引力的化合物何以如此吸引人類、或引發刺激，目前仍是個謎；不過對人類似乎好處多多。

種子與性

既然每年所生產的種子有百分之六十五為鳥類所食，而剩下的大部分又被橙腹赤松鼠、老鼠、田鼠和花栗鼠處理掉，於是花旗松種子掉落後能長成新樹的機率不到百分之〇・一，也就不足為奇了。面對如此大的折損率，大量產生種子是一種補救方式。和某些開花植物比起來，花旗松還算微不足道——例如蘭花，一個果莢就包含高達四百萬顆種子，而其成功率則遠低於花旗松。中世紀哲學家，如聖多瑪斯（為雅伯圖斯的學生，後來在科隆及巴黎成為同事），企圖把亞里斯多德的原理移植到基督教教義，融合理性和信仰，把這種大量產生種子的現象視為造物者的偉大設計。大自然是「上帝所撰寫的書」，而種子過度生產則是大自然豐盛的一部分；必須產生足夠的種子以餵養所有動物，包括人類，還要剩下夠多的種子以延續物種命脈。於是，過度生產既是天命之跡象，也是自然因素的結果。

《聖經》的比喻：「凡有血氣的，盡都如草。」實際上一點也不誇張；幾乎每一樣我們所吃的東西，不是植物本身，就是靠植物維生的動物。人類很少吃肉食動物。我們正常食物中的肉食動物，除了吃昆蟲的鳥類之外，就是魚類，許多都是養殖的——最有名的就是鮭魚。養殖肉食動物的效率非常低；每一公斤的鮭魚肉，要用三到五公斤的食用魚切成肉丁去餵養。這就好像拿綿羊和山羊去餵獅子，然後再吃獅子。

現在我們知道，可耕種土壤層是支撐人類文化命運的薄薄一層希望。如果把地球縮成籃球大，則地表土壤就只有一個原子的厚度。然而我們卻很糟糕地濫用這脆弱的土壤層，農作上使用化學藥劑，並在上面傾倒有毒廢棄物。如果所有血氣盡皆草木，則善待草木就符合我們自己的利益。

早期的神學家想辨法調和神學和他們所學到的科學，因此，以「神聖之命」確保植物產生足夠的種子，以餵養神所創造的萬物，並使萬物活動，這是很合理的。十七世紀的英國，這種見解的主要擁護者就是雷伊，人稱英國自然史之父。雷伊是天主教神父，後來教授希臘文和數學，對植物學有興趣，寫了許多不同樹種之汁液流動、發芽的論文，並比較其異同。在最後二篇論文裡，他和當時許多的植物學者一樣，研究一套分類系統，尋求一種可靠而一致的方法，根據種子、果實和根部的特徵，把植物界組織起來。植物學和動物學的田野調查似乎每天都有新資訊出現，必須有一套通用法則才能讓這麼一個混沌變成井然有序。

雷伊想到了植物的性，對一個英國清教徒而言，性是可恥的想法，因此他並未認真探究，但這個想法後來在歐洲竟大為流行。一個世代之前，英國植物學家格魯認為花藥就是植物的雄性器官，而雷伊傾向於認同這個想法——也許，如果他不是清教徒的話，還會去思考雌性部分。以這種方式把動物和植物統一起來，也許更容易找出分類的通用系統。但幾乎要半個世紀之後，才有人公開發表這種想法，先是義大利人卡梅拉里烏斯，接著是法國人瓦揚。

瓦揚負責巴黎御花園（即後來的植物園）的品種蒐集工作。一七一四年，他負責監造法國第一座溫室，後來成了該園的教授。他所開的第一門講座是植物之性的存在，此乃拉布羅斯見解的延伸，也是卡梅拉里烏斯的理念首次在法國發表。他於一七一七年九月開講，受到熱烈歡迎，雖然瓦揚的課排在早上六點，卻座無虛席。他當年用來展示的那棵開心果樹，至今仍種於自然歷史博物館高山花園。瓦揚於一七二二年死後，課程內容出版，繼續引起迴響。影響最深遠的，或許是瑞典烏普薩拉大學一名貧窮的年輕學生，迫不及待研讀此書，他就是林奈（Carl von Linne，後來以 Carolus Linnaeus 聞名）。

雖然植物具有性身分並非新想法，但瓦揚的貢獻及激起林奈興趣的，是植物的性器官在不同物種間非常一致，可以做為分類系統的基礎。當時其他分類系統依賴植物花朵形態、顏色或大小等模糊而主觀的判斷。林奈所提的是直接對生殖器官做數學計算——即古爾德所謂「枯燥的解剖數字」。

當時，分類這門學問和拜占庭帝國的血統一樣複雜——自然界的分類法竟有三百多種。林奈研讀瓦揚的論文之後，所建立的基本方法極為簡單。泰奧弗拉斯多已經以「屬」和「種」來辨識標本；林奈只是在其上面加了兩層——「綱」和「目」，並設置一套簡易方法，把每種生物填入空格中。一株植物歸哪一綱，由其雄蕊（雄性器官，帶著花藥的細絲）數和排列方式決定；歸哪一目則由心皮（雌性器官）數和排列方式決定。他的系統之於植物，就如同杜威十進分類系統之於書本：計有二十四綱、數十目、數百屬和數千種。整個世界就像個大圖書館，每一物種在正確的樓層（綱）、適當的區（目）、正確的書架（屬）上有其特定的位置——而且不只是對已知的每一物種而已，對每一個進入圖書館的新物種也同樣重要。任何一個帶著放大鏡，能夠從一數到二十的人，都可以像在實驗室一樣，輕易地在野地判別每一種植物的綱和目（具一枚雄蕊的植物是單雄蕊綱，即「一個男人」之意；如果有二枚，就是雙雄蕊綱；到二十枚為止為雙十雄蕊綱；超過二十枚雄蕊的都稱為多雄蕊綱）。自林奈氏之後，新植物的分類實際上已成例行作業。

林奈所發展出來的分類系統，至今仍是分類的主要形式，雖然後人又添加了幾個分類層級。地球上所有生物都歸入三大域：細菌、古菌和真核。真核生物是人類的祖先，可能在二十億年前從細菌脫離出來。於是，人類的分類身分如下：真核域、動物界、脊索動物門、哺乳綱、靈長目、人科、人屬、智人。花旗松的分類身分是：真核域、植物界、毬果門、松綱、松杉目、松科、黃杉屬、西部黃杉。

對某些人而言，這些全都沒有給生物一個真正定義。事實上，林奈氏分類法的簡單正是導致某些人反對的原因。這就好像林奈把植物學的趣味給剝奪了（如同杜威被說成把瀏覽書籍的趣味給葬送掉一樣）。別管果實的豐碩之美、山溪上的枝椏彎曲有致、雨後閃閃發亮的草原，配上花朵繽紛的絢麗景象；它有幾枚雄蕊？幾枚心皮？林奈自己在寫作時，試著軟化這些冰冷的解析數字。一七二九年，他描述一株帶有一枚雄蕊和一枚雌蕊的植物就好像新郎、新娘的洞房花燭夜：「此花之瓣……宛如新人之喜床，在造物者的壯麗安排下，飾以高貴床帘及溫馨的香味，新郎和新娘舉行隆重婚禮。」但這沒用。林奈氏的系統非常枯燥，驚喜全被濾除，也許，他不得不如此。

「該系統的巧思和用處不容置疑。」達爾文《物種源始》唯一提及林奈之處如此寫道。這位瑞典自然學家認為他的系統把上帝的天機解開了。「但除非該系統明確點出時間或空間，或此二者之規律，或造物者計畫之其他意圖，」達爾文寫道，「否則，對我而言，並沒有增長吾人之知識。」

林奈的花園位於烏普薩拉故居的後方，現為妥善保存的聖地，作家符傲思於參觀之後，附和達爾文的指控。符傲思知道，他所站的地方，正是大爆炸的發源地，「在人腦裡造成的輻射和突變不計其數，而且綿延不絕」——在林奈這一小塊土壤上「所落下的一粒知識種子，如今已長成大樹，把整個地球給遮住了」。但符傲思坦誠，他是「林奈氏的異教徒」。他對林奈努力建立的植物辨識法極為反感，把自然現象化約成特定秩序裡的特定類別。他視其為邁向以人類為中心的第一步，我們所定義的大自然，只是我們所在之地，或我們附近的環境。林奈的系統，他說道，要求我們放棄「見識、理解和體驗的某種可能性」，以換取分類和標示；就好像透過照相機的取景器來看大自然。「而這就是，」他寫道，「烏普薩拉知識之樹所長出來的苦果。」

近年來，科學界具有解開並比較DNA的能力，為林奈觀點的正確性，甚或其觀點之美，提供新的認識。DNA分析遠比數一數心皮和雄蕊來得複雜，是種有力的工具，可以確認兩個看似毫不相干的物種之關係程度。DNA法的關鍵在於四項分子結構排列，這些分子結構稱為鹼基，以四個簡單英文字母表示：A代表腺嘌呤（adenine）、T代表胸腺嘧啶（thymine）、G代表鳥嘌呤（guanine）、C代表胞嘧啶（cytosine）。這四種鹼基以線性方式，沿著分子鏈排列，二條DNA，以鹼基配對的方式相互螺旋扭絞在一起：一條DNA上的A總是和另一條的T配在一起，而G總是和C配對。一條DNA上的鹼基序列，以三個字母所拼成的字，構成一道訊息，或是一個句子（基因學家把一物種的整套DNA組合稱為「書」）。

鹼基配對傾向是有用的特性。如果一DNA分子溶液受熱到鹼基間的鍵結斷裂，則成對的DNA股就各自分離而自由流動。在緩緩冷卻中，這些鹼基顯然會相互碰撞，再度形成配對。由於配對的序列非常特殊，所以雙股分子又重新建立起來。如果一物種的DNA和另一物種混在一起，溶液加熱後再緩緩冷卻，某一物種的DNA股也許會發現另一物種的DNA與自己類似，從而二股可能結合，形成混種。這種混種可以測量，並決定各物種形成混種的比率。如果二物種形成混種的比率相當高，則我們知道這二物種的關係密切，因為它們必然有非常多類似的序列。在非常多的案例中，由DNA分析所確定的物種血源關係與林奈的觀察或預測相當吻合。

翅與風

各物種在各自的利基解決各自的問題，否則就滅亡，而解決方法之巧妙各有不同，一如各物種和各利基的變化多端。但一個物種解決了一個問題之後，當類似問題發生時，未必會尋求同樣的解法。例如，植物如果夠理智，在妥善解決花粉傳播問題之後，也許會採用相同的策略來傳播種子。但這種情況幾乎從未發生。

花粉和種子的傳播目的非常不同。樹也許發現，把花粉傳得愈遠、愈廣，使其個體基因物質的散播機率極大化，非常有利。但讓一個蘋果落在離母株非常遠的地方，卻未必是個好主意。授粉者為遠方的樹授粉之後，也許應該管好自己的事就行了，讓樹自己去照顧自己的種子。雖然在已經建立起來的菌根床上，種苗難以生長，但落在親代附近對子代有利，因為它們的根會鑽入與親代完全一樣的菌根床。這不只可以確保幼株找到合適的真菌，利用既有的地下網絡分享養分，還可以擴展該網絡，從而讓親代和子代雙雙受惠。雖然在菌根社群裡，大樹好像具有較大的吸收力，而以犧牲小樹為代價，讓大樹更加茂盛，但事實上，就比率而言，大樹對系統所貢獻的碳水化合物比小樹還多。母樹事實上會照顧小樹，就像熊或黃色林鶯一樣。而且，不行自花授粉的植物，當附近有許多同種樹時，顯然活得比較好。

雖然花旗松傳播花粉和種子都要靠風，但卻確保花粉吹得愈遠愈好，而讓種子待在附近。花旗松的種子具有單翅，這在針葉樹裡頗常見，卻不是所有針葉樹都如此，但因為花旗松的種子頗重，鮮少能飛很遠。有的針葉樹根本不讓種子四處漂泊。例如美國柱松把種子包在毬果裡長達七十五年；如果沒有火燒來釋放種子，毬果就會從樹上落下，種子還是待在裡頭，只有在毬果分解之後，種子才會釋出。窄果松的占有欲更強；它一直抓著種子，連樹皮都長出來包住毬果，一直要到母樹死後倒在地上，種子才釋出，而母樹腐爛時，正好充當自己子女的堆肥。

其他的有翅種子和果實飛得更遠。榆樹和梣樹的果實帶有一對翅膀。結果，它們以迴旋方式慢慢地降落而飛得比核果還遠。在北美洲東部的針葉林裡，剛葉松並不是在秋季一次釋出全部的種子，而是斷斷續續釋放，一直到冬季；種子落在冰雪上，繼續被風和春季的徑流（runoff，未被土地吸收而在地表流動的水流）帶走。梭羅觀察到一粒剛葉松種子：「就這樣橫渡我們的池塘，池塘寬半英里，我想，在某種情況下，沒有理由它不能隨風吹個幾英里遠。」例如，沿著結冰的河流，或跨越一連串的草原。最大的有翅種子就是巴西中裂豆，或稱斑馬木；其翅膀展開達十七公分，種子以漂亮的角度優雅地降落，就像滑翔機降落一樣。

並非所有靠風傳播的種子都有翅膀。有些具有降落傘——例如蒲公英種子或是南非銀樹的種子。有些則具有氣囊，如魚鰾槐豆；它們的豆莢鼓起來，一旦脫離植株，在空中飄得很遠。小型南極洲植物羽狀槲寄生的雄蕊，把花藥遞給子房之後，就把自已重新排成羽毛狀，連在種子上，就像帆一樣。我們不覺得風滾草是種子的傳播單位，但它們正是。刺海蓬子的種子乾燥後準備發芽時，會從根部脫離，捲成球形，讓風吹著到處跑，跨越平原，每次碰觸地面時，就會散播種子。葫蘆似乎設計成水運方式，但有些長在沙漠地區的葫蘆果實卻靠風傳送。它們乾燥後和空氣一樣輕盈，在沙漠中四處滾動，直到落腳於濕潤地，可能是綠洲，當陽光將它們曬暖之後就會爆開，把小小的黑種子散到風中。

靠水傳播也一樣很普遍，尤其是南方，地球表面大都為水，而且位於熱帶，水溫暖、平靜且富含養分。靠水運送的種子必須能夠漂浮和防水。有些植物的種子還含有氣囊以維持漂浮，如花菖蒲。有些種子表面有一層軟木，有些則有一層蠟，有的則是油。椰子是名副其實的小圓舟，可以漂流數年之久。落入海中的種子還必須耐鹽。

達爾文在家鄉肯特郡塘屋後方，養了幾英畝的花園，他對種子如何傳播很感興趣，並做了極多的實驗以了解其運作方式。在溫室中，他設了一個裝滿鹽水的水槽，裡面放了各種怪異的組合：裸露的種子、帶果莢的種子、死鳥嗉囊中的種子、未成熟種子、熟種子、附在枝條上的種子，和包在土壤裡的種子。他想要證明，種子有能力從大陸漂到海島上，或是從一個島漂到另一個島，而且還活著。許多植物學家懷疑種子有這種能力，因而提出各種精巧的運送方法來解釋，舉例來說，為什麼歐陸的原生植物在阿速群島也可以看到。陸橋是最普通的解釋；有些則慎重其事地認為，失落大陸亞特蘭提斯才是答案。達爾文決定要證明「我們無權認為，在物種存在期間發生如此巨大的地理變化。」他認為我們沒有權利這樣做。

他在《物種源始》中報告實驗結果。「出乎意料之外，」他寫道，「（在鹽水槽裡）浸了二十八天之後，我發現八十七種中有六十四種發芽，而且有不少浸了一百三十七天之後還活著。」乾榛子浸了九十天還活著；乾蘆筍植株泡了八十五天，種子依然正常發芽。他做出結論，任何一個國家，都有百分之十四的種子，「也許可以在洋流中漂浮二十八天，而且還有發芽能力」。經他計算，這可以讓種子在海中漂流一千五百公里，而且到達後還可以長大成樹。再加上許多由鳥嗉囊、鳥糞運送的種子、夾藏在漂流木所附著土壤中的種子，以及被海洋動物吃進肚子裡的種子（例如，加拉巴哥番茄的種子只有在大海龜的腸子裡待過二、三個星期才會發芽），植物散布到遠方，甚至跨越寬廣海洋的能力，並不需要靠失落大陸來解釋。

達爾文對種子的過度生產與散播現象很感興趣，因為這與他的天擇演化說法相符。就某種意義而言，它們解釋了新種的產生。因為在發源地，只有一小部分的種子可以存活，於是植物產生比所需還多的種子。即使是在一般年度，花旗松有高達百分之六十的種子發育不良；而在荒年裡，不良率提高到百分之八十二。剩下的大都落在不利生長的地點、被火燒毀，或是被昆蟲、小鳥或動物吃掉。然而，有些存活下來的種子，在基因層次上有些微的變異，使它們在原生地不是很合適，但在遠方的環境，或是在不同氣候下的環境，可能更適於生存。當這些帶有新基因組合的種子被風、鳥、獸、冰山、冰川移動或其他方式帶到遠方時，可能發現新環境更適合它們的遺傳特性。起初，它們和親代還是屬於同一物種，但一段時間之後，當它們適應了新環境，它們就變成了近親物種，在血源上和親代顯示清楚的關係（例如，ＤＮＡ股具有類似序列），但在隔離之下，最後異化成不同的物種，和原種交配，不再產生具繁殖力的混種。

老熟林社群

我們這棵樹有二百五十多歲，如今已成了老熟林的一部分。花旗松老熟林和新生林有許多不同點。老熟林由同齡樹和枯立木（矗立的死樹幹，沒有樹皮或枝條，通常中空）所構成。雖然該森林以數百的花旗松為主，下層卻有其他的樹種等著篡位，因而使得林地經年保持陰濕。少數幾處巨木倒下所留下的開闊空間，下層的闊葉樹和灌木（圓葉槭、美莓和越橘）就趕緊利用這難得的陽光。在蕨類所覆蓋的林地中，躺著雜亂的落枝和不同腐爛程度的大樹幹。飛鼠住在枯立木，其排泄物堆滿了中空部分。鳥類王國也變了。當森林五十到一百歲時，可以支援在低樹枝結巢的鳥類，如斯溫氏夜鶇、黑臉黃眉林鶯和黑頭威氏林鶯等，而二百五十歲的森林就成了在樹洞或樹皮底下結巢的北美蚊霸鶲、褐色爬刺鶯、哈德遜山雀和各種鶇科的家。這些鳥都以昆蟲為食，因此，在決定何種昆蟲得以繁衍，何種會受到抑制，牠們扮演重要角色。

我們這棵樹所在的地區，計有一百四十種專吃針葉樹葉的昆蟲；五十一種專吃花旗松，包括黃杉大小蠹、黃杉合毒蛾、膠樅葉蜂、褐線尺蠖、綠斑林尺蛾、冷杉綠偽尺蛾及西部雲杉捲葉蛾。西部雲杉捲葉蛾在此地尚未構成蟲害——直到一九〇九年才首次爆發；而自一九九六年起，吃掉加拿大卑詩省一千六百萬公頃林地（該省林地總面積五千五百萬公頃）的山松甲蟲，則不會直接威脅花旗松。對所有樹，食葉昆蟲既吃葉子也吃嫩芽，而嫩芽原本可以長成針葉、新枝和毬果。在花旗松上，冷杉綠偽尺蛾十月產卵在部分針葉的葉背。當幼蟲於五月下旬出現後，牠們立刻開始大吃針葉，一直吃到八月中化為蛹為止。九月，成蟲出現，交配並產卵，周而復始。一旦被冷杉綠偽尺蛾侵入，如果不加以控制，只消幾年就可以讓一株花旗松成株死亡。幸好，對樹而言，有許多鳥類吃這些昆蟲幼蟲，包括松雀、各種林鶯、鶇、鳾、北美蚊霸鶲、西裸鼻雀、松金翅雀和雪松太平鳥。

樹也從外部資源得到幫助，有些外部資源令人意外。例如弓背蟻，一般認為會破壞樹，但牠們所破壞的大部分是已經倒下且開始腐爛的木材。事實上，有些種類還幫樹吃掉食葉昆蟲的卵、幼蟲和蛹。這相當合理，因為一年當中，螞蟻大多數時候要靠健康的樹。雖然弓背蟻在倒於林地上的腐爛樹幹之軟木上，建立龐大的聚落，但牠們花很多時間在樹冠搜尋食物。除了吃昆蟲之外，牠們還管理蚜蟲養殖場。許多弓背蟻的食物包括「甘蜜」——蚜蟲肛門所分泌的多餘糖分和排泄物。弓背蟻於秋季把蚜蟲卵收集在聚落裡保存過冬。到了春天再把蚜蟲卵搬到樹上使其孵化，然後整個夏天管理並取用其乳汁。牠們甚至還保護豢養的蚜蟲，使其不受掠食者攻擊。中南美洲有一種斜紋弓背蟻發展出更進一步的共生關係；在雨林的樹冠層建立「螞蟻花園」。這是用植物碎屑做成的緊密、中空的球狀體，裡頭填了土壤，卡進樹幹分叉處。在這種巢裡，螞蟻放了牠們愛吃的植物種子——鳳梨科植物、無花果、胡椒，而這些植物則在花園裡發芽、生長。牠們所管理的植物，有些除了花園之外，別處看不到，表示螞蟻必然把這些植物的所有種子收集起來，年年重新耕種。

花旗松林裡的弓背蟻為馬多克弓背蟻，是複雜生態網絡的輻射中心，聯結植物、其他昆蟲、鳥類和哺乳動物。牠們是森林裡主要的土壤製造者，取代了蚯蚓，把大量的土壤移到地表，把木材纖維和落葉化為腐質土，再和礦物質土壤混合，使其通氣並改變排水。牠們參與許多植物的種子散播工作。牠們吃葉蜂和毒蛾幼蟲——據一九九〇年一項研究估計，牠們讓華盛頓州和奧勒岡州森林中的葉蜂蛹減少了百分之八十五。幾乎林地上每一塊腐木都有弓背蟻窩，有些窩裡的工蟻多達一萬隻；因此，弓背蟻在森林總生物量中占了相當大的比率。難怪哈佛大學螞蟻專家威爾森說，雖然人類滅亡會造成少數在我們腋下、鼠蹊或體內生活的生物消失，而其他生物則會大量繁衍，但如果所有的螞蟻都消失了，會導致整個生態崩潰。螞蟻是金翼啄木鳥的主食，而且是灰熊六月中到七月底的營養來源。

由於熊是雜食性，每種東西，從臭菘草和蕁麻到大角羊，牠都吃，牠們的棲地非常廣，北美洲從南到北，從西到東，都曾經是牠們的漫遊範圍。一隻灰熊的家需要很大的區域做為活動範圍，但人類漸漸侵入牠們的棲地。今天，大多數灰熊都在山區活動，但以前平原上也有大量的灰熊，東到北美東岸，南到德州和墨西哥，到處以野牛為食。魁北克和北拉布拉多都曾經發現灰熊骨骸。

灰熊的祖先當然曾經跨越白令陸橋，在上一次冰河期高峰之前，跟著遷徙的馴鹿和野牛群通過；阿拉斯加外海的威爾斯王子島上洞穴裡，曾經發現三萬五千年前的灰熊骨。整個太平洋岸，沿海原住民和歐洲人都以故事來解釋熊或以故事來嚇唬自己：白熊、黑熊、藍熊、棕熊、灰熊。熊大到當牠們爬山時，撥下來的泥土會造成河流改道。熊變成人、熊變成島嶼。從北方來的熊以後腳走路，留下像神祕人的腳印。同時留下爪印和腳趾印的人。一八一一年，湯姆森划著獨木舟從阿薩巴斯卡河順流而下，看到熊腳印，認為那一定是長毛象的腳印，他的原住民嚮導所稱的「薩斯科奇」，被他翻譯成「長毛象」，其實是山區野人的意思。

當花旗松種子靜靜地安置於林地時，我們這棵樹附近，一隻過去三天來一直在磨腐木找弓背蟻吃的母灰熊，突然往上跑，到山上草原那兒大啖藍莓。大型動物很少長期居住在老熟林裡；林地上雜物太多，很難活動，而且又陰又濕，也不適合草食性動物在此覓食。黑尾鹿和北美赤鹿喜歡高處的草原，因此，灰熊也跟著喜歡。然而在夏季期間，大熊大部分以植物為食，深入涼爽的森林中，找尋溪邊的蕨類和毛絨絨的加拿大蓬草來吃。但牠們因為沒有黑尾鹿和北美赤鹿等反芻動物的消化道，無法反覆消化食物，所以一天要吃四十五公斤的植物才能保持健康。對小母熊而言，那幾乎是體重的三分之一。這就是為什麼牠會改吃螞蟻，或是機會出現時，就吃鼠、田鼠和橙腹赤松鼠以補充蛋白質。

當鮭魚開始回到牠們的出生河時，從八月下旬到十一月，這隻母熊就成了漁夫。鮭科魚類（太平洋西北計有九種：紅大麻哈魚、大鱗大麻哈魚、銀大麻哈魚、細鱗大麻哈魚、大麻哈魚，以及山鱒、金鱒、阿帕奇鱒、虹鱒）為溯河迴游性，亦即成魚在海洋中生活，每年回到淡水溪流產卵。

鮭科魚類在北緯四十度以北的沿岸計有九千六百個宗族或血統，各品種加起來數億隻，從太平洋系的一千三百條河川和溪流逆流而上。當鮭魚回到牠們的出生水域時，整個森林社群都大快朵頤。從海灣和河口的海豹和虎鯨開始，到沿途鳥類和哺乳動物所構成的交叉火網，一直到牠們產卵的礫石區，鮭魚和牠們的卵及魚苗餵養了無

鮭魚溪畔的灰熊

數多的其他生物，包括人類。

在我們這棵樹附近溪流產卵的細鱗大麻哈魚特別適應老熟林，濃密的樹冠遮住直射陽光，讓水溫保持冷涼。依賴腐敗植物為生的細菌、真菌和無脊椎動物可以做為鮭魚苗孵化後的食物。水中的倒木和枝條不只造成水流的輕微障礙物，增加水流含氣量，還創造柔軟的砂礫沉積床供其產卵。森林樹木的根抱住土壤，使有礙礫石床清淨的侵蝕作用受到抑制。鮭魚需要森林，當樹林砍光時，鮭魚族群就直線滑落。

沿海花旗松林為溫帶雨林，土壤富礦物質但氮卻很貧瘠，缺乏氮是植物生長的常見限制因子。然而這裡的樹和熱帶雨林一樣，長得又高又粗。氮有幾個來源，大多數來自細菌和植物把空氣中的氮固定於土壤，或是來自長在樹上的地衣。但花旗松林還有很重要一部分的固定氮來自海洋。

來自陸地的氮具有同位素特徵 ^{14}N。在海洋中，較重的氮形態，^{15}N，則比較常見。卑詩省維多利亞大學生態學家雷姆誠，一直在追蹤鮭魚和氮的海洋同位素之生滅，這二者都從海洋旅行到森林。五種鮭魚（大鱗大麻哈魚、銀大麻哈魚、紅大麻哈魚、大麻哈魚和細鱗大麻哈魚）離開牠們出生的河流後，在海洋生活二到五年，其體內組織經由進食生長，累積^{15}N。回到淡水產卵時，牠們被渡鴉、禿鷹、熊、狼和其他動物，諸如昆蟲和兩棲類所食，然後這些動物再把富含氮素的肥料排放在森林裡的各個地方。熊大部分在夜間進食，牠們是獨居動物，會把魚帶到離河邊二百公尺處獨自享用。熊喜歡吃最好的部位——腦和腹部，然後再回到河邊抓另一條魚。在一季之中，一隻熊會把六百到七百條鮭魚屍體散布於整個森林，並沿路大小便。鳥類和其他動物則把^{15}N散得更遠。雷姆誠發現溪水和河流邊的植物富含^{15}N，並發現樹木每年年輪裡^{15}N的含量和當年鮭魚迴游量具相關性。沿著溪畔和河谷，鮭魚形成一條大動脈，每年供應氮給森林。

甲蟲和蛞蝓吃熊留下來的鮭魚屍體，而寄生蠅、麻蠅和麗蠅則把卵產在腐爛的鮭魚肉上。不出幾天，每具屍體上的殘肉就蓋滿了扭動的蛆。這些幼蟲一旦長大，便掉落在林地上，躲進蛹裡過冬。到了春天，數十億隻飛蠅出現，正好趕上北方候鳥的到來。鳥身上裝滿了含有^{15}N的飛蠅。糞金龜把熊和狼的糞便埋在森林的腐葉堆裡。還有，許多鮭魚產卵之後就死亡，沉入河底，很快就覆上厚厚一層真菌和細菌，然後被水生昆蟲、橈足類動物和無脊椎動物吃掉。當小鮭魚從礫石中出現時，水中充滿了可以吃的生物，這些生物含有來自牠們父母的豐富^{15}N。雷姆誠生動地展示出森林和魚彼此相互需要，以單一的獨立系統，將空氣、海洋甚至於整個半球聯結起來。

樹冠層上的住民

鮭魚迴游的高處是濃密的樹冠層，我們可以稱之為地球的高樓層，螞蟻和一大群生物就占據在此處，這裡有點像盤踞在離林表六十公尺高的仙境。花旗松每年約有三分之一的針葉掉落（可能有二千萬枚），許多掉到地上，但也有不少落在寬廣的高層枝條上，並留在那裡。一段時間之後，這些針葉堆形成相當大的有機墊，厚達三十公分，廣達數百平方公尺，聚集了許多生物，它們和地表生物一樣，忙著把植物屑化為土壤。然而樹冠的雜物堆和林表不一樣，暴露在陽光和雨中。最後，樹冠層裡的腐爛有機墊變成肥沃的土壤，養育整個植物、脊椎動物、真菌和昆蟲所構成的社群，完全獨立於地表之外——成為一個獨特的生態系，一個最近才確認的生態系。

這個美麗新世界的中心是節肢動物門。地上的節肢動物，我們大都把牠們叫作蟲：蜘蛛、蟎、馬陸和昆蟲。昆蟲有三對腳，從每一節都有一對腳的多節動物演化而來。經過數千年，前幾對腳演化成顎和觸角（在黑腹果蠅的突變中，觸角又變回穿出頭部的腳，顯示該物種祖先的樣貌）。節肢動物有數百萬種，最近研究發現，花旗松林樹冠層裡就多達六千種，至少三百種是新種，使其成為亞馬遜雨林以外最大的物種多樣性種源庫。有些物種，如上樹甲蟎屬的微小甲蟎在南、北美洲都未曾發現，只有別種的上樹甲蟎曾經在日本發現。其他地方都未曾發現別種樹蟎。每棵樹都有自己的特有昆蟲社群，這是一群豐富而多樣的野生生物，包括所謂的「同功群」：掠食者、獵物、寄生者、清道夫，甚至於「觀光客」——例如螞蟻，住在地上，只是路過而已。在某些案例中，例如熱帶雨林裡，整個物種就局限在單棵樹上的單一有機墊裡。

每當一棵樹倒下，數十種唯一的節肢動物就跟著滅絕。

狼的藏身處

土壤是陸上的海洋。土壤和海洋都是光合作用生物的搖籃，也都以節肢動物為主。海洋中的節肢動物是甲殼類——蟹、蝦、龍蝦，和各種水蚤、虱、沙蚤。在土壤裡，節肢動物的位置填滿了蜘蛛、蟎、甲蟲和彈尾蟲。在樹冠的有機墊裡，蜘蛛是主要的掠食者。有些只有二十公釐長，以絲狀蛋白質建造複雜的網子，捕抓蠅、蛾和同是住在有機墊裡的七十二種蜱蟎。蟎是微小的生物，在森林社群裡的主要功能為分解植物碎屑，使其成為腐質土。彈尾蟲為彈尾綱生物，其族群雖小，也出現在這種土壤中。蟎和彈尾蟲在各種土壤中挖掘自己的通道。在開闊草原上，二立方公分的土壤中通常藏有多達五十隻的蟎和彈尾蟲；而在森林裡，有著厚厚的落葉堆保持溼度並擁有許多開放空間，其數量可能多達二倍。樹冠上的有機墊裡，環境類似開闊地，其密度與草原相當。

蟎有四對腳，屬蛛形綱動物，而彈尾蟲有六對腳和一對觸角，比較像昆蟲而非蜘蛛。勒波克爵士是達爾文的鄰居，有時候是共同研究者，對彈尾蟲的主要運動方式非常著迷，於一八七三年最先描述彈尾蟲：「下腹有一叉狀器官，從尾部附近開始，大多數向前伸到胸部。」受驚嚇時，彈尾蟲會把這有力的器官放開，跳到空中，有時高達十五公分，相當於人類一跳就跳了六個足球場那麼遠。勒波克把彈尾蟲歸為昆蟲，但這只因牠們有六隻腳；他補充說，未來的昆蟲學家一定會認為牠們是其他東西。美國自然學者伊凡斯同意這點，從其跳板運動方式來看，「牠們似乎代表六足動物不同而獨立的實驗」。其下腹分為六區，而非真正昆蟲的十一區，牠們缺少昆蟲綱某些體內特徵。然而，蠑螈才不管牠們是什麼東西；至少在陸地上，蠑螈無論如何都會吃掉牠們。在樹冠層上，彈尾蟲和蟎、蜘蛛會被大型蜘蛛所結的球狀網抓到，或為紅胸鴝所食。

鳥糞、囓齒動物排遺、脫下的蛇皮、昆蟲排泄物、新鮮植物體、加工完成的腐質土、雨和陽光，製造出肥沃的土壤。事實上，這土壤非常肥沃，以至於花旗松從枝條長出「不定根」（由胚根延長或生長而來的根）以吸收養分。在石炭紀時期，當時根莖型的蕨類正要轉變成樹，根從躺在地上的枝條冒出芽來——它們的枝條在地上走，而非向空中伸展。在森林樹冠層，埋在有機墊裡的頂端分生組織發育成根而非枝條。

這些根的作用和地底下的根完全一樣，吸收空中土壤裡的水分和礦物質，並產生支撐固定作用。地下土壤裡的氮是數百年前美國赤楊裡的細菌所固定形成的，而美國赤楊早已消失，當土壤裡的氮漸漸用盡時，這些埋在空中土壤裡的新根適時發揮作用，或許不是出於偶然。

這次，氮來自地衣。在老熟林裡，花旗松枝條上側如果暴露在空氣中，就會覆上一層厚厚的黃綠色地衣（枝條下側的陽光較少，通常長滿了苔類和蘚類）。樹冠層上地衣和樹的關係可以看成地底下菌根菌網絡的空中版；這二種方式的功能都相當類似，組成的物質也差不多一樣。

地衣不是我們所認識的普通植物；它是由兩種植物類生物所構成——真菌和藻類。地衣是一株真菌包住一株藻，兩者共同運作，成為一個個體。因此，它是一種活化石植物，直接聯結到原始海生命開始時的海洋原始光合作用者，把氧氣填入地球大氣中，後來爬上陸地，成為維管束植物。地衣是藻類適應陸上生活的另一條演化路徑；其中約有三十七屬的地衣與十三目的子囊菌，即帶「囊」的真菌，形成共生關係。真菌有根，可以吸水，而藻類則行光合作用，為這種生物的兩個部分提供食物。它們相互結合，成為一個生物，分享彼此的功能和產物。這種共生關係非常成功，因此全世界有將近一萬四千種地衣，生存的棲地非常廣，從南極洲到熱帶地區都有；也適應不同的氣候，從海岸雨林到高山草原；也存在於每一種東西的底部，從卵石、木造建築，到昆蟲背部都有。

地衣是極好的共生教學課程。一種真菌以其菌根包住藻，菌根端緊緊地壓在藻的細胞壁上，以微小的指頭，即吸足，穿入細胞壁。藻經由光合作用產生糖分，真菌取走一部分（通常留下足夠的糖分讓藻細胞維持生命），還把水打進細胞裡。真菌為藻遮蔭，使其不受太強烈陽光的傷害，並強化其光合作用的表面。到目前為止，全都是共生。然而，在某些案例，真菌拿走太多的糖分而導致藻細胞死亡——地衣之所以生存，只因藻細胞的繁殖速度比真菌殺死它們的速度還快。嚴格說，這並不是互惠關係，更精確的說法是「控制性寄生」。

長在花旗松林冠層的地衣多達百分之五十一是奧勒岡肺衣，或稱萵苣地衣，為一種肺衣屬植物——枝幹上部是肺衣，底下是蘚類。我們稱之為肺衣是因它們的組織很像肺的內部，而且經常做為肺結核和氣喘等肺部疾病的藥；普藍地的《自然史》一書，十七世紀的英文譯本中寫道，地衣「對於治療破裂或龜裂有神奇效果」。一公頃的老熟花旗松林可以長出上噸的肺衣，其真菌包裡抓著綠藻和藍綠藻。地衣靠小鉤子附在樹皮上，當水從枝條往主幹流時，地衣就加以攔截，抽出水中的氮，然後把水放掉，任其流到地上。當地衣死亡，就從樹上掉下，落在樹冠有機墊上或地上（落在地上會被鹿吃掉），這兩種方式都會把地衣所積存的氮釋放到土壤裡。地衣取代了美國赤楊，成為有效的氮素固定者；每一公頃林地，地衣每年供應高達四公斤的氮——為其所消耗氮素的百分之八十。於是地衣也就成為花旗松林社群生物鏈裡的重要一環。

現在，我們這棵樹高達八十公尺。第一分枝長在四十公尺處；基部厚度為四十公分，在成熟的森林裡散布成寬廣的錐狀樹冠，它已是一棵樹齡近三百年的老樹了。這裡一直歷經乾旱與洪水，飽受大量昆蟲侵襲，也承受過暴風雨的震撼。冬季愈來愈冷。其樹冠有機墊承受數以噸計的濕雪，對枝幹所造成的壓力似乎逐年增加。根部在極為濕冷的狀態下過冬。一、兩支枝條已經斷落，樹幹上所留下來的樹洞開始軟化，成為真菌和昆蟲入侵的通道。我們已經知道，樹實際上無法驅趕這些侵襲，只能隔離受害部位，重新調整養分通路，並封鎖入口。一旦發生入侵事件，它能暫時加以控制，但卻無法復原。我們這棵樹現在已經懷著邁向死亡的種子。

第五章　死亡

這棵孤零零的樹！——是活生生的生命
不易衰老
造型和外觀是如此壯麗
而難以摧毀

——華茲華斯《紫杉樹》，一八〇三

到目前為止，樹躋身地球上最長壽的生物之列。有些針葉樹，如海岸邊的北美紅杉和較南端的北美巨杉，可以活到三千歲——一八八〇年，繆爾聲稱在一個巨大的北美巨杉樹墩上數到四千道年輪。北美最老的樹是一株芒果松，位於加州印宇國家公園，可能有四千六百歲，大家以《舊約》中長壽的六世祖之名瑪土撒拉稱之；一九五八年，一名來自亞利桑那大學的生物學家在同一個公園裡發現十七株四千歲以上的樹。墨西哥查普特佩克的一株扁柏被認為超過六千歲。日本屋久島上有一棵柳杉經碳十四判定為七千二百歲。熱帶樹沒有年輪，較難測定年紀，但加那利群島上有一株龍血樹，一般相信，超過一萬歲，而澳洲有些蘇鐵（同為裸子植物）被認為有一萬四千歲，而且還活著，雖然某些專家宣稱這過度誇大。

既然樹是如此長壽，我們這棵才五百五十歲就老態龍鍾，似乎有點慚愧。但它的生存環境和那些長壽的同儕比起來，比較沒那麼優渥，活在濕冷的氣候裡，需要耗費大量的能量。由於樹圍、樹冠以及枝條的長度和高度每年不斷增加，樹每年的生長量也就必須逐年增加。在植物學中，這個現象稱為紅皇后症候群；樹必須愈跑愈快，才能保持不退步。新芽需要水分供應，其位置一年比一年遠。春季的生長量逐年增加，而新生部位成為昆蟲侵襲的標的，於是在冬季之前須醫治的傷口也就隨之逐年增加，否則將成為鳥、蟻和腐木性真菌的入口。如果沒有這些侵擾，樹可以永遠活下去，但在森林裡，不可能避開這些問題。

除了昆蟲侵襲之外，就目前所知，花旗松還受到其他三十一種植物攻擊的影響。這些大都為真菌疾病，如幹褐腐病或花旗松落葉病。這些疾病不可掉以輕心。和菌根性真菌一樣，病原性真菌通常特化為專攻某一物種，而在極端的環境下，可以把該物種的每一個體都消滅掉。美國榆以前是北美都市景觀的代表，被一種甲蟲所攜來的真菌攻擊而一病不起。曾經是東部落葉林裡最受歡迎、最華麗的樹種美洲栗，則是另一個具代表性的例子。該樹的分布範圍從緬因州到阿拉巴馬州，樹幹直徑達四公尺，高達四十公尺。其果可食，裹著褐色、像蘇聯人造衛星似的毛刺，秋季落果，冬季供人撿拾。「我喜歡撿栗子，」梭羅在一八五二年十二月的日記裡寫道，「只是為了感受大自然送給我的豐厚盛禮。」東部人以烤栗子做為冬天固定的主食：「整個紐約都在撿栗子，」梭羅補充道，「栗子不只是拿來餵松鼠，還是車夫和報僮的食物。」然而，該世紀結束時，自亞洲進口庭園栗樹苗；這些樹苗帶有栗疫病真菌，會造成幹腐。這種真菌對本土的栗樹具有毀滅力；不到五十年，幾乎連一棵美洲栗都看不到了。

在西岸這邊，造成根腐病的真菌有許多種；例如，威芮木層孔菌會造成薄層根腐病，對花旗松為害特別大，雖然也會感染巨冷杉、太平洋銀杉、亞高山冷杉和高山鐵杉等。這種真菌經由樹木根部傳染，從已感染的樹，透過樹與樹根部稼接處，傳給另一棵樹（而非菌根合作方式）。病原接種源會侵入樹的活形成層，往上傳布，離地不超過一公尺，但感染後的初期病徵卻一直蔓延至樹冠，整棵樹顯得發育不良而偏黃。感染後一年內，毬果開始發生不熟就落果的現象，表示該樹的繁殖年已經結束。

當入侵者長滿之後，樹幹低處的樹皮似乎永遠潮濕、暗淡、呈水浸狀，好像這棵樹得不到溫暖和乾燥似地，其實這棵樹的確無法得到溫暖和乾燥，因為真菌已經把它木質部和韌皮部的通道塞住，阻止食物和水分的運送。腐爛處漸漸擴大，一旦滲入根部，樹的木材就會變成樹漿，而樹幹低處的年輪則會開始變成一片片的，相互剝離，宛如圓弧狀的頁岩一樣。沒多久這棵樹就會死亡，但還會當個枯木矗立好幾年。枯立木沒有葉子，成為鳥類的理想棲所，可以觀察四周是否有獵物或掠食者出現。一旦感染，一棵千年老樹只要二到三年就會死亡。樹失去強壯的根以抓住地面，強風一吹便應聲而倒。

多年異擔子菌會造成多年根基腐病，這種真菌的孢子常年在空中飄，能夠經由樹木根部和莖部的傷口入侵——枝條掉落後的傷口、鄰樹倒下所擦撞的傷口、啄木鳥啄出來的傷口。這種真菌一旦入侵，就會慢慢地把樹木的心材腐蝕為白色纖維，裹著像貝殼捲似的海綿狀物體。最後樹幹就被掏空了，根部的養分供應路線被入侵者截斷；根部死亡；樹倒。

這棵樹的枝幹可能已經感染花旗松落葉病，由花旗松落葉菌所造成，起初只是該樹春天新葉葉背底下的微小黃斑。當年不會發病，但冬季時，隨著真菌孢子把菌絲探入氣孔並偷吸針葉的冬天汁液，黃斑轉為暗赭色。很快地，除了最新的葉子之外，全都掉落，而新葉上同樣帶著不祥的黃斑。到夏末之前，這批新葉同樣會自動脫落。一旦感染，樹就死定了。

對觀察人員來說，花旗杉寄生的症狀最明顯，這種杉寄生只長在花旗松上，是一種綠寄生植物。世所周知的綠寄生植物約有一千種，根據歐洲傳統，有些人耶誕節時喜歡在其下方接吻。鳥類很喜歡槲寄生的漿果，從而以排泄物為其散播種子（槲寄生的英文「mistletoe」來自德文「mist」，糞便，和古英文「tan」，細枝；即一隻鳥將糞便拉在小樹上，一、兩年之後，就可以在下面接吻了）。東部的變種黃葉槲寄生，生長於新英格蘭南部的密枝上，橫跨長度達一公尺；倭槲寄生一如其名，很少大於二或三公分。它是完全寄生型，無葉綠素。雌雄異株；春天時，雄株會從長著雌株的樹上發芽。到了秋季，雌株長出帶有種子的深褐色或紫色莓子，成熟時，靠著隱藏式彈簧，把果子彈到十五公尺遠的鄰樹上。種子包在黏漿裡，可以黏在寄主的樹皮上，一旦發芽，就把吸根，也就是吸收養分的枝條，滲進寄主濕潤的韌皮層裡，開始吸食。吸根從寄主吸取大量的水分和養分，脹得非常大，導致樹木受害部位變形、擴大。一旦被毒株侵入，就會形成一環細芽條（雄株），使得樹木更加衰弱；如果幼樹被暴風雨折斷的話，通常會從槲寄生向上長芽條處折斷。有時候我們稱此景象為帚柄，因為剩下的部分就像一把掃帚的柄插在地上。

青草人

花旗杉寄生和花旗松、道氏翠菊、道氏龍膽、道氏卜若地（又稱為紫燈草）、道氏蕎麥及道氏蔥一樣，都是一八二五年大衛・道格拉斯第一次到太平洋岸進行植物採勘時所採集的物種。太平洋岸的原住民稱他為「青草人」。當地人雖然一開始認為他很可疑，但後來知道他不會傷害人，就隨他去了。他眼力很差，經常跪在森林的空地上，對著空無一物的東西興奮地大喊大叫。他一七九九年生於蘇格蘭的柏斯，年輕時曾經到丹佛林附近的布里斯坦爵士那兒擔任園丁，那裡通稱法夫王國，當地依然熱中於觀賞用草，到了一八二〇年，他到格拉斯哥皇家植物園當胡克的學徒。三年後他以採集員的身分加入倫敦園藝協會，並三次奉派到北美來。這次是他的第二次行程，在茫茫大海中昏天暗地地航行了十八個月之後，他下船進入哥倫比亞河河口。「真的，」他在日記中寫道，「這是我這一生當中最快樂的時刻。」

如今要進入這廣大的森林，他發現，他根本就沒準備。他記下他所發現的糖松，這是全世界最大的樹之一。一株倒下的標本高達七十五公尺，基部周長為十七公尺。

離地四十一公尺處，樹圍的周長還有五公尺。為了保存活毬果，他相中一株矗立著的活標本。「由於我爬不上去，也沒辦法砍倒這棵樹，只好開槍將它們射下，我的槍聲引來八名印第安人，各個都以紅土紋身，帶著弓、箭、骨矛和石刀。」道格拉斯冷靜地向他們解釋他要找的是什麼，沒多久，這八個人就幫他採集毬果。

他碰到花旗松的過程沒有那麼戲劇性，但同樣令人難忘。「樹高得出奇，」他寫道，「非常筆直，具鐵杉屬所特有的錐狀樹型。這種樹群聚或獨自散布在乾爽高地薄薄的石礫土壤或岩石上，樹上懸著寬廣的枝條，將土地厚厚地蓋住，在這樣的地方，這樹是如此巨大，而習性又如此一致，它們是自然界最令人驚豔、真正優雅的物體。」森林裡的樹長得更高，但爬不上去，因為它們最低一層的枝條位於四十二公尺高處。他量了一棵倒下的標本：「全長二百二十七英尺（六十九公尺）；離地一公尺高處的樹身周長為十四．六公尺；離地一百五十九英尺（四十八公尺）高處樹身的周長為七．五英尺（二．二三公尺）。」哈得遜灣公司一棟大樓後面就有一株枯木，離地一公尺處的周長為十四．六公尺，沒有樹皮。「這棵樹被燒掉，」他觀察道，「以騰出空間給有用的蔬菜——馬鈴薯。」

一八三〇年到一八三三年是他第三次也是最後一次旅行，基地設於溫哥華堡（現在華盛頓州的溫哥華）。這次，他的眼力惡化得相當嚴重。他請人帶植物給他，自己也會帶一些，大都以獨木舟沿著鋸齒狀的海岸運送。二年後，他決定經由西伯利亞回英國，由一名嚮導帶領，帶著所有的標本和筆記，以獨木舟沿著內海航道往北走。他們一直推進到佛雷澤河，但他的獨木舟在此地翻船，遺失了四百份標本，他還差點喪命。回到溫哥華堡後，他決定走安全的路線回家：取道夏威夷。他在夏威夷待了十個月，本來還可以待得更久，但一八三四年七月十二日，他在採集植物途中，跌落動物陷阱，被一隻發狂的野豬用獠牙刺死。他才三十五歲。當時科學界所認識的九萬二千種植物，由道格拉斯發現並採集的就有七千種。

枯立木與斑點梟

樹在結子高峰的次年是歉年，因為已經精疲力竭。其所儲存的碳水化合物大都被種子帶走，在一個菌根社群裡，如果有二到三株樹在同一年大量結子，整個社群就會被消耗殆盡。春天，新針葉尚未長出之前，澱粉儲存室就已經空了。而當年夏季乾旱，加上過熱，水蒸汽大量蒸發，陽光過強不適合行光合作用——這種情況與近年全球暖化造成的影響頗為相似——讓新針葉生長不良、新芽成長緩慢、生長素短少所造成的問題更形惡化。接著冬季所帶來的低溫期，攝氏零下十度延長了一到數個星期，樹可能會弱到撐不過去。樹並不是被哪個敵人殺死的，但很少有樹能夠抵抗連續幾年各種同時發生的一連串壓力。

那是一八六七年，這一年，墨西哥皇帝麥斯米蘭遇刺；俄羅斯以七百萬美元把阿拉斯加賣給美國；馬克思出版《資本論》；紅衫軍在加里波第的領導下二度進軍羅馬失敗；加拿大自治領依據「英屬北美法」成立。儘管我們的樹有化學兵工廠防護，但當針葉在春季裡現出警告性的橘色時，並不令人意外。殺病原體最有效的化學藥劑為開花植物所生產，開花植物就是被子植物，於根腐性真菌和食葉昆蟲在演化舞台上出現之後，才演化出來，並大量繁衍。演化的過程是，裸子植物先出現，接著出現吃裸子植物的昆蟲和真菌，然後再出現被子植物，它們在競爭上遠勝於裸子植物，因為它們會產生次級代謝物，既能吸引也能驅逐昆蟲和真菌——它們主動控制敵人，而不是靠敵人手下留情。數個壓力同時出現的不幸巧合，造成我們這棵樹的免疫系統弱化，讓昆蟲和真菌病原體得以越過邊界的安全關卡，蔓延到首都。我們這棵樹已經簽下了自己的「南京條約」。沒有樹可以安享天年，更沒有樹能長生不死。

氮是限制樹木成長的主要因素；死亡來自長期缺氮。氮也是昆蟲想要而真菌擁有的東西。因此，當樹遭受昆蟲或真菌或二者的攻擊時，第一個本能就是保護氮。當一枚針葉轉為橘色時，樹會放棄救這枚針葉，而去救葉子裡的氮，把氮送到其他尚未感染的部位。我們承認這於事無補，但樹裡面只要還有活細胞，就會繼續掙扎。

在某種程度上，試圖拯救一枚針葉是對能量做不必要的消耗。老針葉會掉落，而長出的新針葉卻更少。昆蟲幼蟲啃食新芽；真菌散布到心材裡，並傳到根部。我們這

枯立木上的白頭海雕

棵樹在真菌把通道堵塞之前所做的最後一件事，就是將其僅存的次級代謝物，其化學兵工廠，送到根部，透過菌根菌，傳到鄰樹的根部裡，這些鄰樹有些應該就是它自己的後代。在這場令人鼻酸的戲劇中，我們的樹即將死亡，卻把剩下所有的化學武器蒐集起來，送給社群，使未來的基因有些許改善，對造成自己死亡的入侵者，有更佳的防衛機會。

死亡是樹木生命循環的一部分。樹木的生長，會把活形成層轉成死亡的心材。許多生物也展現類似的死亡／存活循環；例如人類胚胎生長中的肢芽，依照生長計畫，某些特定細胞會死亡以形成凹口，最後成為指頭中間的空隙，而蝌蚪尾巴的細胞則在死亡後被吸入變形中的軀體裡。我們這棵樹的生存策略是以次級代謝物填滿心材中的細孔，以防止腐爛，但這種戰術不是永遠有效；昆蟲甚至真菌的演化比樹還快，建立許多突破這種化學防線的方法。細胞壁被突破，系統耗竭，一環又一環地被真菌侵入而轉紅，成為一層濕樹漿。樹即使處於最活躍的階段，也只有大約百分之十的部分是活的。死亡就是這個比率逐漸下降。

然而，樹即使死了，生命卻還沒結束。樹沒有明確的死亡時刻，動物則有：嚥下最後一口氣時，或是心跳停止、腦部缺氧時。即使樹已經停止所有的新陳代謝活動，它還是不會倒，以枯立木的方式矗立著。其中心，有的部位成為海綿狀，有的部位則空了，但周邊還有不少良木。只要樹幹直徑中有百分之十的木頭是好的，活樹就可以保持立姿；一株直徑為三．五公尺的空心樹，幹壁只要有十五公分厚，就能筆直地站著。枯立木所需要的健康木材更少，因為它沒有枝葉，不會受風。在暴風雨中，枯立木就像一艘把帆收捲起來的船。因此，枯立木提供安全的天堂給許多鳥類、昆蟲和動物。北美黑啄木鳥在樹幹上啄出龐大的橢圓形洞穴；我們並不清楚究竟牠挖洞是為了找螞蟻吃，還是知道在枯木上挖個洞，遲早會招來螞蟻。有些洞被築巢的茶腹鳾占用。有的則被飛鼠當成進入樹內中空部位的入口，這解釋了為什麼庫柏士鷹和北美斑點梟要棲身在枯立木的殘枝上：尋找牠們的下一餐。

北美斑點梟體型中等，雄梟平均體長四十八公分，雌梟則為四十二公分。上身為巧克力棕色，下部為白色，頭部、頸部和翅膀上有白色斑點；喉部、腹部和尾部下面有棕色條紋。牠們眼睛的邊緣有一圈暗色的框，看起來好像多年沒睡飽似地。牠們不遷徙，全天候住在老熟林裡，夏季和冬季的主食不同。吾人已知牠們會獵食三十種哺乳動物和二十三種鳥類，還吃蛇、蟋蟀、甲蟲和蛾。在夏季裡，從黃昏後到天亮前半小時左右，牠們棲身於枯立木上，抓飛下來挖松露吃的飛鼠；在冬季裡，牠們會飛下來抓在雪地上探險的兔子，以及經常出沒於主枝和樹冠層裡的小型囓齒類。牠們常常把獵物的頭咬斷後儲存在樹洞中——腦部是養分濃縮球。

北美斑點梟除了棲息並儲存獵物在枯立木上之外，還在上面築巢，並搜尋枯立木裡的穴居獵物。結果，北美斑點梟幾乎要完全依賴老熟的針葉林；牠們有百分之九十五的巢建在二百年以上的樹林裡，其餘百分之五則建在老熟林旁邊的次生林。牠們的地盤很大——在北方的森林裡，獵物較不豐富，每對斑點梟的地盤廣達三千二百公頃。牠們把巢築在雷擊過的中空樹幹，或是毀損的枯立木，有時候則在飛鼠不再使用的啄木鳥洞；牠們殺死飛鼠並占用其巢穴。牠們也會利用蒼鷹棄置的巢，或是自己在倭槲寄生樹叢上築巢，但這種巢的結構不良。

北美斑點梟每年都會回到同一個巢，直到巢壞了才另覓新巢。雌梟於四月初產下二到三顆蛋，每顆蛋相隔三天，並負責所有的孵育工作，而雄梟則負責覓食——渡鴉會來偷蛋，蒼鷹也會來吃雛鳥。除了寄生蟲之外，斑點梟沒有天敵。據悉，有些斑點梟會把活蛇帶到巢裡吃寄生蟲，並嚇阻渡鴉和蒼鷹。雛鳥六周後羽毛長成，到了十月就準備離巢尋找牠們自己的領域，通常離母巢二百公里，這就是為什麼濃密且連綿的大片老熟林對牠們的生存如此重要的原因。牠們很少在開闊地或火燒後的區域覓食，只有找不到牠們所習慣的棲地時，才不得不經常往新生林裡跑。在冬季裡，許多當年生的雛梟因缺乏食物而餓死。

斑點梟是由匈牙利移民德韋謝伊在一八六〇年所描述並命名，德韋謝伊於一八五〇年加入美國陸軍，駐守在南加州的聖盧卡斯角，該部隊奉命到美國西部探勘並繪製地圖。德韋謝伊擔任潮汐觀察員，同時為成立於一八五六年的史密森學會採集標本。當時斑點梟的分布範圍很廣，向南延伸到墨西哥。德韋謝伊發現這種鳥非常溫馴；他在報告中寫道，他可以走近一隻斑點梟，而不會把牠嚇跑，這是不祥的特點，因為這

叼著飛鼠的斑點梟

種行為就是絕種的多多鳥和大海雀的性格。在他向全世界介紹第一隻斑點梟之前，滅絕該物種的力量已經侵入森林。

到了一九七〇年代中期，由於棲地喪失，原先在裡頭生活的北美斑點梟幾乎全面滅絕——大部分來自伐木，但自然因素也扮演相當重要的角色。一八八八年的一場大火把一萬公頃的老熟林破壞殆盡。一九八〇年聖海倫火山爆發，又將另一萬公頃夷為平地；一九八七年的一場世紀大火把四萬公頃的斑點梟主要棲地摧毀。當時，美國野生動物學家估計其數量僅有數百隻（現在加拿大只剩十四繁殖對，全都在卑詩省），並促請負責木材市場保有穩定林木供應來源的美國林務署，在已知的斑點梟棲地附近，畫定老熟林保護區。有些保護區在工業界的反對聲浪當中建立起來，但還不夠：保護區還不到總林業用地的百分之四，更不到斑點梟生存所需面積的一半。

人類的需求，經由工業科技強化擴大，與其他物種格格不入。即便斑點梟的數量在卑詩省已大幅減少，老熟林裡，伐木依舊持續進行，而這裡正是最後幾隻斑點梟居住的地方。舉例來說，在一塊鄰近奇利瓦克省立公園（Chilliwack Provincial Park）、特別規劃為斑點梟棲地的大片區域中，超過五千公頃的花旗松老熟林被「踢出保護名單」，砍伐速度也順勢加快。目前的預測顯示，在本世紀結束之前，斑點梟早就絕種。由於斑點梟是指標物種，當牠們消失了，我們將會知道，養育牠們也養育其他物種的老熟林，其實，也已經消失了。

大樹

這件事從一場馬戲團活動開始。一八五四年，一名前金礦工人蓋爾，把一棵巨大的北美巨杉樹皮剝下，高達三十公尺，以一塊塊的方式寄給巴南，再由巴南釘回原形，作為「戲王之王」馬戲節目的一部分。東部人很少相信大自然存在這麼大的樹——其基部周長為二十七公尺；相當於當時的金剛。世人對於英國水晶宮的另一場類似展覽，也持同樣的懷疑心態，這是從舊金山東部北卡拉韋拉斯園中一棵還活著的樹，硬生生地剝下樹皮。根據史學家夏瑪的看法，當時這些巨樹被視為怪物，「植物怪物展，」他在《景象與記憶》中寫道。

在加州，活巨樹吸引了比較正面的關注。一群群的觀光客，他們稱之為朝聖者，被載到卡拉韋拉斯園來觀賞那裡所發現的大樹；許多大樹被砍掉，不只是為了提供大量的木材（五人一組的伐木工人要花三星期才能砍倒一棵樹），還因為它們的屍體可以充作某種自然遊樂園。「他們在刨平的樹幹上，建了一座雙球道保齡球場（還有完整的保護蓋）。」夏瑪寫道：「而一株砍伐後的北美巨杉樹頭，則做成舞池。」一八五五年七月四日美國國慶，三十二人在一株樹頭上跳四組的科蒂榮方塊舞。

大樹成了一部本國史、一種象徵，夏瑪寫道：「兼具實質國力和精神救贖。」當時的美國正在形成大陸意識，這種意識認為國家不只是從東岸到西岸而已，還從未來回溯到創世紀。樹把現在和人類所能想像的過去，聯結起來。葛雷利年輕時就跑到西部，當時還說動不少年輕人追隨他，他對大樹的無盡歲月感到神奇不已，寫道，它們來自「大衛在約櫃前跳舞、忒修斯統治雅典、埃涅阿斯從燒毀的特洛伊城逃出」的年代。其他人觀察到，即使是比較年輕的樹，也是從《聖經》時代就開始生長；事實上，它們與基督同時代。「此地源遠流長！」一名《波士頓廣告日報》西部特派記者於一八六九年如此描述某棵樹：「他來自耶穌基督的年代；也許就在天使看到位於東方的伯利恆之星那一刻，這顆種子就從溫柔的草皮中冒出，長到九重天際。」

這些樹具有讓美國夢活力再現的強烈效果，因此，林肯在危及美國夢最厲害的南北戰爭當中，於一八六四年簽下法令，把優勝美地畫定為美國第一座國家公園，主要是因繆爾四處奔走推動，繆爾稱北美巨杉園為「聖善中的聖善」。這項法案不只保住了龐大的老熟林，還特別要求這些地區應該受到保護，不得砍伐。

在更遠的北方，也就是我們這棵樹（現在是枯立木）所矗立的地方，來自經濟的誘惑大於宗教上的因素：花旗松沒有北美巨杉那麼壯觀，因而比較容易砍伐，而且材質也比較好。一八四七年，英國做了一項測試，發現用花旗松做成的船桅優於白松和波羅的海雲杉；在此之前，英國海軍一直用這兩種木材做船桅。英國海軍軍部立刻宣布，每條十九公尺長，直徑五十公分的花旗松樑木，願意出四十五英鎊購買；二十二．五公尺長，直徑五十八公分者，願出一百英鎊，這使得花旗松買賣比鴉片更好賺。

布拉奇船長從英格蘭出發，航入瓊達福卡海峽，停靠在新鄧傑內斯，命令船員砍下價值三千英鎊的樑木，不幸這些樹砍自美國土地而非加拿大。當布拉奇連船帶貨被美國海關扣押時，他轉而到溫哥華島雇用原住民工人，又砍了一百零七支新樑。然而，他的船沒了，必須把貨留在原地。布拉奇在溫哥華島上擔任港務長的工作，到一八五九年過世時，愈來愈多的企業家已然充分了解花旗松的木材價值。其後十年，約一百五十萬立方公尺的原木，以及木瓦、木板、木楯和三千五百支樑木，從維多利亞運到英國、澳洲和拉丁美洲。一八八七年五月二十三日，加拿大太平洋鐵路局火車把第一批乘客拉進溫哥華這座繁華的鋸木城市，這些乘客發現街道以常綠樹枝幹做成大型的拱門，宛如耶誕節即將來臨，也許，他們是在安撫樹神吧。當時城裡開了六十二家鋸木廠；火車載著木材來回蒙特婁一趟要一百三十七小時。

單一生命

俄羅斯地理學家莫洛左夫首先提出森林為「樹的社群」之想法，雖然西方世界幾乎都不認識他，但他卻是建立現代生態學的靈魂人物。莫洛左夫一八六七年生於聖彼得堡。他在服役期間被派到拉脫維亞，遇到了年輕革命家桑朵克，並墜入愛河，桑朵克鼓勵他致力於農業科學，以便運用知識造福人民。莫洛左夫選擇森林學，與桑朵克一起回到聖彼得堡讀大學，除了研讀森林學之外，還有動物學及解剖學；他對生物和生物間的關係形式及功能很感興趣。身為忠誠的達爾文主義者，他逐漸了解，自然是相互關係的複雜網絡，而植物物種之演化則是整體影響因素運作的結果，這些因素包括土壤形、氣候、昆蟲、植物社群和人類活動。

一八九六年，莫洛左夫在德國和瑞士修習森林管理學之後，回到俄羅斯擔任聖彼得堡大學的森林學教授，一直任教到一九一七年。他的授課內容及論文把森林管理學建立成正式的植物學子科目。他在一九一三年出版的《森林乃是植物社會》中寫道，森林是「一個獨立複雜的生命，其內部原件相互之間，以固定的方式聯結在一起，和所有的生物一樣，可以用明確的穩定性辨識」。如果穩定性改變，或被人類或氣候變化摧毀（一八九一年，他親眼見到大旱災對沃羅涅日地區松林所造成的衝擊），森林會受傷，而在某些案例中，無法復原——而且受到傷害的不只是森林，還有森林社群的組成分子，包括人類。莫洛左夫相信，「森林不只是單純的樹木集合，而是一個社會，一個樹的社群，樹與樹之間相互影響，從而產生一整套的新現象，這些現象並非樹木本身的特性。」植物不只要適應新的氣候和土壤條件，他指出，還要彼此適應，以及適應周遭特定的動物、昆蟲、鳥類和細菌。森林是一座達到複雜微妙平衡的紙牌屋，抽掉其中任何一張紙牌，我們頭頂上的整座結構就會倒塌。

一九一八年，莫洛左夫患了嚴重的神經錯亂症（也許是對一九一七年的十月革命缺乏熱忱的委婉說詞），被迫從職位上退休，搬到氣候溫和的克里米亞，在此處，他觀察到俄羅斯森林遭到快速而愚昧的破壞。兩年後他就死了，享年五十三歲。

在斑點梟問題激起強烈爭辯時，莫洛左夫的訊息——我們無法從森林社群中抽離任何一種生物而不影響包含人類在內的其他所有成員，並沒有傳到西海岸木材大亨的耳朵裡。如今，花旗松已是北美最重要的木材樹種；每年所砍伐、輸出的木材達數十億板英尺。斑點梟只不過是受伐木影響的一個物種。身為森林管理人，莫洛左夫了解這種惡性循環：可能的情境是，移除老熟林木會造成斑點梟滅絕，表示飛鼠可能增加，造成飛鼠的主食松露短缺，於是新樹所能形成的菌根量銳減，結果，森林裡的樹木就會不健康而缺乏經濟效益。因此，斑點梟是森林健康的象徵；傷害斑點梟就是傷害整個系統。華盛頓野生動物委員會早期召開了一個聽證會，以決定是否將斑點梟定為瀕絕物種，在這個會議上，一名全國步槍協會的成員表示：「這不是斑點梟的問題，這是老熟林的問題。」他只說對了一半：森林生態並不是非A即B的命題；這既是斑點梟的問題，也是老熟林的問題。而且，這既是人類的問題，也是地球的問題。

誠如生物學家威爾森的觀察：「過去半個世紀期間，森林的消逝，是地球史上最深遠的環境變化。」自人類發明石器以來，森林就持續消逝。二千年前，幾乎所有的陸地都是森林。古羅馬軍團砍伐法國南部的森林，以防止凱爾特敵軍躲進森林偷襲。到了一七五〇年，法國只有百分之三十七的陸地是森林；九十年中，摧毀了二千五百萬公頃的森林。一八六〇年，森林消逝了三千三百萬公頃，摧毀的速度加快，每年消失四萬二千公頃。英國更是被砍伐成不毛之地。當道格拉斯在花旗松林裡目瞪口呆地閒逛時，不列顛群島的森林面積不到百分之五——平均每人的林地少於四十平方公尺；英國唯一的能源就是豐富的煤礦，這是古代蕨類林的遺物。相較之下，當時的挪威擁有百分之六十六的林地，平均每個國民有十公頃。英國不輸克里米亞，已經把所有的樹都砍光了，正在栽種來自北美的花旗松苗，以恢復消逝的林業。

從此之後，全世界都在伐木，而且近數十年來呈指數上升。根據聯合國資料，自一九八〇年以來（當時正發出斑點梟的警訊），全世界的森林每年減少百分之一。如今，北美西部的溫帶花旗松林正以每年百分之七．二的速度迅速減少，比原始未開發前減少了百分之二十以上，而剩下的花旗松林，大部分生長在孤立隔離的老熟林小區域中，威爾森稱之為「棲島」。其間沒有野生動物走廊連接，而且，正如斑點梟的處境所顯示，裡面的生物多樣性已經逐漸下降。威爾森提醒大家，一個生態系統喪失了百分之九十的面積時，仍然可以保有半數的生物多樣性——對一個未經訓練而懷有偏見的觀察者而言，這一切似乎都沒問題。然而，喪失面積一旦超過百分之九十以上，「剩下的那一半可能會一筆勾銷。」而這個關鍵門檻很容易就被跨越。「在恐怖的情境中，」威爾森寫道，「配有挖土機和電鋸的伐木大隊，可以在幾個月中，讓這些棲地從地球表面消失。」

我們對林業公司要公平，老熟花旗松林似乎也會自我毀滅。這並不是森林的結束，而是社群轉型。所有的高地花旗松林最後都會因長得太大而無法生存，或是被昆蟲或真菌殺死，而把位置讓給在底層耐心等候的樹種，西部鐵杉和美國側柏將取而代之，成為極盛相（climax，植群演替系統的最後或達到安定發展的階段）森林。以這樣的方式看待森林，也許有人會問，為什麼不能讓伐木工人趁這些樹還有點價值時，先將其砍下，以協助此自然過程？按照這個邏輯進一步推論，老樹可以用改良過的新花旗松苗代替，這些經過基因調整的樹苗，惱人的木質素較少、長得更快，而且可以抵抗一大堆病蟲害，還能抵擋全球暖化引發的乾旱。至少，這是生技學家和森林業者所描繪的景象。

在自然棲地中，當一隻斑點梟的領域變成了鐵杉－側柏的極盛相森林時，牠可以另外再找一個老熟花旗松地點。然而，如果棲島附近的樹都被砍光了，牠便無路可去。種一堆大樹並不等於一座老熟林。天然的極盛相森林裡擁有各種年齡的樹木，從樹苗到枯立木，包括林表上的斷枝和落葉堆，可以支援鮭魚族群和所有的鮭魚掠食者。再造林則是單一樹種林場，和生物多樣性相反。誠如美國森林學會在一九八四年所認可的一項研究：「沒有證據顯示，老熟林條件可以用造林方式產生。事實上，這個問題基本上毫無意義，因為必須花二百年以上的時間才能找到答案。」斑點梟可等不了二百年。

鬼行者

枯立木已經成為美洲獅最喜愛的休息場所。這是隻上了年紀的公獅；白天大都在枯立木基部打盹，下午獵食，晚上則溜到泉水邊悄悄地喝水。由於老熟林的特性，這裡的大型掠食性哺乳動物並不多。黑熊和灰熊極少，且彼此相隔甚遠——一隻成年的公灰熊，棲息領域超過一千五百平方公里。早期的屯墾者和先前的薩利什人一樣，住在離海較近的地區，位於山海交界處，靠海也靠陸地維生。然而，當他們的屯墾區擴大，男人有了女人和小孩，美洲獅就開始下山，抓走屯墾家庭帶來的貓、狗。突然間，就像史詩《貝奧武夫》裡的怪獸一樣，大家幾乎都未曾見過的厲害掠食者，成了夜間的不速之客。

美洲獅是大型的貓科動物，雄性連尾部可以長到二．七公尺。成年公獅的平均重量在八十公斤左右，但美國的羅斯福總統射過一隻一百公斤重的，紀錄上最大的是一九一七年於亞利桑那州所射殺的那隻，重達一百二十五公斤。牠們是夜行動物，不冬眠，在森林裡會從樹上跳下來抓獵物。其他的名稱計有：山獅、彪馬（印加語）、豹（南方）和山貓（東部）。牠們在低處的樹枝上等候，不論是鹿、麋或人類，從下面經過時，牠們就一撲而下，以犬齒咬入獵物的第四和第五節頸椎，使其立即斃命。如果在開闊地，牠們會偷偷從獵物的後面接近，然後出其不意地猛烈衝刺，以肩部撞擊

美洲獅和連根拔起的樹木

獵物，將之撲倒在地。在交配期裡（可能是一年當中的任何日子），牠們夜間會發出高音的吼聲，聽起來就像是一個喝了慢性毒藥快要死掉的女人。牠們讓森林的黑夜充滿了難以想像的恐怖。一度以獵殺美洲獅為生的加拿大自然作家羅倫斯稱這種動物為「鬼行者」。他把美洲獅形容為高度進化的獵人，「牠們通常肅靜而謹慎，但是在求愛或發怒時則會發出恐怖的叫聲，變得極為嘈雜。」當牠在森林中行走時，「只有輕聲低語，溫柔優雅，比任何北美洲的掠食動物都更機警。」

母獅通常在春季裡產下三到四隻幼獅，但有時則會晚到八月才生產，其中兩隻幼獅可以活到成年，跟著母獅整整兩年，學習狩獵。牠們長到第三年才開始交配；公獅和母獅共同生活一個星期左右，直到完成交配，然後就分道揚鑣，各自建立地盤，地盤廣達八百平方公里，其地點和大小每季都會隨著獵物的變動而有所調整。由於一頭成年美洲獅每年要獵殺六十隻鹿一般大小的有蹄類動物，因此，支撐一頭美洲獅要七百隻獵物，這解釋了為什麼牠們要如此大的地盤（生物學家雷姆誠觀察到，在自然界裡，掠食者從不把一種獵物吃掉百分之六以上；然而人類認為可以「控制」鮭魚、鹿或鴨子等野生物種，因此可以吃掉百分之八十或九十，還能保持獵物的數量）。如果獵物很豐富，一如我們這棵樹附近的環境，美洲獅就可以經常捕食，而且只吃肝、腎和腸子；有時候牠們只在動物的頸靜脈上咬一小道傷口，光喝血。

死屍中的生物

我們這棵樹變成枯立木站著已經六十二年，相繼成為各種動物的家，除了美洲獅之外，還有許多啄木鳥、一隻美洲角梟、幾隻飛鼠、花栗鼠、花尾蝠、山雀和鳥。最後，當真菌繼續無情地擴散到整棵樹，使支撐枯樹幹的根部軟化，樹不再堅定地固著於地上，而是順勢撐著。一九二九年秋，一場暴風雨從海岸邊襲來（現在那裡是人口稠密區），風雨打上山脊，在活樹間彈動，前推後拉地折磨這株枯立木，宛如舌頭在搓弄鬆動的牙齒。枯立木沒有樹皮，吸了大量水分，迎風面吸得更多，基部傳來一陣刺耳的呻吟聲，該部位是樹根深入礫石土壤與固定不動的地面交接處。儘管風大雨大，樹上大部分的棲息者仍傾巢而出，匆匆離開，到更堅固的枯立木裡尋找新的庇護所。經過幾晚的搖晃，這株枯立木已經無法保持平衡，在風中傾倒，斷裂於鄰樹之間，鄰樹下斜的枝條將枯立木引開，以防主幹被撞到，直到離地三十公尺處，這些枝條才閃開，讓笨重的枯立木以自由落體方式掉進下面的年輕鐵杉層，有幾棵鐵杉也跟著倒下。沒人聽到倒塌聲。

其中一塊枝幹碎片掉進附近的溪流，在水裡翻滾扭轉隨波逐流，直到溪水大轉彎處，才卡在岸邊。這枝條半掩在淤泥裡，成為鮭魚的庇護所，也是各種昆蟲的食物。其他殘枝則散落在林地上，把富含氮素的地衣送給土壤。

由於這棵樹是枯立木，倒下之後樹冠層並不會留下缺口，倒下的木頭便躺在濃密遮蔭裡，很快就被苔蘚和真菌所覆蓋，引來一對太平洋濕木的美古白蟻。一隻有翅母蟻停在枯木旁，隨後跟來一隻同樣有翅的雄蟻。這兩隻白蟻都呈淡褐色，近乎透明，長約十公釐，脈紋清楚的深褐色翅膀帶著牠們離開位於森林另一角的出生聚落，飛到這裡。降落後，牠們的翅膀便掉落，共同在倒木裡挖出一個淺淺的蟻室，然後進入室內，從裡面把洞口封住，在裡頭交配。

兩周後，母蟻產下十二顆瘦長的卵，非洲有些白蟻每天可產三萬顆卵，相較之下，這一窩就顯得人丁不旺，但已足夠開始建立一個聚落。其幼蟻會長成兩種不同的階級：繁殖蟻和兵蟻，共同執行聚落裡的所有工作，主要是在枯木裡挖掘錯綜複雜的通道系統，以及把食物帶回來給皇后和國王。隔年春天，繁殖蟻到聚落的偏遠處產卵，而皇后也產下另一窩十二顆卵，這個過程一再重複，直到這個聚落有四千隻蟻為止。因此，聚落裡的所有成員都有血緣關係；整個聚落又分成幾個小家族。兵蟻負責防止弓背蟻和其他白蟻進入聚落地道，牠們用龐大的頭部及有力的鋸齒狀大顎把通道擋住，並將不受歡迎的入侵者從腰部切為兩半。

白蟻是社會性屑食者，牠們以加速分解的方式，減少林地上的腐木，從而讓土壤儘快獲得養分。牠們吞下木材纖維，但無法消化。但其內臟帶著一群微生物，可以破壞纖維素並產生副產品，一部分會被白蟻吸收，而其餘的，如甲烷氣，則被排出。白蟻脫皮時（把堅硬的外骨骼脫掉以利生長），會連皮帶內臟一起脫掉，因此，脫皮後

祼姆木

必須吃同伴的排泄物以補充細菌。牠們會以舌頭相互打理照料，這麼做的同時，也把內臟裡的真菌孢子餵給對方，助其建立細菌共生體。在熱帶地區，白蟻建立大量的聚落，每一平方公尺土壤裡的白蟻數，竟高達一萬隻，牠們是當地最主要的生物；其生物量超過同一地區所有的脊椎動物。食蟻獸知道該怎麼做。白蟻在太平洋西北沒有那麼猖獗，但還算舉足輕重。森林地表上的枯木，有三分之一靠白蟻的活動而化為土壤。牠們的複雜地道扮演的角色也同樣重要，為真菌孢子和到此落腳的植物先行建好通道，以便利用腐木的軟木材。

躺在潮濕林地上的這棵樹，七百年前還是幼苗，現在則是倒臥的巨人，昔日位於底層的競爭對手，為它裹上壽衣。它正在腐爛。大自然中，死亡和腐爛支撐著新生命。美古白蟻和弓背蟻，蟎和彈尾蟲，分解性真菌和細菌，都已經侵入這棵樹的木材。木頭的保護層已經千瘡百孔。這裡幾乎照不到陽光。基本上，這是地面上的一個隆起，慢慢在數百年中，成為堆肥沃土。這棵樹的殘骸上鋪著一層厚厚的苔蘚和蕨類，輪廓依稀可見，宛如毯子下的一棵死樹。九月，有翅種子稀稀疏疏地落下了。這些種子有些來自仍然高高在上的花旗松，但大部分卻是西部鐵杉。花旗松的種子不會在這塊木頭上發芽，因為它們需要陽光，而且喜歡礦物質土壤，如我們這棵樹最早於世紀大火清除了底層之後，所落腳的礫石床。但鐵杉種子喜歡長在肥沃、陰暗而有機的土壤上，這正是我們這棵樹的內部狀況。到了春季，鐵杉苗孔武有力的根部經由白蟻和螞蟻洞穿進我們這棵樹的樹幹，碰到白蟻背上所攜帶的菌根菌，因而長得非常茂盛。這塊木頭竟成了競爭樹種的保姆。最後，新樹的裸根會跨騎在保姆身上，再進入土壤。當我們的樹終於分解為土壤時，森林中出現了一直列西部鐵杉，隊形近乎完美，每棵鐵杉都長在一坏壟土上，為其根部和我們那棵樹殘骸所形成的矮丘。這些壟土上覆著一層碎屑，為老圓葉槭落葉和橙腹赤松鼠帶來的雜物，上面長著來此分享的帚狀耳蕨，為尋找彈尾蟲的鮭魚提供庇護。

日後，將有兩個人走過這座濃密的森林，見到筆直排列的鐵杉，其中一人看出，那裡以前應該是塊保姆木頭。他們將不會知道，這塊保姆木頭曾經是株巨大的花旗松，出生於愛德華一世當上英國國王之時，倒於華爾街崩盤那年，但他們將同樣感受到地球萬物一體的奇特性。他們帶著這個感受回家，終生受用。

延伸閱讀

Allen, George S., and John N. Owens. *The Life History of Douglas Fir*. Ottawa: Environment Canada Forestry Service, 1972.

Altman, Nathaniel. *Sacred Trees*. San Francisco: Sierra Club Books, 1994.

Aubry, Keith B., et al., eds. *Wildlife and Vegetation of Unmanaged Douglas-Fir Forests*. Portland: United States Department of Agriculture, Forest Service, 1991.

Bonnicksen, Thomas M. *America's Ancient Forests: From the Ice Age to the Age of Discovery*. New York: John Wiley and Sons, 2000.

Brodd, Irwin M., Sylvia Duran Sharnoff, and Stephen Sharnoff. *Lichens of North America*. New Haven, CT: Yale University Press, 2001.

Clark, Lewis J. *Wild Flowers of the Pacific Northwest*. Madeira Park, BC: Harbour Publishing, 1998.

Drengson, Alan Rike, and Duncan MacDonald Taylor, eds. *Ecoforestry: The Art and Science of Sustainable Forest Use*. Gabriola Island, BC: New Society Publishers, 1997.

Ervin, Keith. *Fragile Majesty: The Battle for North America's Last Great Forest*. Seattle: Mountaineers, 1989.

Forsyth, Adrian. *A Natural History of Sex: The Ecology and Evolution of Sexual Behavior*. New York: Charles Scribner's Sons, 1986.

Fowles, John, and Frank Horvat. *The Tree*. Don Mills, ON: Collins Publishers, 1979.

Heinrich, Bernd. The Trees in My Forest. New York: HarperCollins Publishers, 1997.

Hölldobler, Bert, and Edward O. Wilson. *Journey to the Ants: A Story of Scientific Exploration*. Cambridge, MA: Belknap Press of Harvard University, 1994.

Huxley, Anthony. *Plant and Planet*. London: Allen Lane, 1974. New enlarged edition, Harmondsworth: Penguin Books, 1987.

Kendrick, Bryce. *The Fifth Kingdom*. 3rd ed. Newburyport, MA: Focus Publishing, 2001.

Lawrence, R.D. *A Shriek in the Forest Night: Wilderness Encounters*. Toronto: Stoddart Publishing Co., 1996.

Luoma, John R. *The Hidden Forest: The Biography of an Ecosystem*. New York: Henry Holt and Company, 1999.

Marsh, George Perkins. *Man and Nature: Or, Physical Geography as Modified by Human Action*. Cambridge, MA: Harvard University Press, 1864.

Maser, Chris. *Forest Primeval: The Natural History of an Ancient Forest*. Toronto: Stoddart Publishing Co., 1989.

——. *The Redesigned Forest*. Toronto: Stoddart Publishing Co., 1990.

Muir, John. *Wilderness Essays*. Salt Lake City: Peregrine Smith Books, 1980.

Pakenham, Thomas. *Meetings with Remarkable Trees*. London: Weidenfeld and Nicolson, 1996.

Platt, Rutherford. *The Great American Forest.* Englewood Cliffs, NJ: Prentice- Hall, 1965.

Savage, Candace. *Bird Brains: The Intelligence of Crows, Ravens, Magpies and Jays*. Vancouver: Greystone Books, 1995.

Schama, Simon. *Landscape and Memory*. New York: Alfred A. Knopf, 1995.

Taylor, Thomas M.C. *Pacific Northwest Ferns and Their Allies*. Toronto: University of Toronto Press, 1970.

Thomas, Peter. *Trees: Their Natural History*. Cambridge: Cambridge University Press, 2000.

Wilson, Brayton F. *The Growing Tree. Amherst*: University of Massachusetts Press, 1971, 1984.

Wilson, Edward O. *Biophilia: The Human Bond with Other Species*. Cambridge, MA: Harvard University Press, 1984.

——. *Consilience: The Unity of Human Knowledge*. New York: Alfred A. Knopf, 1998.

——. *The Future of Life*. New York: Alfred A. Knopf, 2002.

Wohlleben, Peter. *The Hidden Life of Trees: What They Feel, How They Communicate*. Vancouver: Greystone Books Ltd., 2016.

Woods, S.E. Jr. *The Squirrels of Canada*. Ottawa: National Museum of Sciences, 1980.

重要名詞中英對照表

書報、法條、節目名稱

《手稿》 *Notebooks*
《自然史》 *Historia Naturalis*
《李爾王》 *King Lear*
《貝奧武夫》 *Beowulf*
《彼得森指南》 *Peterson's Guide*
《拉丁植物誌》 *Latin Herbarius*
《林木誌》 *Sylva, or a discourse of Forest Trees*
《物種源始》 *The Origin of Species*
《花滿地球》 *Flowering Earth*
《美饌大辭典》 *Grand dictionnaire de cuisine*
《原始林》 *Forest Primeval*
《埃及植物誌》 *De Plantis Aegypti*
《草木誌》 *De vegetabilus et Plantis*
《寂靜的春天》 *Silent Spring*
《景象與記憶》 *Landscape and Memory*
《森林乃是植物社會》 *The Forest as a Plant Society*
《植物史》 *Historia Plantarum*
《植物本原》 *De Causis Plantarum*
《植物解剖學》 *The Anatomy of Plants*
《新草木誌》 *Neu Kreutterbuch*
《資本論》 *Das Kapital*
《德國植物誌》 *German Herbarius*
《暴風雨》 *The Tempest*
《論植物的性別》 *De sexu plantarum*
《樹》 *The Tree*
《樹的祕密生命》 *The Hidden Life of Trees*

《藥物論》 *De materia medica*
「波士頓廣告日報」 Boston Daily Advertiser
「英屬北美法」 British North America Act
「萬物之道」 The Nature of Things
「戲王之王」 Greatest Show on Earth

二到四劃

乙烯 ethylene
丁酸梭芽孢桿菌 *Clostridium buryricum*
二分裂 binary fission
二帖 diterpene
二倍體 diploid
人種圈 ethnosphere
三帖 tritepene
上皮細胞層 epithelium membrane
上樹甲蟎 beetle mite, *Dendrozetes*
土氏鼩鼱 Trowbridge's shrews
大仲馬 Alexandre Dumas
大角羊 mountain sheep
大海雀 great auk
大眼長椿象 *Geocoris pallens*
大麻 *Cannabis sativa*
大麻哈魚 chum salmon
大雅伯 Albert the Great
大葉槭 bigleaf maple
大餐與饑荒循環 feast-and-famine cycles
大顎 mandibles
大鱗大麻哈魚 chinook salmon
子葉 cotyledons
子囊菌 Ascomycetes
山毛櫸 beech
山煙草 wild tobacco
山靛 Mercurialis annua
山鱒 cutthroat trout

山松甲蟲 *Dendroctonus ponderosae*
不列塔尼 Brittayne
不定根 adventitious roots
丹佛林 Dunferline
丹寧酸 tannins
內生的 endotrophic
內皮層 endodermis
內面樹芯 inner core
內海航道 Inside Passage
內樹皮 inner bark
內羅 Bernard Noel
分子基材 molecular substrates
切根人 rhizotomi
化約主義 reductionism
天蛾毛蟲 hawkmouth caterpollars
太平洋西北 Pacific Northwest
太平洋紫杉 Pacific yew

太平洋瑪都那木 Pacific madrone
太平洋銀杉 Pacific silver fir
太平洋濕木白蟻 Pacific dampwood termites, *Zootermopsis angusticollis*
巴西中裂豆 Brazilian arariba, *Centrolobium robustum*
巴南 Barnum, P.T.
巴隆山國家公園 Gunung Palung National Park
巴黎藥學院 Paris Ecole de Pharmacie
心皮 carpels
心材 heartwood
文特 Friedrich Went
方濟會 Franciscan order
木賊 horsetails
木質素 lignin
弓背蟻 carpenter ants

毛足鵟　rough-legged hawks

毛細作用　capillary action

水分循環　hydrologic cycle

水晶宮　Crystal Palace

水晶蘭　Indian pipe, *Monotropa uiflora*

水楊酸　salicylic acid

火草，柳葉菜　common fireweed, *Epilobium angustifolium*

火險氣候　fire climate

火蠑螈　fire salamander, *Salamandra salamandra*

牛肝菌　*Boletus*

五到六劃

加州藜蘆　western false hellebore, *Veratrum californicum*

加那利群島　Canary Islands

加里波第　Giuseppe Garibaldi

加拉巴哥番茄　Galapagos tomato

加拿大太平洋鐵路局火車　CPR train

加拿大安大略省金士頓　Kingston

加拿大自治領　Dominion of Canada

加拿大蓬　cow parsnips

北卡拉韋拉斯園　North Calaveras Grove

北美巨杉　giant sequoias

北美赤鹿　wapiti

北美紅松鼠　red squirrels, *Tamiasciurus hudsonicus*

北美蚊霸鶲　western flycatchers

北美鹿鼠　Deer Mice, *Peromyscus manuculatus*

北美斑點梟　northern spotted owls, *Strix occidentalis caurina*

北美黑啄木鳥　pileated woodpecker,

Dryocopus pileatus
北島 North Island
北極圈 Arctic
卡里卡特 Calicut
卡芳杜 Joseph Bienaime Caventou
卡梅拉里烏斯 Rudolph Jakob Camerarius
卡雅布族 Kayapo
卡蒂埃 Jacques Cartier
卡森，瑞秋 Carson, Rachel
去燃素氣體 dephlogisticated air
古細菌 archaebacteria
古菌 Archaea
古爾德 Gould, Stephen Jay
古騰堡 Gutenberg, Johannes
古德 Gould, Stephen Jay
史帝爾，艾倫 Steele, Allen
史古布 skwupuhc

史坎蘭 Scanlan, Larry
史密森學會 Smithsonian Institution
四角病 Four Corners Disease
外生菌根 ectomycorrhizal
外生菌根真菌 ectomycorrhizal fungal
外種皮 testa
外層樹皮 outer bark
奶油木 ocean spray, *Holodiscus discolor*
巨木賊 giant horsetail, *Equisetum giganteum*
巨冷杉 grand fir
布里斯坦爵士 Sir Robert Preston
布拉奇船長 Captain Willian Brotchie
布羅斯 Brosse, Guy de La
布靈荷詩 Bringhurst, Robert
平克勞斯貝 Bin Crosby
平滑木賊 smooth horsetails
瓦揚 Vaillant, Sebastien

甘　Genni Gunn
甘草蕨　licorice fern, Polypodium glycyrrhiza
生命原　vital principle
生物鹼　alkaloid
生長素　auxins
甲醛　formaldehyde
白令陸橋　Bering land bridge
白松　white pine
白楊　cottonwood
白楊樹　quaking aspen
白足鹿鼠　white-footed mice, *Peromyscus leucopus*
皮阿提　Peattie, Donald Culross
石松　club mosses
石炭紀　Carboniferous
石楠草　heathworts
石櫟　tan oak

伊凡斯　Evans, Howard Ensign
伊歐黑　eolhac
伐夫王國　Kingdom of Fife
光子伏特電池　photovoltaic cell
地下連通性　subterranean connectivity
全國步槍協會　National Rifle Association
印宇國家公園　Inyo National Park
印紐特　Inuit
印第安櫻桃樹　Indian plum
向水　aquatropism
向光　phototropism
向地　geotropism
多年根基腐病　annousus root and butt rot
多年異擔子菌　*Heterobasidion annosum*
多雄蕊綱　Polyandria
夸克　quark
安古拉拉　Anguillara, Luigi

安地斯山脈　Andes mountains
有序結構　ordered structures
有性生殖　sexual reproduction
有絲分裂　mitosis
灰藍燈草鵐　slate-sided junco
羊齒蕨　bracken fern, *Pteridium aquilinum*
羽扇豆　lupines, *Lupinus micranthus*
羽節蕨　oak fern, *Gymnocarpium dryopteris*
老虎百合　tiger lily
老熟林　old-growth forest
自然歷史博物館　Museum d'histoire naturelle
艾夫林　Evelyn, John
西白玉　*xpayuhc*
西利西亞　Cilicia
西部紅背無肺螈　western redback salamander, *Plethodon vehiculum*
西部雲杉捲葉蛾　western spruce budworm
西部鐵杉　western hemlock
西裸鼻雀　western tanagers
佛雷澤河　Fraser River

七到八劃

佛羅倫斯　Florence
伽馬　Gama, Vasco da
貝特曼，羅伯　Bateman, Robert
伯氏疏螺旋體　*Borrelia burgdorferi*
伯利恆之星　Star of Bethlehem
伯格多費　Burgdorfer, Willy
克共蓮　camas, *Camassia quamash*
兵蟻　soldiers
冷杉　true firs
冷杉吉丁　flatheaded fir borers, *Melanophila drummondi*
冷杉綠偽尺蛾　phantom hemlock looper,

Nepytia phantasmaria
冷杉屬　Abies fir
希斯盤紐拉　Hispaniola
改組　shuffling
杜威十進分類系統　Dewey decimal system
沙加緬度　Sacramento
沃羅涅日　Voronezh
芒果松　bristlecone pines
芝加哥泰勒國宅 Robert Taylor Homes
豆科　Leguminosae
赤松　red pine
赤楊　alder
忒修斯　Theseus
泖泥泖泥　kinnikinnick
乳牛肝菌　*Suillus lakei*
亞克斯里　Elois Yaxley
亞述人　Assyrians
亞高山冷杉　subalpine fir
亞當斯，伊蓮　Adams, Ellen
依賴植物集團　guilds
佩爾蒂埃　Pierre-Joseph Pelletier
刺柏　juniper
刺海蓬子　spiny saltwort
卑詩大學　University of British Columbia
卑詩省　British Columbia
卷邊樁菇　*Paxillus involutus*
受體　recipient
咖啡樹　coffee bush, *Coffea arabica*
固氮作用　nitrogen fixation
奇點　singularity
奇利瓦克省立公園　Chilliwack Provincial Park
始祖鳥　*Archeopteryx*
孟加拉虎　Bengal tigers
孟納氏　Menzies, Alexander

岩鬚 cassiope
帚狀耳蕨 sword fern, *Polystichum scopulinum*
帖烯 terpenes
帕度亞 Padua
拉布拉多 Labrador
拉布羅斯 La Brosse
昆蟲綱 Insecta
果膠 pectin
林奈 Carl von Linne, Carolus Linnaeus
松杉目 Pinales
松金翅雀 pine siskins
松柏基醇 coniferyl
松科 Pinaceae
松雀 pine grosbeaks
松綱 Pinopsida
松鴉 jays
波里尼西亞群島 Polynesian islands

波勒克 Pollock, Chris
波隆那植物園 Botanical Gardens of Bologna
波羅的海雲杉 Baltic spruce
法柏格聖維克多 Faubourg Saint-Victor
沿海薩利什人 Coast Salish
爬行田鼠 creeping voles
肺衣 lungwort
芳香醇 aromatic alcohols
芽狀馬勃 Gemmed puffball, *Lycoperdon gulosorum*
花尾蝠 spotted bats
花栗鼠 chipmunks
花粉囊 pollen sacs
花菖蒲 flag iris
花旗松 Douglas fir, *Pseudotsuga manziesii*
花旗杉寄生 *Arceuthobium douglasii*
花旗松落葉病 douglas-fir needle blight,

Rhabdocline pseudotsugae

芥基醇　sinapyl

虎克　Hook, Frank

虎鯨　killer whale

表皮　epidermis

金喉雀　golden-throated sparrows

金翼啄木鳥　northern flicker

金雞納樹　cinchona tree

金鱒　golden trout

阿盤尼，普羅斯波羅　Alpini, Prospero

阿托品　Atropine

阿帕奇鱒　Apache trout

阿拉斯加狹長地　Alaska Panhandle

阿茲特克帝國　Aztec Empire

阿威羅伊　Averroes

阿留申　Aleutian

阿速群島　Azores

阿薩巴斯卡河　Athabasca River

附肢　appendage

孢子囊穗　strobili

孢子體　sporophytes

九劃

保衛細胞　guard cells

保羅斯　Pauls, Naomi

勃激素　gibberellic acid

品級　caste

哈氏網　Hartig net

哈奇　Hatch, A.B.

哈柏　Haber, Fritz

哈德遜山雀　boreal chickadees

哈德遜灣公司　Hudson’s Bay Company

奎寧　quinine

威芮木層孔菌　*Phellinus weirii*

威斯康辛冰期 Wisconsin Ice Age
威爾美 Willamette
威爾斯王子島 Prince of Wales Island
威爾森 Wilson, E.O.
帝王蝶 monarch butterfly
扁柏 cypress
柱頭 stigma
柯爾柏 Kolbe, Hermann
柄細胞 stalk cell
查普特佩克 Chapultepec
柏斯 Perth
柳杉 *Cryptomeria japonica*
流浪鼩鼱 vagrant shrews
洛馬 Louma, Jon
玻克 Bock, Jerome
皇帝豆 lima beans
相剋作用 allelopathy

科蒂榮舞 cotillion
突現特質 emergent properties
突變 mutation
紅交嘴鳥 red crossbills
紅朱雀 purple finches
紅尾鵟 red-tailed hawks
紅皇后症候群 Red Queen syndrome
紅衫軍 Red Shirts
紅胸鳾 red-breasted nuthatch
紅樹鼠 red tree voles
紅大麻哈魚 sockeye salmon
紅蠟蘑 *Laccaria*
約櫃 Ark
美洲顫楊 trembling aspen
美洲角梟 flammulated owl
美洲飛鼠 northern flying squirrels
美洲栗 American sweet chestnut, *Castanea*

dentata

美洲茶隼　American kestrels

美洲野豌豆　purple vetch, *Vica americana*

美洲獅　cougar, *Felis concolor*

美莓　salmonberries

美國白藜蘆　green hellebore, *V. viride*

美國赤楊　red alders, *Alnus rubra*

美國林務署　U.S. Forest Service

美國側柏　western redcedar

美國森林學會　Society of American Foresters

美國柱松　lodgepole pines, *Pinus contorta*

美國榆　American elm

胚乳　endosperm

胚芽　plumule

胚根　radicle

胚珠　ovules

胚軸　hypocotyl

胚幹　embryonic stem

胚葉　embryonic leaves

胡克　Hooker, Willian Jackson

胡麥瑟　Hofmeister, Wilhelm

胞嘧啶　cytosine

胞器　organelles

英根豪斯　Ingen-Housz, Jan

英格蘭（古稱）　*Albion*

英國海軍軍部　Admiralty

苔蘚植物　bryophytes

苞片　bracks

虹鱒　steelhead trout

迦素巴素樹　gasu-basu tree

迪克　Dicke, Marcel

迪奧克萊斯　Diocles

迪奧斯科里斯　Dioscorides

風滾草　tumbleweed

香豆基醇 coumaryl
香蕉樹 banana tree, Musa sapientum
倭槲寄生 dwarf mistletoe
毒蛾 tussock moth

十到十一劃

倫敦園藝協會 Horticultural Society of London
凍原 tundra
剛葉松 pitch pine, Pinus rigida
原生質 protoplasm
原生質體 protoplast
原住民 Autochthon
原始細胞 protocell
原核生物 prokaryotes
原雞 jungle fowl
原體 primordia
哥倫比亞百合 Columbian lily, *Lilum columbianum*
哥倫比亞河 Columbia River
埃氏劍螈 ensatina, *Ensatina eschscholtzii*
埃涅阿斯 Aeneas
夏瑪 Simon Schama
屑食者 detritivores
庫烏 qwuh
庫蘭 Curran, Lisa
挪威雲杉 Norway spruce
核甘酸 nucleotides
核酸 nucleic acids
根冠 root cap
根軸 root core
栗疫病 Cryphonectria parasitica
桑朵克 Zandrok, Olga
桑德斯，羅布 Sanders, Rob

格拉斯哥皇家植物園　Glasgow Royal Botanical Garden
格魯　Grew, Nehemiah
格蘭德河　Rio Grande
桃花心木　mahogany
桃金孃樹　ohia lehua tree, *Metrosideros macropus*
氣孔　stamata
氨鹽　ammonium
泰奧弗拉斯多　Theophrastus
泰諾人　Taino
海岸杉　coastal redwoods
海達族　Haida
海綿狀細胞　spongy cells
海濱山黧豆　beach pea, *Lathyrus japanicus*
烏特列芝大學　University of Utrecht
烏普薩拉大學　University of Uppsala
烏雲攀螈　clouded salamander, *Aneides ferreus*
特諾奇提特蘭　Tenochtitlan
班森煤礦　Bensham Coal
珠孔　micropyle
珠心　nucellus
病原性真菌　pathogenic fungi
病原體　pathogens
真核生物　Eukarya
真核生物　eukaryotes
真細菌　eubacteria
神經西定　Nervocidine
神聖之命　Divine Order
窄果松　knobcone pine, *P. attenuata*
粉紅布袋蘭　pink lady’s slipper, *Calypso bulbosa*
胸腺嘧啶　thymine
脊索動物　Chordata

臭菘草 skunk cabbage
配子 gamete
閃族 !San
馬多克弓背蟻 Camponotus modoc
馬克吐溫 Mark Twain
馬克思 Marx, Karl
馬利筋草 milkweed
馬錢子 *Strychnos nux-vomica*
馬錢子鹼 strychnine
馬鬱蘭 marjoram
高山鐵杉 mountain hemlock
高分子 macromolecules
鬼行者 ghost walker
桉樹 gum
乾草原 steppe
假升麻 goatsbeard, *Aruncus sylvester*

十二劃

勒波克爵士 Sir John Lubbock
問荊 field horsetails
基因多樣性 genetic polymorphism
基因混合 genetic mixing
基因混合體 genetic mix
培根 Roger Bacon
寄生蜂 parasitic wasps
寄生蠅 tachinid
彩色乳牛肝菌 Painted Suillus
御花園 jardin du Roi
控制性寄生 controlled parasitism
斜紋弓背蟻 *Camponotus femoratus*
梭羅 Thoreau, Henry David
梅迪奇一世 Cosimo I de'Medici
梅瑟 Maser, Chris
殺霜 killing frost

毬果門　Coniferophyta
清教徒移民前輩　Pilgrim Fathers
符傲思　Fowles, John
粒線體　mitochondria
細鱗大麻哈魚　pink salmon
莫洛左夫　Morozov, Georgy Fedorovich
荷蘭榆樹病　Dutch elm disease
被子植物　angiosperms
野草莓　wild strawberry, *Fragaria virginiana*
野蕎麥　wild buckwheat, *Eriogonum compositum*
雪松太平鳥　cedar waxwings
雪球地球　Snowball Earth
頂端分生組織　apical meristem
魚鰾槐豆　bladder senna
鳥嘌呤　guanine
鹿硬蜱　deer ticks, Ixodes scaularis

鹿頭蘭　deer-head orchid
麥特林　Myteline
麥茵茲　Mainz
麥斯米蘭　Maximilian
麻蠅　sarcophagid
桫欏　tree ferns
酚　phenolics
喀拉哈里沙漠　Kalahari Desert
喀斯喀山脊　Cascade Crest
單倍體　haploid
單雄蕊綱　Monandria
斑點梟　spotted owls
斯溫氏夜鶇　Swainson's thrushes
普吉谷　Puget Trough
普利斯特利　Priestley, Joseph
普遍理　Universal Reason
普藍地　Plinty

森林浴　forest bathing
智人　*sapeins*
棗椰子　date palm, *Phoenix dactylifera*
棲島　habitat islands
植物園　Jardin des Plantes
植物學講師　lettore dei semplici
欽赤塔拉斯　Chinchitalas
渡鴉　Raven, *Corvus corax*
華茲華斯　Wordsworth, William
湯姆森　Thompson, David
猴謎樹　monkey puzzle tree
紫杉樹　Yew Trees
紫燈草　bluesticks
腎上腺素　adrenaline
腓特烈二世　Frederick II
菩菩利花園　Boboli Gardens
華盛頓野生物委員會　Washington Wildlife Commission
萊姆病　Lyme desease
萊斯沃斯　Lesbos
菌根　mycorrhizae
菌絲　hyphae
菌絲體　mycelium
蛛形綱動物　arachnid
費城百合　wood lily, *L. philadelphicum*
越橘　red huckleberries
雅伯圖斯　Albertus Magnus (Albert the Great)
雄性固酮　androsterone
集群　colony
韌皮部　phloem
黃杉屬　Pseudotsuga
黃松　ponderosa
黃葉槲寄生　*Phoradendron flavescens*
黃色林鶯　yellow warblers, *Dendroica petechia*

rubiginosa

黃杉合毒蛾　Douglas-fir tussock moth

黃杉大小蠹　Douglas-fir beetle, *Dendroctonus pseudotsugae*

黑尾鹿　blacked-tailed deer

黑松露　*Tuber aestivum*

黑暗時代　Dark Age

黑腹果蠅　*Drosophila melanogaster*

黑頭長翅捲蛾　western blackheaded budworm

黑頭威氏林鶯　Wilson's warbler

黑臉黃眉林鶯　Townsend's warblers

氰酸鹽　cyanate

猢猻木　baobab

渥雷本　Wohlleben, Peter

逵曼，大衛　Quammen, David

十三到十四劃

傳粉滴　pollination drop

嗜極菌　extremophiles

圓葉槭　vine maple

奧氏蜜環菌　*Armillaria ostoyae*

奧勒崗肺衣　*Lobaria oregana*

奧勒崗燈草鵐　Oregon junco

愛德凡蒂　Aldrovandi, Ullise

愛德華一世　Edward I

新鄧傑內斯　New Dungeness

暗眼燈草鵐　dark-eyed juncos, *Junco hyemalis*

極盛相森林　climax forest

楊梅　arbutus

楝樹油　neem oil

溯河迴游性　anadromous

溫哥華船長發現號　Captain George Vancouver's Discovery

溫哥華堡 Fort Vancouver
溫帶硬木林 temperate hardwood forests
溪木賊 water horsetails
節肢動物門 Arthropoda
聖多瑪斯 Saint Thomas Aquinas
聖海倫火山 Mount St. Helens
聖盧卡斯角 Cape San Lucas
聖羅倫斯灣 Gulf of St. Lawrence
腺嘌呤 adenine
落葉林 deciduous forest
葫蘆 gourds
葉肉 mesophyll
葉綠素 chlorophyll
葉綠餅 grana
葉綠體 chloroplasts
葛雷利 Greeley, Horace
萵苣地衣 lettuce lichen

裘園 Kew Gardens
路易阿姆斯壯 Louis Armstrong
遊走性紅斑 erthema migrans
道格拉斯，大衛 Douglas, David
道氏卜若地 Douglas's brodiaea
道氏翠菊 Douglas aster
道氏蔥 Douglas's onion
道氏龍膽 Douglas gentian
道氏蕎麥 Douglas's buckwheat
道藩省 province of Dauphine
達班諾 d'Abano, Pietro
雷伊 Ray, John
雷姆誠 Reimchen, Tom
雷德 Reid, Bill
嘉培爾 Gabriel, Alex
圖賓根 Tubingen
夢娜湖 Mono Lake

對偶基因　alleles
柵狀　palisade
歌帶雀　song sparrows
漢他病毒　hantavirus
滲透作用　osmosis
熊果　bearberry, *Arctostaphylos uva-ursi*
瑪土撒拉　Methuselah
碧提宮　Pitti Palace
碳水化合物　carbohydrates
種皮　resta
種葉　seed leaves
管胞　tracheids
精孔管　micropylar canal
綠斑林尺蛾　greenstriped forest looper
綠鵑　Solitary vireos
蓋倫　Galen
蓋爾　Gale, George
蒼鷹　northern goshawk
裴利可立　Pericoli, Niccolo
裸子植物　gymnosperms
酸豆　tamarind, *Tamarindus indica*
銀杏　ginkgo tree
銀樹　silver tree
銀大麻哈魚　coho salmon
鳳梨科植物　bromeliad
蓖麻　*Ricinus communis*
蜱蟎　oribatid mite

十五到十七劃

劇毒棋盤花　death camas, *Zigadenus venenosus*
彈尾綱　Collembola family
彈尾蟲　springtail
德韋謝伊　de Vesey, John Xantus

慕拉 Moola, Faisel
撲動鴷 red-shafted flickers
歐吉布威 Ojibway
歐文，華盛頓 Irving, Washington
膠樅葉蜂 balsam fir sawfly
褐色爬刺鶯 brown creepers
褐色纖維狀幹腐病 brown stringy trunk rot
褐線尺蠖 blownlined looper
醋酸 acetic acid
鴉科 Corvidae
樺樹 birch
橙腹赤松鼠 Douglas squirrels, *Tamiasciurus douglasii*
橘劑 Agent Orange
樹皮甲蟲 bark beetles
樹蟎屬 Dendrozetes
橈足類動物 copepod

澳洲原住民 Aborigines
獨角鯨 narwhals
篩胞 sieve cells
糖松 sugar pine, *Pinus lambertiana*
蕨類植物 pteridophytes
諾比斯汀 Uta-Naposhtim
諾亞 Noah
諾埃爾 Noel, Bernard
錫達卡雲杉 Sitka spruces
龍血樹 dragon tree
龍腦香科 Dipterocarpaceae
優比兌 *euhbidac*
優沙威 *yuhsawi*
戴維斯 Davis, Wade
擬櫻桃 osoberry, *Osmaronia cerasiformis*
穗烏毛蕨 deer fern, *Blechnum spicani*
糞金龜 dung beetle

繆升　Mangin, Louis Alexandre
繆爾　Muir, John
繁殖蟻　reproductives
薄層根腐病　laminated root rot
薔薇科　Rosaceae family
螺旋體菌　spirochete
趨光運動　phototropic movement
闊葉火草　broad-leaved fireweed, *E.latifolium*
隱形森林　*The Hidden Forest*
隱花植物　cryptogams

十八劃以上

藏卵器　archegonia
藏精器　antheridea
薩克斯　Julius von Sachs
薩斯科奇　Sasquatch
藍莓　blueberry, *Vaccinium canadense*
豐年　mast year
雙十雄蕊綱　Icosandria
雙雄蕊綱　Didndrai
雙螺旋　double-helix
鼩鼱　shrews
瓊達福卡海峽　Strait of Juan de Fuca
羅賓森，瑪麗　Robinson, Agnes Mary Frances
羅伯茨　Roberts, Charles G.D.
羅倫斯　Lawrence, R. D.
邊材　sapwood
類黃酮　flavoniods
顛茄　belladonna, *Atropa belladonna*
麗蠅　blowflies
爐甘石　calamine
藻類　phytoplankton
蘭德曼　Landman, Karen
蘚類　liverworts

鐮胞菌 *Fusarium*
籟尚學苑 Lyceum
鼴鼠 moles
體內平衡 homeostasis

貓頭鷹書房 222　　ISBN 978-986-262-353-4

樹，擁抱了全世界：世界環境大師傾聽森之音
（原書名：樹：一棵花旗松的故事）

作　　者　大衛・鈴木（David Suzuki）、偉恩・葛拉帝（Wayne Grady）
繪　　圖　羅伯・貝特曼（Robert Bateman）
譯　　者　林茂昌、黎湛平（2018 增修）
選 書 人　陳穎青
責任編輯　陳湘婷、謝宜英（2018 新版）
校　　對　陳以音
版面構成　張靜怡
封面設計　廖韡
行銷業務　鄭詠文、陳昱甄
總 編 輯　謝宜英
出 版 者　貓頭鷹出版
發 行 人　涂玉雲
發　　行　英屬蓋曼群島商家庭傳媒股份有限公司城邦分公司
104 台北市中山區民生東路二段 141 號 11 樓
畫撥帳號：19863813；戶名：書虫股份有限公司
城邦讀書花園：www.cite.com.tw　購書服務信箱：service@readingclub.com.tw
購書服務專線：02-2500-7718~9（周一至周五上午 09:30-12:00；下午 13:30-17:00）
24 小時傳真專線：02-2500-1990；25001991
香港發行所　城邦（香港）出版集團／電話：852-2877-8606 ／傳真：852-2578-9337
馬新發行所　城邦（馬新）出版集團／電話：603-9056-3833 ／傳真：603-9057-6622
印 製 廠　成陽印刷股份有限公司
初　　版　2008 年 4 月
三　　版　2018 年 6 月
定　　價　新台幣 360 元／港幣 120 元

讀者意見信箱　owl@cph.com.tw
投稿信箱　owl.book@gmail.com
貓頭鷹知識網　www.owls.tw
貓頭鷹臉書　facebook.com/owlpublishing
【大量採購，請洽專線】(02) 2500-1919

國家圖書館出版品預行編目資料

樹，擁抱了全世界：世界環境大師傾聽森之音 / 大衛・鈴木 (David Suzuki)、偉恩・葛拉帝 (Wayne Grady) 著 ; 羅伯特・貝特曼 (Robert Bateman) 繪圖 ; 林茂昌、黎湛平譯 . -- 三版 . -- 臺北市：貓頭鷹出版：家庭傳媒城邦分公司發行 , 2018.06
面；　公分 . --（貓頭鷹書房；222）
譯自：Tree : a life story
ISBN 978-986-262-353-4（平裝）

1. 森林生態學

436.12　　107006779